实证研究方法论「写作视角」

吴昊旻◎著

中国财经出版传媒集团
中国财政经济出版社

图书在版编目（CIP）数据

实证研究方法论：写作视角 / 吴昊旻著. --北京：中国财政经济出版社，2022. 8

ISBN 978 - 7 - 5223 - 1522 - 5

Ⅰ. ①实… Ⅱ. ①吴… Ⅲ. ①论文 - 写作 Ⅳ. ①H152. 3

中国版本图书馆 CIP 数据核字（2022）第 110527 号

责任编辑：马　真　　　　责任校对：徐艳丽

封面设计：智点创意　　　　责任印制：党　辉

实证研究方法论：写作视角

SHIZHENG YANJIU FANGFA LUN：XIEZUO SHIJIAO

中国财政经济出版社 出版

URL：http：//www. cfeph. cn

E - mail：cfeph@ cfeph. cn

社址：北京市海淀区阜成路甲 28 号　邮政编码：100142

营销中心电话：010 - 88191522

天猫网店：中国财政经济出版社旗舰店

网址：https：//zgczjjcbs. tmall. com

北京中兴印刷有限公司印刷　　各地新华书店经销

成品尺寸：185mm × 260mm　16 开　20. 25 印张　414 000 字

2022 年 8 月第 1 版　2022 年 8 月北京第 1 次印刷

定价：72. 00 元

ISBN 978 - 7 - 5223 - 1522 - 5

（图书出现印装问题，本社负责调换，电话：010 - 88190548）

本社质量投诉电话：010 - 88190744

打击盗版举报热线：010 - 88191661　QQ：2242791300

弁言

北国边城，中流学府；兰州再西，斯文不辍。政经熙攘，犹在溥天之下；重霾弥荡，不减都市之荣。春秋大美，长天云淡，可共南地之秀；冬夏两仪，彼此凉热，更彰北国之光；人文风俗，朴拙豪畅，自有别样之欢。

虽沉醉于四季，不敢忘位卑之思；近半闭于西域，乃有意属笔从文。内困于情缘之未寄，外惑于环境之扰攘。约束日趋于桎梏，激励频陷于内卷。思不得发于於结，言不得出乎忧愤。推不平不足以警醒，持素志无助于朗顺。枉负盛心，悲秋无益；万般皆妄，书蠹最亲。销愁纾懑，述往思来；且诉无能之辞，以遣有涯之日。事君尽礼，人以为谗[①]；勉教深究，取悦后进。雪融冰消须待时，槐聚之叹犹可惧[②]。聊赋“流水便随春远，行云终与谁同”[③]，不至“身外闲愁春满，眼中欢事常稀”[④]，或可“三冬今足用，谁笑腹空虚”[⑤]。

东学西学，思理攸同；前进后进，道术未裂。以研助教，教化倏然；以教促研，研接地心；研教互动，自古师道耳。孔子有云：“道不远人，人之为道而远人，不可以为道”[⑥]，韩愈所谓：“师者，所以传道受业解惑也”。据道而远人，不可以为道，亦不可以为师。著书立论，多出自慰；久历苦辛，点滴顿悟；以身说法，交流获益。文章发乎内心，得失当由世论。圣训“四十而不惑”，高士“五十而著书”[⑦]。道之所存，师之所存[⑧]。反身而诚[⑨]，不避先后。敬望指正。

庚子年九月廿四

---

① 语出《论语·八佾第三》：“事君尽礼，人以为谗也”。

② “销愁纾懑，述往思来；且诉无能之辞，以遣有涯之日”，语出钱钟书著《谈艺录·序》，略有改动。这里的“槐聚”是钱钟书的号。

③ 语出宋·晏几道《临江仙·斗草阶前初见》。

④ 语出宋·晏几道《临江仙·身外闲愁空满》。

⑤ 语出宋·汪洙《勤学》。

⑥ 语出《中庸·第十三章》。

⑦ 黄侃认为学问之道有五：“一曰不欺人，二曰不知者不道，三曰不背所本，四曰为后世负责，五曰不窃”，堪为至论。黄侃立志“五十而著书”，可惜逝于天命。章太炎曾打趣黄侃：“人轻著书，妄也。子重著书，吝也。妄不智，吝不仁。”（参见：落尘著《民国的底气》，中央广播电视大学出版社，第32－33页）。

⑧ 语出唐·韩愈《师说》。

⑨ 语出《孟子·尽心上》：“万物皆备于我矣。反身而诚，乐莫大焉。强恕而行，求仁莫近焉。”

推荐序

中国会计学界青年学者吴昊旻教授所著《实证研究方法论》一书，是近年来学界探讨实证研究原理与数理逻辑解析方法的一部力作。这部书无论是在启迪人文研究者思维方面，还是在开拓人文视野与哲理实证分析路径方面，都有着答疑解惑的指引性作用，故这部书是很值得学界重视与一读的一家之言。

全书总体上分为三篇九章，以财、会、审专业理论为纲，以重要务实性问题为实证研究对象，按照实证分析的逻辑关系，把“专业—学科—教学—研究领域”整合为一体，并揭示了它们之间的交叉互动关系，达到理论与实践在衔接中的分解，而又通过分解达到实证上新的**衔接与整合**，以最终实现理念、观点、体例与研究结论的**融会贯通**，引导读者循序渐进地进入实证研究领域。

作者遵照研究逻辑上的安排，首先在本书上篇总论了人文社科学术研究所固有的特点及其**“思辨”特质**，以及对理与实的整合、对研与教的整合，树立起“人文社科”研究原理，革除了以往研究上的诸多局限性；中篇研究在上篇的基础上展开，从具体解读实证文章之“idea”的发现出发，解析了量化方法的应用，阐明了人文社科领域开展实证研究的数理分析、推导原理；下篇研究了“文献综述”创作中的逻辑关系及其对研究内容逻辑层次的构建，从而借此阐明了财、会、审以及人文社科领域专业论文写作如何更好彰显修辞及其创作手法。全书逻辑结构严谨，将实证原理、数理分析以及研究方法与研究结论融合为一体，研究视野开阔、论证翔实、说理透彻，行文中的章法节次安排井然，很值得探讨者**一体借鉴**。

昊旻教授这部著作的创作亮点是多方面的，他的这部书，开辟了将社会科学领域里的实证问题研究、原理与方法有机结合的创作体系，从“**人文基本功**”之功力启动出发，在研究中构建了“思想－理论－技术－数理方法”，其间既具有内在逻辑性的关联，而在外在方面，又具有内外关联一体的合力。**作者提倡**借助经济学与管理学的原理，把研究建立在社会经济发展逻辑、现代市场经济运作逻辑与研究对象可量化的数理逻辑，以及历史演进规律中所包容的历史逻辑的基础之上；与此同时，又把树立人文社科学科和专业研究的素养与功力，置于与其相关联的另一个基点之上，由此排除了人文社科实证研究理论与方法上的阻力，而进入到实现人文社科实证研究的**哲理境界**。这也便是作者所论述的“**底层能力**”或者说是“人文基本功夫”。

一方面，作者深入阐明了“务实研究、理性客观、虚实相济、多元交融”的“**柔性视野**”，使对人文社科问题的研究处于理性研究与务实研究的良性循环状态，这也是作者所倡导的“人文功力”。另一方面，作者还提倡把教学与研究贯通为一体，创新研究路径，不断开拓新的研究领域，既提高人文研究的科学水平，而又“教化敦行”，树立起“**研教一体**”的理念。作者还强调规范研究和实证研究**互动与互补**，在其间贯穿历史研究，要恰到好处地从经济史、管理史与会计史，以及量化历史（Quantitative History）的角度展开科学的历史分析，以通达人文哲理，做到人文科学研究上的“以史为鉴”，研究中“**实证与史证**”的有机结合。作者在书中充分体现了**实证之内涵**，具有针对性应用了55个案例、呈现或列示出100余张图表，以及在旁征博引中展示的500多个注脚，都反映出作者科学严谨的治学品格。这些都是值得作序者与广大读者学习的。

作为吴教授的同行，我乐于为其作序。

中南财经政法大学　郭道扬

2021年3月于南湖

自序

在“弁言”之后再序，是为说明本书之立意、冒陈本书之差异或“亮点”。

张五常教授在其博客文章“任正非是今天的哈代吗?”中，曾引用数学家哈代（Hardy）的名言——在其带有自传性质的书《一个数学家的自白》（*A Mathematician's Apology*）的开头：“阐释、批评、欣赏，都是只有二等脑子的人的工作”①。亦以为然。本书聚焦写作与研究方法，无疑是阐释或评论性著作，虽有心得，却终非创作，故亦“无疑”属于哈代所谓的“二等脑子”才做的事。

然而，天才难比、务实可贵。人们对于“自我”的引导与开发，虽不必妄自菲薄，却更不可矫揉造作。要明白，人各有长，贵在自知；学补不足，谦逊为上。还要明白，评论重要，攸关传承；史识关键，决乎认知。阐释和评点，似乎是更有利于知识之普及、更有利于思维之历练、更能彰显审美之意趣，故也更能体现人文社科教育及研究之“思辨特质”的“二次创造”性活动，同样不可或缺。

这不是为自己张目，更不是对哈代的反驳。梁漱溟先生尝言：“在人格上不轻于怀疑人家，在见识上不过于相信自己”，这是对谦逊自尊人格的警示，也可引申为对人文思辨之特质的赞许。“我思故我在”，学术终为教化，研教内在相通，教育的熏陶过程（引导－开悟）、可见的研究成果（论著－观点），其实正是一个呈现或展示“一流大脑”引导“二流大脑”（可兼具）进而可能（后天）造就更多“一流大脑”的“阐释－批评－欣赏”的良性循环过程；而这种“呈现－展示”，必须通过“言传－身教”，才能完成“过渡－承接”。天才的“发明－创造”只是社会发展的“必要条件”，还须经由“阐释－评论”，才能“启思－致用”。

本书之立意

文章无用，偶有大用；行文有法，而无定法；无法而有章法，则贵在“人文基本功

① 这里直接转引了张五常的翻译，具体可见其2019年1月22日博客文章。后面第9章“例9－2：评论何以重要”对此又作了专门解读。

夫”。因此，基本功重要而攸关。本书开篇总论人文社科之内涵及其特质（见上篇引言之“五端/五贵”），即是为首先阐明“方法之思想”即本书所谓“方法论”之基础或其渊源，即是以“人文思辨”——务实辩证、理性客观、虚实相济、多元交融——的“**柔性视野**”及其思维范式，助力夯实和拓展呼应学科－领域的专业研究，倡导和践行理－实之综观、技－养之兼备。此皆基本功夫、综合素养，超脱于学科－专业之人为限定、适用于技养－能力之矢量延伸。

本书属名方法论，其实却首先源于“解难”，故承继优秀传统、结合动态趋势、因应师生实需、**阐发中国故事**，大体按照现代实证研究之范式、主体及其方法，同时特意凸显规范研究之重要，强调运用“结构化分析”之思维及方法，着意于**如何写及如何思**，聚焦“**idea 之七维解析**”，**相机典证例说**①、不避现身说法，着意于示范讲解“如何写作—如何跟着写作—如何自己写作”以及“如何思考—如何跟着思考—如何自己思考”的过程，实为“三基”著作，故亦有助于“拓展”。因此，本书之立意即在于：

其一是为解难：教学相长、引导助推。

选题及发问环节，**有两个问题或现象常见**：其一是一时找不到好的 idea；其二是找到了 idea 却常常不得不废弃，因为发挥－发展不好或浅尝而辄止；而后者往往更为普遍。归结其渊源，这种受制或受限于“发展不好”乃至无法延展——由点到线、由线到面、由面到架（即将 idea 发展成文）——的现象，其实正是“**底层能力**”（如逻辑－归纳－演绎等）或“基本功夫”（如人文－写作－数学等）缺失之表现。要知道，全新的 idea 往往稀有，绝多都是“老树生花”②。

有感于自己指导学生选题及写作之“痛苦”（**一痛**），**同感于**青年学子（青椒－同学）寻捷径而难遇、觅技巧而不得、急于求成而不得其法、基础薄弱而无从习练的“尴尬与窘境”（**二难**），**痛切于**片面求创新、“前倨而后恭”之改革主义或形式主义流弊以及坊间刻意强调技巧捷径优先之急功近利（**三愤**），本书自揣冒昧、正本清源，直指“谦逊固本、夯实基础、久久为功”之重要。

传道－授业－解惑之可贵，即在于“共苦方知同甘、共情方能共鸣”，亦凸显师者之慷慨、前辈之责任。“秦政强辩，失人心于自矜；魏文宏材，亏众望于虚说”③，文章贵在诚心，唯此方能引导塑造宽容、向实的人文风气。所谓“文章千古事，得失寸心知”，文如其人，文章即是态度、即是操守、即是底线，不可不慎之、敬之、守之，唯此亦方见文章之“无用而有大用”。

---

① 全书涉及 55 个例证——其中近一半为“现身说法”的研究或评论、是对“**中国故事**”的客观解析——不只是举例而是学术探讨，展示和渗透了著者的研究心得以及学术体悟，如民企“类国企化”现象、中国的行业竞争格局（如 PMC 之度量歧误、审计市场结构）、国企改革的“双重效应”、企业宗旨/目标之缺陷以及中国的二十四节气、中华传统文化特有的哲学气质，等等。抛砖引玉，求教方家。

② 概览国际及国内的重要刊物乃至其 Top 期刊之选题（见其文题目录），当知此言不虚。

③ 见《贞观政要》卷六・慎言语第二十二，散骑常侍、名臣刘洎谏言。

其二是为拓展：以思助写、以写启思。

本书中篇聚焦“写与思”，下篇围绕“读与评”，而上篇则总论人文社科之共性及其特殊，以期对当前高等教育之“低效”及其学术研究之“偏误”做一个“**尝试性的校正**”，而其意即在引导“专业—学科—领域”之拓展镜鉴、“学习—对照—反思”之追本溯源。这既是“价值观”（思维－可信），也是“方法论”（操作－可行），但均服务于“写与思”这个核心。

自大学毕业工作伊始，我的首次研究尝试或学术“处女作”便是发表了“会计教学应多提供经济学解释”这篇文章①，即是受制于“教－学”之难、“理－技”之困，而寄希望于“研－教”之相通以及“学科－领域”之互济。本书的写作及其思考模式，便是力求以“人文的思辨”特质倡导理实综观、虚实相济、技养兼容和东西互鉴的教育研究氛围；而其典证例说、梳理评论及其分析过程等则更多借鉴了经济学——**量化＋历史＋社会**——的研究范式，亦可谓二十年一个“回归”，而这不只是个人的“反悟”，也已经成为知识融合之趋势。

本书属名“方法论”，但对照现代实证文章之“八股”结构，似尚显残缺，因其并未涉及“idea之验证”即其“技术实现”，此虽受制于自身局限，却可诉诸合作解决，故自谓并非缺陷，而是为借此凸显“写与思”——idea之发现、发展及其最终实现——之重要。归结其原因，约有如下三个考量：

一是为尝试凸显“人文基本功”之重要。

明明“肚里有货”（文献－数据）、“胸中千言”（思绪－逻辑）却难以起手、落笔惟艰，是初入行者普遍反映最抽象、最难学、最纠结的部分，却也是“过来人”普遍感觉收获最丰的部分。**考其究竟，在于“二阻”：一为“执行不力”**，即由“idea之发现”到“idea之发展”的归纳－演绎路径受阻，进而不能基于可得的数据、现象或事实进行符合逻辑的归纳总结与演绎申发，不能将想好的写好（＋“不能直写”……）；**二是“循环不畅”**，即由理论到实践、由技术到思想之循环兼济的反思－回馈路径受阻，进而感悟不到理论与实际的双向反馈、思想与技术的互济兼容，未能贯通“技术－方法－逻辑－思想”之内在关联，不能以思助写、以写启思（启发－启动）。

一言以蔽之，受此二阻，皆源于“人文基本功”——会听－会说－会读－会写－会评——之缺失以及“底层能力”之弱化（见4.3节）；故“拓展”是为了系统性地“解难”，进而提升思维之力、彰显人文之光。这正是本书基于“写作视角”撰写“实证研究方法论”的原因，故宜尊重经验、响应实需、对症下药、着意而为之。

二是为尝试如何衔接理－实、贯通技－养。

首先明确，之所以不能衔接贯通，不在智力精力之所限，而实源于人为之“区隔”，表现在两个方面：一是学科专业之强调分殊。**须知道**，人文知识本就是立意于“贯通”的

① 见拙作：吴昊旻、赵智全．“会计教学应多提供经济学解释”．《新疆财经大学学报》.2002（9）：77－78，72。

学问，却反被硬性笼统地予以界别分立，久而久之，知识自陷于支离，思想亦流于技术（见 2.2.2 节）。二是方法论著作之迎合引导。在此背景之下，诸多方法论著作，或谈方法只（必）讲技术，或论思想而只（必）讲哲学，前者迎合分科而易流于细碎，后者有利反思却易陷于抽象，均似有“隔膜之憾”[①]，自觉其对于初学者的“体贴”还不够，似乎总差那“最后一英里”[②]。对于既有的理论、方法及技术，往往出现学得快却用得糙、学得快却写不好、学得快却无从用的“怪现象”，其实质皆类此。

鉴于此，本书则尝试“居中而为”，从“写与思”的视角切入，以期衔接理－实（理论与数据）、贯通技－养（方法与逻辑）、联结行－思（想法与作品）。**须知道**，掌握了理论与技术，终须诉诸写作，而写作是最依赖基本功夫、最彰显综合能力、最能引导思行－兼容理技－锦上添花的人文素养。**须知道**，检验技术是在有思想、有认知、有能力、有动力“之后”的自然需求和“事后”验证。所谓“不为步疾，乃为行远”，耐心夯实以写作为核心的“人文基本功”，实有助于思维－方法之衔接、理论－数据之互证，故本书之尝试，或可有助于打通那“最后一英里”。

三是为尝试专业研究当兼容人文－趣味。

学术研究亦可兼趣味，或者说，由趣味而及深入的学术追溯才能真有价值。学术作品应当兼具启发性与可读性，前者彰其价值，依托理论与方法（工具层面）；后者显其品味，依赖文法与修辞（人文层面）。作为专业书籍，方法论的著作实际上最忌讳写得“专业而又刻板”，而应该“形意兼备、秀色可餐”，应该更加（能）凸显人文著作之“思辨特质”；在写作范式上也不应太多拘泥，应更多侧重主体心理、现身体悟，当设身处地、由他及我进而“推己及人”。

因此，人文社科之教育研究，最应倡导开放自主、好奇自动、妙感灵思的学习态度；最该呈现开卷有益、务实辩证、敞亮鲜活的视野胸怀。若过多渲染方法、技巧及程序，只会让学习－生活充满“匠气”。因此，本书基于“写作视角”的尝试，或可成为一部“对照式”呈现、“参照感”更强的方法论著作；或可“忝补遗缺”，有助于兼容技－养、融洽理－实、双向助推。

本书之亮点

既然属名“方法论”，故条分缕析的概括总结、聚类延伸的梳理界断，既有利于清晰

---

① 很多方法论著作皆各有优势及特点，但总觉不够尽兴的正是“思想的产生、发展及其现身体验”这一部分，似乎总有一种“必然这样、何必多说、都是如此、就是那样”或者“先入为主”的“隔”的意味，似乎总觉得仍然差了那“最后一英里”。切身感悟，故有此感，绝无贬抑。

② 加拿大学者迪利普·索曼（Dilip Soman）的著作《最后一英里：影响和改变人类决策的行为洞察力》（中国人民大学出版社，2018 年 7 月），从行为科学的角度出发，通过日常生活中妙趣横生的例子，深入探讨了人们关于选择、金钱和时间的心理活动，通过设计和实施行为实验，帮助企业和政府理解影响和改变人类行为的因素，从而解决决定成败关键的“最后一英里”问题，让决策更加高效。研究方法亦然，不能“隔靴搔痒”。

阐述思想、明确表达观点，亦有利于增强初学者参考之操作性。由本书之立意，即可引申出本书之“亮点”或其差异——本书之结构－纲目亦可彰显，除了上述三条，还可“以数示之”，即大体可以概括为“**一二三四五六七八九十**”，观点与操作皆在其中，聊举如下：

“**一**”——如人文社科教育之“一大核心理念”（结构化对话），人文社科知识传授之“一个创新路径”（因人设课），人文社科研究之“一法六要”（结构化方法），文献梳理研读之“一页纸、一张图”（架构－逻辑），制度背景分析范式之“一二三四”（6.2.1节），文献评论之“一个原则”（先看优点），等等；

“**二**”——如人文社科知识传授之“两个明确”（重综合素质－创新非首要），适时务虚之“两种形式”（形而上思考转换－顾左右而言其他），学术文章之“两大背景”或“两大依据”（理论－现实），思维导图之“两大层面”（工具－理念），文章结构－逻辑形象化之“两种方法”（架构化＋形象化）及“三张图示”（研究框架＋作用机理＋技术路线），文献筛选之“两大方法”（均值理念－五个兼顾），何为综述之“二维解读”（综－述），“举一反三”之“两大范畴”（5.3.1节例证），彰显文采之“两大方面”（结构及主次－综述及解读），等等；

“**三**”——如直觉力之“三大维度”（想象力－洞察力－推演力），重视和培养“三种能力”（形成想法－形成框架－形成文章），idea发现之“三大基本路径”（体悟冲突－善于扩展－耐得深究），逻辑形象化之“三化”（平面－空间－可视），学术文章之“三大主体”（相关研究－假设推演－实证分析）及其“三分”架构（进程－体量－时间），缮养结构化思维之“三步”（明确逻辑－谋定框架－灌溉内容），学术研究胸中先“须有三据”（原始数据－理论依据－文献证据），实证文章循序之“三大益处”（体系－耐心－修辞），研究提纲之“三大分类”（主题式－结构式－综合式），综述撰写之“三大要领”（引评精当－序贯引证－谋定后动），实证文章须依赖“三据”（数据－理据－证据），制度背景分析之“三大维度”（基本分析框架＋基本数据描述＋时空纵深洞察），量化历史分析之“三大启示”，参考文献之“三大功能”（规范养成－按图索骥－对比创新），文采修辞之“三用”（立诚心－遂文远－称谨严），须明白“三个价值判断”以及“一个大体排序”（重要－新颖－可行），等等；

“**四**”——如逻辑有形化之“四步提炼”（选文献理框架－厘思路画导图－讲清楚听明白－先优点后不足），摘要总结之“四要齐备”（背景－问题－意义－启示），引言申发之“四步贯通”（问题－背景－逻辑－启示），开题论证之“四大要素/步骤”（问题－背景－贡献－设计），制度背景综观之“四要/四维”（社会性－典型性－阶段性－公允性），描述性统计重要之“内涵四据”（依据－凭据－证据－理据），描述性统计逻辑之“因应四多”（内涵多元－视角多维－问题多解－故须多问），背景综观与规律描述之“四大功能”（使用原始数据－呈现基本规律－回答基本问题－支撑检验证据），教研何以相长之“四大维度/路径”（研教关联－自由研讨－制度激励－适时创新），培养和引导“四种认知”能力（联想力－专注力－评价力－模仿力），等等；

“五”——如人文社科重要之“五端/五贵”（镜鉴－视野－养性－思辨－自省），人文社科之“五大基本功”（听－说－读－写－评），文献解读之“五个要领”（以己为先－循正而逆－逻辑重构－九字箴言－先看优点），文献综述之“五大目的”（归纳－演绎－展示－评价－凸显），结论与启示之“五大流弊”（无是非－无因应－无升华－乏客观－强特殊），经典八股文之“五维价值”（选才观－好学风－制度观－辩证思想－审美意趣），结构化文题之“五大范式”（例3－1），阅读何以重要之“五个反求”（听而不闻－说理不明－写作不畅－评价失度－反躬自省），实证研究主体解构之“五大模块”（两大依据/背景＋三大主体），等等；

“六”——如人文社科研究之“一法六要”（读哪些－读多少－读背景－如何读－如何写－如何评）、人文社科范式转换之“六大文化启示”（以会计为例），实证文章理序之“六大步骤”（逻辑－大纲－引言－综述－摘要－文题），综述何为之“六维解读”（缮养写作－积累传承－夯实背景－对比见新－名刊约稿－小子可为），等等；

“七”——如人文社科研究之“五功七能”（抽象－评价－综观－推演－量化－点睛－修辞之能）、实证文章之“七维解读”（idea 之发现－发展－因应－量化－验证－支撑－解读），等等；

“八”——如实证文章之“新八股”（引言－文献综述－制度背景－理论分析－描述统计－实证检验－结论启示－参考文献），文献误引用之“八妄”（妄引－妄断－妄截－妄度－妄附－妄转－妄顾－妄实），理论何以重要之“八字四维”（培养方法－掌握路径－捕捉契机－避免束缚），等等；

“九”——如本书研究框架之“三篇九章”，文献评论之“九字箴言”（究义理－重考据－品辞章），等等；

“十”——如实证研究“新八股”文章之“十全架构”（文题＋摘要＋八股）。

以上皆是基于本人研教经验之总结、点滴心悟之积累，多属“现身说法”或为师为学之经历，故或可“推己及人”甚至“自度度人”（前辙－榜样－示范效应）。书不尽言，言不尽意，后学亦当有所获，而前辈或当有所观，敬望指正，有益学习。

读书在于增广智慧、启发灵思。**须知道**，智慧灵感之收获，从来都不会局限于某一学科；而问题困境之纾解，也从来都不是只调动一种能力。开卷有益，感获无形。**须知道**，熟知方法论，亦不过是学了台面上的“文章之形式”，而“文章之意境”则仍须台面下的潜修功夫，历久方成。

本书之适用

这是一本关于学习与研究方法的尝试性（常识性）著作，是**有感于**自己指导学生的

"痛苦"以及青年学子寻捷径而难遇、觅技巧而不得、急于求成而不得章法、基础薄弱而无从习练的"尴尬与窘境"而专门撰写的"方法论"著作。

本书略分三篇九章，上篇论教育，中篇论方法，下篇论修辞。具体而言，**上篇简括总论**人文社会科学之教育及其学术研究（略分两章）；**中篇专章解读**idea之解构（结构化思维及方法）、idea之发现（选题及发问）、idea之发展（理论分析及假设推演），**并独立阐述**制度背景之"综观"（即idea之因应）、基本规律呈现之"重要"（即idea之量化）；**下篇**则以文献综述之"逻辑"（即idea之支撑）、文章评论之"点睛"（即idea之解读）等，**延伸阐发**专业写作之"文采－修辞"（即idea之润色）。

本书旨为青年同仁以及本、硕、博学生缮养研究思维、习练实证方法、得入学术门径，略呈"管窥之见"。既然称之为"方法论"，故本书不止适用于"大会计"（涵盖会计、审计、财务管理等）及其相近**专业**，**亦可适用于**其所在之"**学科**"（工商管理）以及其"**领域**"即人文社会科学之研究。[①] **抛砖引玉**，"行家"自可去粗取精，"择其善者而从之"。

回顾本书，若依稀尚有价值，是因其立于前人之肩膀；若难免多有舛误，乃实受制于学识之孤陋。此一家之言、理性之限也。

是为序。

庚子年秋九月

东经楼504室

① 在教育教学上则可适度扩及到本科生之学科/专业导论（其立意及优势即在于破除"门户之见"及惯性之思）、专业基础理论、研究方法以及专题研讨性课程等。

目录（案例）

上篇：人文社科之内涵－概观

中篇：实证研究之逻辑－方法

下篇：学术研究之文采－修辞

目录（图表）

上篇：人文社科之内涵－概观

中篇：实证研究之逻辑－方法

第7章 idea之量化：基本规律重要

下篇：学术研究之文采 - 修辞

目录

上篇：人文社科之内涵－概观

中篇：实证研究之逻辑－方法

下篇：学术研究之文采－修辞

上篇

人文社科之内涵－概观

人有“结”而发声诸文，物在“真”而追索诘问。学术研究终为教化，研教而一体。故开篇之前，先举一个“较真性”的引例，再做几个“设问式”的解析，以利对比反思，以利追根溯源，以利阐释人文之思辨。

关于“企业之本质”：

科斯（1937）的解释：企业是市场或价格机制的替代；交易成本即制度运行的成本导致企业取代市场。①

张五常（1983）的解释：市场、企业这些概念笼统而复杂，“我们可以把它拆分成一个个合约来分析……为了降低计量成本，一种合约替代另一种合约……”，企业是合约选择的一种形式。②

任正非（2018）的解释：“……华为不是上市公司，我们不需要漂亮的财报。如果他们不想让华为进入某些市场，我们可以缩小规模。只要我们能生存下去，养活我们的员工，我们就有未来……”③

上述的解释似乎都未给出准确的答案，却似乎条条都是答案。实际上，学术界的争议以及理论与实务界的不同，都不重要，重要的是“差异中的一致、一致中的不同”。——这便是古人推崇的“举一反三”，这便是学术研究的“较真－反复”，**这便是**人文社科的“思辨－反求”。

概括人文社科之贵重，则约有“**五端**”（即“**五贵**”）——此亦是其有别于自然科学之不可或缺及其独特价值：

其一，人文贵乎镜鉴，此喻客观。

---

① 摘自科斯于1937年发表的论文《企业的性质》。

② 摘自张五常发表的论文《企业的契约性质》。

③ 这是任正非在2018年底面对央视记者董倩的采访时所说的话。——可参见后面1.2.2节的分析。

正如歌德所言："了解自身及他人者，深知东西方之不可分"①。此处借鉴转化：真正理解了教育及其研究，方知研教之不可分、理实之不可分、技养之不可分，故务须有机结合、辩证客观。

其二，人文贵乎视野，此喻多元。

正如美国社会－政治学家李普塞特（Seymour M. Lipset）所言："只知一国者近乎于无知（Those who only know one country know no country）"。此处借鉴转化："多元"即是洞察古今、覆及中外、广纳博收；"多元"即是博观约取、多维互证、"开卷有益"。

其三，人文贵乎养性，此喻修身。

先哲孔子有云："知者不惑，仁者不忧，勇者不惧"②，这既是修身养性之路径（"智－仁－勇"），也是其境界（"不惑－不忧－不惧"），同时亦完整概括了教育及其学术研究的本质与宗旨。此处借鉴转化：知识素养之进阶，需要内外协调互动，既须"由他向已"，亦须"由己及他"；也就是说，既须向外求证，更须向内体悟，故在对内夯实或者修身养性之外，还须有如下的"思辨"与"自省"。

其四，人文贵乎思辨，此喻灵悟。

先哲孔子有云："学而不思则罔，思而不学则殆"③，历来思学相济、理用相存。此处借鉴转化："思辨"即是衔接内外、贯通表里、镜鉴东西、内协古今的广纳博收与提炼升华；"思辨"即须灵思善悟、"识为实先"。

其五，人文贵乎自省，此喻反求。

先哲孟子有云："行有不得者，皆反求诸己"④，反躬自省始终重要。此处借鉴转化："自省"即是反求、反问、反思、反悟；"自省"即是要懂得理性与感性、惯性与直觉、思想与方法、理论与数据、假设与实证以及素养与技能、学科与领域之关联，等等，皆须辩证检视、善守均衡。

因此，本书由教育之本旨起笔，实为开宗明义、追本溯源；实为重申教育之根本重要、倡导研教之互动相长、助推学术之落地生根；实为强调学术研究亦终为教化。私意认为，这有助于矫正理实脱节之偏、匡正研教失衡之弊、校正轻视理论之误。结合上述的"五端/五贵"，人文社会科学**或许应当**更加重视"约束灵感、启发灵思"的理论⑤。

因此，本书上篇拟从研教之关联、教育之本义入手，聚焦探讨人文社科教育之内涵、

---

① 歌德：《歌德的格言和感想集》，中国社会科学出版社 1982 年版。

② 选自《论语·子罕》。

③ 选自《论语·为政》。

④ 选自《孟子·离娄上》。

⑤ 社会科学中的理论创造往往更为重要。因为只有理论才能揭示究竟什么才是更重要的，使复杂的世界变得清晰起来，进而为问题及困境之纾解指明路向；忽视理论，常常会导致乱用模型、盲引数据、选择偏差、混同差异、盲断因果甚至概念界定错误等严重后果，无益于知识增长以及认识之进阶。近些年来，包括美国等发达国家在内的各国学者均有忽视理论的趋势，典型之表现即是顶级杂志充斥着大量"只重视时髦方法，不重视理论辩论"的文章（本杰明·科恩，Benjamin Cohen），定量研究显占主流。指标引领、风气蔓延、于今为烈。实际上，越是复杂的学科，越是需要理论，而以思辨为特质的人文社会科学就更是如此。

特征及其方法论，进而延伸洞察人文社科教育研究之“范式转换”及其文化启示——并以会计学为例引证论说其“人文内涵”，植根传统、借鉴古今、放眼中外，同时立足实践、结合时弊，总论学术研究终为教化、研教互动何以重要、教育研究何以相长（四个维度/路径）以及理念与方法何以兼容等“辩证观”；同时兼及“创新主义”之流弊、素质教育之“核心虚化”等“怪现象”，并进而引出人文社科教育研究之“结构化对话”理念及其“结构化方法”（如“因人设课”）等“新思路”。

因此，本书上篇包含两章：第1章“总论：学术研究与教化”，第2章阐述“人文社科教育研究之共性及其特殊”，两章前总后分、思理一贯，从理念及方法角度，为全书逻辑之框定、方法之贯穿、内容之延展等，奠定思维架构。

最后，且以拙诗二首总括其意，概言人文社会科学“灵感-思辨”之重要、“反悟-心安”之可贵，以作为本书开篇之总论乃至全书形意逻辑之要义申发或其“隐喻”：①

偶得·思辨

无嗔（功成）归朴拙，
无相（情惬）因大器。
有进（业满）乃无涯，
悟道（心安）是缘积。

偶得·反悟

此夕又秋分，彼岸终不惑？
反悟近般若，而立亦绰绰。
金气迎华诞，丽水生木珏。
丁巳相比旺，携手上山郭。

① 第一首诗作于己亥年秋八月（2019-10-11），其中的“无嗔-无相-有进-悟道”，以佛家之修行喻指学海无涯、谦虚为本、朴拙为器，故亦对应“功成-情惬-业满-心安”之人生四种进阶；亦在以“儒家-释家-道家之相通”喻指“专业-学科-领域之互助”。第二首诗作于己亥年秋分（2019-9-23），原名《五律·己亥秋夕生辰有感》，此诗贯穿有无、远近、得失以及阴阳、五行之相生相克之理，喻指反悟、辩证之普遍而可贵。

第1章　总论：学术研究与教化

学而不思则罔，思而不学则殆。

——《论语·为政》

大学之法，禁于未发之谓豫，当其可之谓时，不凌节而施之谓孙，相观而善之谓摩。此四者，教之所由兴也。

——《礼记·学记》

研教之分离，教育“功利化”流弊之所由始。

——著者

本书开篇之首章，即“总论”学术研究与教化，而其核心观点“开宗明义”，**正是如下两点：**

其一，即是“学术研究终为教化”。

学术研究与教育引导息息相关。教化事大，而学术研究为其延伸；教化攸关，故学术研究当为传承。这其中，“事大”言其工具及本质（教研相长－研学互动），而“攸关”明其方法及价值（理实结合－思想传承）。

其二，即是“教化毕竟不是宣传”。

教育之濡染、熏陶及其导引——即所谓“教化”——必须遵循教育之“本质－本旨”，而与社会化的“娱乐”甚或“宣传”保持距离。私意认为，研教之分离，“功利化”流弊之所由始；研教之失衡，“结构化”畸形之所由生。狭隘的功利倾向会“蚕食”教育教化本来的“境界”（适度的安静），而不合理的激励制度会“剥削”学术研究该有的尊严（合理的自由）。学术研究终为教化，故亦须坚守合理的尊严及其距离。

须知道，进入甚或“混迹”社会并不是有效服务——警示与提升——社会的优先方式，而最有效、最根本的服务社会往往正是与社会“保持距离”——独立与自省——的教育反思及其学术追索。教育的求知与“反思”、学术的追问及“较真”，必须要有一定程度的“清高－自诩”或“**独立－孤静**”。**须知道**，真正的教育教化及其学术追索，必须要懂得首先做一个清醒、独立、超然而又热忱、耿介、正直的“旁观者”。

本书开篇首章之“开宗明义”或其“冒昧思断”，正是贯穿着上述的务实思考，同时也尝试以全书的架构及其内容，来努力践行这个期待。

1.1 学术研究终为教化

唐代画家张彦远在其名著《历代名画记》开篇即云：“夫画者，成教化，助人伦，穷神变，测幽微，与六籍同功，四时并运，发于天然，非由述作。”① 此论首陈绘画之“社会功能”，亦终在教化；次及“创新”乃实发于天然，不可以矫揉造作。虽为画论，亦可引为学术研究——尤其是人文社会科学领域——之本旨及其仪轨也②。

学术研究终为教化，故亦须体现“教化”之功能，亦须以“教研相长、研学互动、理实结合”为其理念方法，须以如何更好服务于“修身－致用”为其目标遵循。韩愈所谓“传道－授业－解惑”，既是“师者”之责任乃至教育教学之本旨遵循，同时也当为学术研究之职分所在。实际上，引导和训练学生“仿－习”学术研究的过程（成果展示－方法学习－规范遵从），其本质就是一个“教化/濡染”过程；学术研究正是一个通过“传道－传导”以及“授业－受/守业”而教人“解惑”以及自我“解惑”的动态有机过程，且尤以后者为重、为始。

古人所谓之“穷理尽性”以及今人倡导的“终身学习”，既是独立的自我“解惑”与精神追寻，也是学术研究和思想境界逐渐走向独立体系、自我特征日益凸显的进阶过程。**一言以蔽之**，学术研究的总结梳理、逻辑转换、追问求索及其提炼升华，终是通过或助推“教育”——思想传承——之进阶而发生作用，故其目的终在教化。

开宗明义，本书名为“研究方法论”，即是要从理念及方法着手，聚焦于人文社科教育及其研究之核心——如何思/读、如何写/评，着意于从“思考/阅读－撰写/评点”之“双向互动”（作者－读者）以及“架构/逻辑－内容/文法”之“双管齐下”（方法－辞章）的多维、综合视角予以布局延展。之所以先谈人文教育，实是为“校正－矫正”当前的学术研究以及高等教育中仍然存在的**“研教分离”之误区**以及**“重理轻文”之流弊**；实是从学术研究之“教育后果”起手，尝试反思当今高等教育中普遍存在甚或仍在加剧的“研教失衡”（激励机制－教育内容）以及实证研究的“技术中心主义”（学术取向－价值导向）等问题。

私意认为，这实在有助于学术研究以及高等教育之“**正本清源**”。

---

① ［唐］张彦远著，朱和平注译：《历代名画记》，中州古籍出版社，2016年5月版。这是我国第一部系统而完整的关于绘画艺术的通史，历来被推为“画史之祖”及“画史中最良之书”（见近人余绍宋的《书画书录解题》），在中国绘画史上地位崇高。

② 以“画论”开篇，实际上呼应了本书倡导并贯穿之“结构化思维”及方法，亦呼应着文章须彰显“图画之美”（图文并茂－结构之美）的追求。可参见后面第3章“idea之解构”以及第4章“idea之发现”部分的相关论述。

1.1.1 教学乃高校之本！

社会进步，端赖教育；科技发展，教育先行。一流的学府首先成就于一流的教学，这是美欧等发达经济体高等教育发展的历史经验，也是诸多名校何以长居世界一流的一个根本原因。然而，“学术 GDP 主义”的考评机制已逐渐坏了“教学为本”的根基，“指标化”的教学科研模式几乎引领了我国高等教育近 40 年的评价激励取向。此风之下，教学科研任务的“数量化”、学术贡献的“指标化”等怪现象随之风起①，至今浸淫日久，几至积重难返，不得不与时俱进，做一次认真透彻的反思！亦不得不以强力而锐意改革之！②

在“学术 GDP”之流弊积重难返的当下，我们已经轻视教学久矣！故必须重新认识“教学”在高等教育以及高校办学中的根本性地位。**教学乃大学之本，科研是大学之“器”**，未闻忘本可以成大器者！古今中外诸多成功的教育实践均表明，一流学府皆首先成就于一流的教学，故教育理念的更新、教学方法的研习，对于推进/督促师生之进步，对于引导/校正学术研究之取向，至为切要。

自《习近平在哲学社会科学工作座谈上的讲话》以及《关于加快构建中国特色哲学社会科学的意见》等文件之后，我国高等教育开始更加重视教学和育人为本③。自 2018 年之后，国务院以及教育部等各个部委又多次以领导讲话或发布文件的形式，开始特别强调发展建设“新文科”之重要④，特别强调“全面振兴本科教育”之重要⑤；开始明确强调教风学风、师德师风等对于教育教学以及科学研究的重要意义。上呼下应，一系列文件、

---

① 张五常教授多次指出，这种坏风气实源于 20 世纪的美国：“算文章数量与论文章发表的学报高下来衡量升职与薪酬这种愚蠢玩意，是上世纪六十年代的越战搞起来的。……这些无聊的衡量学问高下的准则，在美国源于越战，八十年代后期引进香港的大学，再十年盛行于中国的内地。今天，中国内地比美国严重很多。”——参见其博客连载“论中国的大学制度”系列文章以及《科学与文化》《五常论教育》等著作（中信出版社）。

② 详见拙作“中国大学定位及其学科发展若干问题刍议”（修改稿发表于《石河子大学学报（哲社版）》2015 年第 12 期）以及“我国高等教育的时评”等系列文章。关于大学之定位及其理念，最著名的观点当属梅贻琦先生 1931 年 12 月 3 日在清华大学校长就职典礼上的讲话；而当代最具代表性的文章则可推前中国政法大学校长徐显明的“大学理念论纲”一文（《中国社会科学》2010 年第 6 期）。虽八十年再论，“其致一也”，而尴尬的却是大学精神仍未能得以真正重建。

③ 自 2004 年 1 月中央明确提出《关于进一步繁荣发展哲学社会科学的意见》之后，虽历年皆有强调，但基本流于形式，“重理轻文”的失衡现象仍未见明显改观。

④ “新文科”教育理念由美国希拉姆学院率先提出并实施（2017 - 10），是相对于传统文科进行学科重组、文理交叉，把新技术融入哲学、文学、语言等课程，为学生提供综合性跨学科学习。为推动高质量发展，进一步提升教育服务能力和贡献水平，2018 年 8 月 24 日，中央确定发展“四新”教育，并将“新文科”明确纳入“四新”，强调其是新时代哲学社会科学发展的新要求，是夯实新时代中国特色、中国风格、中国气派的先进文化，培养和造就新时代社会科学家，形成哲学社会科学的“中国学派”进而推动中华文化光耀时代、光耀世界的需要，更是哲学社会科学与新一轮科技革命和产业变革交叉融合的现实需求。

⑤ 2018 年 6 月 21 日，教育部在四川大学召开“新时代全国高校本科教育工作会议”，为改革开放 40 年来之首次；2018 年 8 月发布《教育部关于狠抓新时代全国高等学校本科教育工作会议精神落实的通知》，全面推动落实“人才培养为本，本科教育是根”，形成全面振兴本科教育的压倒性态势，75 所直属高校积极跟进；随之又先后发布《关于加快建设高水平本科教育，全面提高人才培养能力的意见》（即“新时代高教 40 条”）、成立 2018 - 2022 年教育部高等学校教学指导委员会；先后推动实施“六卓越一拔尖”计划 2.0（14 部委单位联合印发）、实施一流专业建设及一流课程的“双万计划”、实施基础学科拔尖学生培养计划 2.0，等等。

讲话层出不穷，使2018年成为开启中国本科教育新时代的“新纪元”。

未来的中国，在综合实力日益强大、国民素质日益提升的进程中，教育教学与科学研究事业必将迎来更多务实而前瞻的革新。

1.1.2　研教何以重要？

知识的更替是自然的过程。如同教育教学有助于“导引”学术研究的取向一样，学术研究亦有助于“校正”教育教学中的偏误。所谓“教研相长”，研教不可割裂。课堂上的诸多习惯性、“常识性”甚或“科学性”的“谬误”，往往会因研究的不够深入或更新滞后而不得自知或自省，故常常需要借助纵深的、系统的、更新的学术研究成果来予以适时的校正①。

教学与科研互为基础，相互支撑，内在协调而共进。学校的首要和基本功能在于育人，在于培养拥有具有客观精神和理智自信的“新新国民”，客观精神和理智自信是国民素养之根基。大学必须立足于育人育才的办学根本，要先回归教育本旨、重视教学建设，进而才能通过师生相替、代际传承和层层深入、推而广之的科学研究（器识 + 器度），不断承担起更宽、更广的社会责任和历史使命。可见，教育教学为高校之根本，科学研究彰显大学之器识，而社会服务则体现大学之责任。

正如“理实”之难分，研教亦难分，实不可分，也不应该分割。学术研究是推进教育教学质量提升的一个重要渊源，且是决定高水平大学与一般大学之差距的一个最重要因素。学术研究旨在获取和创造新知识、新思想，是教师更新补充教学内容、完善教学方式的主要来源和方法，故学术研究的过程也是培养人才的过程。

1.1.3　教研何以相长？

教研何以相长？——要其关键在于意识之更新和机制之导引。试言其**维度及路径，则有如下四条**。

（1）要深入理解、准确把握研教之关联

如前所述，人才培养、科学研究，终为社会服务，故必须做到“理实结合”与“知行合一”，必须均以“实际问题”为其根本导向②。研教之关系，犹如“一体之两翼”，无翼不能“飞升”，无体不可“落地”。学术研究实有助于推进、充实和提升教育教学理念及方式的革新（即“飞升”），而教育教学则有助于检验、导引和发现学术研究的命题及其取向（即“落地”）。如此才能真正实现“理实结合、教研相长、研学互动”，并最终推动实现大学“研教之平衡”。

① 美国学者加里·史密斯（Gary Smith）所著《简单统计学》中，提供了大量印证“数据的偏差性和无关性，或者科学研究的缺陷和误导性”的鲜活事例，而这些事例正是发生在高性能计算机和全球网络强强组合的“大数据时代”。——参见第6章、第7章中部分的案例分析。

② 这里的“实际问题”，不仅仅指现实、可见的问题，还包括那些“与时俱进”的——即为当前之发展趋势、社会思潮以及历史规律所推动的或者内在需求的——（潜在的）理论及思想前沿问题。

（2）须要有自由研讨、敢于实践的空气

自由研讨、敢于实践的“空气”①，对于有效促进“理实结合、教研相长、研学互动”，并最终有效校正“研教之失衡”，或许最为切要。因为，唯有研讨交流、亲历实践，才能互通有无、砥砺思想；才能做到“知行合一、经世致用”。

教育在本质上就是为了塑造“意识形态”，古今中外皆是如此。立德树人既是“政治”的，也是“道德”的，政治不应也不能作为教育的唯一维度。教育的宗旨在于培育和提升公民之意识、国民之素养，而“国民性”一旦锻造形成，便成为助养学习“惯性”乃至民族精神的潜在动力②，便是最有效的爱国力量。

自由研讨和敢于实践的空气，是推进教育发达、科学兴盛的前提，发达文明及其形成，皆始于开放与包容，而这也正是中华文明的魅力和传统。教育及其思想的传播，必须要有自己的风格和面具。无边界、无原则的“言论自由”不应该成为一个成熟民族的合理追求。然而，限制合理的交流研讨的负面影响却是系统性的，因其不但制约知识的创新，更会影响人才的流动。众所周知，物以类聚，人以类聚，知识也以类聚，类而志趣相契，聚而思想迸发，这种类聚需要制度的设计，更需要氛围的引领。

大学里“无谓的约束太多，课程的规限太紧，创意不受重视”③。更有甚者如某些地方高校，如对档案之数量（须八件齐备并打印携带）、讲义之字数（PPT 每页不得超过 80 字）、大纲之覆盖（须符合章节之事先设计）、板书之规矩（必须依序板正书写）、授课之风格（须着装统一并上下左右走动）、考卷之难度（须保证一定通过率否则自写检查）以及授课之时长（严格限定 45 分钟，下课铃响即关闭设施），等等具细、琐碎之方面，均做出了“工匠般”的刻板限定！④ 这些坏风气和坏制度，不止是“有辱斯文”，更会“挤干榨尽”为师者的灵感及其“精神”，使教师真的沦为“教具”、使学生真的降为“产品”，教育遂进而成为“生产线”！——长此以往、新世来临，钱颖一教授关于“人工智能将使中国教育优势荡然无存”的反思⑤，或终会成为尴尬的现实。

---

① 这里使用“空气”而非通常所谓的“氛围”，是因其不论出于哪个维度，前者均重于后者、先于后者，其意乃是指教育及研究所在或内生于其中的更广更深的制度环境以及由其“定义”或塑造的思想空间、政治器量以及包容程度等；（故而）这里的“敢于”，一是指“敢于允许”（国家器度），二是指“敢于践行”（学者精神），励学敦行、穷变究微，两者缺一不可。

② 诸多探讨“文化心理”或“国民特性”的研究展示了文化传统或“国民习性”在塑造国家形象、影响民族品格等精神层面的特殊作用。较具代表性的著作，近现代有《日本论 日本人》（戴季陶、蒋百里著）、《菊与刀》（［美］鲁斯·本尼迪克特著）、《中国人与美国人》（许烺光著）、《铁血与音符：德国人的民族性格》（［德］埃米尔·路德维希著）以及《中国人的精神》（辜鸿铭著）、《美国人的性格》（费孝通著）等；当代则有《汉学菁华：中国人的精神世界及其影响力》（［美］丁韪良著）、《中华文明的核心价值》（陈来著）等。

③ 部分观点转引自张五常的博客文章：“别无选择，中国的大学要大事改革”（2018－12－4），他指出：“在原则上，大学需要的言论自由是存在着一个可以接受的空间”。引用时略有增减。

④ 尤其是在国家及部省实施的所谓“合格性或审核性的教学评估”期间，这样的行为就更普遍。

⑤ 这来自钱颖一于 2017 年 7 月在由国务院参事室公共政策研究中心和新华网思客共同主办的《参事讲堂》发表的以“创新人才教育”为主题的主旨演讲。基于对中国大学教育现状的反思，钱颖一认为创新人才的教育需要创新的教育模式，并提出三条建议：第一，教育应该创造更加宽松的、有利于学生个性发展的空间和时间；第二，在教育中要更好地保护学生的好奇心、激发学生的想象力；第三，在教育中要引导学生在价值取向上有更高的追求，避免短期功利主义。

凡此种种限定，又何以能够鼓励创新、何以能够激发顿悟呢?！又怎么能够助养形成雍容大气、风气恰然、理实结合、教研相长、研学互动的教育氛围呢!？**殊不知**，在学术成就、思想境界以及德业操行上真正形成“风格化”的师者，才能讲授出自成体系、风格焕然的课程，也才能教导出风采各异、各领风骚的专门人才；而且，这样的“坏制度”还会大大抵减国家在教育及科研事业上日益投入巨资的社会及其经济效应；同时，我也始终确信，这其实也已远远背离了中央的政策初衷及其改革精神。

教育和研究中的交流互动，其重要性不言而喻，而其畅通关键在于器度。非交流不足以通有无、知长短、明进退；非研讨不足以了深浅、辨是非、增智识；非活泼不足以明自由、促竞争、益互动；非大度不足以聚英才、正视听、开风气。所谓“反者道之动”[①]，大学作为“教化思辨之地、斯文传承之所”，刻板的束缚，无谓的规矩，只顾乌纱的应付，专司媚上的迎合，是不可能造就出术业专攻而又博雅多通、今古并存而又风清气正、严肃活泼而又畅快淋漓的研教风气和学术氛围的。所谓“百家争鸣、百花齐放”，始终是“兴教宏义”的内在规律和研教勃兴的显著标志，古今如此，中外亦如此。不可不审问而明辩之。

“**坏的东西总是学得更快**”，不仅仅是一个心理现象，在雅正严肃的教育及研究背景之下，其“蔓延”的实质更像是一个民族缺失自省、缺少反思、崇尚跟随、乐意盲从以及开始普遍丢掉“实事求是”之优良作风的典型表现。不可不反省而深察之。

（3）要倚靠激励之引导以及制度之固化

好的举措要以制度予以传承固化，以利形成“惯性”、改善“预期”、强化激励。然而，激励机制最忌过细，因其非但无法形成有效的激励，反而会成为创新与进步的束缚。激励制度贵在导向，而其功在长远，不可一蹴而就。

如今，很多高校施行教师分类管理，即区分教学、科研双岗而予以分类考评，并在过程监管、绩效核定以及职称评审等方面进行细化规定，以期达到“人尽其才”的分类激励。目前，该制度仍然正被各大高校相继仿照、实施（因实力差异、地区差异），虽前后已历数年，其效果亦不便截然断定。然而——尤其是自“双一流”计划实施之后，尚处于实验阶段的“分类管理”很快便又演进为要强化“一岗双责”，亦可见其流弊已显、背离初衷。

教研岗位之分离设计，**原其初衷有二**：一是为便利管理之需要，二是促使教师有所侧重，便于其分配精力，将更多时间投入兴趣所在，以利出成果之“多快好省”（可见其功利思维明显）。殊不知，初衷虽好，可惜易被歪曲误用甚至投机滥用（哪个有利便趋向哪个）；看似“量才为用”，实则人为打乱了研教互动之规律、片面理解了激励机制之效果，

---

① 语出《道德经》四十章，原文为：“反者道之动，弱者道之用。天下万物生于有，有生于无。”“反者道之动”，历来有两种解释：一是说矛盾着的对立物各自向着自己的对立面转化，即“反”；二是说事物运动变化的规律是循环往复，即“返”。这里是指学术研究应该秉持“独立自由、客观辩证”的精神，不可以盲从盲信；这也可以当作是学术研究应该“问题导向”的另一种解读。

也更助长了“指标化”生存模式和“学术 GDP”主义，以至于流弊丛生，不得不改。实际上——**值得额外强调的是**，社会科学的研究与教学本就是一体的，根本分不开也不能分开，故在社会科学领域推行教师分类管理制度，尤其值得审慎设计、审慎为之[①]。

强化“一岗双责”实有助于促进“教研相长、研教平衡”。**须知道**，大学的人才培养是靠科学研究支撑的，一流大学与一般高校的差距正是反映在高水平科学研究对高质量人才培养的支撑力度上，故教研分离无疑会制约人才培养质量，甚至无异于自断“双臂”。教研分离实不能契合世界一流大学的器度，古今中外皆然。

回顾我国五四时期的清华、北大以及后期的西南联大（仅存八年）等高等学府，虽仍处于初创，但在众多领域已堪称当时世界之一流。考其办学历程，亦从未分设二岗，而其研教浑然一体，实多得益于自由之激励也。诸多“师者”既是学术大师又兼属教育名家（如蔡元培、潘光旦、竺可桢、胡适、傅斯年、叶企孙等），桃李满园又著作等身，亦可谓“立德、立功、立言”而三不废。学校的器度恢弘、兼容并包，学者的兼收并蓄、诲人不倦，实得益于育人为本、研教一体、知行合一、别开生面的大好风气。这种上承优良传统的教育氛围，可谓“墙内开花墙外香”，其影响有目共睹。详见第 2 章“因人设课”部分。

（4）要适时推动制度创新——兼批“创新主义”流弊

“创新”不总是最重要的，故放在制度“固化”之后，因为科学的创新均须有其前提。制度者，“秩序”也。秩序不可轻废，因其重建艰难。这里特别强调“创新不可轻言，制度不可轻废”，实在是基于历史的考察和现实的体验。因为很多“好的”制度（事后回顾），未及见到实施效果，就被草率的“创新”给废掉了，故制度改革须“适时而动、科学创新”。如今的高等教育，除存在上述的“学术 GDP 主义”外，还似乎盛行着一种“创新主义”的流弊，即直接将“进步”等同于“创新”，认为无创新就无进步，没有创新就不算进步。这实在是迂腐至极、不负责任的片面论断。

国家层面持续高举和强调创新驱动之关键作用，但“上好而下趋”，因循沿袭，“创新性”竟而演变成为一切事务之准绳，成为诸多激励制度设计的导向性指标。指标既定，风气随之。各级各部门尤其是大学等科研机构，更是纷纷将“创新性”作为其成果评价、人才激励及职称晋升的第一要求。大至项目评审，小至学生“作业”，甚至是本科论文答辩等环节，均将“创新性”作为首要之质询[②]。考其本质，这实在是求全

---

① 中国人民大学周华教授认为，“高校的社会科学教育工作者只需要划分为教学科研型和教学型两类，没有设置科研型教师的必要”，否则会加剧“论文比赛的闹剧”。参见周华：《法律制度与会计规则：关于会计理论的反思》，中国人民大学出版社 2016 年 10 月第 1 版，第 335 页。

② 不妨直言，本科毕业论文的设计就（该）是为了让学生习练“模仿”“照说”以及自觉遵循规范的能力，不应该将所谓“创新”作为其首要要求！这个阶段，学生刚刚步入“自主学习或研究”的门槛，最要紧的是须引导学生发现并挖掘自己的“志趣”，引导培养“四种认知”能力：通过“专业认知”，明确“职业认知”，进而提升“潜力认知”，同时引导“规矩认知”，最终为将来从事“重要”或“新颖”的事业做好“可行”之准备。“模仿”之内涵实在值得从宽、从深挖掘，并须“广而告之”！

责备、强求创新；实在是妄言创新、曲解了创新的本质；同时，也是漠视了教育传承、知识创造以及事物发展规律的典型体现。

国家在宏观战略层面强调创新导向实属必要，但不分对象、漠视规律，一律强调创新为先，则实为武断曲解。**须知道**，“创新”从来不是强求而是自发的行为，世界上绝大多数的“创新”都始于“模仿”（诱发式创新），“从无到有”的创新创造（源发式创新），绝多只是“意外的惊喜”甚或“天才的游戏”，怎可以强求所有人?![①] **须知道**，“模仿”行为因其内涵多元、覆盖广泛，实在值得从宽、从深挖掘，并须“广而告之”![②]

更值得警醒的是，与前述的教师分类管理制度相类似，“创新主义”导向的激励制度设计，其最大的流弊是极易纵容投机并进而引致“创新的泛滥”，以致成为滋生“学术腐败”的一大根源；而且，这种坏制度一旦实施，还更易积重难返，故其制度的“沉没成本”高昂。争名逐利是人之本性，制度只是外在约束，而“创新主义”导向的激励制度反而会“激励”和助长人的这种“负面本性”。学术舞弊并非中国特有，国外亦不鲜见。如今，国内外诸多名校的诸多知名教授乃至“长江学者”频频被“揭诸”报端，撤稿和舞弊事件频发，便是最为典型的例证[③]。

私意认为，所谓“制度”，其本身的一个内在要求或其本质特征即是“固化”与“遵循”。未及形成有效的制度，却总将“成败得失”诉诸或归咎于制度，实在是对“制度尊严”的曲解甚至是亵渎，也是人之“知行”自相矛盾的体现。所谓“变制度易，变社会难”，这里特别强调“创新不可轻言，制度不可轻废”，也是为了强调对于“制度与创新”或“执守与变革”之辩证关系的更深入认知。然而，久袭旧制，亦难免流弊丛生、效力递减，又不得不创新，这实符合优胜劣汰、新旧循环的自然规律。

最后，还须注意的是，这里说创新不总是最重要的，绝非否认创新之关键作用。殊不知，在教育与研究的特定过程中——甚至可以推而广之——须明白三个“价值判断”，并须遵循一个“大体排序”：须明白“重要、新颖、可行”之别，应遵循“重要—新颖—可行”之序；而这对于教育教学主题或学术研究命题的优选，实在是一个“理性而务实”

---

① “创新”可大体分为两种境界或类型：一是从无到有的“源发式”创新，二是“诱发式”创新，即在模仿过程中进行填补、改进。与“创新”的自发性特征相似，“模仿”也是受到启发后的自发性行为，并非仅指照做，还带有创意的发挥。郎咸平曾说：“企业的成功在于成功的战略复制”。两类创新，孰难孰易，孰先孰后，其实很难分清楚，“源发式”的创新其实也是创新积累（再受启发）的结果。

② 可参考［美］卡尔·劳斯迪亚、克里斯托弗·斯布里格曼合著的《模仿如何激发创新》（电子工业出版社，2015年4月）等论著。

③ 国内最著名事件莫过于河北科技大学韩春雨（2016）和南京大学社会学教授梁莹（2018）；国外如美国杜克大学生物学家波茨·康德（2016）、哈佛医学院教授皮耶罗·安韦萨（2018）、东京大学著名分子生物学家渡边嘉典（2017）和细胞生物学者小保方晴子（2014）等，以及刚刚被揭露的“女版乔布斯”伊丽莎白·霍姆斯的造假事件（美国创新史上最大骗局）。值得说明的是，这些舞弊行为往往并非肇事者一人主观所为，更多是团队，而“创新主义”导向的激励机制无疑是其主要根源。一份来自“庄重、保守而严谨”的英国、针对英国学者的调查报告显示“英国学术不端普遍性惊人，1/5捏造数据；……36%的调查者称曾经自我剽窃，17.6%的人曾参与剽窃”。诸多媒体亦先后报道，受制于各种压力，包括牛津、剑桥等顶尖大学在内，英美很多高校的学生舞弊和学术不端现象亦普遍而严重。

的判断与抉择标准（或经验），且不可以颠倒为之，否则接近本末倒置。一言以蔽之，是因为“重要”才值得教育传承和研究探索，“创新”并非也不应该作为第一位的价值选择，故崇尚“问题导向”的科学研究乃至教育教学，不应该置问题或答案的“重要性”于不顾，而将刻意“求新”作为首要之目的，从而“人为自造”起制约真正创新的门槛与桎梏。第2章2.2.2节以及后面相关章节（如5.2.2节等）还有论述及例证。

1.2 教化毕竟不是“宣传”

教育终究不是“宣传”①。考其本质差异，“宣传”往往立足于鼓动、疾呼，以求立竿见影之奇效，故往往作为“政治活动的工具、革新思想的号角”；而“教育”则立意于缮守、静思，以求专门技能之培育、素养修为之精进，故往往重在持守，不可轻易为名利束缚迷转、不可轻易为流俗浸染神失。

1.2.1 “位育”理念与大学之使命

大学不应该兀自沉醉于流行的排行榜单之中，不应该都将“服务全人类”作为自己的当然义务，不应该只顾“大而全”（规模建设）而忽视“强而精”（内涵建设），不应该太过于急功近利而患得患失。大学应该榜样先进、弘扬传统；大学应该尊师重道、研教并重；大学应该科学管理、风清气正；大学应该严肃活泼、寓教于乐；大学应该“允公允能”、自由研讨；大学应该“遗世独立”，与媒体保持适当的距离（以避免被“娱乐化”所主导）；大学应该是怀抱思想、近决远瞻②之所在，应该远离喧嚣、沉潜德性，自信而优雅地走在先进思想和学术研究的前沿，不断引领新风气、解读新趋势、匡正新潮流、担负新使命；大学应该“优先”服务于地方③，应该积极响应社会关切、承担社会责任；大学的办学及其育人均应该“各安其所”、贯彻“位育”理念，因为“教育只能产生并发扬光大于教育对象生存的土壤”。④

【例1-1】何为“位育之道”：潘光旦眼中的教育弊端已经祛除了吗?

以下是本人之前关于“中国大学定位及其学科发展若干问题”的一些思考，特摘录其

---

① 潘光旦在《自由之路》中言：“我以为当前教育的最大危险，就是在一部分从事教育事业的人心目中，教育和宣传混淆不清，甚至于合二为一。”其言在建国当时，于今仍然适用。

② 是本人的生造词，所谓“近”，即解决和研判眼前的现实问题；所谓“远”，即引领和关注前沿及长远问题。此当为教育教学与学术研究之道。

③ 私意始终认为，“服务于全人类”当是少数“一流”大学的追求或定位，更多的大学更应务实定位于“优先”服务地方，由点及面，“精炼”前行（避免大而全），首先服务好所在区域即是为国为民。——详见拙作“吴昊旻（2015）：中国大学定位及其学科发展若干问题刍议”。

④ 张尧学在中南大学推行的一系列改革及其观点主张可谓潘光旦先生所倡“位育之道”的代表性实践，是否会推广为一种“成功”的模式，值得期待。

中观点，再引以为支撑：[①]

在中国现代教育史上，潘光旦是最早发现专业化教育弊端，并提出通才教育思想的著名教育家之一。他在教育上最具特色的贡献就是提出了“位育”之道，思想界将其评价为是自严复后将传统文化精神与西方先进科学知识成功结合的最早范例。“位育之道”源自《礼记·中庸》：“致中和，天地位焉，万物育焉。”“位者，安其所也；育者，遂其生也。”“位育”也就是“安遂所生”。

潘光旦指出，教育只能产生并发扬光大于教育对象生存的土壤，“新教育应当因地制宜”，应该发扬和创造适合自身国情的“新教育”。潘光旦还更进一步把“位育”的概念延展到更宏大的命题，认为“民族的根本问题或中心问题”与“求一个所以安遂所生之道”相关，指出“安所，属于生活的静的方面，换言之，就是民族秩序的维持；遂生，属于生活的动的方面，换言之，就是民族进步的取得。”故改进生存环境和经济社会环境，就成为“位育之道”的重要内容。

简言之，这里所谓的“位育”理念，就是要使大学懂得和培养“自知之明”，要在时代大趋势和地区真需求的现实背景之中，与时俱进，科学找寻和校准其自身的社会功能和责任定位，要竭力通过发扬“比较优势”的理性竞争，在全国大学的“贡献排序”中逐渐赢得社会认可。……

本人之前曾专门撰文“呼应”陈冬华和李真两位学者发表在《会计研究》2015 年第 1 期上的文章“乡土与城邦”，对其观点深以为然，并借以反思现代学术研究之取向[②]。后面第 2 章的 2.2.5 节对此有摘录，亦可引为“位育”理念之引申。

1.2.2 由企业的本质到大学之宗旨

举凡各类组织，其宗旨均大体相似，即“为己为人”而已矣。大学之宗旨即与企业之本质颇多类似。聊举一例证之。

在 2018 年底的“孟晚舟事件”逐步演变成为“华为事件”乃至“中国事件”的背景之下，华为创始人任正非先生“被迫”现身媒体——华为内部说是因面临“危机转换的关键时刻”，在面对央视记者的访问中，他说得清楚：

“……华为不是上市公司，我们不需要漂亮的财报。如果他们不想让华为进入某些市场，我们可以缩小规模。只要我们能生存下去，养活我们的员工，我们就有未来。……”

——**这句话直白而又深刻**。私意认为，这句话不光点透了“企业之本质”、企业经营之本质乃至“企业家”之本质，亦大可作为我国高等教育或其高校办学的一个根本性遵循或理想化追求。莫忘先贤所云：“非淡泊无以明志，非宁静无以致远”（诸葛

① 转引自拙作：吴昊旻．“中国大学定位及其学科发展若干问题刍议”．石河子大学学报．2015（12）。

② 参见拙作：吴昊旻．“由《乡土与城邦》反思现代学术研究之取向”．新疆农垦经济．2016（7）。

亮），大学应该首先守住“底线”，善于在喧嚣中保持宁静与独立，而不应过于“急功近利”；教育教学和学术研究必须与“媒体喧闹”保持距离、与“娱乐至死”划清界限①，媒体根本不是“一线”，聚光灯下更非学问精进之佳所，志趣追求各异，价值取向分殊，故当有所戒。

【例1-2】大学的角色和使命：任正非的调研

在中国企业不断面临美国疯狂打压、因“根科技”制约而频遭围堵的大背景以及基础创新之重要性日益凸显的大趋势之下，2020年7月29日至31日，华为创始人任正非率团队就基础研究、产学研合作、人才培养和科研创新等问题赴上海、南京四校调研时又“最新发声”②，特别强调了在这四大方面中的“**大学角色**”。

关于基础研究，任正非强调：“大学老师的研究是为理想而奋斗，目标长远，他们的研究是纯理论要素研究。……高校的“明灯”照耀着产业，大学老师的纯研究看得远、钻得深；华为公司的研究实用度强。在我们之间的合作中，你们给我们带来方向，照亮了我们。

关于产学研合作，任正非强调：“校企合作要松耦合，不能强耦合”；认为“高校的目的是为理想而奋斗，为好奇而奋斗；企业是现实主义的，有商业‘铜臭’的，强耦合是不会成功的。强耦合互相制约，影响各自的进步。”……“强耦合你拖着我，我拽着你，你走不到那一步，我也走不到另一步。因此，必须解耦，以松散的方式合作。”

关于人才培养，任正非强调：“……未来技术世界的不可知，就如一片黑暗中，需要灯塔。点燃未来灯塔的责任无疑是要落在高校上，教育要引领社会前进。对未来的不确定性，认识它的艰难，应对这种不确定性，除了给科研更多一些自由、对失败更多一些宽容外，应对不确定性的确定可以从孩子们的教育抓起，中国的未来与振兴要靠孩子，靠孩子唯有靠教育。”

关于科研创新，任正非强调：“我们需要创新，找到一个一个的机会点。如果我们把英国工业革命的指数定为100的话，美国今天是150，我国是70，中国缺的30是原创，原创需要更严格的知识产权保护。没有原创就会陷入中等收入陷阱，房屋、汽车都会饱和的，饱和以后如何发展？不发展，一切社会问题都会产生。”……“我们希望十年、二十年后，我国的大学担负起追赶世界理论中心的担子来。我们国家有几千年儒家文化的耕读精神，现在年轻妈妈最大的期望是教育孩子，想学习、想刻苦学习，这都是我们这个民族

① 这同时也是一部著作的名称。美国媒体文化研究者、批判家尼尔·波兹曼于1985年出版其“媒介批评三部曲”之一《娱乐至死》（*Amusing ourselves to death*）。波兹曼深入剖析了以电视为主的新媒体对人思想认识、认知方法乃至整个社会文化发展趋向的影响，该书指出美国社会由印刷统治转变为电视统治，并因此导致社会公共话语权的特征由曾经的理性、秩序、逻辑性，逐渐转变为脱离语境、肤浅、碎化和一切公共话语以娱乐的方式出现的现象，以此来告诫公众要警惕技术的垄断、认识到媒介危机。其发问、剖析令人深省，足以引为现代高等教育——社会思潮及风气的引领者——宗旨及其定位之省戒。

② 资料来源：《环球时报》，“任正非最新发声”，2020-8-29。

的优良基础，我们是有希望的，中国是可以有更大作为的。”

任正非的观点，其实是他基于华为自身的管理思维、创新实践以及对其面临之“发展困境”的清晰认知，进而对新时期中国的高等教育以及其“大学使命”提出了新的要求和期待；也大可以引申为广大实务界或实践应用层面——以企业为代表——对于基础研究之关键、科研氛围之重要、学术精神之支撑以及教育之社会定位、大学之本质功能的一个“针砭”、反省和呼吁。

对此，教育当有所守，大学当有所思，教育与科研当有所“系”。

第2章　人文社科教育：共性及其特殊

君子既知教之所由兴，又知教之所由废，然后可以为师也。故君子之教，喻也。

——《礼记·学记》

教育的目的就是培养你辨别有人在胡说八道的能力。

——［美］德鲁·福斯特

千教万教教人求真，千学万学学做真人。

——陶行知

题目虽是一样，答案却已不同。

——［美］弗兰克·奈特

本章所论之“共性”，是指人文社会科学教育从属于广义教育之共通、普适；而本章所论之“特殊”，则是指相对于“理工科思维”的大行其道而言，人文社会科学自有其鲜明特征以及独特价值。这种“特殊性”，乃是讨论人文社科教育教学及其学术研究的一个“逻辑背景”，同时也是本书倡导的“结构化思维”及其可行方法的一个“思辨基础”。

本章遵循“教育—人文（社科）教育—学科（专业）教育”的逻辑主线，首明教育之本义（循本溯源），次说人文社科教育之内涵、特征及其方法论——从其本质、知识传授、新兴范式及其转换等“四个维度”，进而提出基于“结构化对话”之核心理念及其创新方法（即“因人设课”）的人文社科教育方法（论）及其范式革新；最后“放言”——并以会计学科为例——范式转换及其革新之“文化启示”。

人文社会科学是“**万源之水**”[①]，故亦须“纳百川而通四海”（自利－利他），更需要有一个开放包容而莫太功利的好氛围和大视野。

① 如同哲学是“智慧之学”一般，人文社会科学可以说是“万源之水”，其思辨特质可谓惠及所有学科，而其研究视角及对象也已经延伸、交融到几乎所有学科领域，“交叉学科”的兴起即是典例。

2.1 教育之本义本旨

教育始终伴随着人类社会的产生及其发展，历来是社会选拔人才以及个人实现“阶层跃升”的最重要方式之一，古今中外皆然。“教育”一词最早始见于《孟子·尽心上》，即“君子有三乐，……得天下英才而教育之，三乐也”；而“教育”在中国成为常用词，则是19世纪末20世纪初的事了[①]。在西方，“教育”一词源于拉丁语“educate”，据说是苏格拉底的发明。教育之学说、理论及体系庞杂，至今也已成为独立之学科，在此不便详论，仅就中西方关于“教育”之内涵或其功能，特别阐明如下“三层差异”，试分节论之。

2.1.1 从词源或其本义上看

中国的“教育”更多强调其“外化”属性，更多凸显其“治理”功能，即突出“由外而内”的教化、提升（包含修养及其阶层）过程。许慎在《说文解字》中的释义充分体现了这一点：“教，上所施，下所效也；育，养子使作善也。”

在西方，“教育”则突出“内发”之意，强调教育是一种顺其自然的活动，旨在把自然人所固有的或潜在的素质，“自内而外”引发出来，以成为现实的发展状态。考其构词，“教育”（education）是三个词根的缩写，其前缀“e”有“出”或“向外”的意思，而“duce”是“引导”的意思，“tion”是名词，即“引导出来”；也就是说，所谓的“教育”就是通过一定的手段，把某种本来潜在于人们身体和心灵内部的东西真正引发或引导出来，帮助他们成长为“自己”的样子。

如今看来——伴随着对人及社会发展的更深认知，西方的界定似乎更接近“教育”的本义，将国家“实施教育”和个体“享受教育”的内涵相融合。实际上，中国的先师孔、孟的教育理念——核心如以“仁”为本、因材施教、有教无类以及“守正中庸”与“全面均衡”等，也最能体现“教育”的本义，正所谓“轴心时代”的“东西共通”[②]。孟子曰：“爱人不亲，反其仁；治人不治，反其智；礼人不答，反其敬；行有不得者，皆反求诸己……”[③]，亦此谓也。一言以蔽之，教育（education），就是教你“发现自己”。因此，在受教的过程中，要学会和善于发掘自己，即知道自己的能力空间、兴趣范围进而确定自己的人生志向。

只不过——遗憾的是，后经历变及政治影响，“教育”的本义或其内涵已与两千年前

① 此实得益于清末平民教育家武训（1838－1896年，被誉为“最伟大的乞丐”）与陶行知（生活即教育，社会即学校，教学做合一）、晏阳初（办平民教育，以“造就”新民）以及张伯苓、蔡元培等教育学家的“教育救国”理念和各种“教育实验”启蒙运动的大影响。

② 德国思想家卡尔·雅斯贝尔斯在《历史的起源与目标》一书中，第一次把公元前500年前后同时出现在中国、西方和印度等地区的人类文化突破现象称为“轴心时代”。

③ 语出《孟子·离娄章句上》。

“有所不同”。反思当下，如今大谈特谈大学之精神、教育之本源、学校之定位，却未曾回望教育之本义，**反而将**“灌输、塑造、顺从、速成”之法，当作教育教学之最大目的[①]；**反而将**个体最珍贵之“个性、灵动、好奇、深究”之思，当作教育治理之最大敌人！……可谓功利蠢动、本末倒置，竟致非议集聚、诟病而不绝。对照理实结合、研教互动之规律，对照国家创新之使命、国民素养之提升，**又何其谬也！**

2.1.2 从其渊源或制度依附看

中国的教育始于中国的古典著作（人文内涵），而非宗教组织，这与西方教育的起源受到宗教组织的巨大影响（宗教意蕴）而显著不同。西方“教育”所谓“自内而外”的引发或引导，似乎天然地带着些许“宗教信仰”的神秘气息。由此可见，中国教育的“人文（秩序）”内涵更广且深，而西方的教育则似乎显得相对局限甚或狭隘[②]。中西方关于“教育”的内涵差异，也进而影响和引致了社会行为模式或其制度设计的差异化特征。如同其哲学及审美取向，中国的教育（制度）也体现着浓郁的“自然主义”风格。

聊以二例以释之。

【例 2－1】中国的“二十四节气”：仅仅是节气么？

诸多学者认为，中华传统节日是维系中国国家统一、民族团结和社会和谐的重要精神纽带和关键制度因素[③]。推而广之，其他国家实亦类似，因为节日是最为典型的“寓教于乐”的制度创新与文化实践。例如，端午节与春节、清明节、中秋节并称为中国四大传统节日。仔细考察这四大节日，两个是祭奠先人、缅怀先贤（清明、端午）；两个是预祝团圆、推睦如亲（中秋、春节），传统如斯，可见中华传统礼仪之可亲、可信。

再如，研究二十四节气的西方学者指出[④]，中国的节日内容从来源到其方式，都是依据自然规律，因而确定节气和节日时间对应了自然时序和社会人文时序的协调要素；阴阳观念作为中华文明之根，完全是宇宙生命体互相依存关系的生态规律。

中华传统节日主要是依据“天地人合一”的生活方式即“节气”而来的，是一种生态节律的规范，即根据天象的变化，然后把时间内容，包括作物、动物和人体的生活节律

---

① 此为片面强调教育之“外化”功能（治理之需要），不但断章取义，更是事倍而功半。殊不知，个体之价值观或精神境界未有提升（“内化”之动力），则绝不会有爱国、仁爱之操行。刘文典说：“一个人对于固有的文化涵濡不深，必不能有很强的爱国心”（参见《民国的底气》：157 页），亦此谓也。

② 历史观尤其是“世界史观”也可能显著影响教育的认知。当代杰出的世界史家安德烈·贡德·弗兰克（Andre G. Frank）就曾尖锐批评 19 世纪以来欧洲所谓的“世界史”：“真正奇怪的是，为什么在那些世界史学家眼里，竟然从来没有过‘世界’。”这种“狭隘”由黑格尔、尼采、韦伯而传承至今仍然自矜而尚未自觉。对“欧洲中心主义”“资本主义是人类归宿”或“西方文明优越”的更有力批评和冷静反思还可参见法国历史学家费尔南·布罗代尔的巨著《15 至 18 世纪的物质文明、经济和资本主义》。

③ 转引自环球网（2019－2－11）的文章“5000 年来，中国为什么能养活这么多人口？”。文章指出：几乎所有的文明都发源于对时空关系的总体认知和实践达到了改变人类生活纯粹依附自然的程度，这是天文历法诞生的必然性，构成文明创生和传承的价值；而天文历法推广应用中的节日与节庆文化就是这种文明价值的特有表达方式。

④ 2016 年 11 月 30 日，二十四节气被正式列入联合国教科文组织《人类非物质文化遗产代表作名录》。

推广给全体国民，这就是人文的调节规范，体现的是一种典型的生态文明精神。通过自然时间和人文时间的合一，节日就此形成，之后被世代传承遵循并加以创新扩展，最终造就了中华民族丰富的精神家园，成为中华文明价值的强大表征。但是，与西方文明、伊斯兰文明显著不同的是，中华文明几乎没有神话英雄或宗教原教旨传承的全民性节庆体系。可见，中华文化实是以“自然法则、天然规律”为其内心之归依遵循（人生观）、行为之抉择模范（价值观）以及道理之辩证洞观（世界观）。

作为文明古国，中国是世界上制度体系最为复杂、制度文明最为发达、制度传承最为持久的国家，也是世界上最早形成和建立现代意义上的、成熟的“国家形态”（基层结构-社会组织-国家治理）的先进国度[①]，而教育或教化，历来是其制度设计的最重要组成部分之一，正可谓“其表在政、其里在学”。中国的“尊孔”以及其科举制度（教育取向-人才标准），历千年而不衰，亦未因朝代更替而中断，也可作为教育制度经久传承、涵泳厚植而斯文不辍的最好典证。**试再以一例延伸**。

【例2-2】人文学科与文化差异：“没有主宰但和谐有序”的宇宙观何以可亲?

北京大学历史文化学者韩毓海教授，在其成名著作《五百年来谁著史：1500年以来的中国与世界》[②]一书中，曾这样讨论对比东西方“世界观”乃至“宇宙观”的差异：

……李约瑟（Joseph Needham）和牟复礼（Frederick W. Mote）[③]都曾有力地揭示了中国“没有主宰但和谐有序”的世界观的先进性。**他们指出**：与其他宇宙观和世界观不同，中国文明将宇宙和人类社会历史，理解为在相互矛盾中“本然自生”的有机体活动，也就是说：不是“救世主”“造物主”的创造，而是在物质空间（五行）和时间（四季）的矛盾运动（阴阳）转换中，宇宙和人类历史的运动。

而与之不同，包括欧洲在内的世界其他文明，则总是把宇宙和人类社会视为“造物主”的产物，**因此，与中国不同**，他们总是需要逻各斯、主神、“精神”或者“第一因”，因为只有通过这种“第一因”和“唯一因”，才能解释宇宙和人类社会历史运动。

而在这个意义上，毛泽东关于“矛盾论”的思想，正是对“没有主宰但和谐有序”

---

① 国学大师钱穆指出，民权的表达和实行不能单靠一纸宪法和几个代议士，关键在于形成下情上达的有效机制；中国作为悠久的文明，自然不能说历史上从来就没有“制度”而只有“专制”，如所谓公田与私田、科举与选举、郡县与封建的制度争论一直贯穿于中国历史之中，并构成了近代以来中国改革与革命的真正动力——转引自韩毓海《五百年来谁著史》（绪言，7）。美国学者约翰·霍布森在其著作《西方文明的东方起源》（251-259页）中也指出，20世纪以前（1500-1900年）西方国家的民主、自由主义以及集权和理性不过是欧洲中心论者刻意虚构的“神话”，东方国家要比欧洲中心论所认为的东方专制主义更加理性、多元、互动而富于创新和增长活力；故东西方之间由于文明的大分裂而分离的观点无疑是虚构的，欧洲中心主义并不足以支撑西方崛起。类似的持论客观的著作还有［英］杰克.古迪的《西方中的东方》、［加］贝淡宁的《贤能政治》等。正如歌德所言：“了解自身及他人者，深知东西方之不可分。”

② 韩毓海著.《五百年来谁著史：1500年以来的中国与世界》.九州出版社.2009年12月（300-301页）。关于国人“宇宙观”的探讨，还可参见后面9.2.5节案例分析。

③ 牟复礼（Frederick W. Mote，1922-2005年），美国儒学学者、汉学家、中国学家、东亚学家，其代表作有《中国思想之渊源》等。

的中国宇宙观的发展。……

这个对比，可以很贴切地解释“没有主宰但和谐有序”的“宇宙观”何以更加可亲进而可信的渊源。中国哲学的“自然主义”核心以及由其发展和塑造出的、中国人的“天性辩证”思维，使得中国（人）由内而外、自古至今，都闪烁和持守着“天人合一”、崇尚和谐、约己乐群的习性与智慧（参见后面6.3节例6-6“文化差异与疫情防控效果”）。在这个意义上，中国古代先贤典籍中——同时期的西方先哲亦近趋同——倡导和践行的“天人合一”、兴教宏义以及执两用中、德才并举等思想，似乎也更加吻合人文社会学科乃至整个教育的本义及其本旨。

2.1.3 从内容或其体系支撑看

从教育的历史来看，人文学科曾经一直是教育的中心内容，人文教育被认为是培养负责任的、有能力的公民的重要手段[①]。所谓“文无第一，武无第二”，人文与社会科学领域的思辨性研究（如会计），实际上并不存在所谓的权威，以文学和艺术为核心的“人文学科”以及以现象和问题为旨归的“社会科学”，更须首先并始终根基于主体所在之“本乡本土”，紧密依托其社会人情、风俗历史等，厚植精神根脉及人文情怀，而后才能“推己及人”，才能交流互通并终能发达繁荣[②]。

因此，从其内容及体系支撑方面看，教育——尤其是人文社科领域的教育及其研究，从来都应该是以独立精神、自由思想、公允中正、辩证综观为核心的“世界观”，以及以思辨-内观、交叉-互动、归纳-演绎、抽象-具象有机结合为特征的“方法论”为其思想导向和技术支撑的；应该是以立足于培育基本技能、基本素养以及人文情怀兼备的“合格的人”为其终极目标的；故从不应该以“工科思维”甚或“工程思维”进行“工匠化”的或“技术中心主义”倾向的引导和激励，必须从其内涵、特征以及特定的方法论等方面，从深从广认识人文社科之“领域”属性，让“人文之光”重新照耀文学和艺术，让“实事求是”——现象与问题——真正成为“社会科学”之精神旨归。

2.2 人文社科之教育：内涵、特征及其方法论

何为“人文”？所谓的“人文社科教育”（教学、研究及其服务）在其内涵、特征及其方法论等方面又有何特异？其对比参照体系又如何？这是本节讨论的基本问题，并将其作为延伸探讨会计之“研究性教学”的一个逻辑基础。

所谓“人文”（human culture 或 humanity），广义上泛指文化，即人类文化中的先进价

① 参见美国哲学家玛莎·努斯鲍姆著《告别功利：人文教育忧思录》，新华出版社，2010年11月。爱因斯坦也曾指出：“生活的机械化和非人化，是科学技术思想发展的一个灾难性的副产品”。

② 见拙作“吴昊旻：由《乡土与城邦》反思学术研究的取向，《新疆农垦经济》，2016年第7期”。

值观及其核心规范，集中体现为“民本思想”（孟子）以及“人本、个人及自由观念”（约翰·洛克）[①] 等理论为核心及代表的“重视人的文化”。**在其渊源与参照上**，“人文”一词最早见于《周易·贲》：“文明以止，人文也”，这里指修饰，修饰出美，故曰“美在其中”——即狭义的“人文”内涵，专指哲学特别是美学范畴；又说“观乎天文以察时变，观乎人文以化成天下”，这是凸显了其反思及教化之功能[②]。

可见，“人文”是与天文、地理（文或纹）相对而言的，**出自人文辩证之经典著作《易经》**，与人道相通，这与西方及其后来的“科学革命”（近代科学诞生）及其观念（尊重科学）虽相接近，**但在其内涵上却似乎更加广阔而深远**；同时，亦可见人文思想在中国的源远流长，可谓中华传统文化的最重要根基（相对于其科学思想），而春秋诸子百家尤其是儒家思想对于中国人文思想的形成、集聚及勃发具有重要的影响，并成为世界人文思想的一个最重要的渊源。

“人文”也是一个“知识－智识”体系，更是指人出于本能的、自觉的反思与感悟（动态属性）。无论古今中外，**人文思辨的本质均是对“存在”的一种抽象玄思**，即从人类的角度来思考人（Human beings considered as a group; the human race）及其存在之根基，从而不断演进产生人之本性、本源以及人与人、自然、神灵或社会之间的关系等**“超然”问题**[③]**——进而也大体界定了人文社会科学知识体系的当然内涵及其逻辑范畴**。所以，关于“人文”的内涵及其特征，学界主要是从哲学层面或社会思潮的视角予以界定和解读的，即“人文主义”（humanism）或“人文精神”（humanism）[④]。不同于神学观点的虚拟（只作为形式对象）以及科学观点的刻板（只作为物质对象），“人文主义”将人从神（学）的秩序体系中分离独立出来，并在科学的自然秩序的基础上予以升华提升，重点聚焦其精神境界。

---

① 英国著名哲学家、思想家约翰·洛克（John Locke，1632－1704年）是传承西方人文革命（文艺复兴）及其观念（尊重人）和见证科学革命（近代科学诞生）及其观念（尊重规律）普及的重要代表人物。他是第一个全面阐述宪政民主思想的人，在哲学尤其是政治领域的重要影响使其成为法国启蒙运动、法国大革命以及美国独立战争的思想先驱。在教育上（详见其著作《教育漫话》），洛克主张人人平等、人人皆可受教育（“白板说”），强调环境与教育的巨大作用，强调德智体全面发展（在西方第一次将教育分为体育、德育、智育三部分），这实与中国先师孔子的教育理念一脉相承。

② 唐孔颖达疏：“言圣人观察人文，则诗书礼乐之谓，当法此教而化成天下也。”《北齐书·文苑传序》云：“圣达立言，化成天下，人文也。”。在西方，“人文”一词据说最早出现在古罗马西塞罗的《论演说家》里，16世纪有了更广泛的含义，直到19世纪，西方学者才开始广泛使用“人文主义”一词。如同教育，在“轴心时代”，人文与自然在东西方均是一个整体，从未分化；后来之分野/分科，似是为适应社会大分工之需要。

③ 关于“人文”的另一个解释：“是人站在自身或者其他的角度，用自己或别人提出的方法对世界中已知或未知存在的客观事物或现象进行理性的思考而总结出来的、符合世界发展规律的、又能被大众接受的属于个人主观的知识点”（百度百科）。或者，也可类似按照精神分析学家弗洛伊德提出的“本我、自我、超我”的状态差异及其演进过程去形象理解人文的本质及其范畴。

④ 人文作为一种社会思潮或普遍的价值观及其规范，最早始于我国春秋时代（傅斯年指出：“春秋时，人道主义固以发达”），后通过阿拉伯人于12世纪传到西西里的罗杰二世与英格兰的亨利二世的朝廷，昌明于15－16世纪的文艺复兴时期，形成于17－18世纪的约翰·洛克、亚当·斯密和法国启蒙运动，以及美国独立宣言和法国人权宣言时期，反思于19－20世纪初的马克思、尼采、罗素所处的时期，发展于20世纪中后期的现代时期。在发展期，联合国两个人权宣言则是人文走向法制化、国际化的标志，而马斯洛需求层次论和自我价值的实现，则是现代人文思想最杰出的代表——实是中国思想家孟子“民本思想”以及约翰·洛克“人本论”的延伸。

在学科属性上，现今的教育体系中所谓的“人文学科”则肇始于19世纪的欧洲，后在20世纪成为英美大学里的独立学科门类。社会科学从属于人文学科范畴（二级分类），但在实际中并不刻意区分，统称或简称为“人文社会科学”，与“理工”核心之自然科学相对应，这两大领域在学科特征、研究范式以及知识传授等层面上可谓“**文通而理具**”（见后记的脚注）①。

如前所述，“人文”的内涵发展及其抽象本质（反思及教化、哲学之探究、社会思潮演化等），也大体界定了人文（社会科学）知识（传授）体系的当然内涵、逻辑范畴及其方法论差异（见图2-1）——“**文通而理具**”。因此，从教育、研究以及知识传承的视角来看，本书拟——在图2-1基础上——将人文社科教育（通过教学与研究）的内涵、特征及其方法论，再解构为如下的“**四个认识**”或者“**四个维度/路径**”。

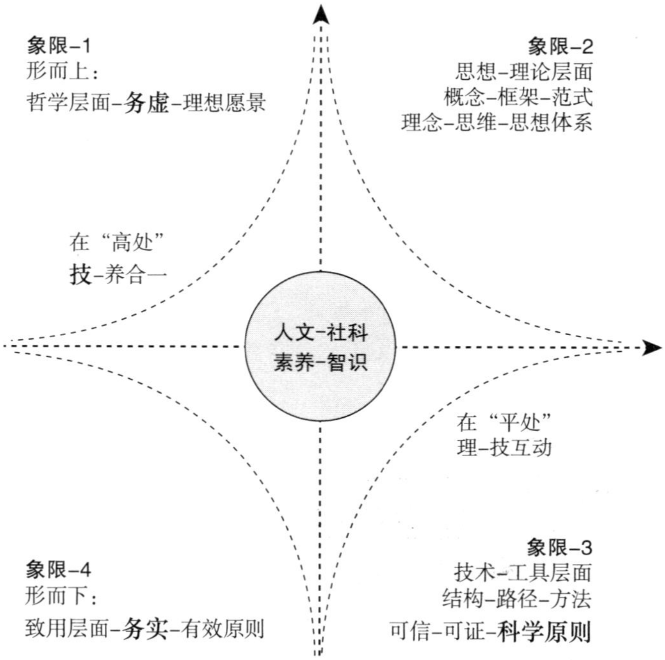

图2-1　人文社会科学之“四维双轴”功能结构示意②

2.2.1　其本质是“结构化对话”：以话题为核心

本书之目的在于综合自己的教学研究体悟，基于写作视角，现身展示和阐述自己对于

---

① 人文实是一个动态概念，是指人类社会的各种文化现象，如礼乐教化、习俗人情、人间世事等（参见《辞海》），故自然地包含社会（科学）；而将之统称为“人文社会科学”并将其与自科科学相对应，考其渊源即在于：其一因“人文”之社会属性显著；其而因两者之本质相类（在思维层面）、内涵相似（属于软科学）、方法相通（结构化对话）。

② 人文（社会）科学，旨在以“思辨精神”引导和培育“素养-智识”，旨在兼顾体-用、衔接理-实、平衡技-养；正所谓“为高而积土、平处而高行”，正所谓“文通而理具”，人文是知识体系之“基础-核心”，故位居正中而周联四维。

实证研究文章撰写的观点及心得，故本书关于“idea之七维解析”的过程，其载体即是专业“话题”，即是以“话题”为核心的“结构化对话”，而发现并延展这些“话题”，也正是基于——亦必须引导和培养——“专业的好奇心”与“学术的想象力”。

社会科学的核心并不是“知识”，也不是关于社会的知识，而是关于获得知识的手段及其方法论，是对已有言论或观点（基于具体的现象/事件或抽象的玄思）的一些批判性见解，**这更为重要**；而“结构化对话”正是一种展开理性批判、引导客观评说、实现举一反三的结构化分析方法，也充分凸显了人文社科教育及研究的逻辑本质，**是人文社科教育及其研究应当倡导——实际正在不自觉的运用——的一种有效、通用和科学的“思维范式”**。

如同对于“教育”的解构，考辨“对话”（dialogue）一词的英语词源，其亦是复合型结构，其中，“dia”是“通过”（through）或“越过”（across）的意思，即克服交流的障碍；而“结构化对话”（Structured Dialogue）则是美国物理学家、哲学家和思想家戴维·玻姆（David Bohm）总结的一种广泛运用的对话形式，也叫“玻姆式对话”或“玻姆精神对话”①。与非结构化交谈的随意闲聊不同，“结构化对话”特别有助于在较为复杂的人文社科问题上形成有效对话与深入交流，旨在培养学生思考、提问、讨论、表述以及关联想象、逻辑推理的能力。一般而言，课堂上围绕事实、释义和评价这三种问题进行的讨论，实质上就是一种结构化对话的样式。再将其结构化或过程化，则可形象化为这样一个循环的链条，即“……话题集中—充分参与—自由评论—关联想象—逻辑转换……”。

人文社科的教育及其研究，究其本质即是针对是非、观点或角度等“理念/思想之争”（言论），故并不存在标准、唯一的答案，故最为看重提问、想象以及延伸的能力，而这也是人类最为重要、最为可贵以及最值得引导和培育的能力和素养之一。

2.2.2　人文社科之“知识传授”：目的及其方法

明确了“教育”之本义，理解了人文（社科）教育之内涵、特征以及其本质与核心之后，人文社科的知识“传授”（即通过对话而非灌输，也即“授之以渔”）模式亦可大体框定，而其“目的及方法”便是此框架的核心或主体，本书将其概括为如下的“**两个明确**”和“**一种方法**”。

（1）须明确其目的首在培育综合素质

必须明确，人文社会科学教育的首要目的就是综合素质培育②，即须引导和培育首先

① 戴维·玻姆（David Joseph Bohm，1917－1992年）是当代著名量子物理学家和科学思想家，被誉为20世纪人类最前沿的思想家之一。他关于“结构化对话”的思想散见于其著作《论对话》（On Dialogue）及《论创造力》（On Creativity，洪定国译，上海科学技术出版社，2001年6月）。——转引自［美］徐贲著《阅读经典：美国大学的人文教育》，北京大学出版社，2015年10月。

② 实际上，自然科学的教育亦是如此，没有“哲学的玄思”，科技的发明与创新也会失去灵感的源泉和动力。学问的分科是近现代的事，虽表面似有分工，但在解决实际问题过程中的“能力或知识调动”从来不是也不会按照学科的分类进行配给。无意或无边界的知识储备（尤其是文史哲等“无用”知识）经融合或“发酵”而形成的“软素质”是“硬素质”（专业技能）更好发挥功效的基础。只是这个过程隐秘而深沉，很难或无法外显和印证，只有经过细微的参照、对比及体悟才能发觉。

在“视野”上能够近决远瞻、其次在“判断”上能够客观中立、最后在“入手”上能够均衡解决的“素质型”人才（博学＋专门）；即须着力引导和培育其看待世界、看待社会以及看待问题的视角、方法及其器识；再具体或针对一些，就是引导和培育你如何学习增自主、如何读书养志趣、如何“听说读写评”以及如何理实结合、善用所学或“文而能化”。

然而，如同前面所提的“创新主义”之流弊盛行，社会上甚至是教育界对于“综合素质”或“通识教育”的曲解甚或误解也一样普遍而理直气壮，由此滋生矫枉过正与“**核心虚化**”（外强中干）之系统性弊病①，无视教育之规律，遗害甚深且普及，不得不强调，不可不深察。概括其突出之表现，则有如下两种典型。

其一，是以为综合即须全齐。

即是将综合素质完全诉诸所谓“通识教育”。这种理解的偏误又体现在两个方面：其一是片面认为综合即是全部，从而导致教育教学改革及其课程设计、毕业要求等方面的矫枉过正、面面俱到或求全责备；其二是假设甚或认定强化了通识教育便能“以一代万”、触类旁通，最终导致“核心虚化”或外强中干、才不济用。实际上，在教育目标上强调综合素质，并非要求技能全齐、素质皆备，而是为夯实处世之德行、学业之基本。这类似于中国“德才兼备、以德为先”的选才育人传统。

所谓“综合素质”，究其实质是一种善于驾驭知识或技能的“人文素养”或者“软实力”，即并非什么都会、什么都能，也并非某几项甚或所有技能的简单加和，**而是指**具备一种可塑性更高、应变力更强、基础更为深厚的“学习/模仿/联想/执行能力”（专注力＋想象力＋耐力）；**是指**在适应新岗位、面临新局面以及发现和解决新问题时，具备一种超出常人（均值）、能够随机应变的整合性“判断/适应能力”。基于通识/博雅教育的“综合素质”培育，强调的正是这种经无边界的“知识”积累而养成的一种可塑性更高、逻辑推演或转换能力更强、非对称的“差异化”素质或能力（实是其本质）。简而言之，即是引导和培养一种具备更强“自主学习能力”或“多维兼容潜力”的“智识－智慧”②，而获得很多类技能（证书），只是综合素质的“第一层次”或初级表现。

要知道，“素质”（犹如腰枢）往往比“技能”（犹如四肢）更为基础而重要，后者为前者之显现，而其显现者或仅素质之一维也。所谓非对称的“差异化”素质，不仅仅指其“边际”（比别人多一样），更是指其深度（比别人更精通），而社会往往需要的正是这种差异化的、非对称的素质和技能——社会分工的竞争性逻辑使然。**可以说**，什么都会，近似于什么都不会；什么都学，等同于什么都不精。理论所谓“木桶的容量取决于最短的

① 除曲解或误解引致的矫枉过正（应付政令、盲目改革）外，“核心虚化”——片面强调和加强通识教育、刻意压缩专业课程导致的专业知识浅陋而无法胜任岗位要求、只会夸夸其谈或纸上谈兵、基础不牢而又技能缺失等现象（见下第二种典型误解）——造成的后果则更加严重。这类似于产业结构或制造业中因核心技术受控而又急功近利、惰于创新等因素导致的“空壳化”现象。究其实质，两者均是急功近利使然。

② 英国哲学家尼古拉斯·麦克斯韦（Nicholas Maxwell）指出：大学需要以提升“智慧”来代替单纯的“知识”积累，而智慧/智识是一种特别需要由价值和意义来导向的求知过程，其目的是认识处于物质宇宙中的“人类世界”，帮助学生探究并认识人类世界的丰富性、生存意义和人生价值；人文教育的根本目标是人的心智解放和成长——参见迈克尔·罗斯（Michael S. Roth）所著《大学之外：人文教育为什么重要》（Beyond University：Why Liberal Education Matters）一书。

那块板”，所以需要全部补齐（每块板代表每种技能，整只水桶代表职业需求），其实是一种条件反射性的“愚蠢逻辑”①，类似于心灵鸡汤，切不可妄听妄信。

此外，还值得补充两点：其一是私意认为“博雅”一词更能体现“通识教育”（general education 或 liberal study）之内涵（翻译时），故亦更为贴近“综合素质”，博而能雅，因博而通，正所谓“素质型”人才（博学 + 专门）②；其二是“通识教育”并不能等同于“综合素质”，更不能替代人文教育③，综合素质或人文素养并非仅仅来源于通识教育，专门知识及其逻辑渊源——“博雅”教育其实从不分学科专业，古今中外皆然——对于综合素质的养成亦至关重要。

其二，是因此淡化专业培育。

第一种偏误的结果（落实层面）即是因此淡化专业教育。通识教育（general education）本是为了校正学术分科太过专门、知识被严重割裂的弊端，如今却又演变成为通用知识与专门知识的割裂；本是为了兼顾或凸显符合个人志趣、因应社会需求的“自由选修”（liberal education 的一个本义），如今却又演变成了“外部强加”或“人为设定”，故似已渐渐背离了初衷。当前，在国际教育格局纵深演化以及我国不断强化“一级学科”地位及其布局（招生 - 培养 - 就业）的宏观背景及政策导向之下（亦有盲目崇洋的成分），很多大学的教学改革居然以此为依据，一味迎合或曲解政策导向，盲目跟风改革，只顾大力斫砍专业课程，压缩专业学分，以突出思想政治、法律与心理、就业形势与政策以及职业生涯规划等所谓通识性课程之比重。

这种片面强化的通识教育无法为自主学习及其能力精进奠定思想和动力的基础，无法为专业知识的主动获取指明行为和逻辑的方向，矫枉过正带来的“核心虚化”问题已然普及而日趋严重，基础不牢而又技能浅陋，不胜其职、才不济用的现象日益普遍，已然造就了通识教育和专业教育均陷于“双输/双失”的尴尬现状。**那么，究竟错/失在何处？**私意认为，即是错失在盲目跟风改革、迎合政策导向（缺乏主体性），错在无视高等教育之规律，武断通识教育之内涵④。这种突出通用知识或“软素质”的所谓综合素质培育，看似淡薄名利、潜心沉性，实则与“过于专门”的弊病相同，均是急功近利使然。

---

① 相对于“木桶理论”的短板思维，长板思维、绿灯思维以及减法思维等“底层思维”似乎更有益于尊重差异、发挥优势、鼓励创新，从而也更为符合综合素质教育的本旨。

② 2009 年 10 月 8 日《广州日报》报道，中山大学新创博雅学院，立足通过通识教育打造“无专业精英”，倡导“学生的人生榜样不是亿万富翁，而是学富五车的大思想家、大学问家”。可谓近此。

③ 还不得不提及通识教育的危害。教育终其功用也是社会利益分配的手段。早在 20 世纪 70 年代，一些先知先觉的教育学家如伯恩斯坦（Basil Bernstein）就指出通识教育改革的潜在危险，即其可能会破坏教育再分配财富和地位的功能；而且很可能在贫富差距日增、贫穷儿童日多的今天，进一步扩大而非缩小这个趋势，政府必须认识到并权衡推行教改不可以忘记教育改变社会利益分配的功能。

④ 实际上，所谓“通识”之内涵及其范围至今仍无定论，正如清华大学刘东教授指出：要想深入打破通识教育的困境，首先需要弄清的是，在当今这个乱糟糟的全球化时代，究竟什么才算得上名符其实的“通识”？事实上，在这个各种文明规则不断冲撞磨合的紧要关头，究竟作为一个地球人至少需要知道些什么，还根本就是一个悬而未决的问题！“通识教育缺通识”成为通识教育的最大困境。私意认为，与其纠结于其范围，不如确定其必须，如经典阅读与写作、历史、地理、哲学或逻辑即属最重要之课目范畴，这也是美国等发达国家大学普遍设置的人文教育优先课程。

此外，还有两种明显的倾向值得警醒：一是教育教学改革中的盲目跟进与惰于创新并存，英语课程的比重即是一例。对于其学分及性质，教育部从未明文之规定，也有名校予以压缩或转化（从通识向专业），但其“8分不动”（甚至更多）的地位却依然故我。**二是**避难而就易、避冷而趋热的倾向明显，体现在教学改革、学习过程以及专业选择、学历提升等诸多方面。例如，数学知识及其素养（有时属于哲学范畴）、逻辑学、写作及经典阅读等均被公认为重要且历来属于各国通识教育之优先科目，但因其难学以及效果漫长而常常被实质上“虚置”于必修之列，近乎名存而实亡。

（2）须明确创新能力并非教育之首要

必须明确，教育的首要目标并非创新能力，而是综合素质（上面已叙），即是为了培养“博学、审问、慎思、明辨、笃行”的能力①，也即“博雅”；而创新能力则是在“博雅”基础之上的进一步拓展与深入（关联想象、逻辑转换），是更高一级的素质要求（追求），故不可本末倒置、妄断深浅、拔苗助长，先去苛求所谓创新，而置“重要性”于不顾，究其本质即是急功近利、漠视规律、罔顾科学。略分如下“**五个维度**”论之。

其一，须明确价值判断、遵循大体排序。

正如本书第1章1.1节所指出的，教育尤其是学术研究，须明白三个“价值判断”并须遵循一个大体“排序”：须明白“重要、新颖、可行”之别，应遵循“重要—新颖—可行”之序；即须明确“重要”才是最重要的，而“创新”并非最为重要，因为科学的创新均须有其前提；创新“始终”不是第一位的需求，创新是基于学习/模仿、客观评价/逻辑推演、理性/务实之上的自发、自觉而“自然”的行为或结果②；只有建立在“重要性”基础之上的“创新”才有其价值，也才能判断其价值，即创新还须坚持“理性－务实－可行”的准则。因此，“创新”不但不可以强求，更不适宜将其设定为教育考核、科学评价以及人才激励之首要目标，否则将进一步加剧“创新主义”之流弊。

其二，创新也须遵循“科学之法则”。

承上分析，完全“从无到有”的创新，自不可说没有——虽似有悖于认识之逻辑，但绝大多数的“创新”均是基于既有之成就，故创新必有其法则，也必须遵循“科学之法则”，而这个法则应该是“**因理－可靠**”（逻辑相联－推演有据）、“**因实－可信**”（客观需求－主观期待）以及“**因时－可行**”（技术支撑－物力匹配）；否则亦无法评判、支持创新，亦违背“认识之逻辑”。

其三，须适时反思“研究一定要创新吗”。

沿着“重要才是最重要的”这个逻辑，也须适时反思“学术研究一定要‘创新’吗?”这个看似多余却又基本的问题，因其攸关教育教学及学术研究之导向，而这个“导

① 《礼记·中庸》上的这段古语，其实是讲普通人如何“学而成才”，是在讲教与学、知与行之辩证关系，也可理解为实现“博学多才”的路径，故正可引申为教育之宗旨。

② 原中南大学校长张尧学认为，大学的首要任务是传承人类的良知，不是创新，创新是第二位，创新是人类的自发行动；大学不是教学生怎么创新，只能通过科研活动和教学让他们体会到解决问题的方法。

向”往往牵带着战略布局、资源配置以及国计民生、功效福泽等宏大、长远问题。

实际上，这个问题可以转换为如下“**两大设问**”——有问有答、问即是答。

A. 必须是“前沿”？——大师所为！ 即世界上绝大多数的前沿性突破，实际上都是“天才构想”和“上下求索”的结果，故所谓“突破”，其实都是因其“站在巨人的肩膀之上”，绝少从无到有、零基创造，故不可妄言突破、妄据首功。

B. 都须求“创新”？——多属意外！ 即世界上绝大多数的研究性成果，实际上都属于“重复性、改进性、阶梯式”的研究，故本质上并非“意外”；而所谓“意外”，实为强调创新之不可苛求，实为强调创新本非人人可为；故不可刻意求新、本末倒置。

其四，须适时反思“如何才算是创新”。

紧接其上，还须适时反思“如何才算是创新?”这个基本问题。以上的 A、B 两点反思，尤其适用于人文社科领域。人文社科领域的研究重在思辨，更注重“务虚与务实”之结合，故往往更为符合“认识之逻辑”同时又似乎往往“背离”这个逻辑；故界定其研究之创新程度就更难，也更易产生争议；故不可漠视学科领域之差异，而以“工科思维”甚或是“工程思维”武断一统激励之规则。

那么，如何才算是创新？——若能以一例示之，则孔子对于“仁”的多元阐发和创新解读——见后 5.2.2 节例证 5－2“仁者多元，孔子一以贯之”，即是典范式地体现了其“因材”——因人、因时、因事——施教的伟大教育理念，以及“举一反三”的超强思辨能力；也彰显了学术研究——尤其是人文社科领域研究——贵在“拾遗补正、填缺补漏、多元阐发”的核心精神。

其五，须科学界定创新之“价值观”。

私意始终认为，“创新性”并不是文章最重要的价值——尤其是从现实的维度考量，若以“价值”反观重要、创新、可行之内涵，则：“重要性”彰显的是“综合价值”（兼顾“务实＋务虚”，涵盖了创新之维度），“可行性”彰显的是“应用价值”（因应实需、解决问题），而“创新性”彰显的则是“局部价值”（多为“点”的积累或联结）。

对照于实证研究，可能的创新点或创新契机，往往体现在如下“三个方面”，同时也是评判创新性贡献的“三个层次”：

A. 理论或范式：新话题－新方法。即属前沿性、原创性甚或是“全新的”研究成果，故其价值往往最为可观，往往对应着新思想、新理论或新范式的诞生，故亦多属“大师作为”。

B. 方法或路径：老话题－新方法。即着眼于从方法或路径创新的角度，对既有的话题提出质疑、反思或重构，故其契机往往立足或依赖于紧密结合“特定”的或“差异化”的制度背景或环境变数，以寻求新的解释。这是更高质量——方法更科学、逻辑更严谨、期刊更知名——的实证研究所遵循的一个价值导向。

C. 样本或数据：老话题－老方法。即基于现有的理论－范式、方法－路径，进行置换样本或更替数据的“重复性”研究。这样的研究往往被称为“数字游戏”，这虽掩盖了其功用，但其价值内涵却无疑“最低”。

然而——实际上，即便是“重复性”的研究，也未必不会引导凝练出新颖之成果；也未必不是重要发现的微末之基。实际上，那些置换样本或更替数据的“重复性”研究，往往是习练基本功夫之必修，是缮养思维方法之必由，不可以断然否定、无端轻视、跳步而行。

（3）在方法上反应适宜倡导“因人设课”

本节所谓“一种方法”，实际并非唯一，而是为予以特别的强调。因其对于学生个人素质之养成、创新氛围之引导、研教能力及师德之督促以及学术研究及教学之风气转换、高等教育之优化治理等，均无不裨益显著、触动有力，故属不可或缺、最宜优先倡议。这种方法即是“因人设课”，这种方法不但不应该刻意刁难、杜绝①，反而应该适宜推动且科学倡导。试从**三个方面**论之。

其一，是“结构化对话”与“因人设课”之关联。

由前所述，人文社科教育（教学、研究及其服务）的本质是“结构化对话”，其核心及载体是“话题”；而有效的“话题”（idea）——有利传授、启人深思、有益传承的问题、方法及理念等，则依托于“风格化”的知识传授方式，而其传授者正是拥有“独立之精神、自由之思想”的风格化的师者。这正是“结构化对话”与“因人设课”之关联所在——或者说，“因人设课”正是实现和发挥“结构化对话”之教育理念的一个“当然范式”甚或绝佳之路径。

其二，是“因人设课”有其特殊实践效果。

“因人设课”，古已有之，且中外相通。中国古老的“坐而论道”以及“私塾传统”（如孔子），古希腊的“问答式”传授（如苏格拉底），以及现当代大学日益兴起的讲座或“公开课”制度（如哈佛大学的桑德尔“公开课”等），尤其是我国五四时期的“**大师传统**”等，究其实质，无一不是“结构化对话”及“因人设课”的成功实践，亦属于符合教育之内在规律的制度传承（古已有之）与适时创新（新的激励）。试以事实及案例示之。

【例 2－3】五四时期的“大师传统”：研教互通的“无遮大会”

回顾我国五四时期的清华、北大以及后期的西南联大等高等学府，虽仍处在初创，但在众多领域已堪称当时世界之一流；虽深处于乱世，但弦歌微而不绝，斯文悬而不辍。诸多“师者”，桃李满园而又著作等身，可谓“立德、立功、立言”而三不废。考其办学历程，研教浑然一体，不忌“因人设课”②。

大学里，风气焕然，雍容大度，百家争鸣。

---

① 很多高校将“因人设课”界定为制约教学改革、影响教学效果的“第一大敌”而予以“严禁”（在教学评估期间尤然），实在是曲解和误读了其本义、放大了其弊端、自认了其在约束机制上的乏善可陈，因噎而废食，何其惰也！又何其谬也！

② 这里的“因人设课”是出于才尽其用、发挥所长以及推动教育别开生面、兼容并包与“教研相长”的长远考量，实与狭隘、自私的“教学混混”（表现为挑课捡课、避难就易、不求拓展、老生常谈等）毫无相干。任何制度都有其阴暗面，但不能因噎废食，改革的关键在于激励机制的科学设计与引导。

诸多学术成就斐然的学者、教授均可**依其所擅长的领域直接开讲设课**（例如，黄季刚讲词章、陈寅恪讲梵学；蒋廷黻讲近代史、辜鸿铭讲西洋诗；梁漱溟讲印度哲学、刘师培讲六朝文学；沈从文讲小说、朱光潜讲美学等）；而对于授课之地点、备课之资料、讲授之风格等具细事项，学校也均无刻板之规定，各师**或在庭院广场**（如刘叔雅讲红楼、朱自清讲散文）、**或于烽火连天**（如吴大猷讲物理①）、**或披星戴月**（如刘文典讲《月赋》）、**或品茗作歌**（如辜鸿铭讲千字文、赵元任讲方言、吴雨僧讲西文）、**或别开生面**（如蔡元培倡导美育、熊十力创新儒家、叶企孙创系物理）、**或昌扬传统**（如辜鸿铭译介经典、梁漱溟东西并重），等等。

大学里，《新潮》与《国故》盎然并存、新旧共张。②

倡导学术分设与社团争鸣，践行研学一体及知行合一③，如此种种，不一而足，风气广开，频创佳话④。大有孔子“杏坛讲学”之清爽谦逊遗风（可谓最典型的“结构化对话”），以及佛家“无遮大会”的开放研讨器度；同时，在研法、教法、学法及生活等诸多方面，又热烈怀抱着现代“科学、民主”之精神及其新兴潮流，而由此诞生的诸多治学理念以及课程讲义等亦堪称经典，流布惠泽至今。——这才是真正的“人尽其才、物尽其用”，这才是真正的“大学精神、大学器度”！⑤

这种上承优良传统、吸纳中外智慧的教育氛围，也似乎开了当今新西兰所倡导的“场景式教育”的先河⑥；而哈佛大学政府系讲座教授迈克尔·桑德尔的公开课⑦更是“因人

---

① 吴大猷是国际知名物理学家，被尊称为“中国物理学之父”，其传记作者邱宏义将其比作“述而不作”的先师孔子，以纪念其在教育教学一线的巨大贡献和影响。同样的“伟大师者”还有叶企孙教授以及蔡元培、梅贻琦先生等。

② 当时的北大既有主张白话文、新思潮的《新潮》（成立于1918年12月，由当时的北大学生傅斯年、罗家伦、朱自清、顾颉刚、冯友兰等发起），也有主张文言文、昌明中国固有学术的《国故》（代表人物为刘师培、黄侃等）。

③ 蔡元培执掌北大期间，主张文理两科，必须设各种研究所，并主张学与术分校；同时大力扶持学生社团百家争鸣，以“挽奔竞及游荡的旧习”（如提倡“进德会”）、“供正当的消遣”（如助成体育会、画法研究社等）以及“发扬学生自动的精神，养成服务社会的能力”（如成立消费公社、平民学校、《新潮》杂志等）。

④ 很长时间以来，诸多学者基于中外比较、追忆历史或总结经验等视角，反思和追问我国五四时期或民国早期大学在教育教学、学术研究以及经世致用等方面何以能“开风气、造气象”的成就及其渊源。著名之代表有何炳棣的《读史阅世六十年》、谢泳的《西南联大与中国现代知识分子》和《逝去的年代》以及穆涛的《先前的风气》、徐百柯的《民国风度》、方宁的《风雅颂》等，评述迭出，俨然成为一种风气。我想这不只是怀念、不只是追慕，而是对于当今教育积弊及学术取向的对照反思。五四时期是一个政局纷乱、英杰辈出的“乱世”，类似的时期还有战国先秦、后汉三国、隋末唐初以及古希腊“诸神之战”及日本的战国时期等，故“乱世出英才”或许也是一个规律性的合理解释。

⑤ 考虑到当时的入学率较低（平均5%左右，甚至更低），有人会认为学生少是便于其创新教学设计的前提条件。实则不然，我认为，这里的关键实是此风符合教育教学之内在规律，而便利人才培养的教育教学制度创新从不以、也不应以所谓的入学规模为其前提。

⑥ 未便考证其借鉴依据，但其精神内核实相类似。新西兰率先倡导的“场景式教育”，其核心在于取消分科、淡化专业，在真实而复杂的“还原场景”——如“结构化的话题”——中亲历思考和解决问题，然后通过考核引导和历练学生综合运用多种能力及其积累的能力。

⑦ 哈佛大学的“公开课”模式其实肇始于经济学家约瑟夫·熊彼特（Joseph Alois Schumpeter，1883－1950年）。他于1932年受聘到哈佛大学，从教学、思维、学术三方面改变了哈佛经济学系乃至重塑了哈佛的命运，开启了一个全新的时代，是哈佛“黄金一代”（1932－1976年）经济学家的“精神导师”。熊彼特教学法后来成为哈佛流行的公开课。

设课”与“结构化对话”的典型代表[①]——聊以其讲座成书之目录示之。可见，教育的“以人为本”理念，虽东西有别，而古今中外，“其致一也”。

【例2-4】哈佛大学“公开课”：熊彼特发其源头、桑德尔广其名声

迈克尔·桑德尔（Michael Sandel）是哈佛大学政府系讲座教授、政治哲学家、作家、美国文理科学院院士、社群主义的代表人物[②]。从1980年至今，他一直在哈佛大学政府系负责教授道德政治哲学。在课堂上，他擅长采用苏格拉底的问答式教学方法，通过对极端假设或热点新闻的讨论引导学生主动思考。他观点犀利，语言风趣，深受学生喜爱。他在哈佛大学讲授的公开课“公正”，是哈佛历史上累计听课人数最多的课程之一，被《卫报》誉为“世界最受欢迎的老师”，该课程被制作成哈佛公开课后在网络广为流传，成为风靡全球的哲学公开课。

桑德尔著述颇丰，代表作有《自由主义与正义的局限》《民主的不满》（*Democracy's Discontent*）和《公共哲学》（*Public Philosophy*）等，其中大部分已被翻译成德、法以及中、日等十多种文字。其中，《公正》《金钱不能买什么》及《反对完美：科技与人性的正义之战》等书风靡多国，深具文化影响力。

且以其公开课讲义结集出版的著作《公正》为例示之（目录节选）：

① 熊彼特（Schumpeter）还把个人爱好变成授课方式，开创性地组织“内部学术讨论小组”——“结构化对话”之先河，最大限度地解放封闭、促进师生交流。直到现在，北美最顶尖的经济学院的人才培养模式都离不开由其开创的这三个要素。这与先师孔子践行的“因材施教、有教无类”思想“其致一也”。

② 迈克尔·桑德尔（Michael J. Sandel，1953年-）因其在《自由主义与正义的局限》（Liberalism and the Limits of Justice，1982）一书中对罗尔斯的正义论（Theory of Justice，1971）所进行的深刻批判而著称，由此产生并开始流传“社群主义”一语。桑德尔的公开课及其著作——试看其主题及思维延展，实堪作为“结构化对话”之典型代表。

最小政府

自由市场哲学

迈克尔·乔丹的钱

我们拥有自身吗？

第四章　雇佣帮助/市场与道德

何谓公正——征召士兵还是雇用士兵？

支持志愿兵役制度的理由

为钱而孕

代孕合同与公正

承包怀孕

第五章　重要的是动机/伊曼纽尔·康德

康德论权利

使幸福最大化的问题

什么是自由？

人与物

何谓道德？寻求动机

道德的最高原则是什么？

绝对命令Vs. 假言命令

道德与自由

对康德的疑问

性、撒谎与政治

第六章　平等的理由/约翰·罗尔斯……

桑德尔曾说："我的目标不是试图用什么理论说服学生，而是把他们训练成有头脑的公民。"他的课程安排、教学风格以及著作，可谓是其理念及精神的完美践行。

其三，是"因人设课"有助于充实业余时间。承前所述，"综合素质"之目的在于引导和培养"自主学习"能力，而课堂教育时间有限、科目相扰，故其志趣之养成、素质之提升，关键在于课外。爱因斯坦尝言："人之差异在乎业余"，古语亦云："止则观其所好"（见《吕氏春秋》），在业余或休闲时间"主动"历练并积累的素质或能力，更多是出于志趣所在，故亦更为专注而精通；而对于课外/业余时间的有效激励，则依赖于课堂传授的有效引导、适时启发与点拨开悟，故对"师者"亦提出更高的要求，故非与时俱进、"开卷有益"并能"理实结合、研教互动"而不得。

在这个意义上，"因人设课"正是针对教学双方的一种更有效的制度性激励（因其自发、自觉而又能自励）和"教研学范式"，特别有利于"刺激各自内需"、激励才尽其用以及推动教研相长与研学互动；也是引导和培养前面所谓"非对称的差异化素质"、可塑性更高的“多维潜力”或者超常的整合性“适应能力”的一种可行路径，而其成功，已早有先例，不再赘言。

2.2.3 因应新政趋势，推动形成“新文科范式”

如前所述，2018 年可谓开启了中国高等教育尤其是本科教育的新时代，一系列新的教育理念接连诞生并快速启动。上至中央顶层，下至教育部委，开始特别强调发展建设“新文科”以及全面振兴本科教育之重要①。理念变迁引领新政导向，而“范式”之转换亦相随之。顶层关于“新文科”的提法，势必为人文社科教育（教学、研究及其服务）提供框架指引，实有助于推动形成“新文科范式”。

简而言之，“范式”（paradigm）就是“一种公认的模型或模式”（Kuhn，1920）②，是“存在于某一科学论域内关于研究对象的基本意向，可用来界定什么应该被研究、什么问题应该被提出、如何对问题进行质疑以及在解释我们获得的答案时应该遵循什么样的规则”（乔治・里兹，George Ritzer）；而“范式转换”则是指某个领域的新发展催生了原有“公认模型/模式”或其“基本意向/规则”的根本性转变，例如从灌输式教学到研讨式教学的转变，就是一种范式转换。因其涉及价值观及信念的转变，故要实现范式之转换，不能只是诉诸“外在”的做法、行为及工具，而必须同时推动“内在”理念（信念、价值与基本假设等）的转变与适应，否则难以完成。

实际上，“新文科”理念之目标——适应新要求夯实中国特色、发扬传统构建中国学术城邦、因应新科技和产业变革交叉融合之现实需求，与本书所坚守或倡议之教育原则、大学精神实相表里、彼此互证。改革须从“症结处”下手，须从“关键处”提效。回顾和呼应前面之分析，将“结构化对话”之核心理念及其“因人设课”方法，作为助推“新文科”范式转移的一个关键改革举措，甚或让其引领“新文科范式”之形成及落实，未必不是一条可行的捷径。这特别符合人文社科教育（教学、研究及其服务）之内涵及特征，而其成功，古今中外，已多有先例。

2.2.4 人文社科之“范式转换”：传统及其智慧

所谓“变制度易，变社会难”。教育制度、学科体系以及专业规则等——如法规制度之修订、准则规则之国际趋同等——均属于“制度层面的变革”，而人文社会科学的教育教学、学术研究及社会服务之“范式转换”则类似于“社会层面的变革”，故还须要从人文本质、文化理念及思想传统的深层处入手，须要从一国固有文化或其千年国学传统中寻找和汲取发展智慧；还须要善接地气、因应人情世情。

---

① 2018 年 8 月 24 日，中央明确发展“四新”教育，将发展“新文科”明确纳入“四新”，明确以“四新”探索和引领高等教育创新发展，推动新工科与新医科、新农科交织交融、交互发展，为新文科提出新命题新方法，让新文科为新工科、新医科、新农科注入新元素；学科专业发展的小逻辑要服从服务于经济社会发展的大逻辑。

② 范式之概念及理论是由美国科学哲学家托马斯・库恩（Thomas S. Kuhn）首先提出，并在其名著《科学革命的结构》（*The Structure of Scientific Revolutions*）（1970）中予以系统阐述，后成为科学学之公认概念。

中华文化之所以传承数千年而不断，甚至历久而弥新，必有其“特殊优越”之处。古今中外，已有很多著作从各个角度对此予以阐发和揭示，实难一言以蔽之。试综其观点之梗概，并略作主观之发挥，私意认为，始终有“三个关键因素”不可忽视，试分节而论之。

（1）关键其一：虚怀的“宇宙观”

中华民族从来是乐于学习并善于学习的民族，自古虚怀以待物、广纳而博收。中华文明之绵延而不绝，古国传统之历久而弥新，正在于其能够始终自觉（落后时）或不自觉地（并行或领先时）学习借鉴人类社会一切先进文化/文明，并予以兼容并蓄、吸纳融合，最终“化为一体”。

这种虚怀的“宇宙观”（见例证2－2）——三观之整合、天－地－人之协调——实源于其“国民之习性”或哲学之认知。例如，中国人认为“命由天定”，但同时又笃信读书改变命运，并将“读书”置于先天“大宇宙”之后之首位，即古语所谓“一命二运三风水，四积功德五读书”[①]。可见其看待读书或学习之于主体命运以及身心转变——由个体、社会而及国家均是如此——之极端重要作用，这是最为朴素而可亲的辩证法，是最为理性而豁然的命运观。古老中国的群经之首、哲学之源《周易》开篇（乾、坤两卦之首句）即云[②]：“天行健，君子以自强不息；地势坤，君子以厚德载物”，更可见，中国人或中国文化中“信天而不泥于天”的精神内涵或其“理想－务实”取向，个人通过“修德”亦可以“上合”——顺应及感化——天意。

对于学而致知、修德天佑之内涵，儒家经典《中庸》的阐释最为切要。《中庸·第二十章》有云：“博学之，审问之，慎思之，明辨之，笃行之。”概而言之，前四者即“博学、审问、慎思、明辨”，是历练“学”的功夫，目的在于明辨善恶，学会真诚或正心诚意，即《大学》所谓之“致知”；而“笃行”则是“习”，则是缮养实践的功夫[③]。**可见**，“明辨”（即评价之能）可谓“学”之目的、“习”之开端。

要知道，学而后知问（反思所学、学会提问），问而后致思（不陷于空想、学为己所用，是为“践心”），思而后能辨（明是非善恶、理不辨不明），辨而后笃行（择善而从、知行合一，是为“践行”）。这正是“学－习”的全过程，亦可谓致知之路径，为学之序贯；这才是“学－习”的本义。所以，“学－习”二字实已包含了“理实结合、知行合一”的双重意义。

（2）关键其二：汉语文字的发达

中国文字的“发达”，首先得益于一统，其次凸显在意蕴。始皇嬴政的千秋功过，至

---

① 参见后面第9章9.2.5节的例9－4中的“典证例说”及其“五维解读”。

② 此句出自孔子为《周易》而写的《象传》，即分别出自乾、坤两卦的“大象”。象传，分为大象、小象。大象解释卦象立义，小象解释六爻辞。（乾卦）象曰：天行健，君子以自强不息；（坤卦）象曰：地势坤，君子以厚德载物。

③ “笃行”包含两种实践功夫：一是修身成己，使自己成为一个君子；二是成就他人，即孔子所云“己欲立而立人，己欲达而达人”，此亦师之谓也。《中庸》还进一步明确“笃行”并非浅尝辄止，无论贤愚，均须持之以恒、坚持不懈，“果能此道矣，虽愚必明，虽柔必强”。

今难以定论，但其短命王朝——更准确地说是在其短暂的任期之中，竟然完成了至今仍然困扰西方的文字统一问题，实属难得。我想这既赖其强权，亦与汉字的自身优势分不开。

英国历史学家阿诺德·汤因比在其《汤因比眼中的东方世界·符号与意义》一书中指出，西方文字源自拉丁字母，在后世又衍生出不同的独立文法系统，导致本来毗邻相依的地区，因为语言的差别而割裂成为不同的国家[①]。**值得深思的是**，文字何以在西方世界切割出差别各异的地区文化，而在中国却恰好成为不同地区文化的“黏合剂”？[②] 文字的意蕴或其成熟的书面语体系或许是一个可信的解释，而文字意蕴之丰厚又与其形成、意转、变化等息息相关。

中国文字体系或其内涵逻辑的形成，依赖于造字（形声、会意、假借等）、组词、句段而至成文等多个相关环节——其他文明亦大体类似，胄衍祀绵，历数千年而载籍充栋、典册丰繁，号称“史册第一大国”。这既得益于“记录”的良好习惯，更得益于文字意蕴或书面语的一以贯之。方音不同而字义不变，字义不变则文义不失，再经后人不断创发，斯文即得以传承而不辍。这使得汉字成为世界上连续使用时间最长的文字，也是上古时期各大文字体系中唯一传承至今的文字。

字在便其用。历数千年以来，汉字已有近十万之多，但其常用字却仍不过2500个左右（港澳台略多），而识得最常用的千余字（500~1000个）即可畅读报纸，即便阅读写作亦可基本无碍[③]。相比之下，国际通行文字英语（实赖其殖民统治）的文字规模及其变化则可谓惊人。据统计，英语单词的总量早已超过百万，且其更新极快[④]，常用词汇量则早已超过六千。因为常用词汇及其语法逻辑等的显著变迁，莎士比亚的经典著作，如今的英国人还须倚靠专业学者“翻译”之后才能读懂，而中国两千多年前的先秦两汉文章，至今仍可朗朗上口，甚至比几百年前的明清文章还要好读、好懂。

汉字的意涵丰富而又凝练、维度多元而又相关，又因其识记、书写及传播的便利（数量少、单音节、文本多、记录丰），从而使得持续集中（方言－方音不改其义）、内涵一致（不误读－不走偏）的文化传承（口述＋文本＋官话）得以顺畅、自然而悠久；

① 历史学家斯塔夫·里阿诺斯在其代表作《全球通史》（北京大学出版社2012年版，360页）中指出，除了地理的封闭阻隔与庞大的人口因素外，构成中国内聚性的另一个重要因素是存在着一种可以追溯至数千年前、最古老的商朝的书面语，这种书面语具有特殊意义；……与共同的书面语有关的非凡的、持续了近2000年的、倡导以德才治国的国家考试制度（科举制度），与儒家学说的道德准则和文学、思想方面的遗产（他认为其是促成中国文明内聚性的最重要因素）一起，又起到了共同强化汉字书面语作为精神传承及文化内核的关键影响力。

② 中国至今已有200多种方言、4000多个姓氏（百家姓占人口近90%，前三大姓占人口超过20%）、56个民族以及34个省级行政区，国土近3/4是山地丘陵，南北东西，遥距万里。然而，以汉文化为核心的华夏文化、礼仪斯文，数千年来却从未因山地相隔、民族差异以及风俗迥异而阻断，反而日益相融（大一统的“国家”意识强烈，分时思归、合时思聚），统一文字的功绩真可谓“善莫大焉”（历代皆以汉字为最主要官方文字）。相关资料参见：李吉、王岳红等：《中国民俗文化丛书：中国姓氏》，中国社会出版社，2011.

③ 据有关统计，1000个常用汉字即能覆盖约92%的书面资料，2000字可覆盖98%以上，3000字则可达到99%，而英文至少须在6000个词汇以上。

④ 据有关统计，英语每年会新增近10000个的新词汇，常用词汇量超过6000个，而顺畅交流和阅读则须在2万个以上（美国高中生的平均词汇量），而法语甚至更多（需要掌握8000字才能达到英语3000个单词的交流水平）。

而反之，文字的繁冗多变、意蕴散漫乃至“语言政治”等，则是影响其传承的显著制约因素。

文字是语言之载体，同时也是维持“共同观念”的最有力甚至唯一的工具，所谓“话不投机半句多”“道不同不相为谋”，文字（体系）在文化传承、代际互动以及种族延续之进程中的关键支撑及其作用逻辑，无论在任何学科或专业领域，都是值得深入研究和思考的一个重要问题。——**例如**，会计史的研究、会计规则的建设，尤其是会计作为国际通用“商业语言”的现代转型等，都绕不开文字（体系）及其承载的文化渊源问题。

（3）关键其三：中庸守正的传统

儒家倡导的“中庸之道”的思想基础仍然是“天人合一”①，简而言之，即“致中和，天地位焉，万物育焉”（所谓“各安其所”之“位育”理念）；即“不偏不倚”（中不偏、庸不倚）、“折中调和”或“执两用中”（德法兼备、公私兼济）；即“抱诚守真”（正心诚意、持之以恒）、“中正平和”（谦逊、冲淡、敬畏之心）或“过犹不及”（淡泊、守礼、持之有度）。古人谓之修身处世（治国、修身、齐家）之“至德”②，是儒家思想之“人伦”秩序核心的根基。“人伦”立而风气中正，风气正而国家治，国家治则社会和谐。

作为中国文化传统的一大核心，**“中庸”之道**体现或落实在诸多方面。例如，**中国自古崇尚道法自然、德法并行、以人为本的制度思维**（如文治传统、伦理社会、德在法先……），**人文与自然和谐并重的治国理念**（如节庆文化、礼仪秩序、治理规则……）；**自古无敌我鲜明的制度传承**（即便改朝换代，仍多袭旧制，如汉承秦制、唐承隋制、宋承唐制、清承明制……），**无政教合一的执政惯性**（文官政治、以“理”服人、国家治理与精神信仰的界限清晰……），**无天下一统的宗教信仰**（教派多元、信仰自由、边界宽泛，如同“儒释道一家”，不同思想或宗教在文化上求同存异、在境界上雅然共享……），**无显失公平的教育政策**（有教无类、德才兼备、以才取仕、以德为先……），**无持续排外的封闭传统**（如虚怀好学的态度、多元并存的思想……），**无“家国两分”的公私理念**（家国一体、士子情怀、忧乐与共……），**无取向倾斜的男女之别**（如在女子从军、女子从政、行业壁垒等方面自古即无性别差异之明文规定……）等，不一而足，多历千年而传承不绝。

“中庸”传统是对中国文化的“自然主义”精神取向及原则的最好阐释及集中体现。有学者用“务实的理想主义＋理想的务实主义”来概括中国人以及中国文化的这种世俗而又超脱的“自然主义”以及从心而又忘我的“实用主义”价值取向，亦可谓恰当。古老中国社会，自古以来，庄重－高雅文化与世俗－市井文化，上下并立而竞相发达；“阳春

---

① 老子说：“人法地，地法天，天法道，道法自然”（《道德经·第二十五章》），故称“天人合一”，而儒家的“中庸”思想将其贯彻落实到“人伦”秩序当中，进而又成为生活、学问之原则。

② 孔子曰：“中庸之为德也，其至矣乎！民鲜久矣。”（《论语·庸也》）。“与天地参”是《中庸》天人合一的真实含义，故《中庸》始于“天命之谓性，率性之谓道，修道之谓教”，而终于“‘上天之载，无声无臭。’至矣”，这是圣人追求的最高境界。

白雪”与“下里巴人”，和谐共处而两不相厌；以及在修身－处世方面的取长补短、不耻下问和“道法自然”，治国－理政方面的“古为今用、洋为中用”和实事求是，等等，皆可作为这种精神原则的最好注脚。

2.2.5 “范式转换”之文化启示：以会计学为例①

呼应大学教育之宗旨、转型社会之实需，上述“三个关键”之于人文社会科学的教育及其研究的“范式转换”，便具有“对应”而鲜明的文化启示意义，即：**（综合）素质教育须要奠定“国学”之根基，（典范）学术研究须善因应“乡土”之本色**。国学大家刘文典曾说：“一个人对于固有的文化涵濡不深，必不能有很强的爱国心”，无深沉之爱国心，亦不能有所大作为。

且以会计学科/专业为例。会计学亦可谓典型的“经世致用”之学，且是具有法律和国界的专门知识，有其独到的技术支撑体系。“国家当富强，始基端在商”，而会计乃是商业之核心、之命脉及其最重要的基础之一。在社会科学领域，基于可量化的数据文本分析、以信息披露为目的或载体的学科专业之中，会计学可谓至关重要——会计学实为统计学、金融学以及国民经济之基础②。会计学之于一国资本市场、制度建设、国家治理乃至经济社会之整体发展的重要性更是无须赘述③。因此，作为现代“新文科”的一个分支学科，会计学的教育教学、学术研究以及其社会服务之“范式转换”，就必须要善接地气，必须要从“乡土中国”的千年国学传统中寻找和汲取发展变革的智慧，唯有如此，才能科学构建起“自己的城邦”，才能做到助商兴企、保国安民。

回应“三个关键”，其中“虚怀的态度”和“中庸之传统”，可以“对应”学术研究及其教育服务的视野和胸怀，即要客观公允、兼收并蓄；而“文字的发达”则可“对应”会计的产生或其簿籍的发展历程，会计作为国际通行之“商业语言”，其现代转型，必须要在其具体的规则、条款或文本（类似于文字）之中予以框定、界断和落实。——这是由“文字”引申出的逻辑推演。然而——从另一个角度观之，即便是就文字本身的含义来讲，中文或汉字作为世界上连续使用时间最久、使用人数亦属最多的“发达语言”之一，也应当成为国际通行规则文本的必备或其优先选项之一（已是世界四大通行语言之一），**而其**

---

① 本书后续拟分别聚焦会计研究及其教育之范式转换、会计学专业之渊源及其流变、会计研究的边界及其范畴（如五条“关系链”）等话题而形成“会计三论”，此当为第一论。可关注后续研究。

② “会计学术联盟”相关统计显示：2006－2018年，中国“高校人文社科被引论文排行榜TOP100”中，竟有41篇论文出自会计学者——亦可见会计研究领域之宽泛（交叉学科）、研究话题之宏微互动。

③ 财务信息是经济增长的主要驱动力，在促进企业的成长和繁荣进而推动整体的经济增长中具有关键作用，以至在世界上无法找到财务会计信息的完美替代品（因其内部优势，即由高管提供）；会计的制度或其法律特征（监管手段），使得财务会计信息关联着诸多的制度（成本），进而对经济具有重大影响（甚至不限于国内）。关于会计在经济与国家治理中的中心地位的历史观，可参见雅各布·索尔（Jacob Soll）著《账簿与权力》（侯伟鹏译，中信出版社，2020－5）以及《会计的没落与复兴》（［美］巴鲁克·列夫、谷丰著，方军雄译，北京大学出版社，2018年7月第1版），略有发挥。

利害始终攸关大局——因为文本的翻译往往涉及“利益的流逝”①。

在新的历史时期，（成长或强大起来的）中国（领导人）号召并倡导广大学者积极撰写能够扎根中国乡土、承接中华传统、立足中国情境、响应中国问题的教材及其著作体系，正是对上述趋势或其内在规律的一种理性反思和回应②。广纳博收、兼收并蓄，成就了“国学”传统，而构建自己的“学术城邦”，则需要“文化的自信”（自省－自觉），而这种自信必须善于“反求诸己”③，即只能从自己的“固有文化”中汲取智慧和力量。

在上述的文化启示意义之外，受历史规律以及诸多学者之启发，本书还将会计教育及其研究之“范式转换”的原则或其理由——即文化启示之具体化，进一步概括为如下“**六个方面**”④，试分节论之。

（1）游子终归于乡土：要慨然而自立

其一即是要回归并立足于中国“本乡本土”的研究，因其必须适应中国要走的道路。

正如美国等发达国家的会计研究“何曾一刻离开过其所在的乡土”，中国的会计教育及其研究也唯有“回归乡土经验，建设属于自己的学术城邦”，才能终成气候，此为各国学术走向发达之普遍规律。

（2）借鉴与扬弃并举：宜推己而及人

其二即是要敢于挑战或扬弃欧美发达国家的权威理论/标准，因其已经（甚或历来）“不服水土”。

成熟的西方理论并不能有效解释中国的“增长奇迹”及其“持续向好”的发展模式，这已日益成为中外学界之不争事实，正拭目以待新的理论体系。所谓“文无第一，武无第二”，以阐释现象、问题或“**心－情**”⑤为其旨归的人文社科之思辨性研究，实不存在所

---

① 本杰明·富林克林在《穷理查年鉴》中说过：“如果你想要说服别人，要诉诸利益，而非诉诸理性。”如同“教育终其功用也是社会利益分配的手段”（伯恩斯坦）一般，会计规则的本质也是利益分割的工具，而文字或语言差异造就的国家/地区差别正是这种利益冲突的现实背景。在会计准则之国际趋同过程中，世界各国的利益冲突亦实源于此。

② 同时值得反思的是，学术文章或其思想体系一定要基于某国、某派吗？正如当今学术“唯美是瞻”之局限，倡导构建“属于中国”的学术体系可能也容易自陷于“矫枉过正”，亦不可不察。还须反思，为何至今仍无一本能够成功或有效解释中国经济增长之“奇迹”（持续的高增长＋社会长治久安）的学术著作——无论是从中国的情境，还是基于西方的体系？这是否再次揭示了“轴心时代”的“东西共通”甚或人类理性的本能局限呢？是否又是“学术本无界、庸人自扰之”呢？可见，近70年前毛泽东主席的批评——延安文艺座谈会上的报告——似乎仍然适用（见后面6.2.1节引例）。

③ 语出《孟子·离娄上》：“爱人不亲，反其仁；治人不治，反其智；礼人不答，反其敬——行有不得者皆反求诸己，其身正而天下归之。诗云：‘永言配命，自求多福。’”

④ 这是本人对“陈冬华、李真：乡土与城邦，《会计研究》2015年第1期”一文的解读及呼应，参见拙作“吴昊旻：由《乡土与城邦》反思学术研究的取向，《新疆农垦经济》2016年第7期”。“乡土”一文，基于“历史/辩证”唯物主义思维和“比较优势”原理的宏阔视野以及“寻求破局”的学术勇气，旨在倡导会计研究的“中国化”——立足“本乡乡土”；旨在促成“中国特色”的学术研究——不唯“美国是瞻”。

⑤ 从“人”的意义上讲，人文社科旨在“言心”（心理特征）、“言情”（情绪特征）进而“言事”（现象或问题）。一国的文化（人文的泛指）形成于其特定的“心/理”诉求，并受自然环境、人种/民族以及精神特征等内外环境因素之显著影响，虽兼收并蓄，实亦依据己心、己意及己需。故“言心、言情”而先看“他人”，犹如隔靴搔痒，“言事”自非其宜也。

谓的“权威”或“唯一正确”，更须首先并始终根基于其主体所在的“本乡本土”，而后才能“推己及人”，才有交流互通，并终能共享共荣。会计亦然。故而“中庸”之道对于会计的意义，即在于不“唯美”、不“唯洋”、不“唯外”——**破“三唯”**，而须“唯真理”，“唯实事求是”——**遵“两唯”**，懂得因应国情、传承创新。

（3）正视偏执及狭隘：充实而不自欺

其三即是要充分正视发达国家的“偏执”与“狭隘”，因其常常以“国际化”等同于“公理化”。

依据“霸权思维”（文明优越论 + 枪炮式逻辑）构建起来的西方优先的制度体系，由宏而微，已渗透主导世界格局超过百年（英先美后），导致百年来“惟英美马首是瞻，扈随景从”，以至由风尚而几成公理。货币金融裁量、市场经济地位以及会计准则的趋同等，无一不是以西方为据的典型。但“国际化”不等于“公理化”，而以“后现代新兴国家”之美国为标准的“国际化”就更是相去甚远。**实际上，**将任何一个国家的“意识”作为普遍之遵循，都是创新与发展的大敌。当此中国面临大转型乃至世界格局亦面临深刻调整的大背景下，**必须要**充分正视发达国家的“偏执”与“狭隘”，**必须要**逐渐缮养起“充实而不自欺、雍容而不自大”的自尊与自信，谦逊地“重拾”和深刻审视古今中外的优良传统，在学界首先引领出理性、客观、雍容、开放的大格局和大气象来。

（4）由理念而及方法：勿舍本而逐末

其四即是要对现行的研究范式尤其是实证方法予以深入反思，因其已日益模式化、“工具化”，甚或正日益沦为“秀技场”。

现代实证研究的范式，源于西方而欧美有异。美国式的“实证主义”偏于客观而不重视“情境”（似乎有悖于其“个人自由主义”的精神传统），而欧洲式的“阐释主义”又似过于主观（符合文明古国传统积淀下的悠然自信）。作为文明古国，中国的研究传统更接近欧洲的“阐释主义”，而其“理想的实用主义 + 实用的理想主义”则可兼容美式“实证主义”和欧式“阐释主义”，做到“兼收并蓄、执两用中”；而“实证主义”的“实证”核心与“阐释主义”的重视“情境”，无疑均须植根于本土情境。

然而，范式虽异，但其研究套路实相雷同。**于是乎**，有“现代八股”之兴起，以至延染全球，于今为烈；**于是乎**，方法是否主流、数据是否巨量、结论是否普适、格式是否规范，等等要求，遂成为文章“得登大雅”之首要门禁；**于是乎**，重技术而轻理论（如强调内生性问题的“彻底”解决与结果的“超强”稳健等）、重游戏而轻逻辑（如“公路 - 地铁 - 高铁 - 飞机”式的所谓系列研究等）以及重新意而远实践（如将创新性置于首要、“八卦式”研究的兴起等）之“技术中心主义”等流弊，浸淫何止数年，而今才有反思。

实际上，本书的构思立意、架构设计及其逻辑贯穿与情节侧重，正是针对以上诸多流弊的“一个微薄的尝试”，尚有期来者。

（5）行为范式之转换：须务实而深沉

其五即是要科学弘扬“五四”精神，因其以“务实之心”拥爱国邦，故更见其深沉。

行为范式之转换，历来依赖于精神及方法之革新粹励。因为爱国，故须务实。五四时期，中国高等教育及其学术研究的诸多实践躬行，实足以成为引导和重塑当代中国高等教育及学术研究取向的一个可行范例。当今之中国，既要远离狭隘自大的“民粹论”，还须防止盲目自贬的“惟洋论”，扬弃并举，深沉务实，方能成就大器。

（6）历史规律之传承：要循实而崇史

其六即是要敬畏历史规律，必须懂得并善于从旧的历史事件以及新的经济实践当中发现、积累并传承“历史规律”，因为“人类从未走出过自己的历史”。

明代的王世贞、王守仁（即王阳明）和李贽，以及清代的章学诚与近人章炳麟等古今大学者，均敞言“六经皆史”，这与现代西方诸多历史学家的观点亦多相合。在某种程度上，可以说“万物皆史”，因为一切都会成为“过去”。著名会计史家郭道扬教授，已将中国的“会计历史”延伸至几千年[①]，几与中国文明共始终。会计史学研究的诸多启示，亦如同一切有价值的“历史启示”一般，始终映照、伴随并支撑着现代会计教育、研究及其实践的发展进程。

要知道，会计及审计，可谓是世界上“最古老的职业之一”——在中国即近四千年；而且，中国是全世界唯一设立三大“国家会计学院”的国家；在细分行业或专业之中，审计则是唯一专设“中央审计委员会”并由国家最高领导人兼任主任的学科。此亦可见会计及审计在中国的悠久及其重要。——因此，必须循实而崇史，重传承进而求创新。

---

① 从最早的《会计发展史纲》（1984年）——我国第一部会计史教科书，到《中国会计史稿》（1988年）——被誉为“东方第一部会计史学专著”，再到综其大成的《中国会计通史》，郭道扬教授集其一生之精力及学问的研究梳理，既是对中国乃至东方会计实践及其思想的系统总结，也是对中国史部之“专门史”的巨大贡献。

中篇

实证研究之逻辑 – 方法

中篇基于“结构化思维”，重点聚焦实证研究之主体展开，着意于实证论文写作之逻辑、路径及其方法。立足研教实践，展示点滴积累，以求抛砖引玉。

这里所谓的实证研究之“主体”，即实证研究之“立论”（理论分析及假设）及其“结论”（研究结果及结论）之依托。本书拟结合实证文章之“**新八股**”及其“**十全架构**”，而将实证研究之“主体”解构为“**五大模块**”，即“两大依据/背景”以及“三大主体”。其中，“两大依据/背景”即实证文章之“现实依据/背景”（问题导向 + 制度背景）和“理论依据/背景”（相关研究 + 理论基础）；而“三大主体”则是指实证文章之文献综述（相关研究）、理实推演（制度背景 + 理论基础 + 假设推演）和实证验证（研究设计 + 描述性统计 + 假设检验）三大主体部分。

值得说明的是，本书之所以设计凸显这“五大模块”，**实际上更是为了强调**制度背景综观（idea 之因应）以及基本规律呈现（idea 之量化）之重要；而这两章，也确实在其各自的模块中具有“承上启下”之关键作用。这五大模块既体现了“结构化思维”，同时亦呼应了本书之主题，即“写作视角”，进而聚焦和凸显“写与思”（idea 之解构 – 发现 – 发展 – ……）之主题——区别于下篇之“文法 – 修辞”。

须知道，写与思，实同步互动，强调制度背景综观、基本规律呈现之重要，即是“以思启写”——“文意”之构思过程；而倡导缮养“结构化思维”及其方法，即是“以写促思”——“文本”之实现过程。此外——**私意认为**，这五大模块也应当成为高校硕士、博士研究生乃至本科生学位论文及其学业考核之重点及关键①。

---

① 私意认为，无论从培养目标还是效果看，创新性均实不宜作为学术研究之首要条件，尤其是对于本、硕学生而言，当重在历练“三基”、夯实素养，而后才能求所谓创新。本科生学位论文当立足于“成功复制”，即基于调研报告、专业论文等重点了解其规范、程序及写法等，而后习练“模仿”之功；硕士生论文当立足于“有效成形”，即在掌握规范的基础上，重点训练如何夯实“两大依据/背景、三大主体”的学术论文之“成形”功夫；而博士研究生论文则须将创新性置于至少与重要性同等重要之位置，立足于“新颖而重要”之基础或应用研究。层次、基础及立意不同，故不可强求统一。然而，实际考核中却往往矫枉过正，以至创新之流弊盛行而难以有效杜绝，业已严重损害教育之本旨及国家形象，不可不慎察。还须强调，创新往往属于“意外”，并非苛求而即得，工程化思维的“创新”更不宜作为人文社会科学之首要目标。

基于此，**本篇略分五章**，拟依次涉及：

第 3 章：“idea 之解构”，着意于缮养“结构化思维”，引导和彰显“空间/架构之能”；

第 4 章：“idea 之发现”，着意于精炼引言、凸显发问之重要，引导和彰显“抽象之能”；

第 5 章：“idea 之发展”，着意于夯实理论之推演与假设提出，引导和彰显“联想之能”；

第 6 章：“idea 之因应”，着意于强调制度背景之“综观”分析，引导彰显“综观之能”；

第 7 章：“idea 之量化”，着意于强调基本规律客观描述之重要，引导彰显“量化之能”。

中篇涉及五章，基本涵盖了实证研究之相关主体部分，并分别基于其内容及框架而设计，以体现视角之切入、逻辑之展开、路径之演绎以及方法之应用。

在此，先以一诗总括其意，概言结构化之重要，并作为中篇“**论方法**”——立足于“如何撰写、如何思考”之视角（区别于下篇的“立足于读”）——之**要义遵循**：①

偶得·架构

文章最难在简洁，
深入浅出方境界。
架构最是通筋骨，
画眉深浅自在协。

① 此诗作于庚子年夏六月。末句的“画眉”一词，借用唐代诗人朱庆馀《近试上张水部》诗之“画眉深浅入时无”句，比喻文章亦如梳妆，艺术相通，深浅最妙，贵在协调。

第3章　idea之解构：缮养“结构化思维”

若纲在网，有条而不紊。

——《尚书·盘庚上》

物有本末，事有终始，知所先后，则近道矣。

——《大学》

一点成一字之规，一字乃终篇之准。

——［唐］孙过庭《书谱》

本章为中篇之首章，承接上篇第2章，旨在基于人文社科教育之“结构化对话”理念，着力于引导和缮养“结构化分析”之思维及方法——不止针对全书，亦含各个章节[①]，助推专业学术论文从思考到撰写、从内容到修辞之全过程；同时，这样的“结构化”训练亦有利于助推学科专业之“研学互动、教研相长”氛围之实现。

人文社科教育在其本质上即是“结构化对话”，就是围绕研究预设之主题（话题、命题），进行多维度的研讨、阐发以及逻辑转换；而逻辑转换需要依赖关联想象，有了逻辑的转换或迂回，学术文章方可自圆其说、自成体系。学术研究中的想象力固然可贵[②]，但这个想象力亦须沿着思维转化与问题解决的逻辑有序行进，不可以游离主题。因此，必须讲求行文之逻辑架构，并将其“有形化”。本章以“缮养‘结构化思维’”为主题，其实是为阐述“idea之解构”[③]，故将其作为中篇之“首章”、全书之“腰干”。

① 一篇文章的各个章节亦犹如“独立之小文章”，即“麻雀虽小而五脏俱含”，故后面所谓“灌溉全文”，亦适用于各章节之“灌溉”，均须首先结构化、框架化（即“有墒有埂”、边界清晰），才能做到逻辑序贯、不游离主题。

② 爱因斯坦在其《论科学》一文中就曾指出：“想象力比知识更重要，因为知识是有限的，而想象力概括着世界的一切，推动着进步，并且是知识进化的源泉。”

③ 区别于之后第9章“idea之解读”——基于“读的视角”进行解构，即从读者的角度阐述如何阅读、如何从阅读中增广见识，本章聚焦“idea之解构”，即基于“写的视角”——从作者的角度——对实证文章进行解构，故重在探讨“结构化思维”之缮养。

3.1 逻辑之重要

著书撰文，无非是“堆砌”文字，再以逻辑理之。故文之高低，首在逻辑，而逻辑贵在清晰而序贯。这里的“idea 之解构”即是为了找到并厘清这个逻辑。

3.1.1 所谓“逻辑”

所谓“逻辑”，简而言之，即是关于如何兼顾先后、主次、详略、轻重、表里、宏微、通涩、隐显等维度或规则的一套抽象学问；逻辑会因具体之研究对象而异，但又超脱于具体——学术研究往往还有一套通行的逻辑。“逻辑”之义，近乎抽象而空泛，若一言以蔽之，则其大体可以类同于助推“预期之实现”的一整套“顺序/程序”。

写文章必须先搞清先后顺序、后确认主次顺序、再明确其他“顺序”。因此，思考行文须首先明确“逻辑”，其效用在于能够帮助作者快速、准确、清晰、序贯、聚焦而不游离地把握和延伸研究主题，以做到清晰思考、准确敲定、聚力凝神、序贯而行、一气呵成。“逻辑”训练实是提升认知能力、理解能力、洞察能力、判断能力以及审美能力的必要法门①。

所谓“逻辑”，若以比喻论之，则应如“乡村道路”，级别虽低，但一脉贯通、“顶天立地”、没有断处；而“高速公路”，级别虽高，却断断续续，尚未贯通，不能成为一个有机体系，因其成本高昂、条件严苛，故只可支撑主要部分、畅通关键环节。厘清思路、贯通逻辑，就是将碎片式、断裂式的思想、成果——犹如“高速公路”，连贯而成为一个流畅、自洽、有机的整体——犹如“乡村道路”，如此才算自成体系。这既需要思维的梳理，还需要工具的辅助，如后面第 4 章的“思维导图”等。

3.1.2 逻辑之结构

逻辑依托于架构，而架构贯穿着逻辑，结构清晰，逻辑自显。学习和缮养“结构化思维”就是训练、凝练、凸显“逻辑”的过程；**就是要使**你的 idea 之发现（思考的结构化）及其发展（行文的结构化），始终能够沿着一条清晰的“主干/主线”行进展开，并与“旁支”上下呼应、左右支撑、有序延展，最终形成犹如鱼骨、状似乔木的“完整”架构；**就是要让**你的内心（idea 之构思）或者行文之核心（idea 之展开），能够基于这个“逻辑”——思路或主干，紧密联结而成为一系列前后呼应、相互支撑、序贯相容、聚焦问题、响应关切的程序或步骤；**就是要通过**这个逻辑，以确保或彰显主次之明确、轻重之强调、层级之划

① 在知识及学科体系中，“逻辑学”亦由古代（如先秦诸子）、近代（如五四时期）之“显学”而江河日下，以至于如今连选修课之地位亦未能保住，故“逻辑”素养之缺失尤须补足。最能凸显逻辑之重要的例子典型如辩论大赛、应聘面试以及专题答辩等场景，逻辑素养及其差异往往攸关效果及成败。

分、模块之区隔，能够做到分块独立而又序贯相融，做到自成体系而无违和之感。

3.2 由逻辑、框架到内容

所谓“谋定而后动”，这里的“谋”即是idea（点）及其逻辑（线），即是“联点成线”。写文章必须把抽象的思想（idea）形象化（即架构严谨、数理结合、言之有物）、具体化（即全面落地、理据充实、论证有力）、逻辑化（即主线清晰、层次明确、序贯兼容），进而做到“聚线成面”。所以，前面所谓“结构化思维”，将其具体化，即为“逻辑-框架-内容”。运用“结构化思维”行文即是“将逻辑框架化”——把线性的链条平面化、立体化进而形成骨架清晰的结构；再“将框架内容化”——把框架附之以血肉。可见，论文亦犹如机体，逻辑则如同血脉。所谓的“逻辑既定，框架随之；框架既成，内容随之”，即是体现了这样的效果。

与“idea 之发现”要适时“务虚”以避免先入为主和本本主义的“认知惯性”（应然）不同，这里以“逻辑-框架-内容”为依托或体现的“结构化思维”，即“idea 之解构”，则是为了特别缮养发问、思考以及分析、推演以至行文的“执行惯性”（必-实然）①。因此，思考及行文中基于“逻辑-框架-内容”的“结构化”练习，即是为了实现“逻辑上应该如此（应然）、下一步只能如此（实然）、道理上一定如此（必然）”的阶段跃升；即是为了实现“要点上不会遗漏（内涵完整）、逻辑上不会缺环（自成体系）、推理上不会武断（理据充实）、结论上不会虚空（客观呈现）、行文上不会阻滞（通顺流畅）”的论证效果；即是为了形成和体验水到渠成、游刃有余乃至一气呵成的“顺畅之感”，此为简洁清晰之外，文章之又一艰难、可贵之处。

善用“结构化思维”撰写学术文章，除须秉承基本的学术要素、规范或其架构——形式上的完备，即须“八股齐备”（见后节）——之外，还须明确和训练“逻辑-框架-内容”的实现步骤。综其要领，则又可结构化为如下的**三个步骤**。

3.2.1 先明确逻辑：主干而及枝叶

所谓的论点或 idea 往往并非一个孤立的点或变量，而是内含着自成“因果”的关系链（变量间关系），将其中的“相关/因果关系”析出即形成初始或“总的”逻辑，这个逻辑即是主线，而这个主线又可分解为各章、节、目的主线，再将这些主线相联，即形成贯通全文之主线。如同费孝通先生所谓的“各美其美，美美与共”②，这里的“主线分解”

---

① 当然，这样的“惯性”自然也会受制于人类认知及其理性之约束，是属于“客观约束”（知识、层次、阅历等）范畴之内的一种“最优化训练”，故不必曲解或夸大其意。

② 原文为“各美其美，美人之美，美美与共，天下大同”，是著名社会学家费孝通先生于1990 年 12 月在就“人的研究在中国——个人的经历”主题演讲时总结出的处理不同文化关系的十六字“箴言”。

即是“各主其主，贯通一主”。行文如同构图，读文犹如展图，使文章内涵或彰显“图画之美”，即实现“文图一体”①，这既是行文结构之必要，亦是文法修辞之必须。示意如图 3－1。

3.2.2 次谋定框架：纲举而能目张

在明确逻辑的基础上，由点到线、由线及面，联结层析，即形成文章之框架。其中，“主线/干”或逻辑序贯全文章节，即是“举纲”；而向上下左右有序旁及“枝叶”，则是“张目”。所谓的“纲举而目张”②，就是让主干贯通着枝叶，让内容夯实着逻辑，如此才能纲摇目动，根深树大；就是要一篇文章不能“旁生枝节”，自成一个体系。

古人很早就认识并特别重视结构、纲目之于文章的重要性，如“若纲在网，有条而不紊”（《尚书·盘庚上》），“壹引其纲，万目皆张”（《吕氏春秋·用民》），“若罗网之有纪纲而万目张也”（班固《白虎通·三纲六纪》），以及“举一纲而万目张，解一卷而众篇明”（郑玄《诗谱序》）等。提纲引领思路而不游离主题，故非常重要。

由图 3－1 可见，其中的“旁及枝叶”，其实既是内容之展开，亦有助于谋定框架、厘定边界。枝干一体、主干摇而枝叶动、纲举而能目张。

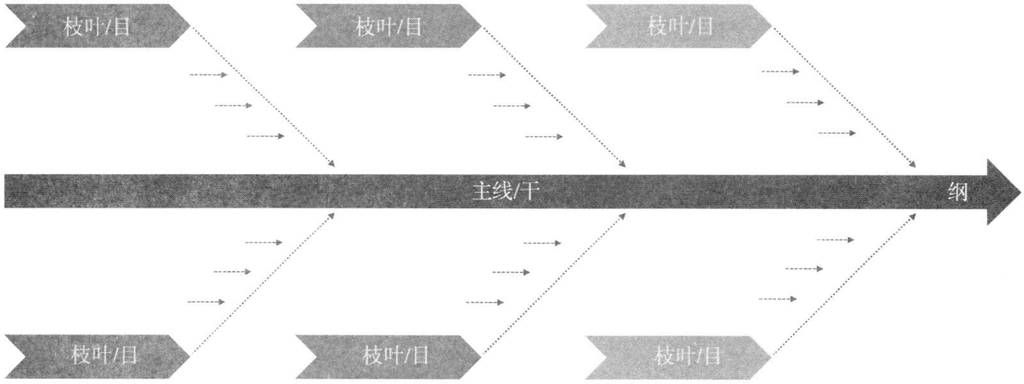

图 3－1　鱼骨图或树形图

还可以一个比喻说明结构纲目之重要。学术文章的谋定框架，亦犹如农田经营③，农家自然要先整田埂、次打内塝，都须遵循“共路—界埂—内塝”的耕种格局（路边有田、田间有埂、埂内有塝），才能实现“耕种有序、灌溉有方”，即有了这个“框架”，才不会不自觉地“浇了别家的地、旱了自家的田”（见图 3－2）。

---

① 这并非仅仅指有形的“图文并茂”，即文中附图，也是指要让文章在结构、内容及文法、修辞上彰显出无形的“图画之美”（所谓“华章”），亦类似于“诗中有画，画中有诗”，古今经典名篇皆具此特征。

② 结构大纲之分类等内容，详见后面第 5 章“idea 之发展”。

③ 例如早期的大田漫灌（北方尤多），因其地势不平，故须借助田埂（田地产权之标记）、内塝（田内导引水流的小埂）平衡疏导水流，以利灌溉充分，使得农田内各个方向的土地均能充分吸水。

3.2.3 后灌溉内容：莫出自家田地

明确了逻辑、框定了结构，犹如“理田有界梗、水行有内墒”，而后即可以“灌溉内容”（见图3－2）。也就是说，文章的内容必须附着于其主次分明、序贯兼容的逻辑架构之上，正如同枝叶附于主干、血肉附于骨骼一般。这就是之所以借用“灌溉”一词的初衷，而这也正是行文的逻辑边界。须记得，莫出自家田地；要知道，聚焦方利充实。

值得强调的是，这里的“附着”还须遵循如下四条逻辑或规则：应当以各章节的主线引出内容（主导——沿着逻辑展开），再以各章节的框架约束引用（倒检——避免冗赘多余），唯有如此，才能做到不擅越框界（内敛——充实内容理据）、不游离主题（聚焦——凸显验证主题）。

图3－2 传统的农田灌溉（共路—界梗—内墒）

上述三大步骤，还可分别参见后面3.4节（文章之“结构化”）以及第4章、第5章关于“idea之发现、发展”等相关章节的论述。

3.3 实证研究之“八股”结构

文章之结构，有其“**意构**”（内容－逻辑），亦有其“**形构**”（格式－框架）；形意互彰、二构相辅，方为文章。所谓“格物致知”，文章之“形构”（格式）正是理解文章内容或其“意构”的关键路径或不二法门，即只有厘清了作者如何发问构思、如何谋篇布局、如何框定文意以及如何行文修辞等，才能真正习得文章撰写的方法。运用“结构化”思维，撰写学术文章，除须秉承基本的学术要素、格式规范以及框架结构外——形式上的完备，即须“八股齐备”，还须更加重视附着贯穿于“形构”或格式之上的“意构”或内容。

本节关注实证研究之“八股”结构[①]，之所以如“考据”般地梳理其渊源、解析其价值，无非是想借助古代“八股文”而阐明今日“新八股”之写法，即聚焦“文章格式之重要、格式文章之写法”；更是为了印证和凸显“结构化思维”之要领；同时也是“现身说法”，展示本人关于此话题以及诸多问题的“思考 - 行文 - 论证”之全过程。现代社会日益懂得和强调规则、规范或礼仪之重要，可谓“愈发达而愈重视规矩、愈多元而愈重视礼节”，故为文须始终记得“形制之重要”，文章去其内容便剩下形制，而其形制正如社会之仪轨，“规范事大、形为质表”。

本书基本上是依照现代“实证研究”的书写范式而展开的，但人文社科论证文章的书写范式大同而小异，故并不妨碍经济学、管理学乃至社会学等领域的初学者参考习练。读书在于增广智慧、启发灵感和感受收获，而这个过程也**从不会**按照所谓学科 - 专业的人为“分类”而被设定，故“开卷有益”，关键在于读者的吸收和联想——其实任何著作均是如此。**教育**，不过是学习如何吸收并整合知识、如何呈现并引导遐思的过程，学而后知不足，教而后见多元，行而后眺远方，正此谓也。

3.3.1 “八股”之溯源及价值

承接上述，本节先叙“八股”之渊源，次论“八股”之价值。后者尤须摒弃成见俗见、从宽从新认知，以利思想传承、古为今用。

（1）先叙“八股”之渊源

所谓的“八股文”（英译谓之“Stereotyped Writing”或“Eight - Legged Essay”），并非起始于科举制度之初创[②]，而是源于宋元“经义”之改革[③]。所谓“文章千古事”，政治革新从来依托于思想之流变，而思想之流变则往往附会于文章。

八股文章并非生来刻板、可厌。隋唐宋初曾以诗赋取士，重视个人才学而兼顾治世观点，以北宋之“策论”为其典型；后王安石废诗赋而取经义，以因应其变法改革之实需[④]；至于南宋元明，随着程朱理学之兴盛流带，限定于“四书”、苛责于“八股”的

---

① 本节可与后面第 5 章关于写作大纲之类型——主题式 or 结构式 or 结合式——相互对应参照（参见后面 5.2 节），以有助于理解。

② 隋文帝开皇七年即公元 587 年，一说公元 602 年，但科举始于隋唐，几无异议。

③ 也有观点认为，唐朝科举考试所采用的“帖经”“墨义”实际上就是明代八股文的萌芽形态。

④ 北宋王安石以改革家的雄健魄力，改革科举制度，并多科为进士一科，一律改试经义，遂将取士内容限制在儒家经典之内，考其目的：一是为革新文风之流弊；二是借文风之变助推其变法；三亦是为给士子减负、引导研读务实之风，故当时文体之主流还是较为自由的散文形式，兼顾了个人之才情与治世之方略。后经南宋元明，选才考试则明确限定于“四书”，遂造成“八股文”之制式。

“四书文”或“八股文”，遂正式成为文章撰写、人才选拔之标准程式。可见，真正的“八股文章”，实肇始于宋元、定型于成化、兴盛于明清[①]。八股文章就四书五经原文取题，文体采用固定格式，由“破题、承题、起讲、入题、起股、中股、后股、束股”八部分组成，即所谓“八股”。八股文对于行文之人称、用语、句式、文法、修辞、平仄、对仗以及篇幅、字数、书法等诸多方面，均须基于立意、礼仪、审美以及“利实”等明确要求而有严格之规制，不可以随意发挥，不可以随便僭越。

考其演变，八股文章本出于朝廷选才用人之实需，故必然会因文章固有之形制与治国安民之实求而相互影响、彼此兼顾，再加之得失利益攸关而为权贵等“既得利益者”所左右，故其流弊滋生，势所然也；故二者之此消彼长、轻重相搏，便伴随着科举制度之演进变迁以及社会格局之盛衰兴替，而文章之意义也就呈现出“由实而形、形实相争”或“脱实向虚、虚实相继”的历史过程[②]，这其实也是任何事物由盛而衰、盛衰相继的一个自然演进过程。这亦正如中国革命战争时期以及改革开放至今，诸多围绕实事求是、理实结合的“文争武斗”，无一不是从思想、文字领域的变化开始或着手[③]，而文章形实之争议、选才制度之变迁不过是其所在社会之制度变迁及思想争议的载体或呈现而已。

立足于选贤任能的八股文章实属于“论辩之文”——其他文章亦类似，自然需要“务实+务虚”，不可以没有雅致和审美，但更多还是为了“有益于治世”，故历代的八股文章尤其是那些点论时势、针砭现实、一展才思的经典名篇——如宋代之“策论”以及历代开国初期之应试佳作等——仍然自有其独特价值。

（2）次论“八股”之价值

学界素有“唐诗宋词明八股”之谓，可见八股文章也曾引领一时之风气、造就一代之辉煌。历代科场应试之八股文章实际上反映着当时的社会风气、政治格局以及其内生之制度设计。因此，评价“八股”文章之价值，还须结合科举制度之意义。源于隋唐的科举制度，是中国“文官制度”体系之核心及载体（秦汉以后），亦堪称人类历史上“最伟大的制度设计之一”[④]。概括科举制度之意义，私意认为，至少应有**如下“五维”**，值得我们永久地褒扬和镜鉴。

---

① 顾炎武《日知录》云：“经义之文，流俗谓之八股，盖始于明宪宗成化年间（1465－1487年）……”，这即是历史上明确以“八股取士”的开端，要求用排偶文体阐发经义，亦称“时文”“制义”或“制艺”及“八比文”等。此后推广承袭，格式愈益严格，文章愈发空虚，直至清光绪二十四年（1898年）戊戌变法时废除，而科举制亦于光绪三十一年（1905年）正式退出历史舞台。

② 顾炎武《日知录·程文》即云：“唐之取士以赋，而赋之末流最为冗滥。宋之取士以论策，而论策之弊亦复如之。明之取士以经义，而经义之不成文又有甚于前代者。”古今盛衰兴替一理，不可以苛评。

③ 革命战争时期（1937年7－8月），毛泽东主席的经典名篇《矛盾论》《实践论》（即“两论”）以及一系列倡导调查研究、实事求是的文章如“反对本本主义”（1930年）、“在延安文艺座谈会上的讲话”（1942年）等；以及邓小平发起并主导改革开放时期引起极大反响的“解放思想实事求是团结一致向前看”（1978年）和“实践是检验真理的唯一标准”（1978年）等一系列讲话、文章，无一不是从思想深处革除流弊、拨乱反正，无一不是从文风、学风而端正政风、民风的典例。

④ 中国古代的科举制度被中外史学家公认为是人类历史上选拔人才的“最好制度”之一（如李约瑟、费正清、墨子刻等）。

其一，是体现和践行着立足平等、德才兼备的选才观。

私意认为，中国古代科举制度的首要意义便是其荐拔人才的视野与胸怀。无论是如传承至秦汉的“访贤”“征辟”或“察举/荐举”制（如“举孝廉”等），还是隋唐伊始而绵延至清末的科举制，古代中国选才制度的顶层设计均体现了这种宽容、平等、博大的视野与胸怀。这实际上体现了造就中华传统文化之主流或核心的先秦诸子百家的“理性争鸣”（思想争鸣绝少以武斗解决），尤其是集大成于儒家的“中庸之道”（崇尚执两用中而不偏私），并最终演化成为“天人合一、一尚自然、辩证和谐”的哲学观（人生观－价值观－世界观）。这种面向海内人才、没有预设门槛的制度设计初衷或视野，真正的价值在于其有效激发、带动甚至“确保”了一种良好的预期（念想－追求），激发了无论阶层而怀有赤子之心、抱着家国情怀的“各色人等”均可有望实现“阶层跃迁”、有望投身国家社稷、有望光耀祖宗门庭。

在这个意义上，科举制度可谓很好传承和光大了圣人倡导和践行的“有教无类、因材施教”的教风学风以及“士不可以不弘毅”的清正古风[①]。古语所谓“朝为田舍郎，暮登天子堂”，描述的便是普通农家子弟通过应试科举而超越自我、实现阶层跃迁的真实故事。科举选才一千三百余年来，进士及第者虽不足二十万人，但应试举子又何止于此数[②]，各级未能及第者皆成为郡县、乡里之俊秀人杰，他们或著书立说，或私塾育人，虽“怀才不遇”而气节、情怀不移，故亦是名家涌现、贤达辈出。

其二，是促成和助推着崇尚奋斗、追慕先贤、鼓励进步、研读经典的好学风。

立足于精英选拔的科举制度其实助推践行了“学识改变命运、奋斗改变人生”的人生观和价值观，也堪称其真实之写照。这种倡导勤勉、“志于学问”[③]的优良学风，经潜移默化而至个人之气节、情怀以及社会之风气转移，实际上正是通过（自我）教育——科举制度实质上也是教育制度——的直接（私塾－乡学－太学等）或间接（自修应试）引导，造就了中华民族自古至今勤劳勇敢、吃苦耐劳、任劳任怨的优良风气或民族本色。

试举两例。五四时期那些“卓然成家”的国学大师、科学精英，皆是饱读国学经典、秉持东西相济、体用勤勉好问、家国情怀一贯的典范人物；在历次疫情的防控治理中——尤其是全球化纵深背景之下的2020年新冠肺炎疫情，中国老百姓以及国外华人社区体现出的大局观、集体主义观念乃至人类主义情怀，可以说正是这种“民族本色”的典型例证。由科举而至教育引导形成优良传统或民族本色，可谓受益至今而未尝褪色。

---

① 语出《论语·泰伯章》，是曾子所言，原文为“士不可以不弘毅，任重而道远。仁以为己任，不亦重乎？死而后已，不亦远乎？”

② 据统计，由唐至清，各朝进士人数总计约171590人（未计算太平天国科举进士人数，未计算武举人数），文科状元504人；而经科举考录的各级举子则远远超过二十万人。数量的有限或优选体现了精英选拔的初衷。现代中国的高考制度，数亿人中如愿者也不过十有其一，如今接近50%的入学率——客观地讲——其实已经脱离了“精英选拔”的制度初衷而演变为“普及性/普惠式教育”了。——对于清末至近现代精英教育的详细梳理还可参见香港科技大学李中清教授（James Lee，李政道之子）的专门研究“150年以来，中国的精英都出自什么家庭?”等资料。

③ 六十岁方高中进士的明代大学者归有光的名作“吾十有五而志于学”（见《震川集》）堪称此中典范。

其三，是渗透和彰显着“中性无偏”乃至“中正无私”的制度观。

科举制度形为选才机制、实是教育制度。因选才而重视教育，由“选举”而影响政治，中国很早就将“选举”（制度）——古代的“选拔荐举”与现代之“选举”机制实际殊途同归——与教育（制度）结合在一起，构筑起“选才（选拔－荐举）—育才（教育－学习）—用才（政治－治理）”的（文官）制度体系。“良治”可以“有偏”——尤其在转型或胶着时期——而“良制”则应“中性”。制度设计因其“中性而无偏”，故能得以长久之传承[①]。科举制度乃至前代之“访贤”“征辟”或“察举/荐举”制度作为一种选贤任能机制或育才选才制度，“制度化”的设计是其首要之品质，又能实现不断代的“制度化的传承”则更可见其品质之优异；而这种优异的“制度品质”正是首先得益于制度设计之初衷及其视野，更是得益于传统文化熏育影响之下的历代统治者及其名臣贤哲的践行与坚持。

因此——私意认为，首创于隋唐的科举制度，从未因皇帝更换而停止，亦未因朝代更替而废弃，可谓真正渗透并彰显了“中性无偏”乃至“中正无私”的“制度观”以及蕴藏在制度设计之后的“天下观－哲学观”；可谓真正体现和践行了中华“群经之首”《易经》所谓的“元－亨－利－贞”[②]“天行健，君子以自强不息；地势坤，君子以厚德载物”[③]的“人生观－辩证观”；可堪称“良制”之典范[④]。这种“中性无偏”乃至“中正无私”的“制度观”，可谓真正把握或找到了制度选择及其设计的“最大公约数”——制度设计之核心逻辑[⑤]，而类似的制度构建亦可镜鉴。

其四，是印证和阐释了“才不出于一处，殊途而同归”的辩证思想。

科举应试，只是一种自我实现的方式，如同高考，古今类似。这里所谓的“殊途而同归”即是为说明“才不出于一处”，亦正似乡间俚语如“行行出状元”“此处不留爷，自有留爷处”等。实际上，相对于中举者，科举应试而名落孙山者更多，故“此路不通”形成的“倒逼机制”[⑥]其实也具有警醒、反思甚或“回归自我”的重要价值。龚自珍所谓“我劝天公重抖擞，不拘一格降人才”，表达和重申的便是“才出多门”故当“聚天下英才而用之”的圣贤古训、治世胸怀以及家国期许。

聊举一例。白和贾（Bai and Jia，2016）发表于国际权威期刊《经济计量学报》（*Ec-*

---

① “良治”和“良制”皆须依赖“良吏”，而“良吏”之“良知良能”又依赖于“教育－学习”，故追慕古代先贤、研读圣贤经典，便是为了——在更大程度上——“保障”阅读及其研习材料的“中性无偏”。

② 语出《易经》乾卦之卦辞，原文为“乾，元亨利贞”。自《易传》起，古人将其解释为乾卦之四种基本性质；引申到人事上，这四个字则分别代表“仁、礼、义、正”。近代考古学的证据又显示了其新内涵。

③ 语出《易传》中的《象传》，君子应当法上天刚健、运转不息之象而自强不息、进德修业；应当效大地无私、包容万物之象而增厚美德、以身作则。这其实是阐释和弘扬持之以恒、锐意进取却不应拘于“一格”的人生观或奋斗观。

④ 科举制实际上与秦汉以来的“察举制”一脉相承，若将二者相连接——由选才到重视教育，由“选举”到影响政治，中国古代的选才制度应该是人类历史上延续最久——两千多年——的教育制度、选举制度或政治制度。

⑤ 例如：法治之核心逻辑，应该是“仁正”，即“以直报怨”（强制兼顾人情）；教育之核心逻辑，应该是“公平”，即“因材－无类”（精英兼顾普惠）。诸此等等。

⑥ 类似的“倒逼机制”多由所谓改革引发的“此路不通”而导致，如高考失利、TOP期刊拒稿等，而经历过这些挫败而终获成就者亦实不在少数。

nonmetrica）上的文章[①]，“严谨地揭示”了一项关键制度变革——1905 年废除科举——而引致的（人才）“倒逼效应”及其造成的“可观”社会后果。**客观地讲**，明清以来已然严重格式化的“八股文”——相当于提高了门槛，诚然有碍于英才之选拔乃至文化之普及，但将一事无成、百无一用甚或类似“范进中举”等的后果或弊端全部归咎于“科举害人”，亦实在近乎无稽之谈、别企之论，显然失之于客观。**须知道**，“格式文章”辱没不了真才实学、耽误不了俊秀英杰、阻碍不了锐意进取。对于“八股文章”，批评家将其视为思想之桎梏、才情之束缚，却忽视了任何制度亦如同世间万物一般，皆有盛衰兴替、物极必反的自然规律和辩证道理，却忘记了即便以八股致仕却依然成就功业甚至能“立德—立功—立言”而致“三不朽”的历代名家、豪杰精英、不世贤哲，如王阳明、曾国藩、左宗棠等。

在以“文章立世”以及“科举治世”的一千三百余年中[②]，不知有多少贤才英杰，同样抱着赤子之心与家国情怀，却能殊途而同归，进而一样以实现所谓“立德—立功—立言”之理想而近乎“三不朽”——如李时珍、曹雪芹、孙中山、熊十力，等等。近现代以至于当代，那些没有学历、大学肄业、成绩平平却一样能够成为“人中龙凤”的科学家（如华罗庚、陈景润）、企业家（如比尔·盖茨、曹德旺）乃至思想家（如阿尔文·托夫勒、彼得·德鲁克）的成功者、奋斗者亦比比皆是。

可见，中国古人对于“文章立世”“科举治世”乃至“士人精神”的本我认同、自觉践行以及忠实的传承和辩证的贯通。——今人何不若古人?

其五，是文章既定格式凸显出的“结构内涵”及其遣词造句体现的审美意趣。

中国历史悠久、架构发达的“文官制度”体系，其核心或载体是文人或“士”，而在“道统”——构成中华传统文化的核心精神及其关键要义——熏育之下的中国古代文人自有其澄明、超脱之个性，正所谓“穷则独善其身，达则兼济天下”[③]，故科举应试不过是古代文人实现其“理想”的一种方式或载体而已，而甘老林泉，隐居乡里，亦是归处；故在八股行文、结构运笔之间，自然地蕴藏着“理想而又务实、务实而又理想”的微妙权衡；故在格式桎梏之下、陈规窠臼之中，亦能将文笔修辞、章句韵律体现的审美意趣自然地融入格式文章，从而具有别样的风采；故学界所谓“唐诗宋词明八股”亦非虚言，八股文除具有类似于唐诗、宋词的文学价值，还有其**特别内涵**。

概括评论家对于八股文的积极评价，主要在如下三个方面，即：有利公平选才之制度

---

① Bai, Y. , & Jia. R. , 2016, “Elite Recruitment and Political Stability: The Impact of the Abolition of China's Civil Service Exam”, *Ecnonmetrica*. 84 (2): 677 – 733. 以及王绍达的解读文章：“废除科举加速了清朝灭亡?”（《政见》2015）。

② 实际上，中国以“文章立世”的观念或其历史远远早于“科举治世”，后者是制度性的“人才荐拔”规则，而前者在形式及操作上则更为自由而多元。一如我国春秋战国时期的文化辉煌与“思想奠基”，那是“诸子林立、百家争鸣”的贡献所致；是社会雍容、不拘一格的结果使然。

③ 语出《孟子·尽心章句上》（第九）。这是“先贤以之定心守性、后学以之践行为荣”的超然物我的“处世观”或哲学观（人生观 - 价值观 - 世界观），已经成为渗透于中国古代“士人”乃至普通百姓言行之中的精神准则或处世模范。

（德才兼顾－阶层跃迁－理实结合）、经学义理诠释之范本（正本清源，避免妄议歪曲），以及数典而不忘祖之风气（整理古籍－考究文理－古今一脉），评价亦可谓全面中肯。私意认为，八股文章的现代价值还体现在其显著的“**结构化内涵**”：

——精巧必先“构思”。

要想在有限的时间、规定的篇幅、封闭的空间（考试场所）内顺利完成一篇构思精巧、理据充实、结构清晰、法度严谨、辞章华美、书法端庄、事君尽礼（文－法－意－构）的“八股”论证文章，实在并非易事①，亦绝非一朝一夕可以模仿习就，故不可以等闲视之。典型如宋代的“策论”②，再如“唐宋八大家”的文章，其内容、文采均堪称上品。

——简洁须兼“形意”。

古代“八股文章”实是将遣词造句的功夫发挥到了极致，是对语言文字的最简洁运用，而这种高超的“技能”，实际上体现着基础深厚、“文人一体”的“人文基本功”（读－写－评－思），实际上贯穿着对传统文化精髓的知晓、践行和敬意。将这两点结合起来考量，科举应试的“八股文章”——尤其是名家名作（如唐宋八大家及历代名臣）——可谓做到了务实兼顾务虚、理想结合现实、文采烘托内容、修辞因应架构，达到了所谓“文如其人、人如其文”进而“文人一体”的境界③。

因此，“八股文”对于研习文章写作特别是现代实证文章——同样属于格式文章——的发问构思、谋篇布局、逻辑序贯、结构延展以及文采辞章等，均具有显著的现实意义及模范价值，**尤其是对于初学者**缮守文章规范、践行结构章法以及习练文笔、锻炼文思、框定文意、凝炼文题等，更是具有明显的裨益。在这个意义上，现代实证文章的“结构八股化”或可反向印证传统“八股文”的独特价值。

在上述“五维”之外，人才选拔制度之中外对比，更能彰显思想文化之东西差异。于此之中，亦更能凸显科举制度发明——八股文章绵延其半——之“超然”价值（跨越国界、惠通人类）。**故聊附己见、冒昧又及、略作延伸：**

中国“伦理社会”的人才选拔制度——官僚制度——更为关注人才“怎么上来”（发现－推荐－选拔－晋升），故更加重视“事前”之激励、品德才具之权衡，崇尚“人治”

① 关于“八股”的客观知识，好奇者自可检索，无须赘述。古代举子的八股文真迹亦有博物馆收藏。平遥古城文庙里的“超山书院”（创建于康熙四十二年即1703年）即收藏有我国科举史上仅存的一张状元卷，是明朝一代名臣赵秉忠（1573－1626年）的殿试对策（1598年），全卷2460字，笔力老道、从容不苟、字字匀停，年仅25岁而笔墨功夫超群，终以文章书法俱优脱颖而出（9位评卷官、296份殿试卷），博得万历皇帝御批“第一甲第一名”而高中状元。

② 值得反思的是，康熙皇帝喜爱并苦修科技务用之学，却又首禁自唐宋以来科举取士的策论传统。这或许说明了政治及思想历来崇尚“大一统”的华夏古国，亦多执拗、时变之人吧。

③ 出自苏轼《答张文潜书》，原文为：“其为人深不愿人知之，其文如其为人。”文中的“其人”是苏辙，苏轼在此是夸其弟而赞张耒。可见，“文如其人”是一种境界，所谓“运用之妙，存乎一心”，高手写来，自然别样，文章高低之差异实是人品轻重之反映。

调解为主（基于“人情-关系”的柔性契约），重视德才兼备，并须以德为先；因为“怕选错”，故须经过科举或察荐；即体现的是——尤其是官员（以才选官）——“不是什么人都能干”的选才制度逻辑。

这种思维，体现在思想、学问的方法及范式上，便是以“演绎”为主，更在乎“应然”而非“实然”，更在乎一致而非不同；在文化的追求上便始终是愿以“境界为先、治心为主”。

西方“自由社会”的人才选拔制度——官僚制度——则更关注“怎么下来”（制衡-监督-约束-检举），故更加重视“事后”之监督、规则设计之制衡，崇尚“法治”惩戒为先（基于“交易-利益”的标准契约），重视民主自由和社会监督，因为“不怕选错”，故体现的是“只要胜选”以及“什么人都能干”的选才制度逻辑。

这种思维，体现在思想、学问的方法及范式上，便是以“归纳”为主，更在乎“实然”而非“应然”，更在乎不同而非一致；在文化的追求上则是以“自我为先、物化内控”[①] 为其特色。

这种比较，不是非此即彼的“选边站队”，不是抑外扬中的“自我谄媚”，更不是崇洋媚外的“受虐心态”，而是引导和缮养应当以务实而客观、理性而辩证的“公平-公正”视角、“开放-豁达”胸怀，宽容地看待大千世界、呈现多元文明、吸纳人类精髓。

3.3.2 实证研究之“新八股”

学界对于现代实证研究文章的格式规范，实际上观点并不一致，会计研究领域亦然。或合并，或分列，或新增，观点虽不尽相同，却共同涵盖了如下几个部分，即：摘要、引言、文献综述、假设推演、研究设计、实证分析、研究结论等。本书所谓实证研究之“新八股”与此略有不同，即是文章正文所包含的**“八个必要”部分**：引言、文献综述、制度背景分析、理论分析与假设、研究设计、实证分析、结论与启示、参考文献[②]。这八个“部分”序贯而下，与文题、摘要一起，共同构成现代实证新“八股文章”的“十全架构”。

格式文章如同格式化合约，基本范式既定，逻辑从中序贯，框架内容随之。需要说明的是，这个序贯的结构只是“形构”（格式）上的完备，虽然“八股齐备”，但仍然属于尚未“附着内容”（有骨无肉）的格式化框架[③]，还不能算作支撑文章“意构”（内容-逻辑）的“提纲”，框架必须要“提纲挈领”、附着血肉，才能凸显出贯通全文的清晰主线或一致逻辑。可见，结构与提纲相呼应，也必须呼应，文章才能逻辑清晰、自成体系。

---

① 杨雄胜等以明代敕建官企“龙江造船厂”为案例，实证分析了中国传统文化中“心化”内控的制度模式与西方文化情境下“物化”内控制度的差异，进而指出应该东西交融、文化互鉴，共同推进内控制度思想及其制度的良性发展。具体参见：张萍、杨雄胜．“中国本土文化情境下的内部控制模式探索”．《管理世界》. 2018（2）：161-175。

② 很多学者并未将“参考文献”列入现代实证文章之“八股”，而私意认为应当包括，因为参考文献实际上隐藏着文章之边际价值或其差异化贡献的信息，不可不强调。见后“如何撰写文献综述”节。

③ “框架式大纲”区别于“附着内容”的“主题式大纲”，可参见后面第 5 章论述。

传统"八股文"对应的"旧八股"，均有严格的书写规范，史籍自有详解，名文自可模范，不必详论。现代实证研究的"新八股"，如引言等其他"五股"，与本书观点基本一致，故仅略论其功能（见下节及表3-1），在此详论"**其他三股**"之内涵、功能或写法。

需要补充说明的还有两点：

其一，本书中篇之所以设置专章论述"制度背景综观"（第三股、第6章）及"基本规律重要"（第六股、第7章）以及"文献综述之逻辑"（第二股、第8章），除为强调其有助于夯实逻辑及其证据、考核综观评价能力、习练实证文章写法的独特功能之外，亦是为了凸显这几股及其关联呼应之重要。

其二，本书所谓实证文章之"八股齐备"，并非确指八个固定的章节或部分，而是指实证文章应当涵盖这"八维"才能做到理据充实、体系完备。文章贵在法度严谨、逻辑通畅，实不必拘泥于刻板之形式。

这里的"其他三股"，试论如下。

（1）第三股"制度背景分析"

制度背景分析与第四股"理论分析"相配合，构成实证文章及其idea之"两大依据"，即现实依据和理论依据（理论基础+文献综述）；与第二股"文献综述"及第六股"实证分析"一起，构成实证文章之"三大主体"（详见3.4节），是对实证研究之"问题导向"原则的呼应与支撑，故重要而单成一股。制度背景分析体现或考量的是作者"理-实结合"之"综观能力"，这里面包含对于实证文章之"三据"——原始数据、理论依据、文献证据——的处理、把控及关联的能力，故最能见出研究者之笔墨功夫。在具体的写法上，也有文章将其分别纳入引言（第一股）或理论分析（第四股）部分，形式相异而本质相同。

"制度背景分析"一股之详细解析可参见后面第6章。

（2）第七股"结论与启示"

结论与启示，是实证文章正文之最后部分，是对研究问题、全文逻辑以及分析结果的总结与凝练，是全文之"点睛"，是对作者"结果归纳—结论提炼—启示升华"——"三层序贯"——能力即"点睛之能"① 的考量。结论与启示的总结撰写，应该沿着"结果-结论-启示或建议"的路径而序贯展开、次第凝练，即研究结果（findings）须严格基于实证分析进行归纳，研究结论（conclusions）须紧密围绕检验结果进行提炼，而研究启示或建议（suggestions/recommendations）则须在研究结论的基础上再予以升华。实证研究虽立足于典型案例或超大样本，但其结论仍受限于研究视角、立论基础、样本期间、检验方法以及特定环境因素等影响而只能提供"一家之言"，故其研究结论之得出、研究启示之升华及其适用，均须遵循学术研究之科学、严谨、可靠即"言之有理、理据相依"的基本原则。唯有如此，即沿着上述的序贯路径，依次提炼研究结论与启示，才不至于夸大其

① 本书将"听-说-读-写-评"归结为"人文基本功"，而此"五功"又对应着抽象、综观、点睛等"七能"。详见下篇第9章"阅读之重要"。

词、离题空泛。

梳理会计、审计、公司财务与公司治理领域——其实更普遍，故可广为镜鉴——的相关研究，概括其“结论与启示”之撰写，则约有“**五大流弊**”：

流弊之一：是没有“错误或是非”的漫谈。其弊在于难以切中问题之要害，损害了研究结论的针对性或其操作性，类似于“正确之废话”，冗余而无切用。

流弊之二：是没有结合具体的研究“结果”。其弊在于未能有效呼应前文之逻辑及其实证结果，类似于“前倨而后恭”，很容易迎合预期，很可能夸大己见。

流弊之三：是没有理论及经验上的“升华”。其弊在于缺乏适度的深化，即结论未能凝练结果、启示未能升华结论，类似于“叶蔓而无花”，故不足以“垂启后来”。

流弊之四：是制度评价缺乏客观辩证之“历史观”。具体表现为制度背景分析未能甚或不愿结合历史变迁，缺乏中肯的历史评价，其弊在于很容易陷入或形成“迎奉”主流文献、“顺从”大众观感、甚至“配合”研究结论的人云亦云、因因相袭之“怪圈”。这类似于“无本之木”，其逻辑即使“一致”，研究却无关痛痒[①]。

流弊之五：是学术研究之“立意”往往有悖于多元。这主要体现在理论基础以及结论与启示部分，其**具体表现又有二：**

其一，是普遍刻意强调“中国之特殊”。如“中国特定的制度背景”云云，国情区情自有其特殊，而规律道理却不悖于普遍，强调“特殊”胜于“普遍”，实是尚未捕捉到“主要矛盾”之体现，亦与其理论分析及经济解释中又依据西方理论，不免自相矛盾。

其二，是普遍刻意唯美国“马首是瞻”。在制度对比、结果分析、政策建议等部分，言必称西方，一概以美国为参照，尊崇于一极，必失于偏颇。发达先进之国家/地区，可为范本，却不可拘泥，否则即是模仿而非创新；创新必须经历“从无到有、无中生有”之蜕变，即只有掌握了万物演变之规律、发达先进之渊源，再由“启”到“发”或因“启”而“发”，方能做到“无中生**有**（理实之经验）、有中生**无**（进步之创新）”[②]。

——这类似于“挂一而漏万”，其弊在于忽视了共性而及多元，故有悖于科学研究之本旨、有损于学术研究之客观。**须知道**，多元才生趣味，多元方能共融，每个国家——尤

---

① 制度背景分析考验“理实综观之能”，即在问题导向下理论结合实践的素养。现有的实证研究，其理论基础普遍尊奉西方，而古老中国又处于新兴转型之时期，故容易出现“理实相悖”，而其关键即在于“协调”。如何协调，“马克思主义中国化”的革命实践（历28年）以及40年改革开放的历程其实已经为我们提供了答案或范本。所谓“中国化”也即“本土化”，即是以先进理论洞察本土问题，然后再因时因地而制宜。古今中外，组织及个人成功之路径，莫不如此。

② 语出老子《道德经》第40章：“天下万物生于有，有生于无”。“有无之辩”其实贯穿了《道德经》之始终（如第11章等），阐发有无之相生、虚实之相依、阴阳之相济的底层逻辑和根源哲学。结合实际简而言之，“无中生有”即是用自己的思想改造世界，也即“原创”；而“有中生无”则是基于既有之基础而改进革新。所谓的“创新”实际上涵盖这两大层面。拘泥于前者，未免苛求而背离现实及逻辑。所谓“因启而发”，这个“启”，或是基于抽象之规律（原创）、或是基于既有之基础（革新）。实质上，世间所有的革新及变化，均是基于“已有”，所谓“有无相生”，故能“生生而不息”。

其是文明古国——因其国情地理、人物风俗之客观差异，故均有其独特的行为范式、治理经验和人文传统，都值得悉心提炼总结、古为今用。这是费孝通先生所言“各美其美，美人之美，美美与共，天下大同”的真实内涵；也是人类何以需要相互学习、互通有无、长短互补、因果互鉴、共生共荣的原因。

(3) 第八股“参考文献”

本书认为，参考文献理应纳入实证文章之“新八股”。那么，为何要独立一股，概括**其依据有三**：

首先，有利于“规范之养成”。

文末的参考文献（reference）是为了列示和说明文中所引文献或资料之来源，以示其引证——包括直引、间引、转引等[①]——渊源有自、有理有据、并非妄言，故首先有助于缮养学术研究之“规范习性”，久而久之即养成“言之有据”的好习惯，从而可以避免学术失范乃至舞弊及造假问题。所谓“形为质表”、规范重要，这是为学习和践行规范之必要。

实际上，一切文献皆为史料，故其引用及交代，一是须按历史研究或考据的严格规范来自我要求，二是须按文章、著作或报告的格式规范进行展示。文献来源信息之先后顺序会因不同期刊之要求而略有差别，而文献来源信息之基本范围却基本已成定规，一般须含有作者、题目、类型、期刊或出版社或会议名称、年（卷）期、页码等必要信息，以确保读者之精准查询。

此外，这里的“参考文献”一股实际也涵盖了文章之“注释”。除文末之参考文献外，引证文献还可能出现在页下脚注或文末尾注之中，但二者在其功能或形式上却略有差异，**约有三点**：一是对于同一文献，二者不可重复说明；二是注释——脚注或尾注——可叙文献之来源，但多为正文内容（观点 - 证据 - 背景等）之延伸解读或必要说明，而“参考文献”则只叙其来源出处，不可详解；三是因其功能定位不同，故亦可增加文章之“可读性”，即可使文章显得主次分明[②]、理据充分，进而为文章增色。

其次，有利于“按图而索骥”。

“参考文献”一股——包括注释——展示的是文章所引之文献资源，或取其观点结论，或取其数据样本，或借鉴其逻辑推理，或沿袭其方法设计，目的不同、引证各一。因此，列示参考文献的另一个目的——区别于展示“渊源有自”——便是有利于“按图索骥”，而归纳其**益处，又有三条**：

一是有助于查证或确认引用之“不虚不妄”[③]，以确保“渊源有自、言之有据”，尊重和展示前人贡献，维护和助推学术规范。

---

① 文献引用之形式、要求以及其他格式规范等内容，可详细参加后面第 8 章“文献综述之撰写”部分。

② 文章之注释——脚注或尾注——是对正文内容（观点 - 证据 - 背景等）的延伸解读或辅助说明，故不可“喧宾夺主”：一是在篇幅体量上切记不可冗长无度；二是在内容呈现上务必要主次分明，观点之核心、证据之切要、背景之关键，还是以在正文中呈现为佳。

③ 引用之“不虚”是为确保实引，而引用之“不妄”则是为避免误引。详见后面第 8 章“文献综述”部分。

二是正因其“目的不同、引证各一”，故先是从作者的“主观上”展现或示范了文献引证之视野、逻辑延伸之多维、理论基础之多元，进而也使初学者在“主观上”明白或掌握了文献引证需视野开阔、逻辑推演需多维延伸、理论借鉴需客观多元的学术研究之规律、范式及其素养。

三是有助于推进“**专业知识—学科知识—领域知识**”的自然整合与延伸。这是规范要求、文献引用之“客观呈现”的结果。**须知道**，一篇文章或一部著作，从其立意到逻辑推演再到撰写成文——也如同现实中完成任何一项工作或任务，从来不是只调动一种知识、只启动一种能力、只依赖一种逻辑、只基于一种理论，而是直觉与视角多维并进、理论与方法齐头共举、逻辑与技术序贯而行、知识与素养协调互助、学科与领域交叉共融的“整合性”过程，故学习、思考贵在整合思维，教育、教学贵在引导智慧。

因此，对于这“三种知识”的分类、强调，实际上是有感于真实社会的规律——在现实作业无法清晰分界，问题解决过程中的多种知识运用是自然的、必需的、序贯而整合的——而做的逻辑归纳，实是为了揭示学科专业刻板分类之弊端。可以认为，那些不善于发现问题、迟钝于现象变迁、无奈于有效解决的人，正是因其拘泥于知识的刻板分类、受制于本本的呆板传授、脱敏于现实的鲜活反馈而不自知，亦乏于自觉和自省；相反，那些“敏于行而讷于言”[①] 的人——好学善学、善于整合——却从不受制于这些人为的刻板分别。

训练有素、经验丰富的研究者，对这“三类知识”的运用，往往整合自如而不觉其分裂，而初学者则还须借助于“参考文献”的展示、链接来着意历练其“按图索骥”、关联拓展的基本功夫。可见，由“专业知识—学科知识”（本学科），由“学科知识—领域知识”（本领域），由“自我的知识升级—群体的知识共享”（成果价值），文献引证体现的正是作者基于其“研究领域”而做出的内生性拓展、内涵式外延，再通过“参考文献”的展示、链接而最终有助于开阔专业研究之视域、促进领域知识之繁荣。因此，将“参考文献”单列一股，对于“领域知识”之共享、共融实具有增量贡献。

最后，有利于“评判创新度”。

承上解析，“三种知识”基于“参考文献”的展示、链接，可以间接而充分体现作者研究视角之独特、立论基础之多元、逻辑分析之整合以及研究设计之对应，故可以借此而对比评判文章之“差异化贡献”或其“创新程度”。引证文献，依据其关联程度——看其主题及关键词[②]——可将其区分为直接相关文献（关键词相同、主题相似）和间接相关文献（关键词相近、主题相类）两大类别，因此，一个有效的评判方法就是看其“间接相关文献”的多少。一般而言，更多的间接相关文献——相对于直接相关文献——预示着更为丰富的“差异或不同”，故很容易通过检索、查阅而追本溯源、对比判断出文章的“新

---

① 语出《论语·里仁》篇，子曰：“君子食无求饱，居无求安，敏于事而慎于言，就有道而正焉，可谓好学也已。”又曰：“君子欲讷于言而敏于行。”意在告诫弟子慎言语、重行动。这里借用是为了阐明好学、善学以及知识整合运用的重要性。

② 一般可以“顾名思义”，即通过文献的主题、关键词检索、查阅。这也是文献归集以供检索的基本逻辑。

意”。可见，“参考文献”可以成为追溯判断、支撑凸显文章新意的一个有效依据或渠道。

3.4　“结构化”的文章与文章之“结构化”

本节所论之“结构化”的文章与文章之“结构化”，前者着意于实证文章之“文法、架构”，主叙其功能定位，兼叙其文采依托[①]；后者则着意于实证文章之“文意、逻辑”，是对实证“新八股”文章之深究与解构。承接上节关于“逻辑—框架—内容”的“结构化”分析步骤，在深究与解构的基础上再专论各股之“写法”（见图3－3及表3－1）。

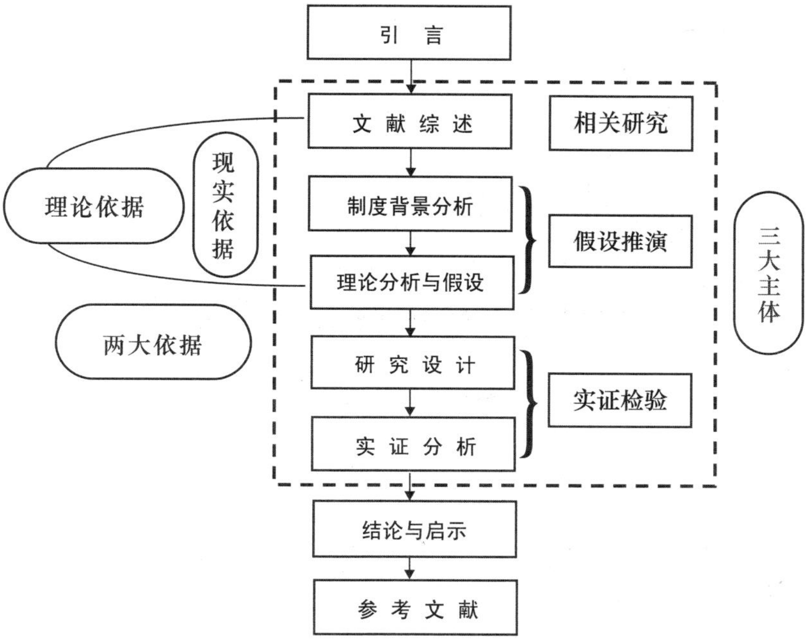

图3－3　实证“新八股”文章之结构化内涵：各股之关联呼应

现代实证文章之“结构化内涵”，除其“八股”之分支架构外，还可依其主体，整体解构为“两大依据”和“三大主体”。可以从功能定位（依据－主体）、逻辑序贯（结构“肌理”）这两个维度进行解析。

3.4.1　实证文章须依赖“三据”

按其功能定位，实证文章可以解构为“两大依据”和“三大主体”。这里的“两大依据”涵盖三股，具体是指文章的理论依据和现实依据，其中，“理论分析”和“文献综

---

① 主次分明、层级合理、结构严谨的文章，自可烘托出其“文采”。可见，文采不止体现在遣词造句、润色修辞等形式，还有其结构优化、内容充实之意涵。

述”两股构成文章之“理论依据”，而“制度背景分析”一股则是文章之“现实依据”。这“两大依据”又可进一步分解为“三据”①，即“数据（样本－变量）—理据（理论－逻辑）—证据（文献－案例）”；“三据”是对“两大依据”之细分解构，着意强调数据支撑之充分、理论分析之严谨、实证分析之验证。可见，理实“两据”结合、“三据”多维互证，是奠定实证文章“立论之基”的关键内容。

3.4.2 实证文章之“三大主体”

实证文章之“三大主体”则是对其“两大依据”的进一步解构，具体涵盖文章之五股，即是指“相关研究（文献综述）—假设推演（制度背景＋理论分析）—实证分析（研究设计＋实证检验）”，这三大主体序贯支撑、理实互证，共同构成实证文章之“骨干”即逻辑主体，亦犹如人体之“心脑（主思考－idea）—腰干（主逻辑－theory）—四肢（主验证－test）”，行动坐卧，有机配合，相互支撑，一以贯之。

由实证文章之整体解构，正好引申到文章评价之依据。解构方知，论据充分、主体突出、逻辑序贯，才能称之为行文规范、结构严谨的好文章。因此，评价文章之好坏高低，就理应将“两大依据”和“三大主体”作为其判断的重点，即应该将理实之“两据”是否有机结合、立论之“三据”是否多维互证、文章之“三大主体”是否序贯支撑，作为评价文章优、良、中、差的最主要标准，特别是对于硕、博研究生学位论文之考核标准的修订②，就更应如此。可见，拔苗助长，强求创新，往往适得其反，亦理所不容也。

3.4.3 实证文章之“结构肌理”

依其逻辑序贯，实证文章又可喻之为人体之“结构肌理”。前述“八股文章”——其实任何文章亦然——之“十全架构”，犹如人体之有机结构，各个机体、器官皆有其不可替代之功能，虽整体而又分殊，虽独立却相协调，共同构成一个血脉相连、前呼后应、相辅相成的有机整体。为了使上述的解构更加“有形化”，故比之人体，再作引申，略论如下——首先总论“八股”之内涵对应，其次分论“八股”之写法功能（见图3－4及表3－1）。

首先总论“八股”之内涵对应。现代实证文章之“新八股”及其“十全架构”，若对应于人之五官机体，则可简喻如下——文章各股之内涵定位，亦如同五官机体之功能器用，其重要性亦自可类比得知，即：

---

① 这里的“三据”区别于后面第7章的“胸中有三据”（原始数据—理论依据—经验证据），解构不同，立意随之，反之亦然。

② 刻意求新已经成为流弊，蔓延至科研人才激励机制、学术成果评价规则以及学位论文评定标准（不同学历层次学生学位论文之培养考核重点，第1章已有详论），便是将“创新性”置于“重要性”之前，这是导致诸多研究脱离实际甚至舞弊造假的一大推动因素。

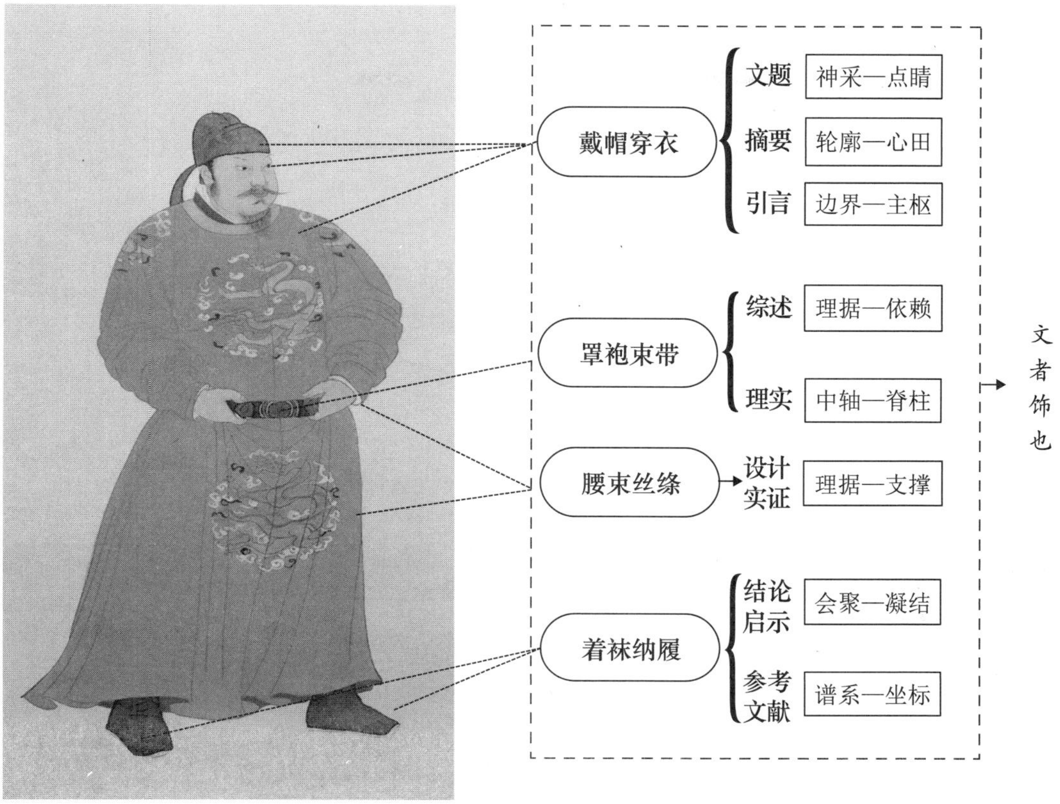

图3-4　实证文章之“结构肌理”类比

（1）文题如目

所谓“目似朗星”，此喻目之光明烛照，比之文题，即是指文题务要“聚精而会神”，使文-题相为呼应，意涵高度浓缩，从而综合映照出全文的重点（关键变量）、边界（研究领域）及其主旨或基本逻辑（变量关联），故是全文之“神采-点睛”。

（2）摘要如心

所谓“心游万物”①，此喻心之纤巧灵动，比之摘要，即是指摘要务必总结凝练出文章研究的问题提出（idea）、视角切入（背景-逻辑）、结论展示（结果-内涵）及其价值彰显（新意-启示），故是全文之“轮廓-心田”。

（3）引言如首脑

所谓“脑如电波”，此喻脑之思虑捷敏，比之引言，即是指引言应当概括并提点出文章研究主题的特定背景（问题-背景）、主体逻辑（问题-路径）、结论启示（实践意义）、边际贡献（学术价值），故实为摘要之“引申-放大”，乃是全文之“边界-主枢”。

① 出自宋代诗人许将的《成都运司西园亭诗·小亭》最末两句：“谁知坐啸间，心游万物外。”

表 3 – 1　　　　现代实证“新八股”文章及其“十全架构”

<table>
<tr><th>序号</th><th>章节 – 各股</th><th>内涵 – 本质</th><th>功能 – 定位</th><th>写法 – 路径</th><th>能力 – 对应</th><th>备注 – 范文</th></tr>
<tr><td>1</td><td>文题</td><td>摘要之凝聚
全文之“神采 – 点睛”</td><td>文题如“目”
聚精会神</td><td>四个必须
两大范式
最后凝练</td><td rowspan="3">抽象之能</td><td>如陆铭等学者的系列文章①</td></tr>
<tr><td>2</td><td>摘要</td><td>引言之微缩
全文之“轮廓 – 心田”</td><td>摘要如“心”
心目相通</td><td>四要齐备
序贯写出
最后概括</td><td></td></tr>
<tr><td>3</td><td>引言</td><td>摘要之放大
全文之微缩
全文之“边界 – 主枢”</td><td>引言如“首脑”
心脑呼应</td><td>四步贯通
反复推敲</td><td></td></tr>
<tr><td>4</td><td>文献
综述</td><td>相关研究脉络
文章逻辑前导
全文之“理据 – 依赖”</td><td>文献如“背肌”
文章之三大
主体、两大依据</td><td>梳理映衬四个
方面，始终贯穿
一个逻辑</td><td>评价之能</td><td>如 JEL 上
的文章②</td></tr>
<tr><td>5</td><td>制度
背景</td><td rowspan="2">问题导向之基
理实结合延展
全文之“中轴 – 脊柱”</td><td rowspan="2">理实如“腰干”
文章之三大主体、
两大依据</td><td>支撑凸显三大
特征，分析基于
“动静四法”</td><td>综观之能</td><td>如林毅夫等
学者的文章③</td></tr>
<tr><td>6</td><td>理论
推演</td><td>四个基于
一个逻辑</td><td>推演之能</td><td>如 JF 上的
文章④</td></tr>
<tr><td>7</td><td>研究
设计</td><td rowspan="2">样本 – 变量 – 模型
全文之“理据 – 支撑”</td><td rowspan="2">实证如“腿臂”
文章之三大主体</td><td>三个部分
四个遵循</td><td rowspan="2">量化之能</td><td rowspan="2">如 JF、JFE、
AER 等国际知名
期刊上的文章</td></tr>
<tr><td>8</td><td>实证
分析</td><td>四个佐证支撑
三步次第验证</td></tr>
<tr><td>9</td><td>结论
启示</td><td>结果 – 结论 – 启示
全文之“会聚 – 凝结”</td><td>结论如“双足”
顶天立地
因应实需</td><td>三个层次
序贯升华
三层序贯</td><td>点睛之能</td><td></td></tr>
</table>

---

① 例如，陆铭、陈钊、万广华：“因患寡，而患不均——中国的收入差距、投资、教育和增长的相互影响”，《经济研究》2005 年第 12 期；陈钊、陆铭、佐藤宏：“谁进入了高收入行业？——关系、户籍与生产率的作用”，《经济研究》2009 年第 10 期。还有如：刘峰、谢斌、黄宇明：“规模与审计质量：店大欺客与客大欺店？——基于香港市场大陆上市公司的经验数据”，《审计研究》2009 年第 3 期，等等。

② 《经济学文献》（*Journal of Economic Literature*）是主发研究综述的国际知名 SSCI 期刊，一般约稿相关领域的权威学者定期总结、梳理本领域内相关研究之脉络、贡献及其发展趋势等；国内则有《外国经济与管理》《经济学动态》等期刊。

③ 参见林毅夫、姜烨：“发展战略、经济结构与银行业结构：来自中国的经验”，《管理世界》2006 年第 1 期；林毅夫、李志赟：“政策性负担、道德风险与预算软约束”，《经济研究》2004 年第 2 期，等等。

④ 国际知名期刊《财务学报》（*Journal of Finance*）上发表的文章，从问题提出、数理模拟到数据验证，从形式到内容，规范严谨，堪称现代实证研究之范本。其他亦可参考《经济研究》《管理世界》《经济学（季刊）》及《中国工业经济》以及《美国经济评论》（AER）、《经济学季刊》（QJE）、《政治经济学》（JPE）等国内外经济管理类权威刊物上的代表性文章。一篇好的文章——多出自名家或名刊——其实已经展示了从形式到内容的所有文章信息，仔细研读，自可修习神会。

续表

序号	章节－各股	内涵－本质	功能－定位	写法－路径	能力－对应	备注－范文
10	参考 文献	直接－间接相关 全文之“谱系－坐标”	文献似“脉络” 渊源有自	四个特征 五个避免	检索之能	

注：这里是按本书提出的实证“新八股”文章及其“十全架构”解析各股以及文题、摘要之内涵、功能及其写法的；而“修辞之能”体现在全文架构及其内容、章法方面，合计是为“七能”。亦呼应图3－3。

（4）综述如背肌

所谓“背如山岳、肌如护甲”①，此喻背肌之辅助支撑，比之文献，即是指相关研究之综述应该梳理和映衬出文章研究主题的发展脉络（渊源－承继）、前沿动态（理论－方法）、逻辑关联（支撑－反证），使得文章的主题有其研究基础、逻辑延续、证据依托以及创新契机，故是全文之“理据－依赖”。

（5）理实如腰干

所谓“蜂腰削背”②，此喻腰干之枢纽联动，比之理实，即是指理论推演与制度背景分析应当支撑和凸显出文章研究主题的问题导向（现状－趋势）、背景依托（制度－变迁）、理据充实（理论－现象）、逻辑序贯（主线－多维）等特征，故为全文之“中轴－脊柱”。

（6）实证如腿臂

所谓“股肱佐辅”③，此喻腿臂四肢之重要，比之实证，即是指研究设计及其实证分析应当佐证和支撑起文章研究主题的基本规律（经济－统计）、数理逻辑（推理－模型）、经验证据（数据－案例）、反向事例（稳健－内生），故为全文之“理据－支撑”。

（7）结论如双足

所谓“顶天立地”④，此喻双足之立正踏实，比之结论，即是指研究结果、结论及启示应当序贯验证并升华出文章研究主题的理论预期（顶天－理论）、检验结果（规律－发现）、实证结论（规律－升华）、政策启示（立地－实践），如同脚底之涌泉大穴，乃是全文之“会聚－凝结”。

（8）文献似脉络

所谓“脉络清晰”，此喻脉络之联通互证，比之文献，即是指参考文献务必要引证充

① 所谓“肌缩骨动”，肌肉收缩牵引骨骼而产生关节运动，其作用犹如杠杆装置。在生理机能上，肌肉是为保护骨骼，即骨肉相互支撑，强筋才能健骨，故脊柱全赖背肌。

② 所谓“蜂腰削背”（同“蜂腰猿背”），是形容人细腰窄背，描述其轻盈俊俏。其中，“蜂腰”喻指腰干支撑得力、扭转自如；而“削背”则喻指背肌柔韧紧实、收放自如。这里正好用来说明文章之“两大依据”即理论依据（文献＋理论）与现实依据（制度背景）之重要。

③ “股”指大腿，“肱”指手臂从肘到腕的部分，比喻得力的助手与亲信，多见“股肱之臣”等成语。

④ 理论及实务届倡导学术研究须“顶天立地”，即是指既要“务虚”而有理论创新价值，又须“务实”而有利于实践之进步，而此内涵之凸显，全在“结论与启示”一股。

分（实引 - 正引）[①]、列示完整（范围 - 格式）、主次分明（直接 - 间接）[②]；你的研究是一脉相承还是别开支脉，是简单重复还是边际提升，应当能够从“参考文献”一股中得以窥见一二；故“文献似脉络”，亦喻指和凸显着相关研究成果的一个“承继关系网络”，往来可鉴、来去判明，故亦堪称文章之“谱系 - 坐标”。

如上八股，若再以另一个角度**比喻并整合而观之**——由人物之“观赏性”向着文章之“可读性”延伸，则：文题、摘要、引言如“冠冕华服”（先声夺人 - 以貌取人 - 人靠衣装）[③]，逻辑延展即文献综述、制度背景与理论分析如“壮阔腰肌”（撑腰纳腹 - 居轴处中 - 照应全身），研究设计、实证分析如“腰系博带”（依腰而束 - 位居中心 - 联系三据），结论与启示、参考文献如“着袜纳履”（升华结论 - 领域拓展 - 故以为边），而文采、架构则如“面相身形”（可观赏 - 可读性）。再略论如下（见表 3 - 1）。

文题、摘要、引言如同“戴帽穿衣”。

所谓“人靠衣装”，文题、摘要以及引言，这三部分直接塑造文章之外观 - 形象，尤其是引言一股，更是堪称文章之“脸面正身（腰身）”，最需要悉心梳理、精准凝练、反复推敲、不断修改。

文献综述、理 - 实推演如同“罩袍束带”。

所谓“虎背熊腰”，文献综述、制度背景以及理论分析与假设，这三股直接决定文章之深度 - 内涵，尤其是理论推演“居轴处中”，更是体现全文之理实结合、逻辑序贯、结构严谨之学术功底的关键部分，故喻之为“腰背”，背健则骨架轻盈，腰壮则四肢灵动。

研究设计、实证分析如同“腰束丝绦”。

所谓“腰系华带”，此于人物则喻其显达、贵重[④]，于文章则是为凸显其作为文章理论预期、假设验证之数据支撑的重要作用，这二股如同人之腰带，上显“腰身”（是否扎实），下系“安危”（是否证实），故贵在样本合理、数据可靠、量化精准、验证科学、分析客观。

结论与启示、参考文献如同“着袜纳履”。

所谓“脚踏实地”，故结论与启示、参考文献这两股其实蕴含着“边界 - 约束”“会

---

① 这里的“引证充分”，一是指须“实引”，即不“虚引”，即要全面完整引用文献结论或其相关内容，尊重而不掩盖已有之贡献；二是指要“正引”，即不“误引”，即尊重而不曲解文献之原意等。可参见后面第 8 章关于文献误引用之“八妄”的论述。这与严复提出的文章翻译之“信、雅、达”三大标准相类似。

② 见前面 3.3.2 节关于将“参考文献”作为实证文章之“八股其一”的论述及其内涵、功能之解析。

③ 以貌取人、人靠衣装，在其本质上固属于偏见或歧视，但在选才用才、论文发表的实际过程中，却是古今一贯、中外皆然的“潜规则”。所谓“形为质表”“言之无文行而不远”，格式规范、形神兼备才是好文章。实际上，“以貌取人”是社会关系联结互动（识人、面试等）中的“阶段认知”而已，类似于“第一印象”、直观感觉、气场感应等俗规，并非框定终身、非此无他的标准。故俗语虽“偏”，但其合理性亦为古今中外的诸多研究所证明，并引申应用到管理实践之中。例如，东汉刘劭的经典名著《人物志》；再如“郭继强等：越漂亮，收入越高吗？——兼论相貌与收入的“高跟鞋曲线”，《经济学（季刊）》，2016（1）：147 - 172.”以及“Yonat Zwebner 等：We Look Like Our Names：The Manifestation of Name Stereotypes in Facial Appearance，*Journal of Personality and Social Psychology* 112，no. 4（2017）：527 - 554”等跨学科实证研究。

④ 古代君子、贤达有腰间“悬璜缀玉”的礼仪及规矩（身份等级之象征），《礼记·玉藻》即有“古之君子必佩玉”“君子无故，玉不去身”等说法。可见，人之贵重、显达尽在腰腹；比之于文章，则在逻辑推演与实证验证。

聚－总结”“理－实结合”以及“谱系－坐标”等多维内涵；袜乃脚之“尺度”，鞋为脚之“边界”，故着袜纳履、脚踏实地，即是意指“行稳”须赖鞋－袜相适，“致远”务要点－面升华；而结论须序贯凝练，引用须实引相关。

3.4.4 实证文章之“各股写法”

次论“八股”之写法功能。实证文章各股之写法，此处但述其要领，详论反易拘泥。对应现代实证“八股文章”及其“十全架构”，本节将其各股之要义归纳如下，而其撰写之要领可详参表3－1。

（1）文题凝练贵在“先声夺人”

承前解析，因为“文题如目”，故文题务要“聚精而会神”，以文显题、以题点文、文－题呼应，高度浓缩，从而映照出全文之重点（关键变量）、边界（研究领域）及其主旨或基本逻辑（变量关联）。文题须先声夺人（形－状），而传承决乎文意（神－质），故文题应做到“四个必须”，即：在内容上须覆盖关键词，在意涵上须点线面浓缩[①]，在修辞上须赋比兴兼用[②]，在范式上须主谓宾齐备。可见，文题实为文章摘要之“浓缩凝聚”。

文章题目，如同人之姓名，所谓“名不正则言不顺”，文题亦具有其结构内涵。文题之结构范式，大体可分为并列式、起落式两大类，略论如下。

其一为“并列式”。即直接列示和聚焦文章的核心变量及其相关/因果关系，属于“结构型”的文题范式（见图3－5）[③]，又可细分为三种——实际中形式多变，但其本质类似。

a. “11并列”。即“A与B”或“A－B”，如“产品市场竞争（PMC）与资本结构选择研究”“创新驱动发展战略下的国有企业改革路径选择研究”以及“僵尸企业更易金融化么”，等等。这种文题范式在逻辑上属于“线型”结构，立足于直接考察文章两大核心变量（关键词）的关系，即检验A（X）如何影响B（Y）。

b. “22并列”。即“A、B与C”或“A－B－C”，如《风险、不确定性与利润》《就业、利息与货币通论》，又如“政策性负担、道德风险与预算软约束”，等等；还有如今那些在文题中纳入调节变量（Moderator）或中介变量（Mediator）——即变量B往往属于A（X）与B（Y）的中介或调节变量——的相关研究，亦皆似此类。这种文题在逻辑上仍然属于“线型”结构（见图3－5）。

c. “循环并列”。即“A－B－C－A”，相对于上面几种，这种文题范式涉及了更多的核心变量，在逻辑关系上属于“环型”结构。例如，“因患寡，而患不均——中国的收入差距、投资、教育和增长的相互影响”“谁进入了高收入行业？——关系、户籍与生产率

---

① 即通过文题能够看出文章的idea（点）、主体逻辑（线）及其结构延展（面），即应该高度浓缩。

② 赋比兴，是中国古代根据《诗经》的创作经验归纳出来的诗歌表现手法，最早记载见于《周礼·春官》。其中，“赋”指平铺直叙、铺陈排比；“比”即比喻或类比；“兴”是以其他事物为发端，引起所要歌咏之内容。这里是指文题应该“文采－意涵”兼具，通过多种修辞方式使文题更加形象传神、夺人眼球。

③ 这里的“结构型”文题范式，在逻辑关系上又可细分为“线型”和“环型”两种结构。此处借用变量之验证关系——如图3－5所示——演示文题之结构逻辑。

的作用”，又如“中国的地区工业集聚：经济地理、新经济地理与经济政策”，等等。

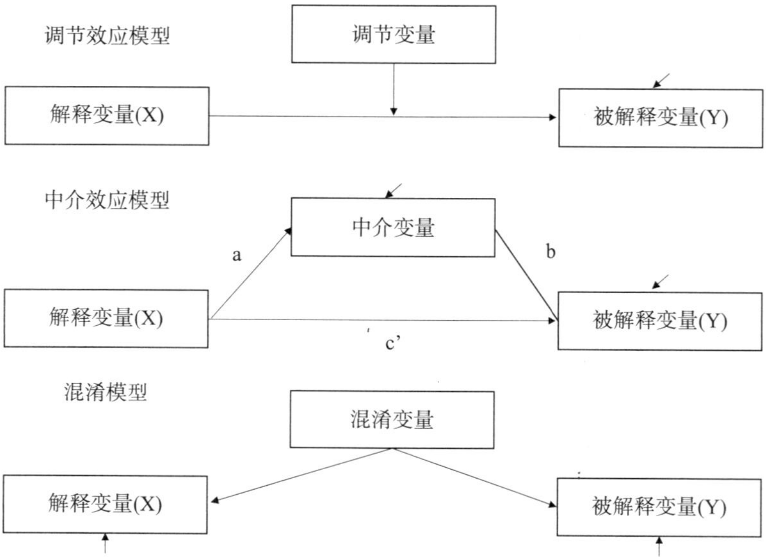

图 3－5 调节变量、中介变量、混淆变量

其二为“起落式”①。区别于“结构型”文题，这属于“意涵型”的文题结构范式，这类文题一般题目句式完整（主谓宾齐备），意思序贯联结（问题表述完整），表达有起有落（起点落点清晰）。这里的“起点”一般是文章的研究视角（X），而“落点”即为文章的研究对象（Y）。“起落式”文题又可细分为如下两种。

a. “两点皆备”。即“有起有落”。即从 A（或 B）的视角关注 B（或 C），例如“发展战略、经济结构与银行业结构：来自中国的经验”，又如《风险、不确定性与利润》等。

b. “只有落点”。即文题只含有研究对象。这种文题一般聚焦重大领域性问题，内涵深刻、外延宽广，例如科斯的名著《社会成本问题》《企业的性质》等，又如“国有企业双重效率损失研究”“会计制度全球性变革研究②”以及“论弹性风险管理”等文章，皆属此类。

文题之范式，除了上述的总结及实文参考之外，还有其他可以直接借鉴的“起名”模式，如“Bringing XX Back In”等各种“学界金句”，总结起来略有五类，详见后面例 3－1 的论述。

（2）摘要总结贵在“四要齐备”

承前解析，因为“摘要如心”，故摘要务必要精炼全文，实为文章引言之“微缩凝

① 上面的“并列式”在其内涵上亦可纳入“起落式”结构范畴，即前者为起点（A）、后者为落点（B 或 C），只不过形式、文采不同罢了。

② 郭道扬．会计制度全球性变革研究，《中国社会科学》，2013（6）：72－90，205－206。

聚”，而精炼则须沿着逻辑，这个逻辑即体现在本节所谓的“四要齐备”之中，如此方能“心游万物自从容”。这“四个要素”分别是：“所在背景（现实或变迁）——问题提出（idea之视角）——研究意义（idea之价值）——结论启示（须序贯升华）”。之所以将其联结，是指这“四个要素”须序贯说明如下四个问题，即：在什么样的背景下——提出什么问题（idea）——其研究意义或价值即其新意如何——文章的研究得出了什么结论。摘要因其功能定位及篇幅限制（多在400字以内），故须凝练，依此四条，无须赘言，即大体可以概观全文。

（3）引言申发贵在“四步贯通”

承前解析，因为“引言如首脑”，故务必要悉心梳理、精准凝练、反复推敲，以使之能申发、提点全文之要义；故引言实为文章摘要之“引申－放大”，乃是全文内容之“微缩－神会”。归纳其撰写之要领在于“四步贯通”，即：引言部分应当紧密围绕主题关切，依次概括、序贯申发、准确提点出文章聚焦的问题（idea）及其特定背景（问题－背景）——文章发展的主体逻辑（问题－路径）——文章预期的结论启示（实践意义）——文章凸显的边际价值（学术贡献）。

可见，引言之申发，与文题之凝练、摘要之总结一起①，体现和对应着后面第4章所谓“五功七能”② 的“抽象之能”。

（4）文献综述贵在“主客互证”

承前解析，因为“综述如背肌”，故文献综述应该围绕主题、呼应关切、沿着逻辑，梳理和映衬出文章研究的发展脉络（渊源－承继）、前沿动态（理论－方法）、逻辑关联（支撑－反证）、证据依托（直接－间接）以及创新契机（不足－空间）；故必须以“自己的逻辑”——“主体”——序贯引出相关的文献证据（即“客体”），“以主带客、主客互证”，才能有效彰显文章研究主题的“主体逻辑”（即逻辑主旨），而非“重复的逻辑”③ ——所谓“创新”必须首先体现在文章的主题及其逻辑延展之中。

文章必须要有自己的“面貌或主心骨”（idea）——须时刻记得“勿忘我”，才能具备创新的基础或可能，这一点在文献综述部分尤其值得强调④。作为实证文章之“两大依据”及“三大主体”之一，文献综述必须要用“自己的主线”贯穿相关研究，再用相关

---

① 现代实证文章之格式设计——其他文章亦然——亦顾及和体现了阅读、评审之循序（同时受时间、精力、稿源及偏好等影响）：由短及长、从前往后，故文题、摘要、结论、引言为优先、必看之内容。文题入眼，即会看摘要；摘要入心，即会看结论；结论值得，即会观引言，三者概览全文，故须格外重视。

② 后面第4章所谓的“五功七能”是指本书提出的“听－说－读－写－评”五大“人文基本功”，而此“五功”实对应着“七种能力”，即抽象、联想、综观等“七能”。这“七能”亦可“结构化”而与实证文章之“八股”遥相呼应，故本书所谓“文章之结构化”或“结构化的文章”，既是内容章法之“结构化”，亦是能力培养之“结构化”，故形神而一体、理通而路殊耳。

③ 文章研究主题的“主体逻辑”是指区别于已有研究之“主题”的核心逻辑进而有所拓展或创新，故可称之为“自己的逻辑”而非“重复的逻辑”。

④ 文献综述因其是在梳理总结已有研究，因逻辑链条交叉而最易游离主题、最易“忘掉自我”（即被“拐带、淹没”），这是文章不能自成体系的一个重要因素。

研究烘托出“自己的逻辑”，唯有如此才能差异自见、创新自显；唯有如此才能避免行文擅离主题、评述有悖逻辑；唯有如此才能凸显文献综述之主体地位，进而才能使文章理据充实、主体凸显、自成体系。不自觉引用无关文献、不自觉游离研究主题的现象，实际上不止出现在文献综述部分，在制度背景分析、理论推演以及实证分析的过程中亦频频可见，故尤其值得重视。

文献综述贵在“主客互证”，故必须做到有综有述、述评结合；可见，文献综述之梳理，实体现和对应着后面第 4 章所谓“五功七能”的“评价之能”。详见下篇第 8 章之专论。

（5）制度背景贵在“动静结合”

承前解析，因为“理实如腰干”，作为实证文章“两大依据”之一的现实依据，制度背景分析必须支撑和凸显出文章研究主题的问题导向（现状 - 趋势）、背景依托（制度 - 变迁）以及理据充实（理论 - 现象）三大特征，故制度背景分析贵在“动静结合”，归纳其要领，则有“动静四法”，即：静态之单独变量分析、样本整体特征分析，动态之变量趋势分析、变量关联分析，且多以图表分类示之，以有利于直观对比。这四种方法动静结合、多维互证——再辅之以必要的描述性统计（descriptive statistics）[①]，其目的即在于发现并夯实主题关切之基本规律、支撑并验证变量关系之经济意义。可见，制度背景分析之客观，实对应着后面第 4 章所谓“五功七能”的理实“综观之能”。详见后面第 6 章之专论。

（6）理论推演贵在“逻辑序贯”

承前解析，因为“理实如腰干”，故作为实证文章的“两大依据”（理论依据）及“三大主体”之一，理论推演贵在“逻辑序贯”，即须紧密围绕 idea 之内涵及逻辑、基于现状趋势之演变发展（问题导向）、立足制度变迁之演化导向（背景依托）、借助相关理论之多维阐释（理据充实），通过序贯而严谨的理论推演与学术联想，为拟检验命题或假设提供可靠的逻辑支撑。如前节分析，逻辑如同人体之经络，而血脉、心脉、气脉系之，气血畅通则经络自显、心脑自清，故逻辑贵在清晰而不隔。实证研究所谓的“主线”或“逻辑”或“脉络清晰”，全赖于此。可见，理论分析之延展，实对应着后面第 4 章所谓“五功七能”的联想“推演之能”。详见后面第 4 章“idea 之发现”以及第 5 章“idea 之发展”之专论。

（7）研究设计贵在“量化精准”

承前解析，因为“实证如腿臂”，研究设计与实证分析两股一起构成全文之“理据 - 支撑”，是实证文章基于理论及背景分析“逻辑化”到基于样本及数据验证的“数量化”的自然延伸，而研究设计正是联结“逻辑化”到“数量化”的过渡与桥梁，故类似于章

---

① 制度背景分析部分也须有数据支撑——配合制表、分类及图示，这些必要的量化既有助于夯实现象或问题（idea）及其基本规律，亦体现了其与实证分析部分的前后呼应，从而增强了文章的系统性。此外，基于制度背景、客观现象以及原始数据的、扎实的描述性统计分析，还有利于调整和校正 idea 之偏颇虚妄，并有助于发现新的 idea 或规律，这对夯实文章结论、开启纵深研究均大有裨益。详见第 6 章分析。

节架构布局及关联趋势图表，研究设计其实是将逻辑或假设“形象化”，旨在说明实证研究之样本依托、变量度量以及模型设置等量化设计安排，故其贵在“量化精准”，如此才能上通逻辑、下撑实证、前后贯通、理实互证。因此，研究设计须做到样本选择不模糊（筛选有原则）、变量设置无歧义（界定须清晰）、模型设计要科学（须适应需求）、增减变动有依据（创新须理由）。可见，研究设计之科学，实对应着后面第 4 章所谓“五功七能”的“量化之能”。

（8）实证分析贵在“次第验证”

承前解析，因为“实证如腿臂”——与研究设计一起构成全文之“理据 - 支撑”，故实证分析应当佐证和支撑起文章研究主题的基本规律（经济 - 统计）、数理逻辑（推理 - 模型）、经验证据（数据 - 案例）、反向事例（稳健 - 内生）；故实证分析贵在“次第验证”，即由客观描述（基于原始数据）而及主观验证（基于计量模型）、由经济意义（立足基本规律）而及统计意义（立足检验证据）、由个案分析（针对典型案例）而及样本实证（适应行业内外）①，实证分析应当沿着“基本检验（主体逻辑）——拓展检验（作用机制）——稳健检验（例外事项）”的一般程序，次第展开、层层验证；同时借助基于制度背景、客观现象以及原始数据的、扎实的描述性统计分析（descriptive statistics），再对实证分析乃至其研究设计，进行适当的调整完善②。可见，实证分析之可靠，实对应着后面第 5 章所谓“五功七能”的“量化之能”。

（9）结果结论贵在“序贯升华”

承前解析，因为“结论如双足”，故为实证研究之问题导向、因应实需以及钩沉显隐、以小见大之价值彰显所在，实际上是全文之收官、理据之凝结、形神之会聚，故谓之“点睛”，故须按照“结果/发现（findings） - 结论/总结（conclusions） - 启示/建议（suggestions）”的顺序，予以序贯升华，即“三层序贯”。可见，结果结论启示之升华，实际上反映出作者理 - 实综观、虚 - 实结合、点 - 面拓展、章 - 节互证、收 - 放有矩的功底③，即体现和对应着后面第 4 章所谓“五功七能”的“点睛之能”。结论与启示之撰写要领可参见前面 3.3.2 节“实证研究之‘新八股’”之详论。

（10）文献列示贵在“尊重贡献”

承前解析，因为“文献似脉络”，故文献列示贵在“主次清晰”，即略有如下**四个特征**：即主次有别（直接 - 间接）④、引证充分（实引 - 正引）⑤、列示完整（范围 - 格式）、

① 描述统计立足于发现并夯实基本规律、验证其经济意义，而计量检验立足于得出并验证规律力度、验证其统计意义，虽然各司其职，但却以基本规律及其经济意义为其逻辑之根本支撑，即后者之“是否可靠”（检验方法及其科学性）依赖于前者之“是否可信”（实际现象与基本规律）。

② 这可以根据投稿评审的意见或建议一并进行。

③ 即结果结论启示之序贯升华，反映的是作者围绕逻辑主线收放自如、拓展有序的学术素养。

④ 见上节 3.3.2（3）关于将“参考文献”作为实证文章之“八股其一”的专门论述以及关于“直接与间接相关文献”之内涵的解析。

⑤ 这里的“引证充分”，除了前面的“实引”即不“虚引”和“正引”即不“误引”外（见 3.4.3 节脚注），实际上还包含了“引用无误”（不迎合己意）以及“没有隐瞒”（不占为己有）两个要求。

来源清晰（易于检索）。除此之外，文献列示还须避免“直引不主”（无代表性）、“间引不规”（大量群引）、“转引不叙”（贡献不明）以及“往来无鉴、来去不明”等流弊[①]。

因此，“参考文献”最终展示的其实是作者“尊重已有贡献、遵循学术规范”的学术素养，故单列一股，亦实为必要。值得说明的是，文献列示之充分，也体现了作者的“检索之能”（亦可纳入第4章所谓之“五功七能”的范畴），这在当今的信息化社会亦尤为重要。文献列示之要领还可参见前面3.3.2节“实证研究之‘新八股’”、3.4.3节以及后面第8章“综述之逻辑”部分之详论。

3.4.5 实证文章之“撰写顺序”

实证文章之“各股写法”，实是阐述文章各股之内容撰写及其逻辑延展的“要领或顺序”，而在此又单列一节，专论实证文章之“撰写顺序”，则是基于文章整体、立足全文架构之角度。

（1）循序之“三大益处”

这里的“撰写顺序”，其实也是思－学相济、理－实互证、且琢－且磨、修改－完善的“顺序”，而归纳其目的及益处有三。

其一，是有助于历练并提醒文章“须自成体系”的功夫。

须知道，文章各股之内容必须前后呼应、前承后续、相互支撑、系统关联、逻辑序贯，这样才能自成体系。这在不断“打破顺序”——区别于文章硬性的“结构顺序”[②]——的反复推敲、结构调整以及“逻辑破立”的过程中，会自然地得到锻炼。

其二，是有助于训练和养成持重严谨的学术品性与耐心。

须知道，“好文章都是回手棋”（张五常）、“文章不厌百回改，反复推敲佳句来”[③]。根据自己的更深入思考、评审人的意见建议、会议的讨论交流等方式，自然会推动或“倒逼”文章内容之修改、结构之调整、逻辑之完善，而这种碰撞无疑有助于养成持重、守静和严谨的学术品性，有助于提升学术素养和研究耐心。

其三，是有助于训练和提升专业写作之文采及“修辞之能”。

文采不只是遣词造句、不只是语言润色、不只是行文流畅，文章逻辑之迂回、章节先后之顺序、内容主次之分别、引证次序之排列、评判轻重之差异、结论启示之放缩、整体结构之清涩等方面之“权衡－考量”，其实也属于文采修辞之范畴，都会在“撰写顺序”的多次厘清、反复推敲以及不断调整过程中，得以训练和提升。这属于人文社科研究的“基本功夫”，即本书后面第4章所谓“五功七能”的“修辞之能”。

---

① 这里的“直引不主”是指直接引用的文献却不具代表性，“间引不规”是指大量群引，而“转引不叙”则是指贡献混淆不明，这会直接影响“参考文献”一股的价值。详见后面第8章“综述的逻辑”部分。

② 文章的思维顺序往往不同于其硬性的“结构顺序”——呈现给读者的结构，甚至往往相反，这种忽前忽后、前后互置乃至“因果颠倒”的思维历练，无疑有助于夯实文章的逻辑基础及其经验验证。

③ 改自苏东坡的《送安惇秀才失解西归》诗句“旧书不厌百回读，熟读深思子自知”。不断地读，除指“阅读”他人著作外，还有不断修改完善自己文章的意思，故亦可引申为“文章不厌百回改”。

（2）理序之“六大步骤”

考虑到思维方法之“共通”、结构分析之“路径”、理实互证之“逻辑”以及学科专业之“差异”等现实因素，私意认为——根据自己的研究及教学经验“现身说法”，现代实证“八股文章”之“撰写顺序”，可以大致遵循如下的“**六大步骤**”[1]——此处主要集中三股，其他各股如制度背景、理论分析及假设在理出逻辑、定出大纲以及写出引言之后即可自然写就，而研究设计与实证验证随之；结论与启示在实证分析结果之后亦可自然凝练升华，前面已有详论，此处无须赘言。

a. 理出逻辑：逻辑贵在“有形化”。逻辑是文章之主干、灵魂，而逻辑贵在“有形化”——“有形化”须依托于结构（即“结构化”）和图形（即“图形化”）。文章的写与读，是两个互为影响而又相互独立甚至相反的过程，自己清楚不能等于别人明白，自己写完不能要求别人读完，即评审人或读者往往是先依托于文章的结构大纲或其思维导图——略有三图，后面详论——来审视和浏览文章的，而且往往是按照由短及长、先易后难的顺序。这其实也是任何著作必先有其纲目——文章各股自有其功能定位——之原因，也是常人阅读必然有其习惯的现实。

那么，**逻辑如何“有形化”？**——本书将其修习经验总结为“四步提炼”，可详见后面第4章之相关论述。

b. 拟定大纲：大纲贵在清晰序贯。文章的“逻辑”至关重要，欲理解其全文之精髓，必先观其行文之逻辑，故必须培养“结构化思维”。逻辑的“有形化”先是“结构化”，即须先制定出清晰而序贯的大纲——从文章整体到各个章节。所谓“纲举而目张”，思维（idea）的清晰化必须经由“由框架到结构”的梳理，必须经过“由零散到集聚”的过程。结构框架贵在清晰而序贯，即文章拟定的大纲至少要细化到2~3层，即须章—节—目齐备[2]，如此才能串联所思、得其要领、不游离主题、序贯而自成一个体系。

前面3.2节曾以“农田灌溉”的比喻说明文章结构纲目之重要。农田经营全赖灌溉有方，即须遵循“共路—界埂—内墒”的耕种格局，才不会不自觉地“浇了别家的地、旱了自家的田”。文章亦类似，架构既成，便可“灌溉”内容。为此，还需针对性地培养“三种能力”，尤其是“形成框架的能力”，详见后面第4章“idea之发现”中的相关论述。

可见，上述这两步特别重要，因其直接影响和决定着文章主题之聚焦、逻辑之延展、结构之布局、文意之贯通，故最需要优先历练。

c. 撰写引言：引言贵在阐明思路。

——**引言撰写应遵循的准则**。引言是一篇文章之正文开端，亦犹如人之“正身脸面”，其作用是为了让读者明白作者“为什么要开展此项研究?”，即重在阐述问题之提出及其背

① 实际上，这些步骤，既是撰写的顺序，也是思考的路径、阅读的方法。

② 有些重点章节如理论推演、实证分析等甚至还需要细化到第四层，这样有利于凝神聚思、概览全文、适时修正。

景与意义。因此，紧紧围绕文章之主题关切，准确而精练地阐述文章的问题聚焦及其逻辑延展（问题提出及其逻辑），是引言之撰写应当严格遵循的准则，故引言贵在阐明思路。

——**引言撰写最忌冗长不清**。值得注意的是，即便是在已经发表的文章中亦常常可以发现，不少作者在与主题无关的内容上浪费了太多的笔墨[①]——冗赘多余、表述不清，这是思路不清、主次不明乃至不自觉游离主题的典型表现，而这在初学者的习作或文章那里就更为普遍。这种“不自觉的游离”，往往会使读者初读文章即迷失其中，需花费更多的时间和精力才能弄清楚作者的所思所想及其主题聚焦，故引言最忌冗长不清。引言重要，其撰写之要领在于“四步贯通”，详细可以参见前面3.4.4节以及后面第4、5章“idea之发现、发展”部分的相关论述。

d. 撰写综述：综述贵在引评精当。文章“idea之发现”即其“问题之提出”，往往源于已有研究之成果、不足及其启发，但文章之撰写即其“idea之发展”，却必须要有自己的新意或面貌。由前三步，逻辑依托“结构”而既定，结构依托“大纲”而渐明，再经引言之申发，文章之整体立意、视角切入、思路延展及其逻辑主线等关键内容，均可“席卷而定”。基于此，启发神思、支撑论据之相关研究的“引证逻辑”及其路径遵循也就基本确定，而文献综述必须要始终贯穿这个“一致的逻辑”，否则即会游离主题，导致“引而不撑、用而未证”[②]。

考其本义，文献综述本身即含有“引述”及“评论”的双重内涵，故哪些及何时“六经注我”——引述充分，何时及何地“我注六经”[③]——评论客观，便是体现文献综述之“述评结合”之关键。因此，文献综述贵在“引评精当”。详细还可参见后面第8章“idea之支撑”及其关于文献“误引用”之“八妄”的相关论述。

e. 总结摘要：摘要贵在精炼全文。由逻辑厘清到结构框架既定，再由引言之申发而至文献综述、理实分析与假设推演，然后予以实证验证，文章到此，便已基本成型，故基于结论启示之序贯升华而概括总结全文之摘要，已然顺理成章、瓜熟蒂落，故摘要之总结，贵在“精炼全文”。承前解析，摘要撰写之要领在于“四要齐备”，可详见前面3.4.4节之论述；还可参见后面例证5-4abc。

摘要撰写之“四要齐备”以及引言写作之“四步贯通”，还可以引申到学位论文或研究项目之开题论证，同样是“四大要素、四个步骤”，即：研究问题即idea之提出及其背景（即在什么背景之下选择了什么话题）——已有研究及差异化贡献（由贡献分析引出文献对比，从而衬托其研究价值）——本文/项目的研究如何开展（即idea之展开，立论基础及研究设计）——已有的研究基础（前期成果如WP，资料及数据准备等）。

---

① 之所以浪费太多的笔墨，归结其表现及原因有二：一是冗赘多余；二是表述不清。前者是因主次不明，乃受制于结构之粗放（类似于灌溉不均）；后者则是因逻辑不顺，又受制于文笔及修辞。

② 即引用了不具代表性、无关的甚至是“相反”的——表现在立论基础、视角切入等方面——文献，而这会损害文章主题之凝聚及其逻辑之延展。详见前面3.4.4节之论述。

③ 语出宋·陆九渊《语录》：“或问先生：何不著书？对曰：六经注我！我注六经！”在此借用，是为了说明文献回顾应该夹叙夹议、述评结合；而文献引证不可脱离“自我”、游离主题。

摘要与引言，形殊而理一，如是而已。

f. 凝练文题：文题贵在先声夺人。文题是摘要之浓缩凝聚，“文题如目”，故文题贵在“先声夺人”。将文题放在最后进行凝练，有利于“聚精而会神”，让文题能够充分反映文章的研究主旨（idea－问题）、基本逻辑（主要变量之关联）、核心关键（覆盖关键词）以及文章研究之起点－落点（视角－对象）。

文题先声夺人（形－状），传承决乎文意（神－质）。文饰、修辞绝不只是形式功夫，其实是文章“神质”之外显。好的文笔其实是经久练就的基本功夫，对文字的推敲考究、对语言的精心组织、对修辞的追求兼顾，彰显的其实是过硬的思考能力、高超的概括能力、扎实的专业素养、缜密的逻辑思维以及良好的空间架构水平。严谨之文，必有文采；反之亦然，形神一体。好的题目，犹如人之“第一印象”，其影响深刻而又持久，往往更易受到评审关注、更易被读者检索引用（见图3－6）——源于人们本能的好奇（猎奇）心理，故好题目有时可以成为一个“**捷径**”。

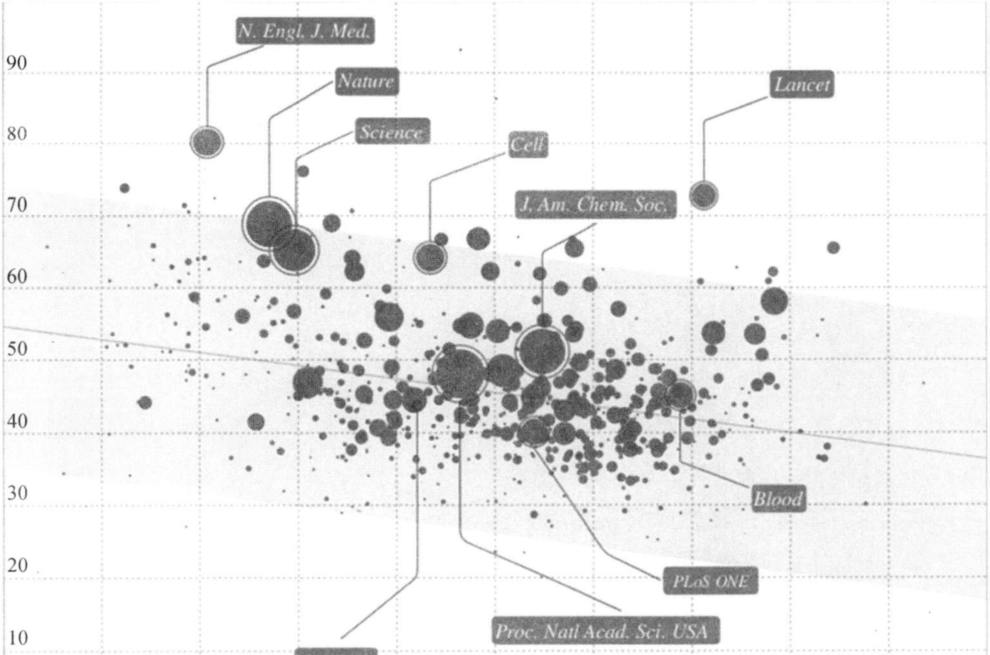

图3－6　文章标题长度和引用相关联[①]

注：横、纵轴分别为标题长度和引用秩平均分位数。

① 莎士比亚说：“简洁是智慧的灵魂，冗长是肤浅的藻饰”。英国华威大学 Adrian Letchford 团队的一项研究表明：论文题目越短越易被引用。他们分析了世界最大的文摘和引文数据库 Scopus 列出的 2007－2013 年 140000 篇引用率最高的同行评议论文，对比论文题目长度以及每篇论文被其他同行引用的次数，目的是考察“如何更好地书写论文并观察好的写作能力能否在研究中发挥作用”。文献来源：Letchford，Adrian，Moat，Helen Susannah，Preis，Tobias，“The advantage of short paper titles”，*Royal Society Open Science*，2015（8）（https：//doi. org/10. 1098/rsos. 150266）。

如前所叙，文题之范式略分“两型”（结构型、意涵型）、“两类”（并列式、起落式），好的文题应该做到“四个必须”。一言以蔽之，好的文题应该短小精悍、形神兼备、逻辑严谨；应该艳而不俗、雅而不涩、深入浅出。

【例 3－1】文题如目、文题如心：结构化的文题范式

以下是某位作者关于好的文题范式的一个极佳的总结——**略分五类**，大可以引鉴作为文章“起名”之参考：

第一类，流行即经典：人人都爱学界金句。

“Bringing XX Back In”学界金句，如管理学的，“Bringing Space Back In”（*Organization Studies*，2004）。

“XX，Chinese Style”类研究：如中国式下岗，“Xiagang，the Chinese style of laying off workers”（*Asian Survey*，2000：914－937.）。

第二类，意外的美感：反直觉的逻辑论证。

“Something without Democracy”模式：如“A middle class without democracy：Economic growth and the prospects for democratization in China”（*Europe－Asia Studies*，2013）等。

第三类，从“头”开撕：正儿八经的学术争鸣。

挑战权威，如：“Was Weber Right?”（*The Quarterly Journal of Economics*，2009）；《美国政治科学评论》又发表题为“Was Weber Wrong?”（*American Political Science Review*，2014）的文章。

两位社会学家在《美国社会学杂志》（*American Journal of Sociology*，2006）发表了一篇论文“Neighborhood Choice and Neighborhood Change”，挑战托马斯－谢林的种族隔离理论；三年后，又有两位学者在同一刊物发表一篇反驳文章“Neighborhood Chance and Neighborhood Change”，和前文仅差两个字母。

第四类，文艺的心：灵感来自书影音。

“A Tale of Two XX”模式：如“A Tale of Two Cities”（*Academy of Management Journal*，2007）.

“Something old，something new，something borrowed”金句：如经济学的，“Something old，something new，something borrowed，something blue：a framework for the marriage of health econometrics and cost－effectiveness analysis”.（*Health Economics*，2005），等等。

第五类，差点玩坏：题目里的文字游戏。

社会学经典文章，如“The Strength of weak ties”（*American Journal of Sociology*，1973，78（6）：1360－1380）。

有篇研究经济增长的经典文章：“I Just Ran Two Million Regressions”（*American Economic Review*，1997，87（2）：178－183.）；随后又发表“I Just Ran Four Million Regressions”（*Economics Working Papers*，1997）；然后其他作者又变换了题目，如：2 万亿次…、

Why run...?、No need to...，等等，自可类比模仿，以有助于精炼文题。

此外，金庸所谓“短－趣－近－物－图”[①] 以及国学大家刘文典所谓“观－世－音－菩萨”[②] 等独特心得，亦可引为好文题之“起名”要领及参考范式。自可查阅，不再赘述。

① 金庸曾将“短－趣－近－物－图”概括为报纸文章撰写的“五字箴言”，即文题精短、故事有趣、年代贴近、言之有物、图文并茂。此亦实为其办报、撰文之心得体悟。参见后面9.3节例证。

② 国学大家刘文典（1889－1958年），将“观－世－音－菩萨”作为写好文章的四大要领，并亲自解释为：“‘观’是要多多观察生活；‘世’是要明白社会上的人情世故；‘音’是文章要讲音韵；‘菩萨’是要有救苦救难、为广大人民服务的菩萨心肠。”比喻贴切，可谓深得文章之要义。参见后面9.3节例证。

第4章 idea之发现：发问重要

博学之，审问之，慎思之，明辨之，笃行之。

——《礼记·中庸》

不兴其艺，不能乐学。故君子之于学也，藏焉修焉，息焉游焉。

——《礼记·学记》

教师为之教，不在全盘授予，而在相机诱导。

——叶圣陶

题目虽是一样，答案却已不同。

——［美］弗兰克·奈特

英语作为世界通行语言，自有其优势。如英文中的“idea”一词，内涵即非常丰富，其意大体接近于中文里的“灵感”“想法”“思想”或“点子”等，但似乎又不尽于此，可谓“只可意会而不可言传”，故既然其意周知，反而不译为佳，直用即可。

实证文章皆是以问题为导向，而问题之提出即idea之发现乃至其发展，全赖思维之力，考验的是作者的“抽象之能”，这也是本书提出的“人文基本功”之“**五功七能**”维度体系中的一项基本素养。抽象思维重要，相对于具象思维——对应研究设计、量化及验证等环节，抽象思维即体现在文章的idea之发现（引言）、idea之发展（理论分析）以及结论与启示、文题及摘要等部分，对应的是思路延展、逻辑架构以及构图分类和概括总结的能力；相对于学术研究，抽象思维即是指“专业好奇心”，即对于常人所见、所感以及未见、未感（潜在规律）的现象、事实、案例或常识等，有一种基于知识、始于直觉、主动追问、但求新解的兴趣、冲动和专注力[①]。前面即“idea之解构”一章提出的缮养“结构化思维”，其实正是将“抽象”转换成或形象化为“具象”的过程与方法。“思维胜于数据”，故在量化之前，须先有“结构化思维”之演练。

① 因好奇而追问、因追问而专注，故“专注力”历来被认为是奠定成就、主导成功的最重要的原动力。

如何发问，即如何形成好的——重要、新颖、可行——idea，体现的是“抽象之能”，实属于“形而上”的功夫，故适时“务虚”，往往有大用。适时“务虚”，有助于清心省脑、排除干扰、先从纯粹处思考、只向症结处聚焦，如此往往有助于追本溯源、逐因索果、厘清逻辑，亦有助于“正本清源”，避免纠结于具象、个案以及反例之困扰，进而使得问题之提出或 idea 之发现形成由此具备了“自洽之基”。

“务虚”之必要及其路径，亦体现在其形式之中，而其形式大致约有两种：其一是就此“形而上”思考或转换①，即是从“哲学”的层面，去讨论一些“无用”的道理或规律，即着意于从“高处”看（立意取乎其上）、照“远处”观（视野趋向外延）、向“深处”思（内涵依赖洞透）、往“平”处行（量化务实可行），从而避免言过其实、强言创新、以小为专、门户之见；其二便是有意“顾左右而言他”，即是从反向、否定、冲突等角度——如老子所谓“反者，道之动也”，主动腾腾脑子、清清心胸，适时转换思维、暂时搁置纠结、摆脱惯性思维、接受“时间检验”②，从而避免先入为主、本本主义、认知惯性、理实脱节。因此，“务虚”实有大用，务虚终为务实。

本章略分六节，立足于第 3 章之“结构化之思维”聚焦探讨“结构化之方法”，即依次阐述直觉与趣味之辩、“三种能力”之培养、“人文基本功”之重要、如何“抽筋扒皮”、如何转思为图（形象化）以及例说“三图之别”。其中，前三节是为阐明 idea 发现之素养基础；后三节则重在阐明 idea 发现之结构化方法，即如何通过架构梳理（抽筋扒皮）、形象转化（结构图示）以发现、凝练并展示 idea。

对照实证文章之“新八股”架构，本章可“对应”——虚应——正文第一股即“引言”部分。引言之内涵及其撰写要领，前章已有详论，本章重在沿着“基本功（素质）－结构化（纲目）－形象化（图示）”的路径，专论“idea 之发现”即问题提出之方法。

4.1 直觉与趣味之辩

学术研究始终是理实结合（理论与实践；思想与践行）、有无互动（有形与无形；阐释与量化）、形意相生（现象与本质；规范与内涵）、物我相应（内心与外界；问题与玄思）的动态有机过程，故须知道，直觉始终重要，有趣本非第一；**须知道**，直觉与科学并非对立而是共生，而趣味终是“习得”之结果；**须知道**，直觉往往是“先于逻辑”而存在的。因此，本章首谈直觉与趣味之辩，即是为强调和阐明“本我及自我”——直觉力（尊重并挖掘）、好奇心（趣味及潜能）以及能动性（主动思考）——在学术研究中的独

① 这也是人文社科教育之“结构化对话”的基本逻辑，参见本书第 1 章。

② 这种转换或搁置，其实既是“哲学观”（辩证之思考），也是“方法论”（立足于可行）。中国古代先贤往往在文思受阻、理想受制之时，或寄情于山水交游、或隐居于孤静偏远，即是为了求一个“心地澄澈”以便“砥砺再行”。思考与写作是一个动静结合、思行相济的过程，故古今中外，其理一也。

特价值。

4.1.1 始终莫忘"直觉"

直觉——准确地说应该是"直觉力"，既是人的一种生物本能，也是后天引导、习练的结果。始终莫忘"直觉"，不是唯直觉，而是要你尊重直觉。

（1）直觉何以会丢失

直觉为何被忽视？甚至为何被丢失？——归其渊源在于"双盲"：其一是盲目的"科学主义"宗奉，其二是盲目的"自大+自卑"心理。前者受制于无视科学研究的动态递进，已然陷入新的"迷信"；后者则受制于无视心脑智慧的超然感知，已然陷入物的"奴役"。无视自然"盲目"，盲目则易"迷失"。

有一个现象值得反思。如今很多人，尤其是很多不自觉走入——盲从、不定、功利、无谓——（学术）研究之路的"乳臭未干"的硕士生甚至是博士研究生，往往"因为"专业知识掌握不精（本专业的技能不精或"三基"不牢）、学科领域基础薄弱（本学科的知识有限或领域闭塞）、基础素养培植不厚（如数学、逻辑、文笔、身心等综合素质）以及跨专业考生日益增加（自我了解不够、专业选择盲目）等"缘故"，以至于碰到问题，尚未予深究，就浅尝辄止；尚未见权威，就已然缴械。

这种现象——考其本质，其实并不存在所谓的"因果关系"；其实是"盲目的进取心"（学历晋升追求）或"进取心的盲目"（研学动力弱化）的影响甚或叠加；其实并不是"谦虚"，而是忘记、漠视了自己的直觉力[①]、好奇心、求知欲、能动性以及不怕献丑、直面交流的勇气和激情。——而此时，又安敢奢谈直觉？

（2）直觉的三个维度

始终莫忘"直觉"，其实就是让你主动"淡化"自大及自卑，不盲从于惯性的因果思维，不受制于人为的言行窠臼；其实就是让你尊重直觉、尊重自己进而更加尊重他人（巨人的肩膀）；其实就是让你莫忘"教育的本旨"，记得将自己的内心真正引导出来（"E-ducation"），优先成为"自己"的样子，成为自主思考、主观能动、知行合一的"智者"。

直觉真的重要吗？第一感觉重要吗？[②]——这一直是心理学家、人文社会科学乃至自

---

① 前世界银行首席经济学家考希克·巴苏梳理了从亚当·斯密以来经济学的发展轨迹，强调了在数据、理论之外，"理性直觉"（reasoned intuition）在经济学研究和政策制定中的重要作用以及对未知领域的敬畏之心。考希克·巴苏指出，鉴于因果关系难以发现，对于好的政策而言，仅仅掌握事实是不够的，不足以将其与理论结合起来，故须坚信还要依赖直觉判断力以及"理性直觉"——通过推理来验证直觉的使用（Basu，2014）；我们在生活中获得的所谓"知识"大部分是偶然发生的，主要是通过直觉判断力，坚持认为所有知识都必须植根于科学方法（如受控实验）是错误的。——全文参见《比较》第109辑（2020-10-5）。

② 超然的直觉力是有些人以及诸多领域实现"超然"成就或进步的一个重要因素。试举一例。印度的天才数学家斯里尼瓦瑟·拉马努金（1887-1920年），未受过正规高等数学教育却沉迷数论，惯以直觉（或跳步）导出公式，不喜作证明却往往正确，他留下的许多没有证明的公式引发大量后续研究。实际上，古今中外、各个领域，类似的例子还有很多，如中国的杨小凯（1948-2004年）于狱中以高中基础自学经济及数学等知识，之后一手创建新兴古典经济学与超边际分析方法和理论，获得诺奖级的成就和世界级影响力。

然科学领域（如 AI 等）不断追索的命题[1]。直觉何以重要？——本书认为，至少可以从其包含的三个维度予以认知。

其一，是想象力，主要表现在“面的拓展”。

敏锐的直觉依赖于本能的好奇心和基本的想象力（天赋 + 后天习得），之后再经由学科及领域知识的慢慢积累和潜移默化，便会渐渐缮养出优良的专业好奇心和过硬的学术联想力。想象力的高低往往表现在如何发问、如何聚焦，而其培养也应当在此着力。

在此引用名家观点，作为“如何发问”的经典例证与支撑。

【例 4 –1a】联想之能：想象力是如何培养出来的？

世界著名经济学家张五常先生在梳理其儿时生活及学问之路的系列文章《童年的回忆》之十一“想象力是如何培养出来的?”一文中写道[2]：

我认为一个人的脑子有三方面不同的功能。其一是记忆力，其二是分析力，其三是想象力。我认为记忆力是天生的，分析力是训练出来的，而想象力则要靠培养而得。这些观点是我这个在地球上活了八十多年的人，凭自己回顾平生的或成或败的经历而获得的意识。……

我认为想象力不是天生的，而是在后天的成长中培养出来。物理学大师爱因斯坦曾经说想象力是科学研究最重要的一环，应该是。我对物理学完全不懂，但所有我读到的关于爱氏的文字，都提到他的想象力。……严格地说，我认为物理学是难度最高的学问。我不敢谈物理，但经济学则大可一谈——这后者，我不仅认真地操作了六十年，而且当年在美国的师友近于一致地认为我是行内最富想象力的一个。我可举几个简单的示范例子：

例一。写佃农分成，是关于生产要素的市价厘定。传统的分析说，雇用劳动力，有了一个工资，雇主会雇用某量。佃农分成呢？我见租用土地没有一个租金，就问：那么地主要给农户多少土地呢？

例二。写座位票价，我见当时香港的电影院的戏票炒黄牛，其价较高的优质座位的票永远是先售罄，就问：为什么优座票的定价一般是偏低了？

例三。蜜蜂采蜜的服务是一种产品，蜜蜂传播花粉的服务是另一种产品。传统的分析用两条函数方程式处理，复杂得很。我说，二者加起来是一种产品，正如养羊，既有羊毛，又有羊肉。……

其二，是洞察力，主要表现在“度的纵深”。

基于关联想象的“面的拓展”有助于推进“度的纵深”，故“想得深入”其实是进一

---

① 人文社科领域自不必详论，用机器模拟人脑神经、超然感应（如引力波）以及智慧生发等无形情绪或机能，已然成为现代高科技发展的新兴关键领域（如 AI），而其适用则广泛涉及信息、社交、治理以及医学等几乎所有领域。

② 见张五常的系列博客文章《童年的回忆》之十一（2020 –4 –7）：“想象力是如何培养出来的?”，见 http：//blog. sina. com. cn/s/blog_ 47841af70102ypa3. html。

步的聚焦，是个体洞察力的体现，是决定文章 idea 之新意的关键素养之一。有些人可能天生具有高超的洞察力①，而更多的人则须经过丰富的阅历以及点滴的学习积累。

其三，是推演力，主要表现在“空间的演绎”。

直觉的准确与否不止要善于联想，还需要谨慎的洞察（再问 + 深究）和严谨的推演（思动 + 笔动）来做一个基本的验证（事前 + 事后）。因此，更好的“直觉力”，除了需要具备基于关联想象的“面的拓展”和基于再问深究的“度的纵深”，还需进行多维向度的推演论证，即“空间的演绎”。

可见，想象力是直觉之基础，而洞察力和推演力则是直觉之验证。直觉产生的过程，有时短暂而至于一瞬，有时经久须熟能生巧；有时在脑中即已成竹在胸，有时繁复则须诉诸于笔端。这是一种难能可贵的“学习能力”，故更好的“直觉力”其实有待于挖掘，而且要善于挖掘、善于培养才行。

4.1.2 趣味终是“修得”

“有趣”是学术研究的第一条件么？是判断学术价值高低的首要标准么？——非也，因为趣味也终归是“修习”的结果②。趣味自然重要，但对于学术研究，其重要性当亚于直觉。直觉犹赖后天辅助，趣味更需培养修习。“有趣”实是阶段修炼、基础渐牢的结果，只有懂了——理解了内涵、掌握了规律、踩上了节奏——才能渐渐觉得趣味“油生”。这大凡都需经历一个必要的过程，故初学者切不可以此为标准而妄谈取舍，否则即陷于浅尝辄止、有始无终、舍本而逐末。

“趣味”其实是追求，故不可作为学问之“首步”，而更适合作为其方向。历经“山重水复”——比喻学问之辛苦——而得渐入佳境，自然会觉得豁然开朗、趣味油然，进而才能陶醉其中、精益求精而感知到“学无止境”。**须知道**，研究问题的选择及其价值判断，应该秉持或遵循“重要（价值层面）—可行（操作层面）—新颖（创新层面）”的序贯规律，而“有趣”究其本质则类似于“新颖”，故本非判断学术研究价值之首要标准。常常以“有趣”作为引导研究者——尤其是初学者——选题、评价成果价值之首要前提者，当慎之、思之、诫之。

4.1.3 idea 之源头契机

什么是以及如何发现有价值的问题或者好的 idea？——考其源头或契机，则约有三大基本路径。

其一，体悟冲突。

---

① 如一代伟人毛泽东对于天下大势、时局变迁的战略眼光，如刘邵、诸葛亮、曾国藩等对于“识人选才”的独特智慧等，皆是具备过于常人的高超洞察力的现实例证。

② 以所谓“有趣”作为评判研究选题、研究推进以及成果价值高低之关键甚或首要标准，其实往往与评价者个人的喜好、修为甚或偏执更为相关，往往是受了功利主义以及“创新主义”流弊之裹挟，忽视了“重要性”实接近于舍本而逐末。

老子曰："反者道之动"[1]，这里的"反"即包含有冲突之义。学术研究的契机往往存在于不同、差异、不足乃至对立、否定之中，故须懂得主动发现和体悟"冲突"。冲突不一定都是明见的，潜在的冲突更为普遍、更需悉心体悟，而后者往往是一个好的——有时甚至是新颖的或创造性的——idea 的好源头、好契机，而体悟冲突需要挖掘和培养敏锐的直觉（力）。对此，杨振宁先生的观点颇为鲜明，在此节选引以为支撑[2]：

> 杨振宁说，兴趣是动力源，但仅仅凭兴趣还不够，还需要长时间的积累和准备工作。他总结出来学术成功的三大步骤就是：兴趣，准备，最后是突破。……直觉与书本知识冲突，是最好的学习机会。必须抓住这种机会。……
>
> 现在很多中国人都认为中国教育体制不好，美国教育体制好，这是错误的。双方各有各的好，正确的方式是，对于大多数中国年轻人，应该给他一些美国启发式的教育，而对于美国的小孩，可以让他适当地多做习题。……

其二，善于扩展。

体悟冲突还需要好奇心与想象力，故"善于扩展"即是将好的问题或 idea（点）——始于冲突——向着"线"（联结核心变量）、"面"（纳入影响背景）以及"空间"（多维向度发散）进行申发和演绎。可见，这里的"善于扩展"与之后的"耐得深究"，相互支撑、相辅相成，也是前面提到的抽象之能、推演之能以及综观之能——皆属于"七能"——的集中展现；是将更好的"直觉力"（idea）转化为"逻辑－框架－内容"进而形成文章的一项基础性素养（天赋），同时还须善于在别人文章逻辑的关联拓展中学习发现 idea（积累）。

其三，耐得深究。

"耐得深究"，即是不会轻易放弃，不会浅尝辄止、半途而废、有始无终；即是懂得"行百里而半九十"以及"咬得菜根则百事可做"[3] 的道理。现成的 idea，要么本无价值（类似即时消费），要么没别人做得快（别人已有准备），故好的 idea 都须深究才能悟得，而深究则需要耐力坚韧、需要苦心孤诣、需要具备专注力[4]。"耐得深究"，也是在别人的推理深究中学习夯实 idea。

【例 4－1b】联想之能：创造力实源于"专注＋好奇"

钱颖一教授认为，比好奇心和想象力更一般、更深层的因素是"心智模式或心态"

---

① 语出老子《道德经》四十章。这里的"反"有两层含义：其一为"相反"（对立转化、相反相成）；其二是"回返或反复"（周而复始、循环往复）。

② 来自杨振宁于 2015 年 11 月 5 日在南方科技大学作题为"我的学习与研究经历"的演讲内容整理。

③ 语出宋·朱熹《小学·善行实敬身》："汪信民尝言：'人常咬得菜根，则百事可做。'"后明代还初道人洪应明引以为其著作名称即《菜根谭》，遂广为人知。

④ 专注力是主导人成功的几种关键能力之一。见后面第 9 章论述。

（mindset），而好奇心和想象力是心智模式或心态的一种。因好奇而主动体悟冲突，借想象而主动扩展深究，可见，“善于扩展”与“耐得深究”其实就是一个人的“习性”或其思维模式、观念倾向、价值取向——遗传天赋＋后天养成——的反映或其结果。

关于 idea 或所谓“创造力”的渊源，钱颖一教授有其独到见解——实与先贤老子“反者道之动”的辩证观以及孔子“因材施教”的教育观相印证，在此节选引以为支撑[①]：

人的创造性或创造力从哪里来？我有一个假说，就是创造力等于知识乘以好奇心和想象力：

创造力＝知识×好奇心和想象力

这个公式告诉我们，知识越多，未必创造力越大；所以，创造力并非随受教育时间的增加而增加。知识通常是随着受教育时间的增多而增多。……

如果创造力是知识与好奇心的乘积，那么，随着受教育时间的增加，前者在增加，而后者在减少，结果创造力就并非随教育增多而单纯上升。

这就形成了创新型人才培养上的一个悖论：更多教育一方面有助于增加知识而提高创造力，另一方面又因减少好奇心和想象力而降低创造力。

所以，我对“钱学森之问”有一个简单的回答：不是我们的学校培养不出杰出人才，而是我们的学校在增加学生知识的同时，有意无意地减少了创造力必要的其他元素，就是好奇心和想象力。如果这是对的，它对大学教育改革有重要的含义：大学除了教授学生知识外，还要创造一种环境，尽力保护和鼓励学生的好奇心和想象力。我对“钱学森之问”的回应是，创造力的产生不仅仅是培养问题，更是环境是否宽松的问题。这是我这些年来一直试图在推动的大学的改革。

我下面把上述想法进一步扩展。比好奇心和想象力更一般、更深层的因素，英文有一个词叫作“mindset”，中文翻译成心智模式或心态。好奇心和想象力是心智模式或心态中的一种。所以，我的更为一般性的假说是，创造力等于知识乘以心智模式：

创造力＝知识×心智模式[②]

斯坦福大学心理学家德韦克（Carol Dweck）写过一本书，英文标题是Mindset：The New Psychology of Success，中译本标题是“看见成长的自己”，没有翻译“mindset”这个关键词。“mindset”这个词很重要，心智模式或心态更是一种价值取向。创造性心态是一种永不满足于现状，总想与众不同的渴望。

我下面举四个人的例子，从不同角度说明具有创造性心智模式有何特征。

第一个是爱因斯坦和他的“简洁思维”。……

第二个是乔布斯和他“不同思维”。……

---

① 节选自钱颖一关于大学教育改革的新著《大学的改革·第三卷·学府篇》，中信出版社，2020 年 6 月。这是钱颖一教授结合其中外受教经历、大学治理经验以及教育思想心得的系列著作，前两卷分别为“学校篇”和“学院篇”。

② 这与稻盛和夫的“人生公式”大同而小异：人生/工作的结果＝思维方式×热情×能力。在稻盛和夫看来，拥有正确的思维方式，比拥有智商、体魄等其他能力更为重要。

第三个是马斯克和他的“反直觉思维”。……

第四个是《从0到1》作者彼得·蒂尔和他的“逆向思维”。……

4.2 重视培养“三种能力”

本节所论“三种能力”，是总括性阐述学术研究乃至专业写作需要具备的“三类素养”，即是基于“想法—框架—文章”之解构——类似于前面的“逻辑—框架—内容”路径，探讨如何形成一篇专业学术文章的基本历程。之所以又称之为“三种能力”，则是从引导和培养——教育——的视角，即须结合不足，予以针对性的引导、训练和提升。因此，本节既是承上——缮养“结构化思维”，也是启下——勤练“人文基本功”。试分节略论如下。

4.2.1 形成“想法”的能力

形成“想法”的能力即发现和形成 idea 的能力，也是考验“如何发问”的能力。如何发问非常重要，方家历来将之视为高于分析、解决之力的关键能力，是直接影响和决定问题之重要、研究之新意、文章之价值等关键方面。

“发问之能”依赖于抽象思维、逻辑推演、关联想象等基本素养（无关专业），也受制于基本理论、基本知识、基本技能等基础素质（专业三基），前者固属根本，而后者亦尤须重视①。**须知道**，历来思学相济、理实互动、深博互通、质养相辅，此正是先贤所谓“学而不思则罔，思而不学则殆”② 的道理。

此外，还**须知道**，要想形成重要、新颖、可行的 idea，仍然要依赖“须三多”，即多读、多思、多写；多读乃是少读之基，少读则依赖于多思，而多写是历练和倒逼多读多思之路径法门。可见，多观察（事实 - 现象）、多阅读（理论 - 文献）、多体悟（规律 - 路径），始终是形成“想法”之根本。

4.2.2 形成“框架”的能力

框架之能即基于“结构化”之思维方法，将抽象之“idea/想法”转换成可行之“步骤/程序”——理论推演、研究设计、量化分析——的能力，故形成“框架”的能力即是人文社科教育之“结构化对话”理念中强调的逻辑转换、关联想象之能的针对性引导和训练，也即“空间架构”之能。在立意（idea）的基础上，文章之立论，必须用框架体现逻辑，用逻辑贯穿框架（结合“三图”，见下述），如此才能形成一个逻辑序贯、结构谨严、

---

① 专业基本素质（三基）往往容易被轻视甚至忽视。学术研究中的想象力固然重要，但亦须沿着思维转化与问题解决的逻辑有序行进，不可以游离主题。任何现象均有其规律，故不可背离科学的逻辑。

② 语出《论语·为政》。子曰：“学而不思则罔，思而不学则殆。”

前后呼应、理实支撑的完整体系，如此才能避免不自觉地游离主题。

4.2.3 形成“文章”的能力

形成“文章”的能力即是围绕研究之主体关切（idea），沿着结构框架，将“想法”延展为逻辑、将逻辑演绎为架构，再将内容附着于架构的过程，也即“idea之发展”的过程。这类似于血肉附着牵系于人体骨架、灌溉游走不离于埂墒田间。这是文章立意有据、逻辑自洽、框架合理、体系渐成的表现。所谓框架既成、内容随之；提纲挈领、事半功倍，然后即可“灌溉”内容（文献之梳理、制度之综观、理论之推演、实证之验证等），最终形成可见的“成果”。

此外，学术研究不避文采。实证文章亦必须讲求文法、注重修辞、贯通文气，否则也会“行而不远”，进而有损于成果之发表、传播及其贡献；而立意新颖、结构严谨、逻辑序贯、行文流畅、深入浅出的文章，自然地彰显着熠熠文采。

4.3 勤练“人文基本功”

4.2节所论之培养“三种能力”属于总括性解析，本节所论之勤练“人文基本功”则是分说“五功七能”。基本功重要，正如同武术家强调之“童子功”[①]。不同于一般的理解，这里所谓的“基本功”，其实既有先天之天赋，亦有后天之后为；有些源于天赋之异禀（如直觉－坚韧），有些或更多则依赖后天之炼就（如写作－量化）。强调天赋，并非否定勤修，二者相辅相成。

人文社科学术研究之“基本功”，要之曰“听－说－读－写－评”。这五项功夫简称为“五功”，实对应“七能”。本节先说“五功”之分别，后论“七能”之对应。

4.3.1 略说“五功”之别

本书所谓之“人文基本功”即是“听－说－读－写－评”；而勤练“人文基本功”即是阐述此“五功”及其对应之“七能”。这里将此“五功”串联成“线”，是为阐明其内涵相通、效应互证。勤学苦练自然是为了学会“听－说－读－写－评”，而更善“听－说－读－写－评”则是凭借了天赋。因此，勤修基本功，还须时刻记得不要忽视自己的天赋——往往表现为“无由”而持久的兴趣；而且还要主动地通过学习（理论－方法－技能），善于挖掘和运用自己的天赋及兴趣[②]。实际上，教育（education）的目的——其中e

① 这里并非专指世俗所谓的“童子身”，而是强调早志勤奋、厚积薄发、终身学习之重要。实际上如艺术家等更多“依赖天赋”的行业，无一不是强调从“修童子身”起步。

② 天赋亦需要发现、挖掘。天赋绝不是分明摆在那里，容易让你看到、任由你驱使的。往往需要因时（“天时”即机缘）、因地（“地利”即事用）、因人（“人和”即伯乐）而激发、引导、得用。

是“向外”，而duce是“引导”——就是引导我们“发现自己”（包括自悟）的过程。古人云：“不学墙面，莅事唯烦”[①]；孔子曰：“学而不思则罔，思而不学则殆”[②]；又云：“益者三友，…友直，友谅，友多闻”[③]，此皆言学习思考之重要，亦实为读书博览之路径。

此“五功”，各有所重，各习其能，不拘顺序，概括了从入门，经习练，再到自洽的全过程。其中：

“听”则知其所动，即如何听，哪些听了心有所动[④]；

“说”则知其所依，即如何说，说的是否有条不紊、有理有据[⑤]；

“读”则知其所好，即如何读，阅读时是否能分主次、善取所需、博专兼顾；

“写”则知其深浅，即如何写，写作时是否能够逻辑自洽、结构严谨、深入浅出、言之有物、言之有文；

“评”则考其全功，即如何评，评论时是否能够客观理性、理实综观、理据充分、述评精当、聚焦点睛。

其中，阅读功夫乃为“五功”之基本，下节详论；写作功夫则是“五功”之整合会聚，体现是善听、会说、勤读、精评故“能写”的涵养功夫；而评价功夫则是四功之综合、实为“五功”之旨归，评价贵在客观-综合。古人云：“博学之，审问之，慎思之，明辨之，笃行之”[⑥]，此言为学之层次、思力之进阶，更是在讲思学之相济、知行之合一的道理。实际上，本书所谓“听-说-读-写-评”之五大基本功亦可与先贤所云“学-问-思-辨-行”之内涵遥相呼应，而“明辨”即为评价之能，实是“学”之目的（学之-近之）、“习”之开端（名家-名作）、“写”之主体（三主体-两依据），实是教育之“宗旨”[⑦]。

---

① 语出《尚书·周书·周官》，此实言学习之重要。

② 语出《论语·为政》，此实言学习、思考之辩证关系。

③ 语出《论语·第十六章·季氏篇》。原文为：“益者三友，损者三友。友直，友谅，友多闻，益矣。友便辟，友善柔，友便佞，损矣。”此实言学习、思考之方法/路径。

④ 所谓“闻一言以贯万物，谓之知道。”（《管子·戒》），要做到“会听”，还须及时“心有所动”，转换为“自己的逻辑”（思考-文章）才行。

⑤ 这里的“说”即讲解文章、说明思路等，如论文、项目之开题汇报等环节。

⑥ 语出《礼记·中庸》。子思在第二十章十九条有云：“博学之，审问之，慎思之，明辨之，笃行之。”可见，中国古人早已洞见“明辨”之难及其可贵，早已明白“思学相济、知行合一”的道理。

⑦ 美国著名心理学家、教育家本杰明·布鲁姆（Benjamin Bloom，1913-1999）在其名著《教育目标分类：认知领域》中将思维分为六种级别，即从最简单到最复杂依次为识记、领会、应用、分析、综合、评价，最简单的认知技能是对知识的回忆，而最复杂的认知技能是对观点的价值做出判断。可见，教育终是为了培养评价之能，且古今中外基本一致。哈佛大学校长德鲁·福斯特（Drew G. Faust）在其2017年新生开学典礼的致辞中引用哈佛艺术与科学学院已故前任院长杰里米·诺尔斯（Jeremy Knowles）关于高等教育最重要目标的观点，即“教育的目标是确保学生能够辨别‘有人在胡说八道’”。美国投资家查理·芒格（Charlie T. Munger）也认为：“正确的教育应该是一个提高认知能力的漫长过程，以便我们变得足够有智慧，能够摧毁那些因拒绝改变倾向而被保留的错误想法”（《穷查理宝典》，彼得·考夫曼编著）。

听、说之功，自然要多听、多说、多讲、多练（见第9章专论），但要做到“善听”还须对比遴选[1]，要做到“善说”还须讲写结合；写是讲的梳理，讲是写的历练。结合自己的心得体悟及写作经验，读、写之功，**若果有捷径**，则可多读、多仿诗词古文，尤其是先秦两汉、唐宋八大家之文以及五四时期的时论文章。**若论人物之代表**，则前有班－贾－陈寿－司马迁，中有韩－柳－欧－苏－范仲淹，后有梁－王－周－胡－蔡元培。前人如韩苏“文起八代之衰”且不论，近人如“中国之新民”梁启超、开国之领袖毛泽东等人的议论文章，更是引领一代风气[2]，尤其值得仿习镜鉴、悉心揣摩，而经久自可缮养文章气象。

考其原因在于，诗词古文，乃是韵律、简洁文字之典范，故也是构思、严谨文章之代表[3]，多读自生韵律文采，多仿自会锦绣辞章。文白相杂之文即五四时期的时论文章，则因其遭逢社稷纲常之变故、国家尊严之倾覆、民族精神之沦落，而自带着凛凛气节、充满着慷慨沉郁、饱含着家国情怀，故堪称“立论锋利、条理分明、感情奔放、痛快淋漓、清新平易”——毛泽东评价梁启超之文——的议论文字的代表，而“清新”自须结合时代变革之需求（如白话文革命），“平易”则须有利于情感之痛快表达，故文白相杂反有助于平添气势，实为诗词之简洁、骈文之韵律、古文之重意之综合与荟聚。

因此，除借鉴思想、缮养逻辑之外，习练读写之功的另一个主要目的，便是锤炼遣词造句、勾连想象之能，韵简而意深、精炼而考究的中国古文尤其是唐诗宋词，乃是最好的习练之资。

4.3.2 阅读乃“五功”之基本

上述“五功”，虽然各有侧重，却相辅相成、效应互证，实为学习、学问以及学术研究之基本功夫，需要朝夕积累，很难一蹴而就。如同“学－问－思－辨－行”之进阶，“听－说－读－写－评”亦各有定位，而“五功”之基本则在于阅读。唯有“畅享悦读”，才能兼及“博学”、才能助推“审问”、才能启发“慎思”、才能缮养“明辨”，并最终砥砺“笃行”；唯有“畅享悦读”，才能知深浅、明不足、增智慧，并最终成就事业身心。

古人云：“开卷有益”[4]。阅读实为“五功”之核心、学业之基本。所谓“基本”，即

---

① 如今各级各类讲座盛行，在信息化社会——尤其是疫情倒逼之下的“网络直播”——更是如此。学者指出的“信息大爆炸”带来的是清浊同流、瓦玉集糅，故信息之甄别、遴选尤显重要；故“明辨”之能尤为必须，否则必会淹没、无主于“信息浑流”之中而终无创获。

② 梁启超擅用浅显流畅文字阐述重大时事问题并折射深刻道理，文章感情饱满、鼓动非常、感染一代，毛泽东也是其“粉丝”之一。严复曾评价：“任公文笔，原自畅遂。其自甲午以后，于报章文字，成绩为多，一纸风行海内，观听为之一耸”。毛泽东评价梁的文章：“……立论锋利，条理分明，感情奔放，痛快淋漓。加上他的文章一反骈体、桐城、八股之弊，清新平易，传诵一时。他是当时最有号召力的政论家。”除此之外，梁启超的史论文章更是评点、总结文字之典范，如其《中国近三百年学术史》《清代学术概论》等著作即是代表。

③ 诗词古文的另一大特征便是短小精悍，绝少长篇大论。短小自然精悍，故要做到文气充沛、文意通达，就必须先做到架构清晰、逻辑序贯。故短有短的道理、长有长的逻辑，其理一也。

④ 最早出自晋·陶潜《与子俨等疏》：“开卷有得，便欣然忘食。”宋·王辟之《渑水燕谈录》：“太宗日阅《（太平）御览》第三卷；因事有阙（缺）；暇日追补之；尝曰：‘开卷有益；朕不以为劳也。’”

示其优先、根本或其路径所依、宗旨所在。人文基本功，听说读写评，若论阅读之定位，则还有“**五个须知道**”，即：

其一，须知道，五个“反求诸己”，即：“听而不闻”——不善听——需要（再）阅读；“说理不明”——无条理——需要（再）阅读；“写作不畅”——缺逻辑——需要（再）阅读；“评价失度”——乏客观——需要（再）阅读；而“反躬自省”——慎思精进——仍需（再）诉诸于阅读。

其二，须知道，善听能说，仍属台面功夫；而善读能写，则是涵养功夫（包括评价），故“五功”实有进阶，需要次第修炼、知行合一。

其三，须知道，阅读即是与前人交流。前人之思即后人之智，前人之文即后人之资，故自能启发思考、增长智慧；故“好读书”还须“读好书”，读书贵在开卷有益、广涉经典。

其四，须知道，多读方能引导多思。圣人讲“君子有九思”[①]，此言多思、善思之益处。如今年轻人读书，常见浅尝辄止之流弊，如读得少，思得更少，此即“学而不思则罔”；又如思得多，读得太少，此即“思而不学则殆”。可见，多读多思、思学相济，始终是潜移默化（知识）、循序提升（学问）之优先、根本路径。

其五，还须知道，多思有助于“少读”。多有知名学者常言“只读某几篇文章”云云，但须知道此为方家之“精读”，而方家之“少读”仍然是以“多读＋多思”为其根基，而这个由多到少的“积累”实是以“多思－善思”为前提的，初学者自不可硬性模仿。

阅读是超越时代偏见、校正思维惯性、求得智慧新知、推动自我精进、成就事业身心的必由之路，故阅读之重要，实已等同于读书之重要。六祖慧能有云：“迷者师渡，悟者自渡”，读书便是我们自觉自动地“自己教育自己”，读书需要引导，而受益贵在自悟，**读书即是最简便的修行**。

【例4－2】阅读何以重要：中国传统的读书法自有其优势

关于读书及其方法，古今中外名家，素有心得高论。现摘录国际著名汉学家、普林斯顿大学教授余英时关于“怎样读中国书”的观点节选，以作为读书观、读书法之启示；同时亦有意于以一个西方汉学家的经历及视角，“矫正”阅读及其方法论领域中长久以来“以洋为贵”的偏执[②]：

中国传统的读书法，讲得最亲切有味的无过于朱熹。《朱子语类》中有《总论为学之

---

① 语出《论语·季氏》。孔子曰：“君子有九思：视思明，听思聪，色思温，貌思恭，言思忠，事思敬，疑思问，忿思难，见得思义。”

② 摘自余英时著《钱穆与中国文化》，上海远东出版社，1994年版。余英时（1930年－）师从钱穆先生，他在中国历史尤其是思想史、文化史方面的开创性研究使其罕见荣获哈佛、耶鲁、普林斯顿三校延聘正教授，是国际知名的历史学家、汉学家、美国哲学学会院士。代表性著作包括《士与中国文化》《中国近世宗教伦理与商人精神》《朱熹的历史世界》《方以智晚节考》《论戴震与章学诚》等。其学问“东成西就”、其观点立论客观，令人印象深刻。

方》一卷和《读书法》两卷，我希望读者肯花点时间去读一读，对于怎样进入中国旧学问的世界一定有很大的帮助。朱子不但现身说法，而且也总结了荀子以来的读书经验，最能为我们指点门径。我们不要以为这是中国的旧方法，和今天西方的新方法相比早已落伍了。我曾经比较过朱子读书法和今天西方所谓“诠释学”的异同，发现彼此相通之处甚多。“诠释学”所分析的各种层次，大致都可以在朱子的《语类》和《文集》中找得到。

古今中外论读书，大致都不外专精和博览两途。“专精”是指对古代经典之作必须下基础工夫。……精读的书给我们建立了作学问的基地；有了基地，我们才能扩展，这就是博览了。博览也须要有重点，不是漫无目的的乱翻。……这里需要训练自己的判断能力：哪些学科和自己的专业相关？在相关各科之中，我们又怎样建立一个循序发展的计划？各相关学科之中又有哪些书是属于“必读”的一类？这些问题我们可请教师友，也可以从现代人的著作中找到线索。这是现代大学制度给我们的特殊便利。……

读书要“虚心”，这是中国自古相传的不二法门。朱子说得好：“读书别无法，只管看，便是法。正如呆人相似，捱来捱去，自己却未先要立意见，且虚心，只管看。看来看去，自然晓得。”这似乎是最笨的方法，但其实是最聪明的方法。我劝青年朋友们暂且不要信今天从西方搬来的许多意见，说什么我们的脑子已不是一张白纸，我们必然带着许多“先入之见”来读古人的书，“客观”是不可能的等昏话。正因为我们有主观，我们读书时才必须尽最大的可能来求“客观的了解”。事实证明：不同主观的人，只要“虚心”读书，则也未尝不能彼此印证而相悦以解。如果“虚心”是不可能的，读书的结果只不过各人加强已有的“主观”，那又何必读书呢？……我希望青年朋友有志于读古书的，最好是尽量先从中国旧传统中去求了解，不要急于用西方观念作新解。……我可以负责地说一句：二十世纪以来，中国学人有关中国学术的著作，其最有价值的都是最少以西方观念作比附的。如果治中国史者先有外国框框，则势必不能细心体会中国史籍的“本意”，而是把它当报纸一样的翻检，从字面上找自己所需要的东西。……

“好学深思，心知其意”是每一个真正读书人所必须力求达到的最高阶段。读书的第一义是尽量求得客观的认识，不是为了炫耀自己的“创造力”，能“发前人所未发”。其实今天中文世界里的有些“新见解“，戳穿了不过是捡来一两个外国新名词在那里乱翻花样，不但在中国书中缺乏根据，而且也不合西方原文的脉络。……

美国是一个市场取向的社会，不变点新花样、新产品，便没有销路。学术界受此影响，因此也往往在旧东西上动点手脚，当作新创造品来推销，尤以人文社会科学为然。不过大体而言，美国学术界还能维持一种实学的传统，不为新推销术所动。……

4.3.3 “五功”对应着“七能”

人文社会科学研究之基本功，古有“学－问－思－辨－行”之思力进阶，今有“听－说－读－写－评”之能力定位，而这“五种功夫”又对应着或可具象为“七种能力”。本书第3章“idea之解构”的3.3.3节（表3－1），曾将此“七能”与实证文章之

“新八股”及其“十全架构”相互关联对应，此处再将其对照于“五功”，其意即在强调学术文章——实证文章亦然——之撰写，必须素养与能力并重、理论与实践结合、架构与文采齐升，也必然是否定与否定一路、顿悟与苦涩并行；同时，亦可作为“文章千古事，得失寸心知”[①] 之践行也。

人文社科学术研究之“五大基本功”对应之“七能”如下：

抽象之能：集中体现在“idea之发现”环节，即问题的提出总是经历着由“具象（现象）－抽象（理论）－具象（对象）”的循环往复过程；

评价之能：集中体现在“idea之支撑”即文献综述环节，即对于相关研究的回顾、综核以及评论，而评价贵在“客观－综合”；

综观之能：集中体现在“idea之因应”即制度背景分析环节，所谓“综观”即是为强调理－实结合之能力、理－实因应之必要，故综观贵在“能接地气”；

推演之能：集中体现在“idea之发展”也是“idea之理据－依赖”即理论分析及假设推演部分，而推演之能受制于专业好奇心以及学术想象力，故亦可称之为“联想之能”；

量化之能：集中体现在“idea之验证”即研究设计和实证分析两大环节，“量化之能”反映实证文章的理据支撑、数据验证，同时考验作者对于数学、统计及计量等基础学科知识的掌握程度，是集中体现实证文章之“实证内涵”的核心部分；

点睛之能：集中体现在“idea之点睛”即结论与启示部分，实证文章的研究“结果－结论－启示”须次第凝练、序贯升华，乃是全文之“收官”，故正好体现了“点睛”之意涵。

修辞之能：即“idea之润色”，文采修辞实际上全面体现或渗透在实证文章之“新八股”及其“十全架构”之中，涉及文题之凝练、摘要之概括、引言之申发、理实之推演、设计之科学、实证之严谨，以及逻辑之贯穿、文意之舒展、架构之聚散、内容之深浅、行文之主次、篇幅之长短等各个环节及方面，故“修辞之能”实已攸关全文之“质量”，必须着意提升，详见本书下篇之专论。

由上可见，“五功”对应着“七能”，而此“七能”（＋参考文献），又与实证文章之“新八股”及其“十全架构”相互关联和支撑（见表3－1）；这种“素养－能力”和“技能－结构”的对应关联，实际上彰显的是一种“**系统的功夫**”，即“系统的文章”需要“系统的能力”，而“系统的能力”必能锻造出“系统的文章”。所谓“文如其人，人如其文”，正其义也。

由图4－1的“素养－能力－架构”之关联可见，“五功”对应“七能”，而“七能”

① 语出杜甫五言长诗《偶题》。前四句为“文章千古事，得失寸心知。作者皆殊列，名声岂浪垂。”文章虽小，却攸关人品、学品乃至教风、世风，故精雕细琢、不厌百改，正其宜也。实证文章亦然，正如芝加哥大学金融学教授科克伦所言，优秀的经济学家常常把一个研究项目时间的50%以上花在写作上，对他而言，甚至要花80%的时间在写作上（约翰·H. 科克伦，2013，经济学博士生论文写作指南，《经济资料译丛》第2期）。

支撑“架构”；“素养”无形，故称“基本功”，最终外显为有形的“能力及架构”；有无相生，而“无形胜似有形”。

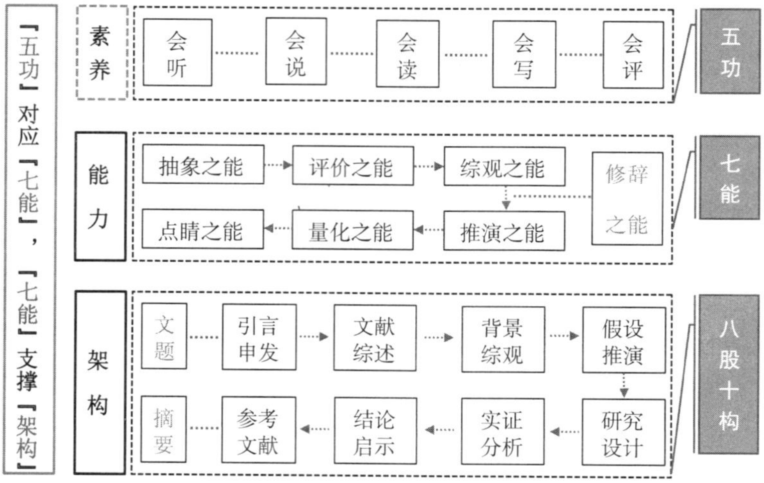

图 4-1 学术研究之“素养-能力-架构”之对应关联

4.4 善于“抽筋扒皮”

承前分析，本章前三节是为阐明 idea 发现之素养基础（三种能力、五种功夫），后三节则重在阐明 idea 发现之结构化方法，即如何通过架构梳理（抽筋扒皮）、形象转化（结构图示）凝练、发现或理出 idea。这既是读之首要（理出），亦是写之必须（发现），而“读他”是为“自写”做准备。本节专论如何将文章“读短”的功夫，即如何“抽筋扒皮”从文章的架构和逻辑梳理中理出、发现 idea。

4.4.1 文章贵在筋骨

人之精神多在其筋骨，文之价值则赖其架构。犹如血肉之依附于骨架，文章之脉络清晰则全赖其结构谨严。正如中篇起首所言，“筋骨”者，人体之依赖、文章之架构也。阅读贵在观其筋骨，行文贵在巧思精构。筋骨或架构，是理解、把握文章之精髓的要领；是对比、评价文章之高低的关键。这正是“结构化思维”在文章之构思及其行文过程中的集中体现。

要知道，阅读与行文之路径似乎正好“相反”，即从阅读中“被动”学习与由“主动”构思而行文正好“可逆”；而正是因其“可逆”，故也正好可以从前者即阅读之中呈现、透视或反观后者即行文的“idea 之发现-发展-验证”的路径及其要领。这个路径或要领便是本节所谓“抽筋扒皮”、去粗取精、“现骨起架”的过程。

如果说由架构到内容（即 idea 之申发-延展）是拓展、是纵深、是“变多”、是“羽翼渐丰”，那么，由内容到架构（idea 之理出-发现）便是凝聚、是“变少”、是“归元”、是“筋骨自现”。所谓“筋骨”，人体赖之能行、文章赖之而立。比之于文章，即结构层次、逻辑架构或其主旨之延伸附着也。可见，善于“抽筋扒皮”，就是缮养和习练让文章“去形－去肉”和“放缩－归元”的功夫。一言以蔽之，就是缮养和习练“把文章读短”的功夫。

俗语有云：“不为步疾，乃为行远”①。所谓“不为步疾”，即是指碰到问题首先不要忙乱，而要讲求方法；“话有三说，巧者为妙”，这种诉诸“实操甚或技巧－捷径”的“快功夫”，实有助于培养“程序”化思维（逻辑）、结构化“惯性”（解构）以及方法论“意识”（解决），是对文章“形的拆分解构”（分解）。所谓“乃为行远”，则是指问题之解决必须理据充实、方法得当，才能“行稳致远”；这种“慢功夫”实有助于夯实思考之审慎、方法之基本，是对文章“意的序贯深思”（整合）。

文章贵在筋骨，而“梳筋显骨”自有其规律，故须讲求章法。这种快慢结合、动静相宜、分整合击的训练，实有助于阅读及行文。阅读须先讲求质与量，而梳理则须讲求精与短，故后面先说“要看多少文章”，后论“如何起手梳理”。

4.4.2 要看多少文章?

阅读须先讲求质与量，质量相济，而质量兼顾则须优选，否则无益于研习模仿、促学启思，这自然涉及两大问题。

（1）究竟要看多少文章?

多读才能引导多思，量往往是质的基础。那么，在训练“idea 之理出－发现”（阅读）能力以及在为“idea 之申发－延展”（撰写）而做必要的铺垫时，究竟需要阅读多少篇文献（量）？——这个问题其实会因人而异（基础－悟性）、因事而异（背景－问题），故不可强求一致，但数量虽有别，而“其致一也”。若要总结其逻辑，则大体约有“两大原则”：

其一，是宜精不宜多。

这是总的原则，其内涵有二：一是质量要好即须“精选”（详见下文）；二是不能太少即须“适量”。要知道，读得太多则易被拐带干扰，而读得太少则又陷于孤陋无新。要知道，特别是在选题环节，尤其要重视多思重于多读，即在阅读中须带着问题思考、抱着逻辑印证。在此过程中，若能做到时时不忘“六经注我”，时时不忘主题序贯，则多与少的辩证关系自然会了然于胸。本书主要适用于青年学者以及硕博研究生，故在掌握“三基”、具备“三能”② 的前提之下，也自然会理解“思维胜于数据”的道理。

关于所谓“适量”，个人的经验和做法是控制在 15～20 篇之内——依其选题及其领域，还可相机再少。这十几篇文献的选择要做到“三个要点”，即：重点突出（即主题直接相关）、基本涵盖（即关键词覆盖）以及适度扩展（即涉及学科领域），而这自然地涉

---

① 意思序贯的俗语是——为行远必协伴、为解问须善学——“独行者步疾，结伴者行远”，来自菲利普·法拉多（Philippe Falardeau）导演的电影《美丽谎言》。

② 即前文所谓“形成想法、形成框架、形成文章”三种能力，这实属于学术研究的“基本素养”的范畴。

及文献遴选及检索的功夫[①]，故还需导师的引导以及自己的体悟。学界流传常有“只读3篇”或“只读5篇”甚至“根本不看”的说法，那往往是“多思有助于少读”的结果，即仍是以“多读善读、多思善思”为其前提，实是经久历练之功，后学者切不可轻信而妄为。

其二，是宜宽不宜窄。

承上分析，在确保文献阅读的“基本量”时，需遵循“三个要点”，而究其内涵，其实是在讲文献阅读的视野、文献选择的要领还应当做到“宜宽不宜窄”。也就是说，应当突破刻板的学科专业界限——人为划分、重在分类、并非定规，应当沿着“专业—学科—领域”的知识序贯路径，予以主动的逻辑延伸和发问扩展。这有助于不同视角、不同专业、不同学科乃至交叉领域成果的相互启发、相互印证、相互支撑、协同进步；而且，这是充分印证研究结果、有效支撑研究创新、科学凸显边际贡献、全面解决相关问题的必由之路；这也是当今世界倡导推动跨学科互动、交叉式创新的大趋势与大背景。

正如前文所言（见3.3.2节），理论上尤其是现实中的问题解决，**从来不是**只调动一种知识、只启动一种能力、只依赖一种逻辑、只基于一种理论，而是直觉与视角多维并进、理论与方法齐头共举、逻辑与技术序贯而行、知识与素养协调互助、学科与领域交叉共融的“整合性”过程，故学习、思考贵在整合思维，教育、教学贵在引导智慧。

（2）如何选择好的文章？

承上分析，在阅读训练以及专业写作中应该如何选择好的参考文章（质）?[②] ——这相对于“量”的选择，却能基本趋于一致。概括其逻辑及个人体悟，则约有“两个方法”：

其一，是至少坚持“均值理念”。

古语有云：“取乎其上，得乎其中；取乎其中，得乎其下；取乎其下，则无所得矣。”[③] 此言“遴选”之内涵，亦同时阐明了选择标准之影响、价值取向之差异。学术研究最忌门户之见、先入为主、势利思维。孔子曰：“三人行，必有我师焉；择其善者而从之，其不善者而改之”[④]，凡文皆有可取之处，名文名刊名著，亦不可能字字珠玑。因此，学术研究之阅读、写作以及投稿等诸环节，均应至少坚持“均值理念”[⑤]，即总的原则须“取乎其上”，而“取乎其下”者非所取也。

其二，是还须坚持“几个兼顾”。

---

① 从主题直接相关（即顾名思义）到间接相关（由关键词扩展），其实也是文献检索的惯常路径。值得强调的是，人们在阅读与思考时，往往容易拘泥于本专业（即直接相关）、容易忽略领域之相关（即间接相关），而这会制约创新，直接影响文章的差异化贡献。因此，在确保文献阅读的“基本量”时，还需遵循这三个原则。

② 先选后读还是边读边选，其实无法也不必清晰界定。由读短而及读长（即先看摘要-引言等总结性部分），由读少而及读多（即依据摘要-引言等进行关联选择），是一个经验，也是一个不断践行而领悟的过程。

③ 原文出自唐太宗《帝范》卷四：“取法于上，仅得为中；取法于中，故为其下。”严羽在其《沧浪诗话》中也说过：“学其上，仅得其中；学其中，斯为下矣。”

④ 语出《论语·述而》。此为孔子倡导学须谦逊、选须客观的最著名的思想。

⑤ 本书所谓“均值理念”是指在价值取向、遴选标准上应该至少坚持“中上”（大于均值）的一种判断方法或处世观念。做到最好，自然难能可贵；而精益求精，则首在于态度。这在实证研究中亦可称为“大样本理念”，即均值是判断样本大小及其价值的一个重要标准。在“取乎其上”的总原则之下又倡导“均值理念”，一是为倡导学术研究之多元、公正及良性竞争；二是为提醒矫正阅读、投稿以及评价激励中的门第观念、门户之见等狭隘导向。

受限于时间精力、受制于悟性视野、淹没于浩瀚书海，初学者难免茫无所依、目迷五色，故不得不特意注重学习优选，否则即会“取乎其下而无所得也”。故在“均值理念”——满足“适量”的前提——之外，文献之优选——必有主次优先——还须坚持做到“几个兼顾”，即：在顺序上应当“内容优先、载体次之”或“名文优先、名刊次之”；具体又可细化如下“五个应当”，即：在载体上应当“期刊优先、兼顾著作”；在新意上应当“前沿优先、兼顾经典”；在拓展上应当“焦点优先、兼顾系统”；在理据支撑上应当“专业学科优先、兼顾领域交叉”；在引证参考上应当“直接相关优先、兼顾间接启发”。

值得说明的是，类似的原则亦不必太过于拘泥，其实更多适用在文章的修改、完善环节——“好文章都是回手棋”，在“恍然顿悟、灵光一现”的时刻，其实并没有什么规则约束，万事开头难，灵感重要，更须善守善助。

4.4.3 如何起手：一页纸、一张图

梳理则须讲求精与短，梳理之精短对应着文章之要义，故要精短必须概括。理解或读懂一篇文章，即把文章“读短”，需要过硬的概括能力，需要结合制图做表的功夫，而若论表意凝练之载体，则图表自优于文字。

那么，如何起手呢？——个人的经验和做法是：结合阅读参考数量的“两大原则”，秉持文献质量优选的“两个方法”，将那15～20篇文章逐一“转换或微缩为”15～20页纸或15～20张图，其中的每一页纸或每一张图即是“微缩”的每一篇文章。这既是转换微缩之方法，也是概括凝练之要求①，即：在方法上可以各按所需、各依其据、不拘形式（图表 or 文字），但在面对提问、质疑、互动时却能够依此而概说全文（文前 or 文后）。

因此，这一页纸、一张图应该如何勾画、如何呈现，自须熟读精思、谨慎提炼，而这也将直接影响或反映你对文献的理解（阅读本领）、对 idea 的把握（发现能力）以及文献对你的价值。这种高度的概括，实质上即是本书倡导的“结构化思维”及其方法在文章撰写中的体现与践行。

制图做表的能力是典型的“抽象之能”，故须锤炼解析方能渐次掌握。图表、文字自然不同，而图表之间亦有分别；理解其功能定位，实有助于其科学运用。概括实证文章之图表应用，还须说明如下两点：

（1）先说“图表”之重要

各国谚语均有所谓“一张图胜似千言万语”（A picture is worth a thousand words）的说法，而这也渐渐被学术研究——尤其是心理学等——所证明②。孔子所谓“言之无文行而不远”的“文”，其实既有“文采”之义，也有“修饰”之义，而修饰必用图表。“……在用思维进

---

① 这即是前文关于如何“抽筋扒皮”即缮养和习练让文章“去形－去肉”和“放缩－归元”的功夫；即是“还原”作者撰文之初“点－线－面”以及“逻辑－框架－内容”的形成过程。

② 有研究从图像内容与社交媒体互动的视角验证了“一幅图值千言万语”的说法。参考文献：Li, Y., & Xie, Y. (2017). Is a Picture Worth a Thousand Words? An Empirical Study of Image Content and Social Media Engagement. *Journal of Marketing Research*, 0022243719881113.

行交流的过程中，我通常使用形象与图像。由于这个原因，思维是远比单纯的话语更有效的交流工具。"① 可见，图表似乎更能体现"思维之力"——更能彰显思维之特征、思维之效果。

图表化是一个表达思维、彰显效果的"捷径"。**要知道**，怎样在有限的空间里——如一页纸、一张图——充分展现文章的"核心 - 全部"内容，需要一种抽象的素养，更需训练归纳的能力，而这正是人文社会科学教育及其研究的一个难点和宗旨，必须着意锻炼。**要知道**，从"一页纸"（总括性文字）到"一张图"（后文所谓三图）或"几张表"（基本规律 - 检验结果），即由"文字 - 图表"其实也体现了一种训练的进阶、思力的进阶，这亦正如"适性登山，不觉在进步"，是潜移默化、厚积薄发的积累之功也。

（2）次论"图表"之分别

图表、文字之分别体现在两个方面：一是功能及定位不同；二是效果及难度有异。相对于文字，图表展示或更依赖的是浓缩之功、概括之力以及"抽象之能"。**要知道**，文字贵在"清晰"，而图表则贵在"直观"，故若论难度则"文字—表—图"，深入浅出乃是境界；若论直观则"图—表—文字"，逻辑可视亦须修炼②。所谓"文论、表明、图示"等惯用词汇，其实既是构词用语之定规，亦是功能优势之彰显。因此，若论"图—表—文字"之区别，一言以蔽之，即："文"论要义内涵（思想 - 逻辑），"表"明对应关系（维度 - 相关），"图"示逻辑关联（结构 - 可视）。

4.5 将结构 - 逻辑"形象化"

承前分析，本章后三节重在阐明 idea 发现之结构化方法，4.4 节通过"抽筋扒皮"讲解架构梳理之法，本节则聚焦"形象转化"之法，即如何通过结构图示——将文章主题及其内容、架构"形象化"的功夫——从理论文献以及实际现象中凝练、发现或理出 idea。

人在面对问题时的思考从来就不是**正序**的，即实与书写的顺序——事后的归纳演绎（story）——正好相反。可见，思考的逻辑并不等同于写作的逻辑。文之高低，首在逻辑，而逻辑贵在清晰简洁；文章最难在简洁，深入浅出是境界。这里的"形象化"即是为了将"思考的逻辑"转化为书写和阅读的逻辑——进而有助于思维延展、顺畅阅读；同时，又有助于反向厘清和夯实"思考的逻辑"——进而助推更为清晰、直观的书写表达。可见，"形象化"或"形象转化"能力，实质上是概括力（广纳）、洞察力（深入）和判断力（决选）的综合体现，是"深度思考"的典型表现③。不同于文字演进顺序的历史认知④，

---

① 出自美国学者尼尔·唐纳德·沃尔什著《与神对话》，江西人民出版社，2015：4 - 5。

② 图表相对于文字的最大优势实在于"直观"，但论清晰则不一定，有时候——如表达抽象的理念、模型或意思时——上佳的文字则比图表更为清晰，图表只是替代了"不需要"文字的部分，故不可拘泥或偏废。

③ 全球最具影响力 50 位商界女性、美国企业家莫琳·希凯（Maureen Chiquet）的著作《深度思考：不断逼近问题的本质》（江苏凤凰文艺出版社，2018 年 9 月）指出，要"刻意练习深度思考的能力并使之成为习惯""用深度思考连接一切，是未来 10 年最有价值的认知升级与自我精进模式，是最具竞争力的优势"。

④ 即普遍认为是先有图后有文字，认为图形是更为原始的"文字形态"；而且，似乎人类社会的各种考古证据也均显示如此。本书无意于颠覆这些证据，而是为了说明和突出图表相对于文字的直观力。

本书认为，贵在直观的“图表化”是一种更为“高级”的表现能力。

那么，逻辑如何“形象化”？——要之则有“两种方式”：其一是贯穿逻辑的“架构化”（意）；其二是图文并茂的“可视化”（形）。深入浅出的好文章就应该做到图文并茂、层构相融、形意互补。以下分节论之。

4.5.1 架构化才形象：整体逻辑框架图

贯穿逻辑的“架构化”（意）便是将文章的“逻辑”形象化的一个过程，即是将“分散的点”（变量）联结转化为“点—线—面—架构（本文）—空间（后续）”，其重点在于梳理、展示研究的主体逻辑展开的层级及其走向，是基于文章研究的整体概观。因此，“架构化”即是要梳理勾画出文章研究的整体逻辑框架图，该图立足于全文体系及其逻辑之概观。值得说明的是，“点—线—面—架构—空间”的联结、贯穿、延展，自然地对应着“平面（本文）—空间（后续）”的立体辐射，而这又自然涉及两个层面。

（1）平面“架构化”：维度扩展

平面架构化，即是由“点－线－面－架”构成的关于当前的idea或其研究的“平面延展”或维度延伸，也就是说，这是在“本文”的逻辑范畴之内——自洽性、可行性——对idea做出的逻辑序贯、理据充分、形意完满的平面“架构化”。

框架乃文章之筋骨，逻辑为文章之脉络，文章的“架构化”即是“抽其筋骨、显其脉络”，进而即基于这“一页纸、一张图”便能知其梗概、了其大意、明其主次，然后再“按图索骥”，实有助于阅读之针对、逻辑之呼应。在此分别以一篇经典的综述文章和一部客观的学术著作为例，特别展示“平面架构化”之直观效果，即经由这“一页纸、一张图”如何呈现全文、全书之梗概。

【例4－3】架构化何以形象（平面）：以学术论文为例

首先展示的是国际著名经济学家、加拿大阿尔伯塔大学商学院杰出金融学首席教授兰德尔·默克（Randall Morck）等受邀撰稿并发表在著名期刊《经济学文献》期刊（*Journal of Economic Literature*）2005年第9期上的经典综述文章“Corporate Governance, Economic Entrenchment and Growth”，即“公司治理、经济设防与经济增长”①，全文共分8个部分又23小节，特展示其结构如下：

① Morck, Randall, Daniel Wolfenzon and Bernard Yeung, Corporate Governance, Economic Entrenchment and Growth. *Journal of Economic Literature*, 2005, 14（9）：655－720. 卢昌崇（译）“公司治理、经济设防与经济增长”《管理世界》2010（3）：150－167和2010（4）：149－165有全文之连载。类似的还有其他经典综述文章如：Khanna, Tarun, and Yafeh, Yishay, Business Groups in Emerging Markets：Paragons or Parasites? *Journal of Economic Literature*, 2007, 45（6）：331－372. 陈文婷（译）“新兴市场的企业集团：是典范还是寄生虫?”《管理世界》2010（5）：159－166和2010（6）：153－166. 以及La Porta, R., F. Lopez－De－Silanes, and A. Shleifer, The Economic Consequence of the Origin of Law. *Journal of Economic Literature*, 2008, 46（2）：331－372. 刘佳（译）“法律起源的经济后果”《管理世界》2010（7）：156－179和（8）：153－166。

1. 导语

2. 财富继承与经济增长：一个预览

3. 金字塔控制的普遍性及其宗旨

3.1 巨富家族控制着世界各地的多数企业

(1) 股份公司都有控股股东

(2) 企业控制权集中在巨富家族手中

3.2 金字塔控制

3.3 其他类型的集团控制

3.4 少数巨富家族在很多国家（地区）控制了国民经济的大头儿

3.5 小结

4. 金字塔控制的潜在收益

4.1 受家族控制的独立企业的绩效

4.2 金字塔控制可能存在的正效应

4.3 为什么会有金字塔结构？

4.3.1 独立注册的企业至少在一种程度上只承担有限责任，从而使母公司的亏蚀不至于高于初始投资额

4.3.2 金字塔结构也许能为那些有望提升到高管阶层的管理者创造一个空间

4.3.3 与大企业相比，小公司可能更易于家族对职业经理人的监控

4.3.4 近年来，美国很多联合大企业发行定向股票（tracking stock），这些股票的收益与联合大企业旗下的某一分支单位挂钩

4.3.5 日本企业对集团内陷入财务危机的兄弟单位施以援手，这种企业间相互保险的机制降低了倒闭成本，能提升经济效率

4.3.6 资本市场摩擦会诱生金字塔结构

4.3.7 家族的政治势力与它的实际控制力而不与实际拥有的财富成比例

5. 金字塔控制与所有权和控制权的分离

5.1 源于代理问题的利益分歧

5.2 设防代理问题

5.3 隧道行为

5.4 经验证据

5.4.1 企业层面的绩效研究

5.4.2 从实证角度看设防问题的重要性

5.4.3 控制权个人收益的测度

5.4.4 设防、控制权收益与金字塔

5.4.5 隧道行为

5.5 小结与启示

6. 金字塔控制的效应

6.1 资本配置问题

6.1.1 外部配置问题

6.1.2 资本市场权势

6.1.3 关系银行问题

6.1.4 经验证据

6.2 创新投资不足

6.3 一般资本市场的效应

6.4 小结

7. 政治经济学视角的考虑

7.1 政治经济与制度焦点

7.2 寡头型资本主义经济的政治势力

7.3 资本主义特色的正规表述

7.4 经济设防的影响因素

7.4.1 一般性的因素

7.4.2 初始禀赋及工业条件

7.4.3 政治、法律、社会以及文化传统

7.4.4 全球化

7.5 评价

7.6 小结

8. 结论

【例4-4】架构化何以形象（平面）：以学术著作为例

其次展示一部客观的学术著作。德国特里尔大学中国政治经济学教授、柏林墨卡托中国研究中心（MERICS）创建人及总裁韩博天（Sebastian Heilmann）的新著《红天鹅》中①，将中国独特的发展模式和国家治理方式比作“红天鹅”，跳出传统的制度分析框架，从比较政治研究的视角，对中国革命、社会主义建设和改革开放各个阶段的发展模式和试验创新进行了深度解析，理实结合、视角宏大、总结精当，可见其客观之胸怀、概括之能力、洞察之睿智，其著作之提纲亦堪为实证文章之整体框架及其逻辑之“架构化”的有益参考。下面就以“一页纸、一张图”展示该书之提纲，即文字版的“平面架构”图。

导言 中国决策过程与政治体制的韧性／1

一、中国独特的政策制定方式／4

① ［德］韩博天（Sebastian Heilmann）著，《红天鹅：中国独特的治理和制度创新》，中信出版社，2018年12月。

（2）空间"架构化"：矢量延伸

相对于"平面架构化"的维度扩展，"空间架构化"则属于矢量延伸[①]，即是在"点—线—面—架"的基础上，做出的由"平面（本文）—空间（后续）"的立体辐射或向度拓展，即是基于当前的 idea 或其研究的"平面延展"再向"多维空间"发散辐射，这就构成了在"本文"逻辑基础之上或其范畴之外——内涵性、外延性——的对其 idea 做出的空间"架构化"，进而可能引导、开辟或形成一个可行的研究方向或领域。这既是文章之"未竟领域"，也是为后续研究提供科学的构想和合理的建议，而如今，这已经属于实证文章之第八股"结论与启示"部分必须予以交代的内容了。

可见，任何一个好的 idea 也不可能做到"前无古人，后无来者"，自其提出伊始，其"来龙去脉"便已然被"镶嵌"在一个"应然或理想"的逻辑体系之中（"巨人的肩膀"），即必然存在很多可以"遐想"和完善的空间；同时，一篇文章既不可能"一统江湖"[②]，也

① 矢量（vector）是数学、物理学和工程科学等多个自然科学中的基本概念，是指既有大小又有方向的量。一般来说，在物理学中称作矢量，在数学中称作向量（舍弃具体含义后的抽象概念），在计算机中，矢量图可以无限放大永不变形。在这里用三维及以上的"无限维向量/线性空间"（点是零维的，无参数；线是一维的，参数是点；面是二维的，参数是线；体是三维的，参数是面）喻指一个问题或 idea 的多元、多维、多种解读、阐释或证明。

② 即不可能完满解决即便是与本 idea 相关的所有问题，在理论上、方法上总是会存在不足乃至争议，而且随着"时移世易"，这些不足就会更加明显——这不是为了显示谦逊，而是理 - 实发展之必然。

不可能“遗世独立”，而对于“空间”的想象实有助于“平面”的夯实。

简而言之，这里所谓的空间“架构化”之矢量延伸，即类似于某个问题或 idea 以及其研究（成果）在其专业、学科乃至领域中的地位、贡献或影响之“谱系 - 坐标”；亦类似于“何人 - 于何时 - 提出何思想 - 引发何影响 - 占据何地位 - 传承于何人……”——这种梳理归纳无疑有助于拓展文思、延伸文脉，亦有助于后来者的精读与综览。

【例 4 -5】架构化何以形象（空间）：以“谱系 - 年表”为例

在此，暂以历史研究或思想史领域的相关学术著作中常常涉及的“谱系 - 年表”——如中国古典建筑界的“样式雷”世家——为例，呈现空间“架构化”之矢量延伸的内涵及其效果。实际上，后面 5. 3. 1 节的“举一反三”例证亦有此效果——相关的例证还可参见诸多人文历史著作中的人物年谱、思路流变、学派传承（见图 4 - 2）等。

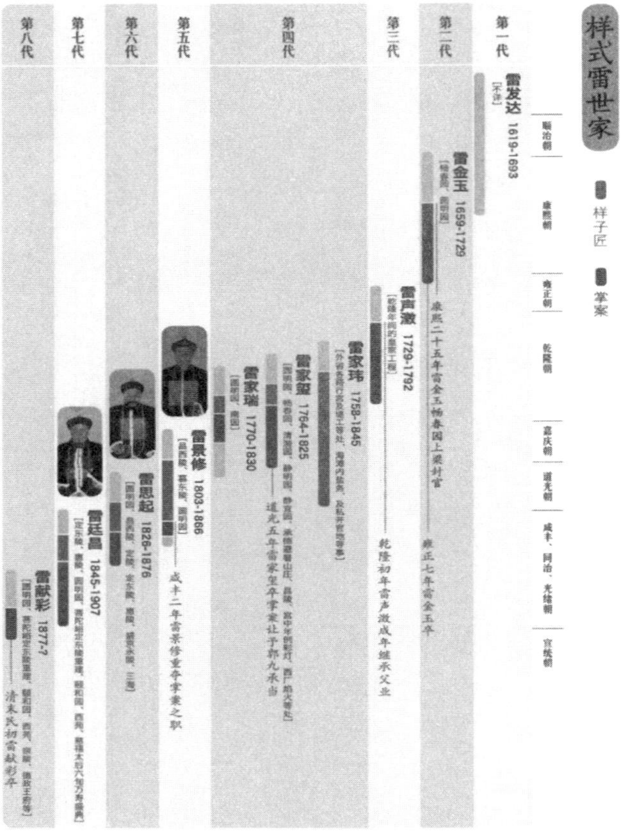

图 4 - 2　样式雷世家“谱系”

4. 5. 2　可视化才形象：善画“思维导图”

相对于上面平面及空间的“架构化”，这里则重在突出逻辑的“可视化”，即文章 idea 的“图形/图像化”，也就是将其转换成如今日益流行的“思维导图”。所谓“思维导图”

（the mind map），是一种将思维形象化的方法，是表达发散性思维的有效图形思维工具，它运用图文并重的技巧，把各级主题的关系用相互隶属与相关的层级图表现出来，把 idea 或其主题关键词与图像、颜色等构建起“记忆链接”[①]。可见，思维导图其实是对上面的逻辑框架图——重在梳理逻辑的层级及其方向——的动态及分类细化[②]，即是一种围绕 idea 或其中央/核心关键词而进行形象化构造、关联性分类、发散式思考的“图像式思维”方法。

在这个意义上，上述的整体逻辑框架图——主要表现为区分主次层级的研究大纲或目录——其实也是一种思维导图。

（1）思维导图之结构及适用

思维导图是典型的“结构化思维”，其勾画大体要经历“阅读文献—构建框架—录入重点—调整方式—论证引入—细化语言—处理杂项—内容归档”的序贯或循环梳理过程，这亦类似于前面关于人文社科教育的“结构化对话”理念之“集中论题—充分参与—自由评论—关联想象—逻辑转换”的序贯或循环链条。

可见，思维导图不只适用于单个著作之逻辑提炼，亦适用于文献书目之归并梳理；既能适用于具体业务之分类归集，亦可适用于抽象思维之整合转化；既有助于研究之逻辑及思维的夯实发散，亦有助于创新之契机及空间的发现凝成[③]；是特别值得学习和缮养的有效思维方法。

（2）思维导图之“两大层面”

需要说明的是，思维导图的勾画，实际上也对应着两个层面。

其一，是工具层面。

思维导图可使用专门的制作软件——常用如 MindManager、iMindMap 以及 XMind 等，各有优势——在电脑上进行勾画设计。在信息和数据极其丰富的时代，思维导图是充分结合数据“可视化”理念和技术对海量信息进行分类次筛选、结构化整合、功能性展示进而助推思维延展、提升分析水平的有效工具，亦属于“可视化产品”的范畴；而要使一张可视化信息图表内涵充实、内容有趣、逻辑清晰且设计灵妙，则须经历“信息浏览 - 信息筛选 - 信息重组 - 审美设计”的信息结构化过程[④]。

其二，是理念层面。

相对于工具层面的“机器模拟人类”，理念层面的思维导图又可区分为两类：一类是

---

① 思维导图又叫脑图、心智地图、脑力激荡图、灵感触发图、概念地图、树状图、树枝图或思维地图，是一种图像式思维（辅助）工具。思维导图充分运用左右脑机能，利用记忆、阅读、思维的规律，协助人们在科学与艺术、逻辑与想象之间平衡发展，从而助推开启大脑潜能，也因此具有人类思维的强大功能。

② 思维导图可基于全文或其各个章节，亦可对应具体的假设或某项任务而分别勾画，并可在研究的主体逻辑基础上进行适时的调整、分列及整合。

③ 在阅读时间有限、同质化内容众多的背景下，结构化的图表即思维导图有助于化繁而为简、洞察新趋势、发现新契机。

④ 人类具有发达的生物视觉系统，天生对视觉影像——动物或许也如此——更为敏感，信息图表等可视化产品的兴起正是适应了这种本能以及现代科技的飞跃性发展。有企业家言：“在信息泛滥、碎片化加速的情况下，唯有结构化可以承载大局观。”

指主体自发自觉地模画树形图、流程图等“仿生型”思考，这是围绕问题而自觉、主动、创造性地开发自身思维的过程，此时一般会手动勾画设计思维导图，然后再在草稿的基础上不断完善；另一类是指“人类学习机器”①，即按工具层面思维导图的“原理”模仿机器的既定程序进行“图像式解构”的思维方法。

值得强调的是，私意认为，理念还是应该“优先于”工具，即应当首先凭借发散性思维或关联式想象，将“想好的”变量、关系及其路径机理先手动进行勾画、模拟和设计，然后再借鉴或经由思维导图的软件予以修改和完善。这个过程是“主观能动”——主动的发明和追索——的思学结合、研学互动的过程，亦类似于前面关于文献综述“须用自己的逻辑引证（于）相关文献”的道理，故必须缮养“主动”，又须“主动”缮养。②

（3）两种常用的思维导图

思维导图可以应用在研究、学习、生活以及工作的任何领域之中，而其别称亦是其分类。实证研究中常用的思维导图——立足于逻辑的“可视化”——其实并不繁杂，归其主要形式则约有两类：

其一，作用机理图。

该图主要立足于核心变量之逻辑关系及其路径所依——故又称“影响路径图”，即主要围绕 idea 及其核心变量，重在梳理、勾画变量间的相关/因果关系及其逻辑过渡，是idea之发展及其思维导向最重要的结构化支撑。可见，作用机理图必须与文章的第三、四股“理实分析及假设推演”相配合，而命题或假设是文章的主体逻辑及其展开，故最重要的作用机理图即是图解研究假设（H），即对其逻辑链条（核心变量间关系）、影响因素（需控制的因素）、验证关系（如调节 or 中介）以及层级关联（假设间关系）等进行“图像式解构”。具体见 4.6 节例图。

其二，技术路线图。

该图主要立足于关键问题之解决方案及其实现路径，即是要突出解决思路或方案等“技术性特征或技术含量”，这就需要将其与实证文章的第五股“研究设计”——变量、样本、模型、工具等——相呼应配合，从操作性即“如何量化”的角度对文章的关键问题或其可检验假设进行实现路径的模拟、勾画与设计，具体见 4.6 节例图。

4.6 例说三图之别：功能定位不同

论文写作、项目申报以及其研究思路的展开，适应其需求及目的，将其逻辑“形象

① 这或许是信息化及大数据时代值得重视和反思的一个“潜流”，即此时在更大的程度或数量上是机器在改变甚或塑造着人类而非反之。因为人类社会永远只有少数“天才”堪能引领和创造智慧，绝大多数人都是在“适应性学习”。实际上，“人类学习机器”未见得就是人类智能的后退，而更可能是“人机互动”演化进阶的反映。

② 对于如何理解和缮养“图解式思维”，已经有很多著作可以参考。如［英］东尼·博赞、巴利·博赞的《思维导图》（化学工业出版社，2015 年 1 月）；［美］理查德·尼斯贝特（Richard E. Nisbett）的《思维版图》（中信出版社，2017 年 12 月）和《逻辑思维：拥有智慧思考的工具》（中信出版社，2017 年 9 月），等等。

化”的方式及图解自然多种多样，但若论必备，则如下三图似必不可少，学会勾画设计，或可助益良多——对于初学者更是如此，这是“形象化”思维——结构化、图形化——的针对性历练与运用。此三图分别为研究框架图（整体结构及层次）、作用机理图（idea之思维导图）、技术路线图（关键问题之解决），三图之功能定位有异，故其勾画设计之原理自然不同。以下分节阐述三图之目的及其要领，并分别以图例示之。

4.6.1 研究框架图：展现结构及层级

此图立足于全文体系之把握与概观，重在梳理文章的结构及其层级，即以“架构化”展示全文主体逻辑的次第延伸和纵横拓展，即是沿着“主题—逻辑—框架（层级－主次）－内容”的序贯路径，将研究的主题及其逻辑进行“平面”架构化。试举两例。

（1）逻辑框架：以学术研究为例

任何一篇实证文章都有其逻辑框架（图），尤其是项目研究，一般还要求“明示”。为避免知识产权争议，在此特引用本人主持的某研究项目为例说明，以抛砖引玉。该项目研究聚焦我国民企的经营取向变化及其效率损失①。

项目基于要素/资源获取、市场竞争参与两大维度的理论透视与统计分析表明，我国诸多民企（至少1/3）的经营取向已与国企基本雷同，项目将这种现象界定为民企的“类国企化”，并认为这是政企关系失衡与国企改革不力及其治理低效引致的企业间竞争偏离市场化正轨的“退变”现象，而这种退变也会造成显著的效率损失，甚至更为严重——会加剧市场的无序竞争，并使“国企日国、政府日强、创新日弱”。因此，认识和审视民企经营取向及其效率变迁至少与国企治理同等重要。项目沿着民企退变的成因及其后果的逻辑主线，拟首先对其表现形式、制度渊源及其经济后果进行概观性分析，进而从市场竞争的新角度揭示民企退变及国企垄断何以引致显著效率损失的作用机理，以验证和甄别这种非市场化取向对于我国经济的长期损害。这对于我国新时期全面深化改革、推动形成以国企改革及治理有效引导更多民企回归基于创新驱动发展的市场竞争正轨，具有重要理论与现实意义。

该项目研究内容设计的总体框架及其逻辑关系如图4－3所示。

可见，这里的逻辑框架图其实就是前面4.5.1节所谓的平面的“架构化”以及空间的“架构化”——文字版的研究框架（大纲/目录）——的图形化。在这个意义上，图形与文字各擅胜场、各有优势，殊途同归。

（2）愿景规划：以工作报告为例

中国共产党历次全国代表大会报告的起草，历来是党的历次代表大会筹备工作的重要组成部分，起草小组由中央领导人、中央有关部门和地方负责同志、专家学者参加，并经过充分调研和中央政治局常委会、中央政治局会议多次审议才能最终确定②；报告历来是

① 来自本人主持的国家自然科学基金项目《禀赋差异、市场竞争与民企的“类国企化”选择》(71762025)。

② 党的十九大报告起草小组由习近平担任组长，报告起草始终与调查研究紧密结合。中央组织了59家单位就21个重点课题进行专题调研，形成80份调研报告；报告起草组组成9个调研组，分赴16个省区市进行实地调研，还就一些问题请有关部门、25家国家高端智库试点单位提交了专题研究报告。堪称理－实结合、集思广益之典范。

指引我国经济社会发展的具有全局性、战略性、前瞻性的行动纲领，攸关党和国家事业发展前途及最广大人民根本利益。

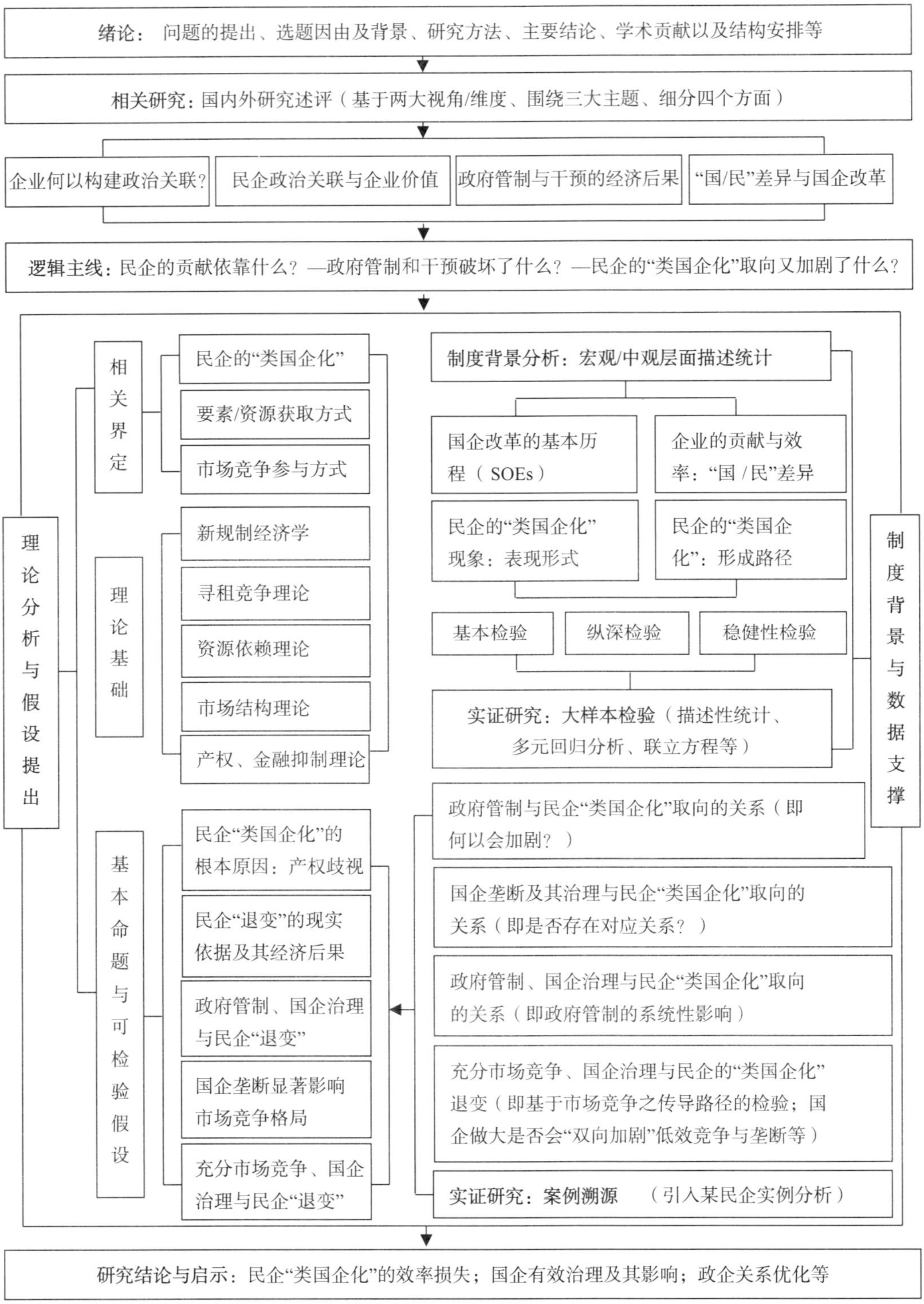

图 4－3　某项目研究的总体框架

有教当无类、学术无定规。抛开政治的宏大层面，单从理论性、实践性以及研究性来看，党的十九大报告也堪称理实结合、集思广益、精英荟萃的典范①，故对于（实证）文章之问题导向、构思立意、布局谋篇以及章法修辞等方面均具有显著的学习借鉴价值；报告内容涉及的制度背景、新政取向、政策意图、规划方略以及利益攸关等诸多分析，是学习缮养“结构化思维”以及历练“idea 之因应”即制度背景之“综观之能”的绝好资料。

为有助于学习贯彻两大成果，人民日报客户端根据权威资料整理分别绘制了思维导图，即“习近平新时代中国特色社会主义思想学习导读”思维导图（人民日报客户端 2018 - 10 - 18）、“党的十九大报告思维导图”（人民日报客户端 2017 - 10 - 18）以及“十四五规划及 2035 年远景目标建议思维导图”（人民日报客户端 2020 - 11 - 04）。这几张图足可引以为“研究框架图”绘制之借鉴，考虑到其主题宏大、涉及繁多，选择某一具体方面，局部参考亦可。详细自可参见“人民网”等官媒。

4.6.2 作用机理图：厘清变量间关系

此图立足于主要变量之逻辑关联，与理论分析及假设提出相配合，重在厘清并以“可视化”方法呈现研究主题对应之核心变量之间的逻辑关系或其影响路径，也就是实证文章之 idea 的思维导（向）图，这显然有别于“架构化”所依托的“整体逻辑框架图”。

（1）因果互动：以学术研究为例

此处仍以本人主持的某研究项目为例进行说明（详细还可参见后面的例证 5 - 4abc）。项目的 idea 即民企“类国企化”的成因（制度渊源）及其治理路径（公平竞争），即可以展示为如下的逻辑或因果关系链（诱致性变迁）②，如图 4 - 4 所示：

（2）点面相关：以社会事件推演

重大社会事件往往攸关国计民生，故常常聚集视听、引发遐想。下面即以 2020 年新冠肺炎疫情期间的一则报道为例，以非学术人士——新闻作者或有心人士——的视角，解析和展示其是如何运用所谓“推理”——演绎多于归纳——展开其评论、解答其疑惑的，即其“推理”是如何展开的？有没有科学依据？是否符合研究之逻辑？是如何将“点面关联”（A - B - …）起来的？等等——实际上，究其本质，这与严谨的学术研究并无二致③。

---

① 实事求是与理论联系实际一直被奉为我党治理国家的有效法宝。德国特里尔大学中国政治经济学教授韩博天（Sebastian Heilmann）的专著《红天鹅：中国独特的治理和制度创新》（中信出版社，2019 年 1 月），除深度解析中国革命、社会主义建设和改革开放各阶段的发展模式和试验创新外，尤其展示了中国如何将长期的国家规划、战略与各种地方试验（试点）相结合，通过这种机制有效地推动政策创新和适时调整进而推动经济实现腾飞的独特治理智慧。此亦可见，类似的愿景报告——如五年规划纲要等——对于全面认识和客观总结中国发展道路和发展经验具有的独特学术价值。

② 这个因果关系链以民企的“类国企化”选择为核心和焦点，政府干预（职能转变）与国企垄断（有效治理）的交叉部分，表示二者的“叠加效应”，即二者相互影响或掣肘，故要深化改革、促进公平竞争必须依赖于政府职能之有效转变与国企之有效治理的协调推进。

③ 所谓“研究”，不可直接等同于“实证研究”，普通人或非学术人士的“推理”往往演绎多于归纳，即重在道理“讲得通”而不在于“证得实”，前者立足于“务实”解决，而后者则属于深究追问。

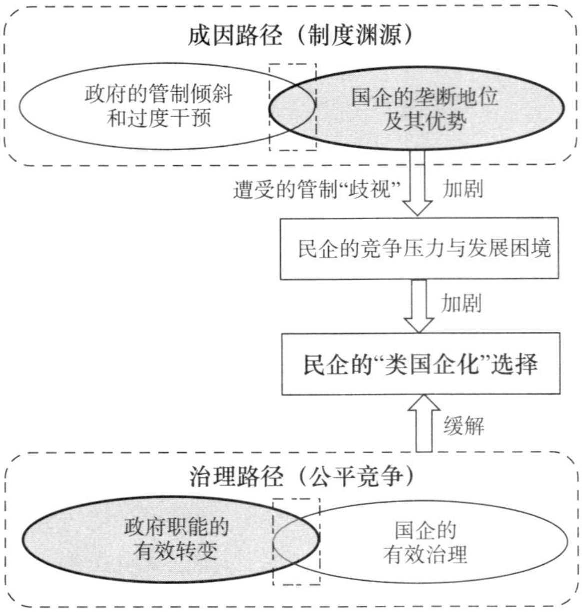

图 4-4　某项目研究之 idea 的作用机理

【例 4-6】武汉观感如何“引导了”默克尔的“英明”决策？

环球时报 2020-6-11 的转载文章称[①]：在这篇名为“对驯服病毒的默克尔来说，国际合作胜过民族主义”的报道中，路透社先在开头处生动地描述了默克尔去年在访问武汉时的一个场景：当时她驻足于武汉的长江大桥，看着那片中国的开国领袖毛泽东曾经游泳横跨的长江，并在桥上拍照留念。

“而那次武汉之行，也影响了默克尔之后应对新冠肺炎疫情的工作”，三名接近默克尔的人告诉路透社说。**怎么影响的呢？**——路透社写道：对于很多西方人来说，武汉是个遥远的地方，只是最近才因为那个可能是新冠病毒从动物跳到人身上的露天市场而出了名……“可默克尔亲眼看到的，是展现中国工业力量的一个主要通衢和繁忙枢纽。如果一个疾病能严重到让迫使这么一个 1100 万人口的大都市完全停下来并被隔离起来，她便意识到事情有多么严重了”，接近默克尔的人对路透社说。……

路透社表示，与英国首相约翰逊和美国总统特朗普不同，默克尔很快就在疫情袭来后采取了封锁措施并推动了大规模的病毒检测。这两个重要措施也被专家认为是导致德国的死亡率低于亚洲之外其他国家的重要因素。“德国报告的新冠肺炎死亡人数为近 9000 例，相较而言美国已经超过 11 万例，英国则超过了 4 万例”，路透社写道，“而从人均角度来看，德国的死亡率是美国的三分之一，以及英国的六分之一”。……

不仅如此，路透社还提到，由于中国是德国最大的贸易伙伴，所以去年默克尔访华

① 环球时报（2020-6-11）以“路透社：为何德国抗疫比英美强得多？因为默克尔见识过武汉！”为题予以了转载。

时，还带去了一批德国企业的高管，而这趟出访也令这些德国企业在面对新冠肺炎疫情时更加清楚这场疫情的潜在后果是什么。……

这里的作用路径可以呈现为：因为默克尔见识过武汉（X，原因）——德国抗疫比英美强得多（Y，结果），而影响路径则是武汉之行的观感（M，路径），即形成了“X－M－Y”的因果关系链。媒体的解读自然要求简单明了，却也符合一般的推理路径。

值得说明的是，德国因此而采取的防疫措施及其结果（Y…），与其对于武汉之行的“观感”以及对于之后发生的疫情传播和中国政府有效防控的“实证”——特大城市、人口密集等共同特征以及中国体制下政府的强势治理等差异特征——潜在甚或直接相关；而2020年6月前“因为见识过武汉”或许正是加深其对武汉成为疫情首发地的“新结果”——相对于之前的经济考察——认知的一个最为直接的原因。因此，德国的有效防控（Y），应该是因其领导人更为尊重科学而非放大政治歧见（认可中国政府的效率及其处置模式的合理性）、更为尊重实际观感以及相信疫情爆发的潜在后果（基于医学常识）并见证其严重危害等“科学＋心理”因素共同作用（X＋M）的结果（见前面图3－5及图4－5）。

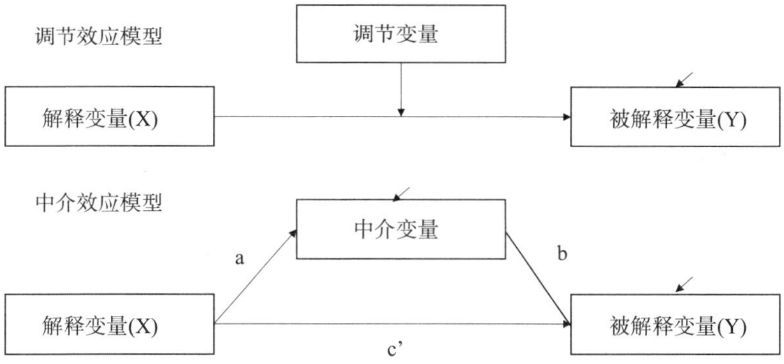

图4－5 “调研－反思－借鉴”之作用机理

可以认为，正是默克尔摒除意识形态干扰而果断采取的统一官民行动、及时防控救治、提前储备资源、疫情信息共享、国际实时沟通等及时有效措施，才确保了德国（更好）的抗疫效果。

可见，任何一项重要的决策——尤其是牵涉跨国政治时——总是会涉及诸多宏大而繁杂、内外而互动的因素，学术研究虽贵在严谨，亦不能“以一代万”。如果说，问题导向或解决问题是判断学术研究价值的一个标准，那么，实证研究可能只是给出了一个相对精确、更为明确、暂时正确的答案罢了。因此，所谓的“作用机理”或影响路径分析也会因时、因地甚至因人而异，但只要符合科学评判的一般逻辑①，便是值得尊重的。

---

① 简而言之，这个一般逻辑就是要“讲得通、证得实”。现实问题的解决不都依赖学术研究，但却也要遵循“科学或有用”的规则，故从现实的社会事件变迁中推演问题的逻辑，既是训练也该是“常识”（有时候不需要所谓严谨的证明），不可以“本本主义”。

以上述的事件为例，这个“X－M－Y”的“点面相关”的关系链需要事先证明吗？能够事先证明吗？——实际上，是来不及证明，也不敢、不能以滞后的实证证据去做“事前”之行为抉择的证明的。因为是群体性卫生事件、因为必须“预防”控制，故宁可付出高昂代价也不敢擅冒风险。这也是英国在其疫情暴发之初提出所谓“群体免疫论”之后，面临严重道德谴责与国内外舆论压力，然后又不得不放弃这个所谓“科学做法”的现实原因——谁的生命可以或应该拿去做试验呢？[①]

如今，以疫情蔓延肆虐的实际后果来看，那些“疏于及时防控”的国家或地区普遍代价惨重，而个别国家——如媒体所谓“硬核瑞典”等（已经崩壳了）——也实不足以作为国际效仿之样版[②]。随着确诊病例等相关数据的积累，诸多围绕新型冠状病毒肺炎（COVID－19）治理的学术研究也都相继证实“防控是否及时”对应的显著的效果差异[③]，更多的研究还在进一步推进。

众所周知，涉及一国/地区及其民生时——尤其是大国——因其影响因素极其繁杂，任何科学的模型均不足以精确量化，而自然事件也从不以“人类意志”——如计量模型等——为转移，故在面对突如其来的大灾瘟疫时，均往往甚或不得不采取最简单、最有效甚至是最粗暴——如封城禁足等——的处置方式，这也是遵循历史经验——人类饱受瘟疫、灾难的惨痛教训——以及所谓“常识”的“本能”结果；而科学也是基于“经验或常识”，科学只是让这种遵循或模仿变得更加审慎和可信。

此外，类似的事件以及在现实冲击面前科学的“捉襟见肘”，也反映出学术研究的“超前”（相对于现状）与民众接受（认知－学习水平之差异）以及社会承受（硬件－软件发展之差异）之间的矛盾；同时又反映出学术研究的“滞后”（相对于问题）与经济社会（发展方向－生活之预期）及其环境动态变迁（人文趋势－自然之力）之间的矛盾；前者见证了科学的“受制”，后者则易导致对科学的“盲从”。

可见，科学并不是一切，科学本身也是“预见”之学[④]，故**不能以**“科学”否定“有效”（如疫情期间的中西医之辩），**不能以**“实证”否定“推理”（如动辄指责“预防论”

① 受制于其所处的经济－社会－政治等环境的动态变迁、结果的非唯一性、关系的高度复杂性、过程的不可控性（如心理行为）等因素，涉及宏观的社会经济政策制定往往不可依赖所谓的“科学实验”，这也导致人文社会科学的“伪科学”质疑；而类似疫情等突发、应急和不确定性事件，更是让自然科学与社会科学同时面临了“困境”，也成为助推学科交叉共融的难得的典型外生事件（2020 年 8 月 5 日落幕的全国研究生教育工作会议增设“交叉学科”为我国第 14 个学科门类，即是例证）。

② 类似的“差异化样本”往往是学术研究热衷于关注的，而政客也似乎更喜欢类似的“无为之举”，其间动机判然，无须赘论。

③ 本人与合作者关于疫情防控效果之东西方差异的相关研究“A small global village: Analyzing the cultural influence on the spread of COVID－19”，也初步证实了东方（儒家文化圈国家/地区）的集体主义理念（合作－服从－大局）或乐群传统（团结－家和－共融）在助推疫情防控效果方面的显著作用。

④ 科学本身其实也是“预见”之学，故也必然带着“人文社会科学”的属性，故科学的“精神/态度”比科学的“证据/结果”更为重要。如今动辄以“科学”否定“有效”的事件频频发生，这反映出民众科学素养还有待提升以及“科学主义”之流弊，这实在是将“发展中的科学”带进了“科学主义”的迷坛，已然变成了科学的“自我否定”。

没有科学根据），**更不能以**“未来”框定“现在”、以“别人的生命”支撑“科学的客观”（如某些科学家提出坚持“群体免疫论”），否则即是“自私的悖逆常识”，即是“漠然的无视平衡”——**那么**，我们应该如何“平衡”以“技术更新－物质充分”为核心的科学发展和以“人文情怀－内心充实”为追求的社会生活呢？这应当成为在学术研究之余——应该纳入学术研究之中——不得不反思的“大问题”。

可见，所谓“科学”，态度比证据更重要！

可见，所谓“教育”，培养科学的态度比培养科学的技能更重要！

（3）现身说法：以研究选题展示

再以本人指导的硕士及博士研究生学位论文之选题为例，以现身展示在大体确定研究话题即 idea 之后，如何围绕其核心关切（变量）勾画其作用机理的思辨过程。此间既有“因果互动”，又有“点面相关”；既有“一般－演绎”，又有“特殊－归纳”。试举一例：

【例 4－7】康美药业事件：真的（不）是审计事件么？

案例研究贵在案例之代表意义，进而才能支撑其“由点及面”的实证内涵，故案例选择直接攸关研究之价值。这就自然涉及两大问题：首先是选择什么样的案例？其次是案例的代表性何在？——只有首先明确了这两大问题，才可以序贯推进理论与文献、研究设计以及量化分析等问题。

Q－1：选择什么样的案例？——为何要选择康美药业？

考其原因有三：

其一是康美药业事件本身牵涉企业、事务所以及监管机构等众多利益相关方，且涉案金额巨大、影响深远；

其二是事发至今监管部门对于审计责任仍无定论；

其三是或许涉及审计责任，故对于双方防控审计风险、推进审计市场治理及监管规则优化等或具有政策启示。

Q－2：案例的代表性何在？——康美药业为何会引发更大关注？

这就需要对案例之选择进行深度解析以支撑其典型意义。

近年来，企业舞弊事件频发，而康美药业为何会引发如此大的关注？考其渊源或者“敏感之处”，实在于如下三点：

其一，是金额巨大！——涉及金额竟然高达数百亿元（近 300 亿元）！

其二，是归咎特殊！——这数百亿元的舞弊，真的都是会计差错吗？

其三，是高管无知？——高管面对媒体的质疑，竟然认为归咎正确，其动机复杂，殊堪意外！

基于上述“三个原因”以及“三大敏感点”，若再深入考究，则必有如下三点疑惑，而这正是学术研究提出的 idea——康美药业事件真的（不）是审计事件吗——及其对应的“三大问题”：

其一，是合作长达18年的事务所为何竟然没有发现如此重大问题?①

事发当初，公司将其草率归咎于“会计差错”显然是“甩锅”事务所，而如今“会计差错论”已成笑柄②——那么，事务所又该承担什么责任?

其二，是事发长达一年多后证监会的调查结果竟为何仍然显示“无果”?

证监会既然将其定性为“有预谋有组织长期系统实施财务造假……”（2019－8－16），那么，为何至今仍然未能——没有or不能or不愿——界定（事务所）审计之责任?

其三，是事务所真的尽责了吗?

事务所公然回复“审计意见恰当”与未能发现上述“有预谋有组织长期系统实施财务造假”（证监会），是否明显“两相”矛盾？证监会又该如何……?③

这三大疑问也是切入研究问题的**三个视角**，并最终聚焦于“审计师是否真的无责?”这一具体问题或落点之上，从而也将“企业（康美药业）－政府（证监会）－审计师（事务所）”这三大利益相关方就此联结起来（见图4－6），进而也“明示”了案例研究设计及其结论的“点－面升华”空间及其现实意义。

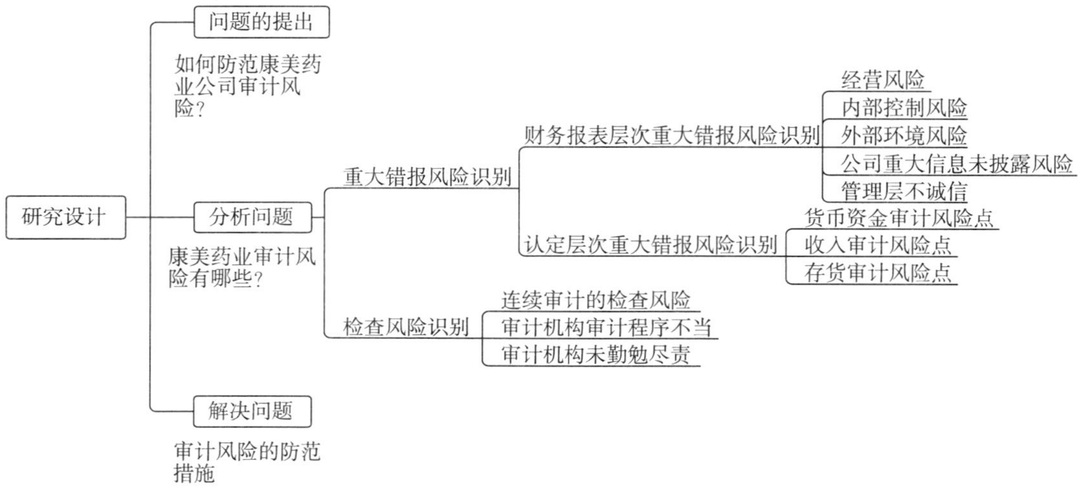

图4－6　康美药业案例研究idea之思维导向示意图

4.6.3　技术路线图：聚焦解决之关键

此图立足于关键问题之解决（方案）及其实现路径。技术路线图其实是在前两图的基

---

① 康美药业于2019年11月19日召开董事会、监事会审议通过《关于变更会计师事务所的议案》，将公司2019年度审计机构变更为立信会计师事务所（特殊普通合伙），从此结束与正中珠江事务所长达18年的审计合作关系。

② 2019年4月29日，康美药业发布《关于前期会计差错更正的公告》，具体阐述了其2017年年报中出现的14项会计错误；不到一个月，即2019年5月17日晚近12点便发布公告道歉“并把自己ST了”；董事长又于2019年6月28日下午亲自向股东大会道歉。

③ 2019年5月9日，证监会正式立案调查正中珠江事务所；2019年5月28日，正中珠江事务所即公告回复“我们的审计意见是恰当的”，并公示了相关的审计证据。

础之上重在聚焦和展示主要研究问题。框架既定、逻辑随之；逻辑序贯，机理自明；而技术路线图即是为了呈现文章主体逻辑之“机理运行”过程中涉及之关键问题的可操作性方法或其解决步骤，此即为凸显其“技术”特征。可见，勾画梳理技术路线图是为了进一步夯实和印证研究之 idea 及其主体逻辑之可信、可行。技术路线不止涉及实证检验及量化分析，也适用于理实推演之逻辑路径解析。

以下分别试举一例。

（1）理论分析环节：重在逻辑之可行

此时的技术路线图则基于理论分析，直接聚焦可行的推演方案，即研究的主体逻辑涉及的因素有哪些（即有哪些切入“点”）、主体逻辑涉及因素的关系如何界定（即如何联“点”成“线”）、主体逻辑涉及的关联因素如何支撑命题/假设（即如何形成“点—线—面—架”）以及以该技术方案支撑的主体逻辑在现有研究中的位置（即最终形成“点—线—面—架—空间”）①，等等。

上面关于研究 idea 之发展或其作用机理的图例（见图 4－4），同时也可以作为本节理论分析之“技术路线”的典型例证——重在逻辑之可行。承接图 4－4，此处再以本人主持的某研究项目为例（同上），图例展示 idea 之发展或其逻辑延展——由点到线、由线到面——的演绎过程（详细还可参见后面的例证 5－4abc）。如图 4－7 所示。

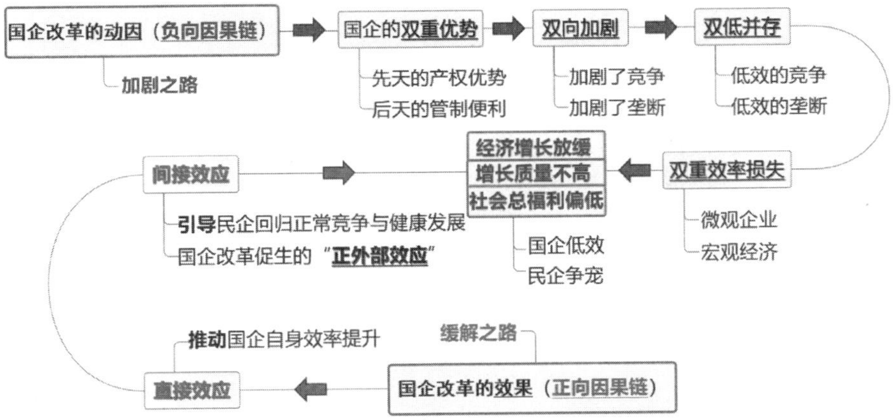

图 4－7 理论分析之技术路线图示例

（2）实证分析环节：重在量化之可行

此时的技术路线图即基于实证研究设计，直接聚焦可行的量化方案，即核心变量如何设置与度量（借鉴 or 革新；量表设计；命题/假设支撑）、研究样本如何确定与筛选（截面 or 混合；案例选择；筛选原则）、实证模型应该如何设计与界定（线性回归 or 其他；命

① 这一点通过引证文献的对比（述评）以及研究之差异化贡献的说明即可知晓。这也是论文尤其是项目评审中要求重点说明研究差异的原因。除理论上的重大创新外，所谓的“创新点”更多体现在研究方法及其技术方案上，通过“点－线－面－架－空间”的“结构化”解析，往往可以更容易、更清晰地梳理和定位研究的差异化贡献。

题/假设之呼应），以及实证研究之基本问题（如内生性、稳健性等）的针对性解决方案等。如图 4－8 所示。

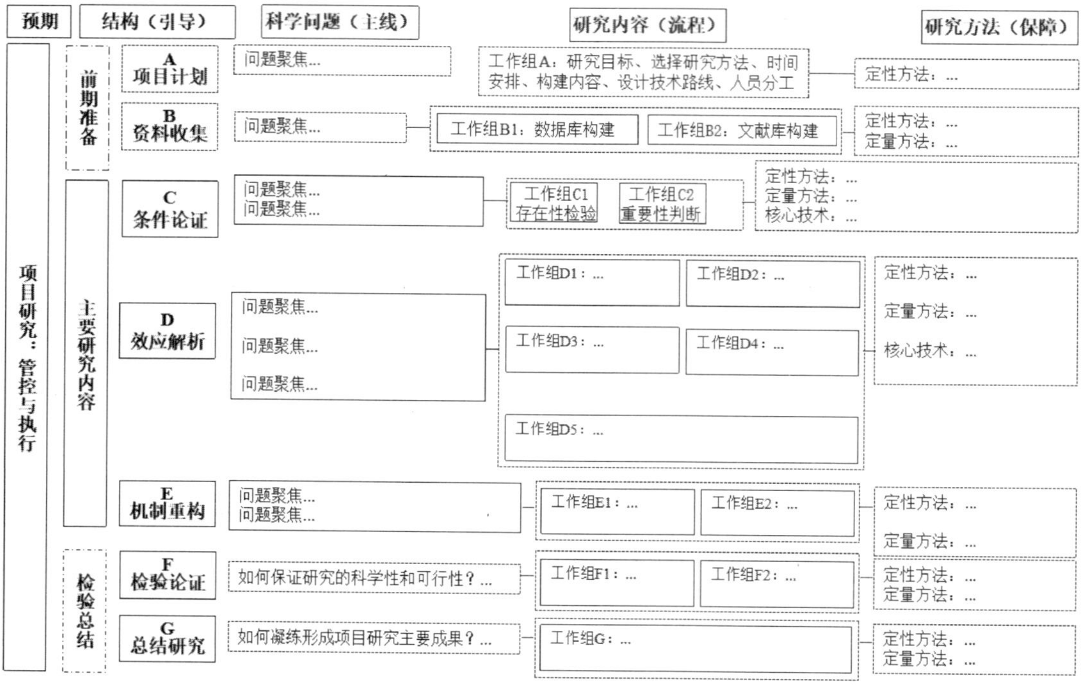

图 4－8　实证分析之技术路线图示例

综上可见，技术路线图亦有“理－实之别”，而这里的“技术路线”，其实即是理论分析与实证分析过程之中的“逻辑延展”。

第5章　idea之发展：理论推演

物有本末，事有终始，知所先后，则近道矣。

——《大学》

闻一言以贯万物，谓之知道。

——《管子·戒》

幻想是诗人的翅膀，假说是科学的天梯。

——［德］歌德

思维胜于数据。

——［美］朱迪亚·珀尔

第4章专论idea之发现以及“发问－联想”之重要，着重从阅读与撰写（文献）、解析或观察（现实）的视角，论述如何通过架构梳理（抽筋扒皮）、形象转化（结构图示）等“结构化方法”去发现、凝练并展示idea，实对应实证文章之第一股“引言”。本章则对应实证文章之第四股“理论分析”，紧接“idea之发现”聚焦“idea之发展”，着重阐述如何将idea由点及面、发展成文。

idea之发现及其发展，考验思维之力、抽象之能，故“思维胜于数据”[①]；而理论推演则须将“抽象具象化”（问题导向且有基本数据或现象支撑）——是“理论—问题（现象/数据）”的演绎，再将“具象抽象化”（问题或可检验命题的理论阐释）——是“问题（现象/数据）—理论”的归纳[②]，这种将演绎思维（方法）与归纳思维（方法）相互结合并循环运用的过程（见后图5－14），又凸显了“理论重要、逻辑优先”的研究

① ［美］朱迪亚·珀尔（Judea Pearl）著，江生、于华译，《为什么——关于因果关系的新科学》，中信出版社，2019年7月。

② 前者是基于既有的理论或知识观察—思考—解释现象，故谓之“演绎”；后者则是基于现象或事实反观理论之解释力（不足－创新），故谓之“归纳”。在实际的思考及知识应用过程中，这两种思维方法是交替使用而从未分离的，故不可生搬硬套。

法则。

如何将 idea 由点及面、发展成文？——简而言之，即是“由点到线、由线到面、由面到架”，即仍然是以“结构化思维”一脉贯之。承接前章，idea 之发展就是将“主题—逻辑—框架—内容”次第延展、序贯充实的过程，主题既定，逻辑随之；逻辑序贯，框架随之；框架既定，便可灌溉内容。因此，本章拟先阐述逻辑如何有形化、理论何以重要，然后聚焦如何灌溉内容以及命题/假设之提出。

5.1 逻辑如何“有形化”

承接第 4 章关于将结构 - 逻辑“形象化”的讨论，这里的“逻辑有形化”即是要沿着“主题—逻辑—框架—内容”的“架构化”拓展（形成研究框架图）以及“点—线—面—架—空间”的“可视化”呈现（勾画思维导向图），立足于从“阅读 - 观察”（文献 - 现象）到“思考 - 解读”（架构 - 可视）的实际研习过程之中，练习梳理和呈现一个重要、新颖而可行的 idea 及其逻辑。

那么，逻辑如何“有形化”？——呼应前面所谓的“人文基本功”，结合自己的研学心得，本章将其修习经验总结为“四步提炼”，具体如下。

第一步：选文献、理框架。

首先说明，这里的“选文献”，不只是文献（下同），还包括实际发生的现象、事件或案例，故实为“阅读 - 观察”。经过广泛深入的“阅读 - 观察”进而在基本确定研究选题之后——之前亦可，不必拘泥，将这精选的 15 ~ 20 篇代表性文献——最好中外兼顾，名刊名师优先（即“取乎其上”）——只用一页 A4 纸逐篇梳理、抽出该文章的研究框架（图），即其“章 - 节 - 目”之结构安排。此步呼应前面第 4 章所谓“三图”之“研究框架图”，目的在于对每篇文献的全文内容及其逻辑先作一概观。

第二步：厘思路、画导图。

在把握每篇文章之研究框架的基础上，此步聚焦其核心变量之逻辑关系，即须逐篇提炼出文章的 idea 及其发展成文——如何进行理论推演——的路径或机理，进而逐篇勾画出其核心变量之影响路径图（线性 - 环形 - 导向图）。此步呼应前面第 4 章所谓“三图”之“思维导向及技术路线图”，实为文章之精读，目的在于厘清各自的差异化贡献（与人 - 与己），实有利于模仿、研习以及定位、捕捉创新之契机。

第三步：讲清楚、听明白。

往往读得懂才能讲得清，但讲得清楚却不等于听得明白，故“讲清楚、听明白”，既是衡量阅读之力，也是考验讲解之功；既是正向展示层析解构，也可反馈考验逻辑梳理。可见，“讲清楚、听明白”其实是“评价之能”的展示，也是接收评论的过程，终是为了助推实现研究之“价值”——听得懂、用得上。

“讲清楚、听明白”是为从读者、听众之角度校正自己的“主观评价”或“惯性认知”，故此步重在客观、全面、深入、互动；换言之，即是以文献（现象）解读——别人的研究、自己的见解（idea）——的形式（+PPT展示），讲给师生同行及大家听，而对方“不必”提前阅读该文献、知晓该现象——有利于避免先入为主，但讲解必须要到让对方听明白为止，否则还须继续提炼、精确梳理、再次研讨。这正是前面第4章所谓阅读的“五个反求诸己”（见4.3.2节），必须要通过“讲清楚、听明白”这一步骤或过程才能练就。

此外，值得强调的是，文献或思路的讲解结构应当不同于原文或原作之撰写结构，应当以“自己的叙事逻辑”——如同文献综述——串联、梳理、概观、展示原文或原作的主体内容及其核心逻辑，否则亦不能算作是真的“读得懂、讲得清”。此步呼应后面第9章之“文献解读”。

第四步：先优点、后不足。

第三步通过讲解展示“评价之能”以及吸收评价之必要，此步则涉及评价之重要及其要领。这一“要领”即是：应当首先总结学习该文献之“优点”；其次再去对比概括该文献之“不足”；最后再预想设计自己的改进创新方案（idea之提出-演绎）。这既是评价之目的所在（但取其精华、殊不犯同错），也是其原则遵循（理性客观、尊重贡献）。

5.2 理论蜕变你的联想

所谓“理论重要、逻辑优先”，逻辑“有形化”之后，自然需要理论予以支撑、延展，而理论也需附着于框架。如第4章所述，学术研究必须要学会勾画“三图”，这是“形象化”思维——两大方法（架构化-可视化）+四步提炼——的针对性历练与运用，也是青年学者尤其是初学者必须缮养的“人文基本功”。在此基础上，基于理论的推演分析其实就是“看图说话”，附着并立足于“三图”的文字解析——图解式思维——形成的理论框架，进一步发展成为理论分析与假设提出，并与文献综述一起，最终构成文章的“理论依据/背景”，乃是文章之“腰干”。

5.2.1 理论何以重要？

学术研究中的“发问”（idea），或基于对事实或现象的观察体验（因“务实”而主动观察），或基于对思想或理念的感悟反思（因“务虚”而主动追问），或基于二者的无声碰撞或交互反应（虚实相济），实际上都是个体内外响应、知行相应、理实结合、研学互动的“主观能动”的结果。这就涉及洞察、体验、感悟以及运用逻辑组织“发问”的能力，这种“组织能力”便是理论（素养）在起作用。

（1）理论之重要：引导观察

理论何以重要？——本书赞同爱因斯坦的观点：你能不能观察到眼前的现象，取决于你运用什么样的理论，理论决定着你到底能观察到什么①。可见理论对于观察实践的关键指导作用②。科学始于“问题”（现象－观察），而研究源自“冲突”（反思－追问），前面第4章“idea之发现”所谓的“专业好奇心”以及“学术想象力”，也均是在理论——逻辑思维——的引导下进行延伸和序贯的，而所谓“玄思”亦是如此。哲学层面上关于理论与观察的争议，旨在厘清二者之思维本质及其关系渊源，是为了多元助推认识之深化，而研究实践中实不必过于拘泥。

（2）理论之功用：八字四维

理论何以重要？因为理论能够“蜕变”你的联想——以利申发、延展和序贯；因为创作也须遵循既有（或新）的“理论或范式”——出于差异性及其可比性等现实考量或逻辑背景。理论重要，没有前提。学习和掌握多元理论及其思维的目的即在于“应用”，而概括其重要性，则略有“八字四维”，其中的“八字”即“雪中送炭＋锦上添花”，而其“四维”则是指：

——有助于培养思考－思维的方法；

——有助于掌握评价－推理的路径；

——有助于捕捉创新－灵感的契机；

——有助于避免“先见”或所谓“主流”之束缚。

这“四个有助于”，从灵感捕捉的“点”（idea）、关联推理的“线”（路径）以及联结和贯通“点—线—面—架—空间”的视野及方法四个维度，概括、印证和阐明了理论之重要；而“八字”即“雪中送炭＋锦上添花”则直指理论之功用。

学术研究中，由“概念－理论”到“逻辑－路径”再到“素养－能力”的递进、序贯与进阶，其实正是掌握、运用理论以及凸显、展示理论之功用的过程。

---

① 观察和理论的关系是科学哲学的重要命题。早期的经验论或归纳主义者认为“科学始于观察”（先有观察后有理论）。发展到20世纪20年代的逻辑实证主义（又称“逻辑经验主义”）则把数理逻辑方法与传统的实证主义、经验主义相结合，旨在清除“形而上学”并建立一种科学哲学。在他们看来，有意义的命题只有两类：一类是经验科学命题，它可以由经验证实；另一类是形式科学（数学和逻辑）命题，它们可以通过逻辑演算检验。早期的经验论或归纳主义者认为经验证实原则是科学哲学的基石，即除逻辑命题（分析命题）外，任何命题只有表述经验、能被证实或证伪才有意义。关于观察与理论之关系，爱因斯坦提出一个命题：“是理论决定我们能够观察到什么”，有力地反驳了逻辑实证主义者的“观察独立于理论”观点，指出其观点的自相矛盾，充分说明了理论对于观察实践的关键指导作用。可见，逻辑实证主义者断然否定“形而上学”，未免武断，更像是对历史及思维哲学的“双重否定”；实际上，人类的“玄思”从未退出过历史的舞台。

② 社会科学中的假设检验固然重要，但理论创造却更为重要。因为只有理论能够揭示究竟什么才是更重要的，使复杂的世界变得清晰起来，进而为问题及困境之纾解指明路向；忽视理论，就会导致乱用模型、盲用数据甚至概念界定错误的严重后果，无益于知识增长以及认识之进阶。近些年来，美国等发达国家的学者也有忽视理论的趋势，典型的表现即是各大知名期刊中定量研究方法明显占据主流，美国顶级杂志中充斥着大量“只重视时髦方法，不重视理论辨论”的文章（Benjamin Cohen）。指标引领、风气蔓延、于今为烈。实际上，越是复杂的学科，越需要理论，而以思辨为其特质的人文社会科学就更是如此。

5.2.2　理论贯通方法

理论是一种逻辑体系[1]，是人们对自然、社会现象，按照已有知识或认知，经由一般化与演绎推理等方法（通过“概念—判断—推理”），进行的合乎逻辑——通过“论题—论据—论证”的逻辑推导——的推论性总结，是指研究系统的一般模式、结构和规律的学问，故究其本质，理论本身也是一种“方法”，理论实际上贯通着方法（如图5－1所示）。

本节关注理论与方法，实为两点：其一是为了做“道理之贯通”，即阐释理论与方法之区别及其联系，不可偏废；其二是为了做“现象之回应”，即借此而进一步强调“点面相关”之重要（局部与整体、个案与规律、推想与事实），阐释“体用不二”之逻辑，论证“理实脱节”之危害。——这就将理论与方法、逻辑与现象、理论与问题、演绎与归纳等概念及方法范畴，两两关联、层层对应；同时也进而呼应了本书所强调的基础素养与方法之研修并重、个案深究与样本之描述互证、理论推演与制度之综观配合的写作逻辑（形）、内容支撑（意）及其结构安排（架）。

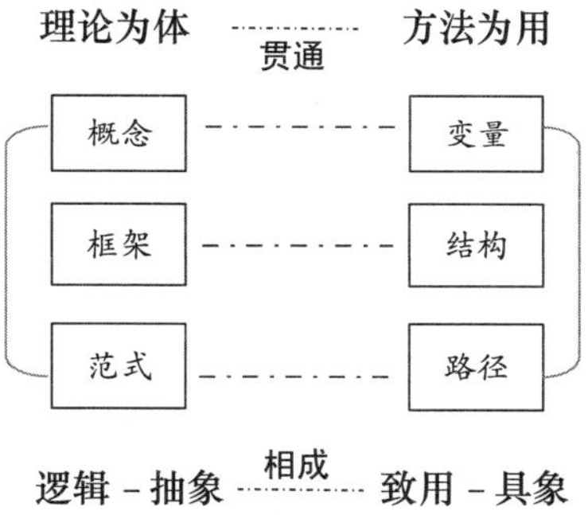

图5－1　理论贯通方法、抽象与具象相成

（1）理论相对方法：体用之别

重大问题之解决莫不以理论为先，但也须知晓方法之重要。理论因其抽象，故相对于“重理论而轻方法”，现实中——无论实务界还是学术界——“重方法而轻理论”的现象其实更为普遍；表现在学术研究中，即是片面追求捷径、刻意讲求技巧、寻求短平且快以及忽视“三基素养”、疏于“基本功夫”[2]。实际上，正如理论需要实践之校验一样，也不能过于夸大方法之作用。

理论贯通方法，理论与方法相辅相成、内在统一、不可偏废。**方法是“工具化”的理论**，是理论运用之路径；而**理论是“抽象化”的方法**，是方法背后的逻辑。逻辑与路径序

① 科学学意义上的理论可划分为两个阶段：知性认识阶段的理论（反映世界的质）和理性认识阶段的理论（反映事物的本质），后者即是狭义层面的理论。理论具有抽象性、逻辑性、系统性、可证实性与不可证伪性五大本质特征。

② 如今各类“方法培训班”日益盛行，初学者趋之若鹜，以求掌握技术、快速成功。而此类培训，虽有助于理论之普及，但相对于此，也大大助长了“重方法而轻理论”的流弊，诸多自顾于“秀技”而终受困于逻辑不能自洽、理实难以因应的局面，正是此类流弊之结果，也是忽视所谓“人文基本功”尤其是“理论基础”素养修习之表现。此类局限，合作虽可解决，但深入犹须深求。

贯，而抽象与具象相承。理论的深入洞观往往对应着方法选择的智慧，而方法的恰当运用其实凸显着过硬的理论素养①。因此，若论理论与方法之别，即是“体用之别”；既然为“体-用”，故其实则一②。

深入理解理论与方法之辩证关联，懂得理论与方法之兼修互动，其实就是践行“理-实结合”，就是贯彻“知行合一”。**殊不知**，先装理论然后思考，则无好思想（类似于攒足钱才买房子）；先学套路后写文章，则无好文章（类似于照着书本练武功）。前者片面拘泥于理论，后者过度依赖于方法，这些其实都是体用分离、理实脱节、知行不一的“本本主义”表现。

（2）由理论到问题：理实互动

更多从意识、思维以及行为的本质、起源、先后等层面思考问题，容易陷入过于抽象的“玄思”，对于idea之发现及其发展实助益有限。基于已有的知识（客观的经验积累）以及认知（合乎逻辑的推导）——所谓“理论”——去体察、思考乃至发现问题，即由“理论-规律”到“现象-问题”，这个过程其实符合“演绎推理”（deductive reasoning）的逻辑，即是由一般到特殊、以一般“覆盖”特殊、以逻辑“囊括”事实的“确实性推理”。

由理论到问题，即是以既有的理论阐释或求证于（新的）现象或问题，故相对于“创新性”之追求，此时的学术研究更为注重“重要及可行”之问题导向③及其“解释原则”④。实际上，无论是在实务的层面还是在哲学辩证的层面考察，相对于“新瓶装新酒”（理论之更替，即新兴现象呼唤新理论），“旧瓶装新酒”（理论之外延，即既有理论解释新现象）和“新瓶装旧酒”（理论之进阶，即本质认识深化理论内涵）的情形似乎更为常见，也更为易行。所谓“万变不离其宗”（普遍规律与特殊规律）⑤，所谓“能量守恒定律”，理论便是以“简易”之原则，抽象和概括《易经》所谓“不易之本体”以及“变

① 例如，计量统计中对于原理的讲解其实就是在讲“方法之优选”：在面对问题时，有哪些方法可以选择？为何要选择这个方法？选择哪个方法更好或更合适？每一种方法的局限在何？等等。懂得了方法优选的逻辑，便是洞察了问题之核心及其本质，便是掌握了理论之聚焦及其适用。

② 所谓“体用”，是中国古代哲学的一对重要范畴，指本体和作用。一般认为，“体”是根本的、内在的、本质的，是第一性的，而“用”是“体”之外显或表象，是从生的、第二性的。这是二者最简单最主要的意义。体用之辩很早即见于《老子》《论语》《易传》及《荀子》等传统经典，后经魏晋、唐宋而渐成体系；是王夫之哲学思想的鲜明特征和熊十力哲学立论的根本（见其《乾坤衍》《体用论》等著作）。“体用不二”思想始终序贯如一，体现了中国哲学体系自古至今道法自然、天人合一、辩证综观的优良传统。

③ 本书上篇即指出（见1.1.3节及2.2.2节），教育尤其是学术研究，须明白三个“价值判断”并须遵循一个“大体排序”：须明白“重要、新颖、可行”之别，应遵循“重要—新颖—可行”之序；只有建立在“重要性”基础上的“创新”才有其价值，也才能判断其价值，即创新还须坚持“理性—务实—可行”之准则，否则将进一步加剧“创新主义”流弊；故崇尚“问题导向”的科学研究乃至教育教学，不应该置“重要性”于不顾，而将刻意“求新”设定为教育考核、科学评价以及人才激励之首要目标。

④ 著名经济学家张五常一直旗帜鲜明反对所谓主流经济学中的数理化或“唯实证”倾向及其流弊，认为经济学理论若不能或不去解释现象或行为则无存在之必要，主张经济学研究应该遵循“马歇尔传统”，其四卷本巨著《经济解释》（中信出版社，2015年3月；新版本仍在修订中）即是代表。这与科学理论终是为解释现象、认识世界以及科学研究之“问题导向”是一以贯之、一脉相承的。

⑤ 语出《荀子·儒效》：“千举万变，其道一也。”又见《庄子·天下》：“不离于宗，谓之天人。”

易之器用”的内涵或其道理。

【例 5 – 1】同舟共济 or 先走为妙：事务所“出事”时公司会怎么做?①

道理抽象，下面基于第 3 章所谓的“结构化思维”以及第 4 章提出的“形象化方法”（架构化 + 可视化），借助合作团队正在进行中的一个研究选题（Working paper），试举一例，以现身演示本章所谓“idea 之发展”——由点及面、**由理论到问题**——的基本过程。

这里沿着“现象/问题 – 基本逻辑（理论基础） – 研究框架 – 假设提出 – 设计验证（略）……”的基本研究范式，序贯解析该选题（idea）的发现及其发展演绎过程。

现象 – 问题：近年来，随着我国证券市场以及审计市场的日益规范，会计师事务所受到惩戒的事件频频发生，而受处罚事务所的客户因此而“集体出走”的现象也是频频发生（如瑞华、正中珠江等**——那么**，客户“出走”是否就是因事务所受到惩戒或处罚呢？当事务所“出事”时其客户公司会如何选择?② 是选择“同舟共济”还是“先走为妙”？——这正是研究聚焦的问题（idea）。审计之重要性自不必赘述，结合已有研究以及中国特定的制度背景，本研究至少具有两方面的意义或价值，试以如下两个“发问”来说明：

Q1：为什么选择这个视角？——样本更干净

一般的检验场景：无法从相对更为清洁（clean）的视角考察企业层面特征对于审计师变更的影响，因其可能存在由于逆向因果关系或选择性偏差等导致的错误推断风险。

惩戒“污点”事务所：证监会对于事务所的处罚（penalty）属于外生事件，故与公司决策行为无关，公司无法预期其“事先”选择的事务所会遭受惩戒，从而无法提前采取行动。

——那么，考虑到影响公司行为变化的因素复杂，**故**在证监会对“污点”事务所进行惩戒这个外生冲击背景下，考察事务所“出事”后的公司行为选择是一个“更干净”的研究场景。

Q2：为什么中国研究情景“更有意义”？——背景有差异

目前，学者关于事务所受惩戒后公司行为决策的研究多基于西方审计市场（Firth, 1990；Chang et al.，2003；Abbott et al.，2013；Francis and Michas，2013；Su and Wu，2016），而针对中国审计市场的研究仍相对较少（吴溪，2008；方军雄，2011；刘笑霞和李明辉，2013）——这可能是制度环境的差异造成的。

发达审计市场：以美国为代表的发达市场经济体已经形成以“四大”为主导的、成熟的审计市场竞争格局——高度寡占、卖方市场，公司选择事务所的空间相对有限（Frankel et al.，2010）；得益于法治环境的完善，诉讼风险压力更大。

中国审计市场：我国审计市场形成时间较短，与发达市场国家高度寡占型的审计市场

---

① 吴昊旻等．2020. 公司会爱惜自己的羽毛吗？——基于事务所“出事”的经验证据（Birds of a Feather：Will a penalty trigger an auditor change?）．Working paper.

② 实际上也包括潜在的客户公司。因为“坏消息”的传播总会引发担忧、质疑以及不确定性，出于风险规避，潜在的客户会选择未“出事”的事务所。实际中也正是如此，瑞华会计师事务所 2016 – 2017 年连续四接“罚单”之后的遭遇即是例证。

结构相比，呈现出事务所众多、结构分散、竞争激烈等显著特征，公司选择的空间更大——高度竞争、买方市场；且受制于法治化进程的相对滞后，事务所整体面临的诉讼风险压力相对更低（Feldman，2006；Chen et al.，2010），至今尚无一起针对事务所的民事诉讼（吴昊旻，2010ab；2015ab）。

——因此，作为新兴/转轨时期的中国，因其制度背景的差异，企业的行为选择也可能存在差异，而其解释也可能不同，即存在"背景差异—行为差异—解释差异"之逻辑链条；也就是说，这可能使得与此相关的西方市场的研究结论是否仍然适用有待验证。

基本逻辑：基于已有理论思考现实问题，总是不自觉遵循着一个类似"先验"的基本逻辑，这是发现 idea 并将其引申、发展成文的逻辑基础。本研究即是基于经典的代理成本理论（Jensen and Meckling，1976）以及成本－收益权衡法则的基本逻辑[①]：为了缓解（日益）严重的代理冲突，理性的公司管理层会主动引入有声誉或高质量的独立审计（Jensen and Meckling，1976；Fan，2005）。

——那么，为了抵消可能引致的声誉损失，理性的公司管理层也会主动变更遭受处罚的"污点"事务所。这仍然是公司管理层出于成本－收益权衡法则以及避免股东和债权人的风险质询（代理冲突）的考量结果。

研究框架：这里主要针对理论分析部分的思路展开，即聚焦于研究关切涉及之主要变量的作用机理或其影响路径。区别于现有文献（Chang et al.，2003；刘笑霞和李明辉，2013；Abbott et al.，2013）基于代理冲突、董事会质量等公司治理层面研究，研究利用样本期间内受到证监会处罚的会计师事务所及其上市公司财务数据，从融资动机、企业声誉及事务所－客户关系三大视角入手[②]，考察事务所"出事"后其客户公司是否会变更审计师以及其影响效应或经济后果等。研究框架如图 5－2 所示。

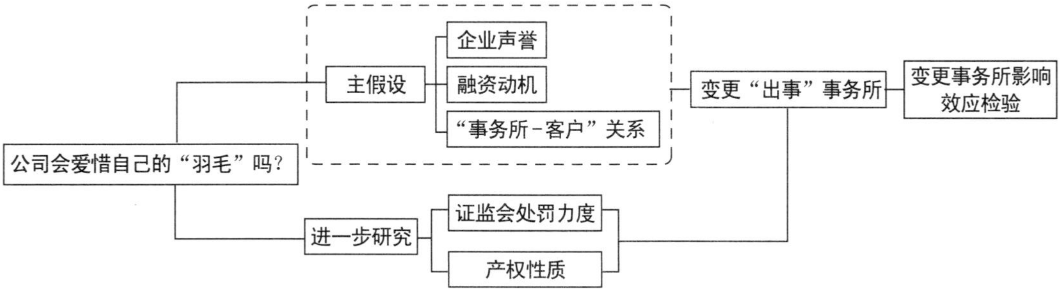

图 5－2　研究的逻辑框架

假设提出：由基本逻辑，即可经由理论分析（作用机理/影响路径）和研究框架，对应提出具体的可检验假设。如图 5－3 所示。

---

① 这里的理论基础，除了代理成本理论，还可依据声誉理论、保险理论/深袋理论（Deep Pocket）、信号传递理论以及资源依赖理论等。

② 基于详细的描述性统计与理论分析，我们发现这三个因素是显著影响公司"变更"决策的重要因素。

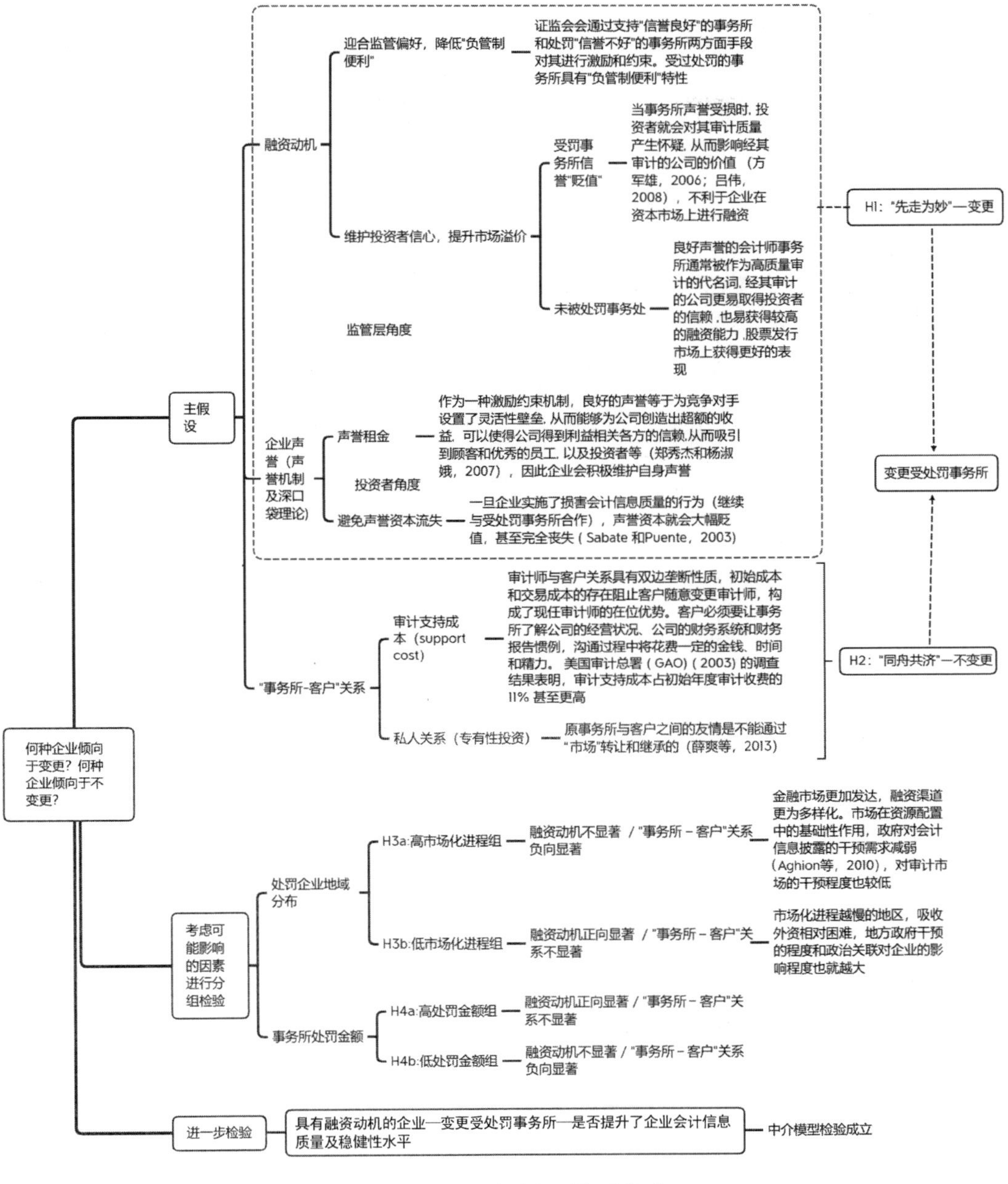

图 5－3　由理论分析到假设提出

我们的研究基本证实了理论预期，即当事务所受到惩戒时，理性的公司管理层确实会相机——受其融资动机、声誉度（－）以及“事务所－客户”关系（＋）等因素影响——变更“污点”事务所，同时上述关系还受到处罚力度及产权性质之影响（调节）；而变更“污点”事务所有助于改善公司的会计信息质量并显著提升其会计稳健性。

结果可验证预期，预期当对标贡献，故其研究启示**应当涉及**：其一，是为证监会行政处罚的有效性提供了新的经验证据，有助于间接提升审计服务国家治理的契机及其水平；其二，是变更会“倒逼”公司治理（事务所及客户公司，微观层面）进而能从市场竞争结构优化的角度推进审计市场的治理（中观层面）；其三，是有助于从供给侧结构性改革——实为拉动和因应高质量需求，而有效需求不足、需求引导乏力正是我国审计市场治理低效之主因①——的高度，引导和助推高质量审计需求及其有效供给。

至此，一篇接近完整的实证研究文章已算基本完成（Working paper），即已基本接近或类似于正式发表论文的那个形态。所谓“麻雀虽小而五脏俱全”，此处现身说法，或不足为范，敬可参阅名家名文。**须知道**，任何一篇好的文章，其实都已经告诉了你关于一篇文章从其选题、引申到设计、分析以及格式规范的“所有信息”，熟读深思，自可知晓。

（3）由问题到理论：升华支撑

承接前面分析，若“旧瓶装新酒”（理论之外延）和“新瓶装旧酒”（理论之进阶）可以对应“由理论到问题”之理实互动，那么，“新瓶装新酒”（理论之更替）便对应着“由问题到理论”之升华支撑；故相对于前者，由（新）“现象－问题”而反思、追问或质疑既有的“理论－规律”，往往会孕育和产生新的理论。理论也须与时俱进，对既有理论的辩证借鉴，伴随着认识之进阶、深化，其破立创新亦是势所必然。这个过程其实符合归纳推理（inductive reasoning）的逻辑，即是由个别到一般、以特殊“推导”普遍、以个性“反证”共性的“验证性推理”。

由问题到理论，即是以观察、实验或整理发现的（新的）现象或问题质疑或反证于既有的理论②，故在“重要及可行”之问题导向基础上，更注重“创新性”追求；或更有可能发现新的理论、规律或补充整合而成新的体系（例如“仁”，见例5－2）。一切科学研究都须运用归纳和演绎思维方法，二者逻辑相反，却互为前提、互为基础，正如“体用之相济、理实之结合、知行之互动”，根本分不开也不应割裂。

道理抽象，下面同样基于第3章所谓的“结构化思维”以及第4章提出的“形象化方法”（架构化＋可视化），**从专业、学科到领域**，试举三例，以演示本章所谓“idea 之发展”即“**由问题到理论**”的升华支撑过程。

科学研究均是建立在既有认知——知性认识和理性认识——的基础之上，故学术研究或思想的进阶贵在“拾遗补正、填缺补漏、多元阐发”，尤其是人文社科研究，故在此**先以“领域”例证**。下面的例证以孔子对于“仁”的多元阐发，印证了我国最伟大的思想

---

① 我们的系列研究表明：企业对于高质量审计的需求不足引致的“需求引导乏力”才是我国审计市场治理低效的主因，这与我国审计行业高度竞争的“买方市场”特征一致，故供给侧结构性改革以及“需求侧管理”其实正可激发或倒逼企业的高质量审计需求，进而促生需求拉动效应、优化审计市场竞争格局。相关研究可参见：吴昊旻等．“事务所规模决定审计质量吗?”．《财贸经济》．2010（3）：27－33；吴昊旻等．“代理冲突及其制度渊源、事务所规模与审计质量”．《审计研究》．2010（5）：68－72；吴昊旻等．“惩戒风险、事务所规模与审计质量：来自中国审计市场的经验证据”．《审计研究》．2015（1）：75－83；吴昊旻等．“产品市场竞争、事务所规模与审计质量：来自中国审计市场的经验证据”．《经济管理》．2015，37（5）：108－119；吴昊旻著．《代理冲突及其制度渊源、事务所规模与审计质量》．经济管理出版社，2015年9月。

② 通过观察、实验等方法得到的经验材料，须经比较（确定异同）、归类（按类区分）、分析与综合以及抽象与概括等过程，才能形成科学的结论，这个加工整理过程即是“归纳”。

者和教育家“因材”——因人、因时、因事——而施教的教化实践以及善于“举一反三”、相机启发的思辨能力，足以为人文社科教育之“结构化对话”以及“idea 之发展”的经典例证。

【例 5 -2】仁者多元：孔子如何“一以贯之”？

颜回“问仁”，孔子回答：“克己复礼为仁。一日克己复礼，天下归仁焉。为仁由己，而由人乎哉？”颜回再问：“请问其目。”孔子回答：“非礼勿视，非礼勿听，非礼勿言，非礼勿动。”（《论语·颜渊》）

——颜回是孔子最得意的弟子，且善于思考体悟，孔子常以传承者视之。故针对其问，往往更多从穷理尽性、追本溯源的本质层面以及治世规矩、忠君爱民的理想层面予以阐发、引导和探讨。

子贡“问为仁”，孔子回答：“工欲善其事，必先利其器。居是邦也，事其大夫之贤者，友其士之仁者。”（《论语·卫灵公》）

——子贡善于经商且有外交才华，经常往来于不同的国家。故针对其才能及品行，孔子便借机教诲他，到一个国家去，就要跟那个国家的贤大夫学习，同时还要与有仁德的士人做朋友，从而不忘“义利兼修”。

冉雍“问仁”，孔子回答：“出门如见大宾，使民如承大祭。己所不欲，勿施于人。在邦无怨，在家无怨。”（《论语·颜渊》）

——面对老师的答复，仲弓（即冉雍）曰：“雍虽不敏，请事斯语矣。”从其自谦而忠实的应答中也可间接看出，孔子即是根据冉雍的好学勤思而施之以启发教诲，并由此而发展凸显“仁”之核心即是“恕道”，即“己所不欲，勿施于人”。子贡也问过同样的问题：“有一言而可以终身行之者乎？”孔子的回答仍然是：“其恕乎！己所不欲，勿施于人。”

司马牛“问仁”，孔子回答：“仁者其言也讱。”又问：“其言也讱，斯谓之仁乎?”，孔子回答：“为之难，言之得无讱乎?”（《论语·颜渊》）

——司马牛为人多言而躁，故针对他的这一缺点，孔子借机教诲他说话要和缓谨慎，少说话多行动，并强调言行一致的重要性。

樊迟“问仁”。子曰：“爱人。”问知。子曰：“知人。”樊迟未达。子曰：“举直错诸枉，能使枉者直。”樊迟退，见子夏曰：“乡也吾见于夫子而问知，子曰‘举直错诸枉，能使枉者直’，何谓也？”子夏曰：“富哉言乎！舜有天下，选于众，举皋陶，不仁者远矣。汤有天下，选于众，举伊尹，不仁者远矣。”（《论语·颜渊》）

——这里涉及了仁、智两大问题。对于樊迟的“问仁”，孔子解释为“爱人”，似乎与别处不同，这里是用“智”来阐发“仁”，即“举直错诸枉，能使枉者直”则“不仁者远矣”。解释看似不同，而其精神却一致。如何做到“仁者爱人”，就是要以“智”选人、以“智”用人。

综上可见，孔子针对学生的发问，因人、因时、因事而施教，从穷理、修心、待人、处世、事功（治世理想－理事规矩）等至少“五大维度”，从体用相济、理实结合、知行互动的辩证视角，对“仁”之内涵进行了多元阐发，进而发展形成了儒家学说关于“仁”的体系性认知，这正是对“仁”之理念的“理论之进阶”，故亦堪称“**新的理论**”。

【例5－3】中国的产品市场竞争（PMC）：真的过度了吗？[①]

再以学科专业之选题例证。这里以自己的研究成果“现身说法”，同样沿着“现象/问题—基本逻辑（理论基础）—研究框架—假设提出—设计验证（略）……”的基本研究范式，序贯解析该选题（idea）的发现及其发展演绎过程——与后面的例7－15之角度不同、切问不同。

现象－问题：股票特质性风险（idiosyncratic risk，IR）或其回报波动（idiosyncratic volatility）一直都是现代公司财务的**经典命题**。结合已有研究及制度环境差异，我们从如下三个方面进行聚焦总结。

IR的经济内涵：信息含量/配置效率。

特质性风险（idiosyncratic risk，IR）可以作为股票回报中的公司特征性信息或股价信息含量、资本配置效率、投资决策质量乃至资本市场效率水平以及公司治理环境好坏的一个有效度量（Durnev et al.，2004ab；Ferreira and Laux，2007）。

IR的变化趋势：发达资本市场。

欧美发达资本市场上的股票特质性风险在近几十年来均呈显著增加的趋势[②]，而其典型的经济后果是公司产品市场竞争（PMC）业绩与其股票市场绩效的关联性下滑（Gaspar and Massa，2006；Brown and Kapadia，2007；Peress，2010；Giroud and Mueller，2011）；世界范围内普遍存在着高特质性波动公司具有更低回报的异常现象（Ang et al.，2009；Fu，2009；Dasgupta et al.，2011；Panousi and Papanikolaou，2012；Grullon et al.，2012）。

IR的变化趋势：中国A股市场。

中国上市公司特质性风险水平虽然较低但其增加趋势显著，特质性风险与其（过高

---

① 吴昊旻等．2018．“公司治理环境、产品市场竞争与特质性波动——基于中国资本市场的经验证据”（Product market competition and stock idiosyncratic volatility：evidence from China）．Working paper．相关研究可参见：吴昊旻等．2012．“产品市场竞争与公司股票特质性风险：基于中国上市公司的经验证据”．《经济研究》．（6）：101－115；吴昊旻著．《公司治理环境、产品市场竞争与股票特质性波动》，经济管理出版社，2018年3月；吴昊旻著．《产品市场竞争与异质性风险：理论模型与实证》．暨南大学出版社．2012年9月。

② 长期来看，IR的变化趋势存在时期差异也是“自然现象”（PÁstor and Stambaugh，2012）。布罗克曼和阎（Brockman & Yan，2006）基于1926－1962年近40年保留样本的重新检验发现：IR呈显著下降趋势，平均IR与市场超额回报间并无显著关联，但IR与横截面股票收益率之间仍呈非常显著的反比关系。勃兰特等（Brandt et al.，2010）的研究亦显示，2003年的IR又回至20世纪90年代前的水平，而坎贝尔等（Campbell et al.，2001）所谓的增加趋势以及随后的反转多集中在那些股价较低和散户居多的公司，这说明20世纪90年代IR的增加并非持续的时间趋势，而可能只是一种突发现象，至少部分与散户投资者交易有关。而泰斯马尔和托尼希（Thesmar & Thoenig，2009）的均衡模型和实证检验甚至指出：是资本市场参与度及国际资本市场整合度的增加，使得公众公司和私企的IR呈相反变化趋势，而产品市场规模及其竞争程度、上市公司比重、总波动的下降等相对静态的变化并不能完全解释这种趋势。

的）市场风险明显相“背离”，中国资本市场的投机市或政策市特征依然明显。

这两种现象或趋势已日益引起学界重视，不一而同，主流研究将其归咎于产品市场上日趋剧烈的竞争（PMC）。基于中国资本市场的经验研究亦显示，IR水平虽然较低但其增加及波动趋势明显，IR与其（过高的）市场风险明显相“背离”，中国资本市场的投机市或政策市特征依然显著；产品市场的剧烈竞争是引发IR显著增加及其波动的重要原因（吴昊旻等，2012、2018；孔东民等，2016）。**那么，聚焦如下问题：**

Q1：中国总体向好但仍相对滞后的公司治理（环境）是否是导致IR水平“过低”及其与市场风险明显相“背离”的原因？

Q2：竞争促进了信息的充分流动进而又推升了IR水平，但日趋激烈的竞争可能加剧风险与回报的日益背离，那么，更好的公司治理（环境）是否能有效缓解产品市场竞争过度引致的负面效应，进而为竞争设定一个“效率边界”？

Q3：中国高增长/成长背景下的产品市场竞争（PMC）又是否已经真的“过度”？……

基本逻辑：逻辑是联结现象/问题与理论基础的桥梁，现象/问题既是结果，其实也是成因，即须“由因及果”再“由果溯因”，（首先）尝试从结果中找寻原因，从治理之症结中找寻治理之优化的答案。这里的“果”——同时也是“因”——是企业所在的宏微观治理环境的相对滞后，即其对于“竞争的约束”不足或低效[①]。上述疑问及其逻辑可从如下三个层面予以分析。

A. 治理未能约束竞争：宏观层面。

公司治理是影响IR的重要环境因素（Ferreira and Laux，2007），更好的公司治理往往对应着适度较高的IR和更活跃的（知情）交易，股价中更多的特征性信息能促进公司投资效率的提升（Durnev et al.，2004ab）。各国普遍存在的低回报与更高IR显著关联的结果，意味着许多更广且不易分散的系统性因素在背后起作用。所以，对于IR变化及其内涵的考察，还应扩及经济环境变迁与制度背景差异的更深层面，即须在公司所处的治理环境中寻求（新的）解释；治理环境对于市场竞争的“激励－约束”水平实际上反映着一个国家/地区的宏微观治理环境的质量高低，而弱化的公司治理环境只会加剧无序的竞争。……

B. 代理冲突加剧波动：微观层面。

代理问题对于公司/行业的竞争策略、创新与增长及其绩效具有广泛重要影响，考察股票回报的任何系统性影响因素，须将投资者预期或信息与公司治理规则相关联（Ferreira and Laux，2007）。实际上，企业微观层面的代理冲突均具有其显著的制度渊源，缓解代理问题及其引致的消极后果，须从完善公司微观治理机制及其所在的治理环境两方面着手（吴昊旻和王华，2010ab；吴昊旻，2015）。……

① 竞争是需要约束的，否则会导致租值的消散（张五常，2008）。这种约束，按照“新规制经济学”的观点即是求“市场充分竞争＋政府监管适度”的中道平衡（Tirole，2014；胡永刚和石崇，2016；吴昊旻等，2020）。

C. 制度背景因应关联：宏微互动。

上述关于"治理－IR"与"竞争－IR"的基本证据与国内外制度环境尤其是公司竞争绩效和资本市场效率水平的现实差异、经验研究以及我国的新政取向——完善资本市场、优化竞争环境、推动国企改革及其治理等——亦基本吻合。……

相关的描述请参见表5－1ab以及图5－4。相关的分析还可参见后面第6章的例6－2ab（图6－1）、例6－4以及第7章的例7－15和例7－16等。

表5－1a　　中国上市公司所在行业的市场集中度（HHI－2013）

HHI	行业分布①		公司分布				销售收入			
	数量（个）	比率（%）	数量（个）	比率（%）	国企数目（个）	国企比重（%）	总额（元）	比率（%）	国企收入（元）	国企比重（%）
500以下	7	0.3333	1029	0.4364	305	29.64	6.61E＋12	0.2990	4.20E＋12	63.54
500～1000	9	0.4286	987	0.4186	359	36.37	5.33E＋12	0.2411	3.72E＋12	69.79
1000～1400	0	0.0000	0	0.0000	0	00.00	0.00E＋00	0.0000	0.00E＋00	00.00
1400～1800	2	0.0952	66	0.0280	21	31.82	3.06E＋12	0.1384	2.86E＋12	93.46
1800～3000	2	0.0952	216	0.0916	39	18.06	8.15E＋11	0.0369	5.40E＋11	66.26
3000以上	1	0.0476	60	0.0254	41	68.33	6.29E＋12	0.2846	6.21E＋12	98.73
合计	21	1	2358	1	**765**	**32.44**	2.21E＋13	100%	1.75E＋13	**79.30**

注：①HHI区间的划分基于美国司法部（Department of Justice）反托拉斯法以HHI值为基准的市场结构分类，这里的HHI是将其扩大10000倍之后的结果（下同）；②上述是参照2001年行业分类指引的统计结果，我们又按照最新的2012年行业分类指引进行了统计，结果稳健。

表5－1b　　中国工业企业所在行业的市场集中度（HHI－2009）

HHI	行业分布		公司分布				销售收入			
	数量（个）	比率（%）	数量（个）	比率（元）	国企数目（个）	国企比重（元）	总额（元）	比率（%）	国企收入（元）	国企比重（%）
500以下	40	76.92	194247	99.71	19382	09.98	3.30E＋12	46.40	2.64E＋12	80.00
500～1000	4	07.69	230	01.20	127	55.22	7.27E＋11	10.22	5.37E＋11	73.87
1000～1400	2	03.85	142	00.07	88	61.97	1.70E＋11	02.37	1.37E＋11	80.59
1400～1800	2	03.85	97	00.05	56	57.73	4.01E＋8	00.01	3.96E＋8	98.75
1800～3000	1	01.92	10	00.01	1	10.00	1.52E＋10	00.21	1.27E＋9	83.55
3000以上	3	05.77	77	00.04	43	55.84	2.90E＋12	40.79	2.74E＋12	94.48
合计	52	1	194803	1	19697	**10.11**	7.11E＋12	100%	6.06E＋12	**85.23**

注：①当时，中国工业企业数据库最新数据截至2009年；②HHI区间划分及其他统计处理同表5－1a。

① 考虑到中国制造业上市公司总体比重（超过60%），故对其进行了二级分类，其他行业均采用一级分类。

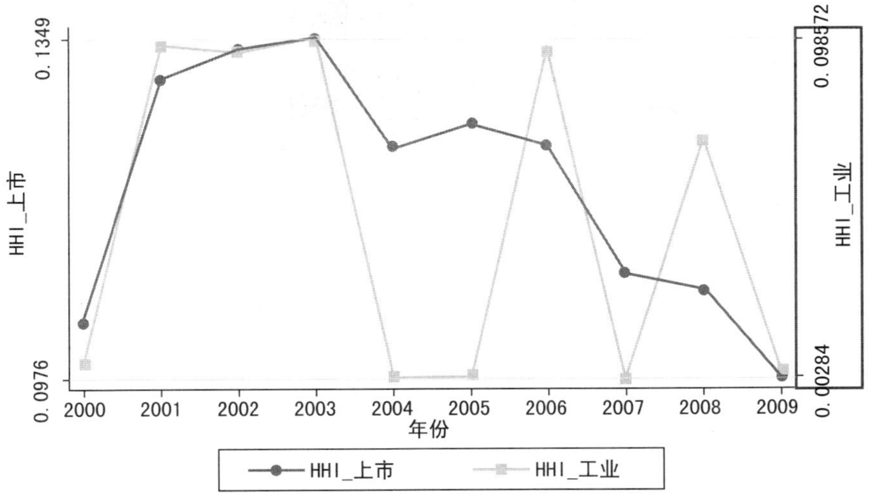

图 5－4　上市公司与工业企业的 HHI 年度变化趋势（2000－2009 年）

因此，基于以上的逻辑分析及描述性统计，即可大体概括出如下关于“治理环境（CGE）—市场竞争（PMC）—特质性风险（IR）”的“因果对应”关系链，作为进一步理论分析的基本遵循：

【环境（因）】：制度背景—治理环境—行业竞争格局—企业竞争行为—风险……

【行为（果）】：国民差异—相对滞后—竞争结构畸形—行为同质模仿—风险（IR）……

研究框架：基于以上的描述与预期，我们拟从如下三个方面——具体又分为“**三大层面**”（微观企业－中观行业－宏观治理环境）和“五大维度”（数量－结构－竞争程度－国民差异－成长压力）——展开理论分析，构筑研究框架。

【层面 1】低效的竞争源于弱化的公司治理（环境）

A. 市场结构变迁引致竞争效率差异：由行业到企业。

产品市场竞争（PMC）之影响因素及其经济后果，既要在行业整体变迁并扩及其制度背景的宏观层面予以考察，又须落实在具体的公司特征差异及其引致的公司间竞争互动的微观层面，故要考量其影响效应，应从行业聚散结构及其市场竞争强度两大维度展开（吴昊旻等，2012）。行业结构的集中甚或垄断也可能是市场竞争的自然结果（张五常，1999），而效率才是判断行业结构优劣或竞争质量高低的关键（Demsetz，1973）。垄断并非只导致福利损失，而分散竞争也不等同于效率，竞争和效率的权衡成为传统“结构－绩效”（SCP）范式与新兴的“效率－结构”（ES）逻辑的争议焦点所在①。……

B. 国企（有）主导的“畸形”行业竞争结构：产权歧视＋政府干预。

① 作为产业组织理论的发展，市场结构理论将决定绩效的因素归结为三类，即“结构－绩效”（SCP）范式、“相对市场力量”（RMP）以及“效率－结构”（ES）范式，前两者合称“市场势力假说”（MP），而“效率－结构”范式又包含“X－效率理论”和“规模效益理论”——市场结构理论是该研究的立论基础，即市场竞争“结构畸形”——既是结果又是原因——反映了治理环境的低效，并显著影响“竞争－IR”之关联。

我国诸多行业内的“国企独大”很可能会导致行业内众多中小企业之间更为无序甚或“争宠式”竞争（如构建政治关联、寻租等），而这正是导致上述的市场竞争结构“畸形”的重要诱因。中国上市公司（包括大型股份公司）绝多仍由政府或国企所控制，通过金字塔式结构、交叉持股和超权股等控制手段实现其对企业（集团）乃至一国经济的控制（LLS，1999），这种控制权方式/结构促生的财富放大效应为其获取超额控制权私利（PBC）提供了体制便利。如果数量不多或在不断减少的国企对于国民经济的影响仍日益显著的话（见表5-1ab及图5-5）①，则此类公司的治理问题在宏观经济层面就变得十分重要②——因为它会显著地影响创新速率、误导资源配置、助涨行业壁垒、阻碍资本市场发展进而滞延一国的经济增长（Morck et al.，2005；Aghion et al.，2005），而这已经被一系列研究所证实（Chun et al.，2008；聂辉华等，2008；李春涛和宋敏，2010；邓可斌和丁重，2010；吴昊旻等，2012）。……

C. 中小企业的上市便利引致市场结构的“客观”变迁：制度变迁、数量+结构。

随着我国多元化资本市场的日益完善，众多中小企业得以相对容易地进入或扩大其市场份额并相继上市，而政策的便利必会推动企业的利益最大化追求及其扩张冲动。因不同特征——如实力强弱、风险高低（创建时间短、更依赖研发、资产风险属性差异）等——企业的不断集聚而引发的公司“数量和质量”的显著变化，必然会引致其行业结构的基础性变迁，进而影响产品市场的竞争格局以及公司回报的波动（Campbell et al.，2001；Fama and French，2004；Brown and Kapadia，2007；吴昊旻等，2012）。……

【层面2】高成长压力：竞争加剧效应与治理优化效应

作为政府管制最主要、最直接或最典型的干预形式，产权歧视和行业行政性垄断与公司市场势力及其成长性特征密切关联，高成长性本身很可能具有显著的公司治理效应，在新兴/转轨经济国家，高成长性很可能是维持和巩固公司尤其是垄断性公司的绩效及其市场势力的一个重要基础（杨兴全和吴昊旻，2011）；而保持经济的高速增长是解决这类市场发展中政-企相关代理问题的有效方式（Stigler，1971；亨廷顿，1998；Fan et al.，2007b；钟海燕等，2010；潘越等，2009；勃兰特，2009）。在我国经济持续高速增长的普遍环境之下，那些更具成长机会的企业不但更易获得政府亲睐，同时亦有利于政府“趁

① 中国上市公司的行业集中度波动明显且总体偏低，2000年后尤其是2005年和2008年前后波动较大（政策变迁所致），个别行业日趋集中，产品市场竞争格局的三大主要特征依然持续（吴昊旻等，2012），尤其是低效竞争与低效垄断“双低并存”的格局至今仍未有效改观，大部分行业的分散化特征依然持续（更多行业分布在1000以下的高竞争区间），行业结构虽然微显“优化”集中趋势，但却主要缘于国企的日益做大。国企的“逆危机成长”应该是引致行业竞争结构“畸形”的主要原因，国企对于行业竞争的“双重/双向”效应体现在其既可能在高集中行业加剧/强化垄断，又可能在低集中行业加剧无序竞争（如民企的争宠）。

② 国企数量虽少，但因其“先天性”的体制便利以及“后天性”的管制倾斜，国企一直是影响产业结构转型升级、行业竞争效率的关键因素，而推动国企改革及其有效治理也一直是我国不断深化市场经济体制改革的政策重点。可以说，国企改革及其治理低效“双向加剧”了行业的行政性垄断及无序竞争，进而导致“双低并存”（低效垄断+低效竞争）以及“双重危害”（自身低效+误导民企）或“双重效率损失”（吴昊旻等，2018；刘瑞明和石磊，2010）。国企的竞争地位优势（即国企独大）——包括日益做大做强——引致的这种市场竞争“结构畸形”——（既是结果又是原因），其实反映了宏微观治理环境的低效。

机”强化和巩固大型（国有）企业的垄断优势（通过寻租和创租），而这应该是2008年后诸多国企“逆危机成长”并日益做大进而引致行业结构微显“优化”集中而公司间竞争仍然剧烈——国企一股更大、其他公司同质化竞争更趋激烈——的一个重要背景（见表5-1ab）。……

【层面3】更好的公司治理（环境）可以为竞争设置“效率边界”

更为完善的公司治理环境就是为了优化、推动和保障更高质量的竞争，一个公平、有序充分——适度——的市场竞争对于“效率保障”至关重要（Demsetz，1973；张五常，1999；Morck et al.，2005；Aghion et al.，2005）。

A. 适度的产品市场竞争（PMC）：四大优势。

产业组织理论和市场结构理论——市场势力（MP）假说和“效率-结构”（ES）范式——以及前面关于“竞争-IR”“治理-IR”效应的诸多研究均表明：产品市场的适度竞争有助于缓解公司证券市场的低效率，进而稳定公司回报，而概括其机理在于适度集中的行业结构——对应着显著却不畸形的公司市场势力[①]——具有“四大优势”：

——更高的信息配置效率（Peress，2010；Tookes，2008）；

——更强的风险转嫁或“自然保值”能力（Gaspar and Massa，2006）；

——更显著的与环境适时相匹配的优势，即具有在面临逆向外部冲击时将不同风险属性的资产和投资/成长机会与其所在市场竞争环境适时相匹配的优势（Aguerrevere，2009）；

——更有利于行业内不同特征公司间的战略性互动或价值依存度的提升（Piotroski and Roulstone，2004）。

B. 公司治理效应的“微观累积”。

在弱产权环境下，集中的股权结构被认为是一种便利交易的制度安排（Fan et al.，2007b），因此时产权尚未得到很好界定、缺乏更好的法律保护；然而，高度集中的股权结构会引致代理冲突（LLS，1999；Claessens et al.，2000），而大股东及机构性持股比例的增加还可能强化接管限制（Ferreira and Laux，2007），进而损害竞争的效率[②]。因此，考察股权结构的纵深影响还须结合行业竞争结构及其治理环境，特定制度背景下的政府管制、法制水平及其“支配”的产业结构、市场竞争等宏观治理环境均显著影响公司代理冲突（吴昊旻和王华，2010），而代理冲突及其治理机制的相应变化，除反映特定的治理环境外，公司微观治理效应的“累积”也会最终结构性地影响经济结构与宏观政策。

C. 高成长压力：推动治理优化的环境背景。

---

① 差异显著却不畸形，即是指行业结构的适度集中，此时行业内公司之间的“规模-实力”差异显著但两极化程度降低，往往会有2~3家或以上的几大公司为其主导。这可以通过作图——见后面图6-1——比较计算同样的市场竞争强度下（HHI或EI等）不同的行业聚散结构及其公司规模分布的差异。

② 微观层面或企业内部的公司治理优化有助于“约束”企业的竞争行为选择，进而传导并影响其绩效；而企业层面之公司治理效应的“微观累积”，又会传导到行业及治理环境的中宏观层面。因此，这是在研究设计时需要考量或控制的重要因素。

我国经济普遍而持续的高增长为企业带来机遇的同时又使企业面临着高成长压力，而高成长压力可能有助于促动理性的公司管理层或控股股东主动引入有效治理机制（如高质量审计）的更强动机或意愿（Jensen and Meckling，1976；Fan et al.，2005），或者通过优化股权结构（如适度降低大股东及机构性持股比重）以期弱化接管限制（Ferreira and Laux，2007），从而显著缓解其可能同时加剧的代理冲突，并最终提升竞争的质量或效率。因此，在新兴/转轨的制度环境和行业普遍高增长、市场竞争激烈而企业普遍面临高成长压力等宏微观背景之下，应该存在如下的“**因果关系链**”（加剧—适度—加剧……）：

“……行业竞争及代理冲突加剧（尤其是面临高成长压力时）—公司治理动机趋强或优化（如主动引入外部治理）—公司治理质量提升—股价更具信息含量（提振投资者信心）—信息配置效率提高（刺激流动性）—投资者预期相对集中—股票成交量及流动性提高—公司回报趋稳且持续提升（IR）—公司竞争地位/优势日益巩固（引领－主导－先富）—行业结构逐步优化（公司市场势力之差异日益显著）—市场竞争趋于适度（公司数量充分且市场势力之差异适度）—行业整体绩效提升并日趋稳固（跟随－竞争－共富，治理环境优化）—……”

综上，考虑到中国新兴/转轨的制度背景、经济的高速增长以及其行业普遍面临高增长压力、市场竞争普遍激烈（“国/民”差异显著、无序竞争等）而且企业普遍面临高成长压力（机遇）的宏微观环境，上述的“**因果关系链**”必然是有机循环、动态调整的，即势必呈现出“加剧—适度—加剧……”的普遍演化规律——发达市场亦然，这就为从优化（宏观）治理环境（CGE）进而着手系统优化产品市场竞争格局（PMC）的实证设想，奠定了“理－实”基础、提供了逻辑框架。如图5－5所示。

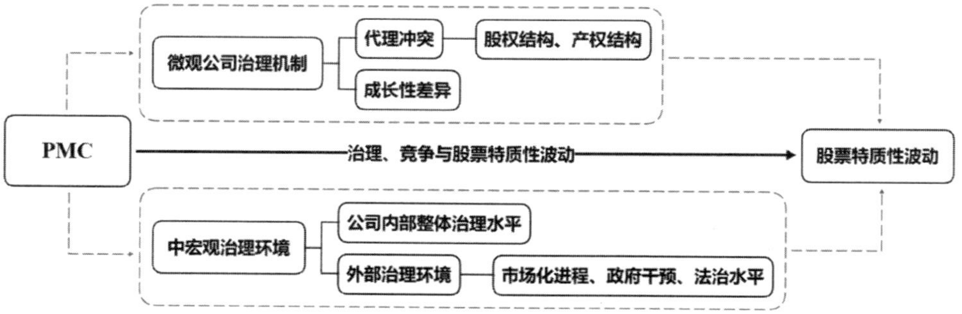

图5－5　“治理－竞争－IR”之关联研究的逻辑框架

假设提出：基于上述的现象问题及其基本逻辑，对应理论分析及其研究框架设计，我们从微观、中观以及宏观三大层面，对应提出如下的可检验假设（H）。

H1：弱化的公司治理结构显著影响股票特质性波动（IR），具体而言，股权结构更为集中或代理冲突更严重的公司（两权分离度更高），其股票特质性波动更为显著（H1a）；相对于非竞争行业，高竞争行业中弱化的公司治理结构对应着更为显著的特质性波动（H1b）。

H2：国企的日益做大（即各行业的“国企独大”）显著影响行业的竞争格局，具体而言，国有股比重更大的行业（ROG）中的公司间竞争更为激烈，特质性波动更为显著（H2a）；成长性显著影响公司的代理冲突、产品市场竞争（PMC）及其经济后果，具体而言，在高竞争行业和低治理环境下，高成长行业中的股票特质性风险或其回报波动（IR）更为显著（H2b）。

H3：更好的公司治理环境能有效缓解产品市场竞争（PMC）的加剧及其引致的显著特质性波动（IR）；具体而言，弱化的公司内部治理机制（CGI）以及低效的公司外部治理环境（即政府干预过多、投资者法律保护较弱、市场化进程滞后等），会加剧公司间竞争（PMC）及特质性波动（IR）。

我们预期：在更好的（宏微观）公司治理环境的作用下，“竞争－IR”的关系应该呈现出一种非线性的关联，即可能呈现如图5－6所示的“U”形。——那么，为何是“**U**”形呢?

我们的解释是：日益剧烈的市场竞争（PMC）在公司治理环境的有效约束之下，IR将伴随着竞争的趋于适度——由A处（竞争过度）过渡到所谓“适度竞争”的B处（类似于股票市场效率的瞬间均衡状态，故并非静止的点）——而降低，然后又会逐步增加（C处）；这意味着A、C两处对应着“非适度竞争”格局之下过高或过低的IR，同时预示着治理环境以及竞争格局的低效率。若以中、美两国的资本市场作为参照，则“治理－竞争－IR”的这种互动关系既符合资本市场不同效率水平对应的经济现实，亦与现有的主流研究结论基本一致。

具体而言，因为美国的行业相对集中、竞争更为充分，故其IR亦处于相对较高的水平；而中国的行业普遍分散、竞争更为剧烈（结构欠优），故其IR会呈现出显著增加且波动剧烈的趋势（吴昊旻等，2012），故IR应该会伴随着市场竞争的“回归适度”（这个“适度”的水平也是动态变化的）——行业结构日益优化——而逐步回归到信息含量或资本配置效率更高时的那个“适度水平”（如图5－6的先降后升），即应该处于B、C之间的“适度高位”（与无序竞争剧烈时的那个高IR已本质不同），因为此时更高的IR对应着更高的信息含量或资本配置效率（Durnev et al.，2004ab）。……

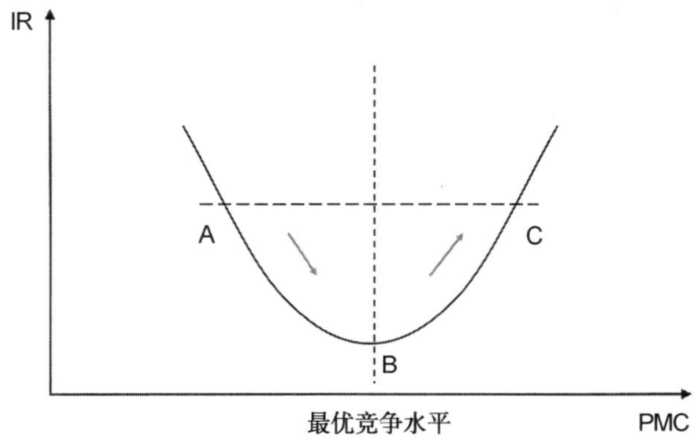

图5－6　治理环境作用下竞争与风险（“PMC－IR”）之关联变化

我们的实证分析基本验证了理论预期，即：总体向好但仍相对滞后的公司治理环境，是加剧中国上市公司产品市场竞争（PMC）及其宏微观负面经济后果（企业 IR 波动以及总效率损失等）的根本原因；更好的公司治理（环境）能够有效抑制（尤其在高竞争行业中）产品市场的过度竞争及其引致的显著特质性波动（IR），进而有助于提升市场竞争的质量或效率，即良好的公司治理环境可以为市场竞争设置一个“效率边界”。

结果可验证预期，预期当对标贡献。我们研究的差异化贡献及其启示主要体现在如下四个方面：

其一，是从产品市场竞争（PMC）的中宏观视角关注股票特质性风险（IR），为中国公司特质性风险的变化、内涵及其经济后果提供了来自全行业样本的经验证据。

其二，是在“竞争－IR”关联中纵深纳入公司治理（环境）考量，基于公司治理环境的宏微观层面纵深而系统考察“竞争－IR”正向关联的起因及其有效治理，提出良好的治理环境能够为市场竞争设定一个“**效率边界**”，使竞争和风险均回归其适度或效率水平，这符合我国持续深化市场化体制改革以及发达国家市场化治理的有益经验。

其三，是在加斯帕和马萨（Gaspar and Massa，2006）等研究的基础上，进一步发现了“竞争－IR”的非线性关联（“U”形），这为提升产品市场竞争质量即保持市场的适度竞争何以能有效缓解特质性波动（IR）提供了进一步证据。

其四，有别于刘瑞明和石磊（2010）以及于良春和张伟（2010）等基于经济增长和行业行政性垄断视角的研究，我们从产品市场竞争（PMC）的中宏观视角，并将高成长性作为影响竞争与治理的一个重要背景，“重申”和验证了国企的“双重效率损失”或国企独大的“双重危害”——各行业的“国企独大”不仅会通过强化垄断而导致福利损失，而且也会通过加剧竞争而误导资源配置，使市场日益背离其充分竞争的正轨。

这为中国上市公司所在行业低效竞争与低效垄断“双低并存”的竞争格局以及广大民企竞争地位持续弱化的现实提供了可信解释；同时也为刘瑞明和石磊（2010）等关于国企“双重效率损失”的渊源提供了一个基于产品市场竞争（PMC）的可信传导路径，为中国通过国企有效治理进而系统优化其市场竞争格局、推进产业结构转型升级等提供了新的启示。

5.3 灌溉成文：由框架到内容

5.2 节阐发理论之重要并区分“由理论到问题”及“由问题到理论”两大视角，集中阐述了理论如何贯穿方法并典证例说——以学科专业及其人文社科领域的话题为例证——“idea 之发展”的基本过程。本节“依边据理、顺流而下”，直说“灌溉之方”。

所谓“谋定而后动”，逻辑框架既定，理论支撑贯穿，便可有序灌溉内容。何以称之为“灌溉”，前面第 3 章已有详论，本节阐述“灌溉之方”。以“结构化思维”观之，idea 之发展即是沿着“主题—逻辑—框架—内容”的路径序贯支撑，沿着“点—线—面—架/

空间”的方法充实延展，即是“由点到线、由线到面、由面到架构/空间”的次第放缩，并最终将发现的 idea 发展成文[①]。结合前面第 3 章关于实证文章“结构肌理”之比喻，将点扩及到线，即是“导之以关节”（支撑骨架）；将线延展成面，即是“辅之以肌肉”（健壮骨骼）；将面联结而为架构/空间，即是“通之以血脉”（畅通机体），从而锻造、整合并展现出有血有肉之机体、有形有意之文章。此时，文章才有如机体，方称血脉贯通、逻辑自洽、行动自如，才能自成体系、自显风骨[②]。

正如中篇起首之引诗所谓：“文章最难在简洁，深入浅出方境界。架构最是通筋骨，画眉深浅自在协。”——文章之架构及其附着之逻辑，乃是文章之“灵魂”，灵魂既安，内容自附，全文自然前承后续、协调如一。

5.3.1 例说“举一反三”

老子曰：“道生一，一生二，二生三，三生万物”，文章的 idea 即类似于这里的“道”，而要将其发展为可行之框架，并延展成为体系化的文章，必先引导和训练“举一反三”的能力[③]。“举一反三”之能，其实是对想象力（拓展）、洞察力（深入）以及判断力（决选）的“跨区”调动或其整合性运用，历来被奉为“悟性”之代表。

“举一反三”之能，既是内容延展的能力，也是框架伸张的能力，是用“架构”——“结构化思维”——序贯申发问题概念或内容的能力；故其基础或依据即是这里的“一”，也就是“一以贯之”的“一”，而这个“一”即是附着或镶嵌在架构上的逻辑。框架必须沿着逻辑展开，而逻辑必须贯穿整个框架，即“一以贯之”。这里的“反”，即是类推、反思与追问，是融会贯通、触类旁通，而非不求甚解、浅尝辄止。学术研究尤其是人文社科教育及其研究，必须要历练通过发问、联想、推演、转换——“结构化对话”之路径——而缮养出“从无到有、由一及二、由二及三、由三至架构/空间”的关联扩展、推理演绎的能力，这正是“结构化思维”的最直观体现。

为求直观呈现、避免误读，这里即以本人主持的国家自然科学基金项目为例，拟首先“现身说法”，例说“举一反三”（详细解析请参见下面 5.3.3 节例证），然后再序贯讲解内容“灌溉之方”。

（1）举一反三：范畴之内

所谓“举一反三”，其中的“三”，实为概数，意指至少须“反三”问，且这“三

① 具体而言，即是将 idea（点）涉及的核心变量联结成“线”，再基于此“线”——核心变量间关联——而延展成为逻辑自洽的独立章节（面），进而将诸个独立而又相辅相成的章节序贯联结而成为“架构”（一维深入）或“空间”（多维拓展）。

② idea 的产生及其发展过程还可以概括为：草创成题/句（两大依据）—延展成段（相关研究）—发展成文（研究设计），即连点成句、集句成段、累段成文。面对问题时的思维发展过程——无论是否经由听还是读——从来就不是正序的，往往与书写顺序（即 story 的归纳 - 演绎）相反，故著书撰文，首在逻辑，而逻辑贵在清晰而序贯。

③ 语出《论语·述而》：“举一隅不以三隅反，则不复也。”在孔子那里，“举一反三”既是教育之法门，亦是研习之路径。

问”还须各自独立、各成体系却又系统相关、相辅相成——这就框定了“反”的边界，并非越多越好，否则即陷于无谓的重复。然而，若基于一个凝练的点或者序贯的逻辑，而能由点及面、点面相关、勾联想象，进而做到“多多益善”却又体系相关，未尝不是学问素养渐入佳境、学术研究体大纵深的理想路径。在本质上，这其实是作者的知识体系进入或达到所谓“内生循环”的一种表征①。

因此，这里的“举一反三”——呼应前面第 4 章，除了某个具体的 idea 如上例的“范畴之内”——立足于本话题之深入——的“平面架构化”（维度扩展），还涉及“范畴之外”——立足于本话题之关联——的“空间架构化”（矢量延伸），而后者即是指某一问题或某个 idea 及其研究（成果）在其专业之外即其学科、领域中的地位或贡献；即是代表着该问题的解答或其贡献在其知识体系中的“谱系 – 坐标”；而这正是本书第 3 章将“参考文献”——对比才能见出差异——纳入实证文章之“新八股”的缘故或其考量。

本节拟以“民企的‘类国企化’何以重要?”为引题，例说如何“举一反三”——区分范畴之内外，以显示求索发问、关联想象、锚定框架之重要。这里的 idea 即是民企的“类国企化”现象——简而言之即民企“竞争性或投机性”模仿国企之行为而导致其经营模式逐渐与国企相雷同，研究聚焦我国诸多民企——超过 1/3 甚至更多——的经营取向变化、制度渊源及其可能引致的更大的效率损失②。

【例 5 – 4a】民企“类国企化”研究之“维度扩展”——范畴之内

参照老子所谓的“道法自然”思想③以及“结构化对话”之演绎申发路径，具体的“类推 – 反问”过程可分解如下。

【“道生一”——从无到有】：由民企的突出贡献以及显著的“国/民”差异**反思——**民企的争宠式竞争（模仿国企）——民企的“类国企化”取向——**idea 之发现【一个主题】**（一个视角或落点）；

【“一生二”——由一及二】：然后追问“是否存在或普遍?”（基于描述）和“其影响效应或经济后果如何?”（基于验证）——**idea 之因应 – 量化【两个主体】**（二分，联点成线）；

【“二生三”——由二及三】：进而聚焦“国企改革的双重效应”（制度及关键诱因，

① 现实中——无论学术内外——那些点子、想法或 idea 多多的人，其实均是基于一个思维逻辑，即是这里的“内生循环”。究其本质，这是经由长期的思考和训练而缮养出的对于知识的整合性运用、发散式思维以及辩证性综观的多维能力和综合素养。

② 基于本人主持的国家自然科学基金项目《禀赋差异、市场竞争与民企的“类国企化”选择》（71762025）。及其相关成果：吴昊旻等．“类国企化”是否损害民营企业的投资效率？——基于中国民营上市公司的经验证据．《现代财经》．2018（7）：19 – 35。

③ 中国的传统学问虽分诸多派别——极盛如诸子百家，但皆有其基本遵循，如普遍认可阴阳五行学说及其“相生相克”之理，继而便将阴阳五行、两仪四象、二十四节气、七十二物候等自然规律以及音律、医药、武术与务实辩证的人生感悟相关联，进而构成体系庞大而关联周密的学问传承。这里的“生”即是广义的“相生相克”道理之表现，对应于现代实证理论，即是所谓变量间（何以）相互作用的“路径或机理”。

即基于学术研究之客观－中性立场，深入考察国企自身的效率及其对于行业竞争结构以及民企行为的“诱导性”影响……）——“民企‘类国企化’行为选择及其效率损失”（中－微观后果，即具体考察民企在投、融资等关键决策方面的行为变化可能导致的短期及长期性效率损失等……）——“基于民企创新及其效率差异的社会福利损失”（宏观后果，即由微入宏、由点及面，从创新及其效率差异的综合维度，进一步考察微观层面即民企的行为变迁及其后果的累积效应……）等——**idea 之发展－量化【三个重点】**（三分，由线及面）；

【“三生万物”——由三至架构/空间】：最后延展、细化并框架化为自成体系的文章整体，即序贯完成“主题－逻辑－框架－内容”的申发、拓展、验证及自我评价等——**idea之验证【“谱系－坐标”】**（由点－线－面到空间……）。

此例抛砖引玉，大体可以作为所谓“范畴之内”的“举一反三”的一个例证。上述的“类推－反问”过程，其实与前面章节关于 idea 之解构、idea 之发现等的“结构化分析”一脉相承，即是经由对 idea 这个“点”的“发现－凝练”再到“阐发－追问”（由点到线），并最终予以“解读－验证”（由线到面）的逻辑延展过程。

诸多的“创新”研究都是从一些“新现象”的累积以及已有研究的“不足/未竟”出发并延展的（见图 5－7a）。正如上例，我们通过现有研究——关于“国/民”差异及其效率的对比分析等观点——中的诸多“不自觉”的倾向、归咎甚或“误区”（见图 5－7b），即可以一窥相关研究的思路诞生及其逻辑延展，同时亦可“举一反三”予以进一步的矫正、拓展乃至创新，进而实现由“范畴之内”到“范畴之外”的点面扩展与空间延伸。

具体可参见下面例 5－4bc 对此“idea 之发展”的完整呈现与演绎。

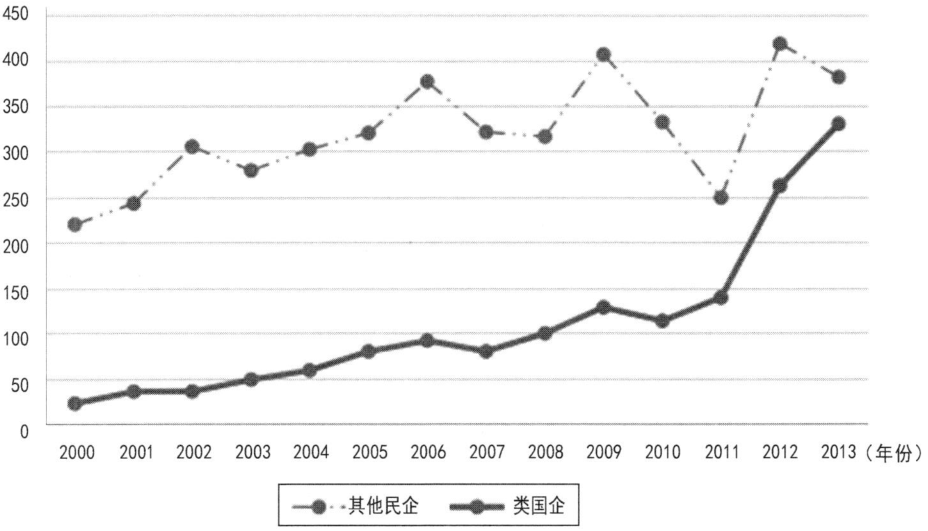

图 5－7a　中国民营上市公司的“类国企化”行为（数量特征）①

① 我们的描述性统计发现：我国上市民企的政治关联比例已高达 30.32%，考虑政府补贴、寻租等隐性关联，民企的“类国企业”比重甚至已超过 67%（吴昊旻等，2018）。

资料来源：吴昊旻、宋静云：“类国企化”是否损害民营企业的投资效率?，《现代财务》，2018（7）：19－35。

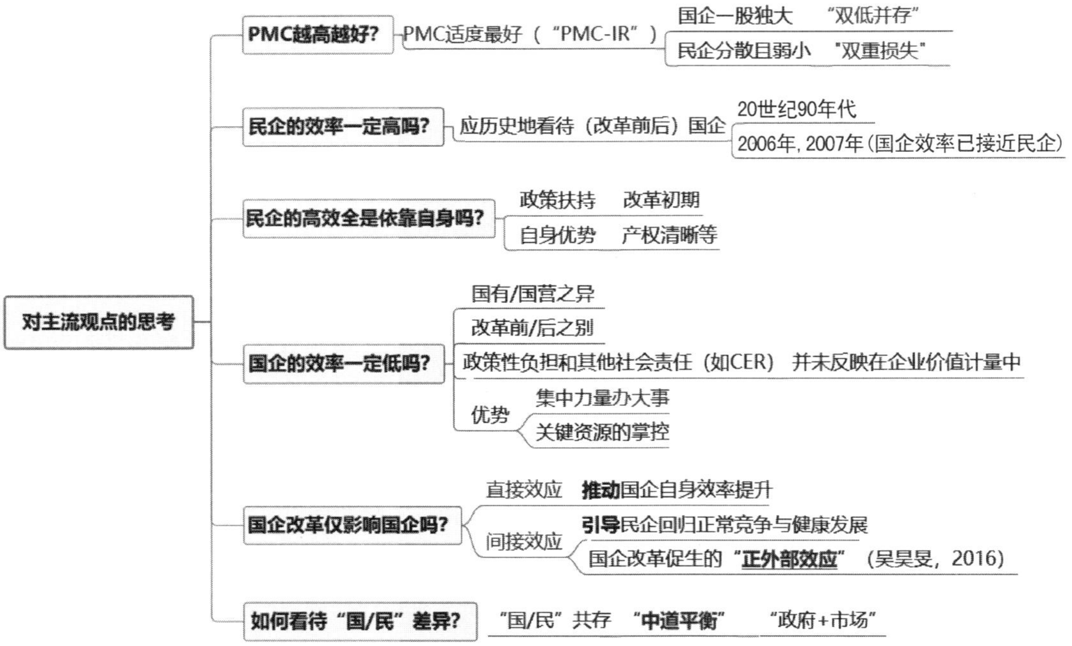

图5-7b "国/民差异"现有研究中一些不自觉的倾向/误区

（2）举一反三：范畴之外

承上解析，如果说"范畴之内"的举一反三，是"以小见大"的"归纳"验证（由特殊到一般，验证性推理），呼应着前面的"由问题到理论"（升华支撑）；那么"范畴之外"的举一反三，便是"以一带万"的"演绎"推理（由一般到特殊，确实性推理），呼应着前面的"由理论到问题"（理-实互动）。**可见**，"举一反三"之能——尤其是后者——是理论贯穿方法、方法因应理论的综合技能，确实是对想象力（拓展）、洞察力（深入）以及判断力（决选）的"跨区"调动及其整合运用，是真正的"人文基本功"。

因此，重视引导和缮养"举一反三"之能，实有助于促进专业视域向其所在学科、关联领域的主动延伸与拓展——特别适合项目申报、研究报告等系统性要求更高的业务活动；实有助于促进学术研究及其教育教学向着理技并重、综合素质的主动校正与夯实——特别适合学科概论、专业导论以及学术专题等拓展性课程或研讨性话题的展开。

因此，有必要再举一例，以例说演示"范畴之外"的"举一反三"之能。为显示其序贯深入，在此仍以民企之"类国企化"问题为例"现身说法"。——在后面5.3.3节关于"idea之发展"的完整展示中，还可以同时概观"举一反三"的维度扩展（平面"架构化"）以及矢量延伸（空间"架构化"）过程。

【例5-4b】民企"类国企化"研究之"矢量延伸"——范畴之外

承接例5-4a分析——**那么，应该如何进行关联拓展呢？**这需要从其逻辑的内在联系说起。为此——沿着由因及果、由果溯因的逻辑——需要一以贯之、重点聚焦如下三大问题。

其一，是民企“类国企化”的制度渊源。

即民企为何要去模仿国企？——是其进一步的生存发展诉求？是其现有的竞争地位太低、空间太小？是国企的（日益）强大影响或挤占了什么（是否太强大）？还是国企的（双重）竞争优势影响或挤占了什么（是否太轻松）？……

其二，是民企“类国企化”的行为表现。

即民企从哪些方面或维度模仿国企？——是投资领域的行业准入？是融资领域的资本成本？是研发创新方面的政策－制度依赖？还是其他方面？……

其三，是民企“类国企化”的经济后果。

即民企模仿国企行为的经济后果？——是否损害民企自身的效率？是短期 or 长期的？是否影响了国企或是否改变了“国－民”竞争格局或其原有的实力对比？是否会影响国民经济增长（TFP）或引致更大的效率损失？……

产权性质或“国民”差异以及由其引致的要素资源配置、市场竞争格局、国企改革治理以及产业结构转型升级等问题，是我国特定的制度背景以及处于新兴/转轨阶段的制度环境之下，几乎所有的宏微观经济管理研究都必须予以考量的最基本问题；而民企的“类国企化”问题即广泛牵涉上述背景①。

基于此，即可分别围绕上述维度及其涉及的相关问题再予以进一步的解读、联想，即可序贯延伸、点面关联到一些更深、更广的话题，试从如下三个方面梳理、拓展，可见表5－2abc。

其一，属于成因/动机问题。

民企的“类国企化”选择不是凭空产生，而是渊源有自。简而言之，即是由显著的“国民差异”引致的、是由国企的“双重优势”诱致的行为变迁或竞争模仿。民企贡献突出——以“5－6－7－8－9”为最知名之概括——却地位劣势的现象值得深入反思，且须适时转换视角，应该从民企的行为导向变化及其引致的效率变迁的视角切入，才能更加贴近问题产生的渊源及其解决瓶颈/路径②。

基于此，相关的“矢量延伸”便可以经由“现象事实（问题）－视角切入（话题）－理论基础（逻辑）”的基本逻辑链条，至少推进到表5－2a中所列举的研究领域：

---

① 实际上，前面5.2.2节例证“中国的市场竞争真的过度了吗?”也是围绕“国/民差异”基本问题的相关研究，亦属于民企“类国企化”研究的延伸话题。

② 私意认为，现有以国企为主体、基于国企效率的相关研究，总是带着一些不自觉的“倾向”（见图5－8）：总是先验地假定国企必然低效、政府干预一概不好；总是认为国企低效是经济增长之最大阻碍；总是以民企之目标衡量国企进而认定其低效，等等。——这在一定程度上已背离了学术研究之客观中正原则，实不利于厘清症结、凸显针对，也因此阻碍了理论研究及政策定位。殊不知，数量众多、日益成熟的民企才是直接攸关我国经济发展质量及其结构转型升级的关键，且其日益重要之趋势已然不可逆转。因此，应适时推进“反过来”以民企为主体的理论研究及其政策定位，这有助于更好地“反观”国企的竞争地位及其影响、更深入地洞察经济增长回落之制度渊源、更科学地厘清效率损失之竞争传导路径。从这个角度来看，针对推进公平竞争的一系列制度改革其实正是国家从制度层面推动“供给侧结构性改革”的政策实践。

表 5－2a　　民企“类国企化”成因/动机之“矢量延伸”

现象事实（问题）	视角切入（话题）	理论基础（逻辑）	备注
显著的“国民差异”：贡献、地位	国企的“双重优势”：现状及其影响；……	产权理论、公司治理理论等	默克等（Morck et al.，2005）；杨其静（2011）……
国企的“双重优势”、（公司内）一股独大、（行业内）国企独大等	国企独大与行业竞争结构（PMC）：关联及其效率；……	市场竞争结构理论、公司治理理论等	德姆塞茨（Demsetz，1973）；张五常（1999）……
行业准入限制、融资成本差异等	融资约束、市场竞争与民企的“类国企化”选择……	新规制经济学等	梯若儿（Tirole，2014）；拉泼塔（LLS，1999）……

其二，属于行为/表现问题。

显著的“国民差异”即“贡献－待遇”之失配、“资源－效率”之错配以及国企的“双重优势”（先天产权优势＋后天管制便利）势必诱致民企的竞争模仿行为——因为“寻租活动都是高度竞争的”（Krueger，1974），进而诱发民企的“类国企化”选择并日益演变、固化而成为其经营模式之取向。考虑到民企数量众多、整体体量巨大，故其行为变迁或取向变化势必引发一系列普遍而深入的问题。基于此，经由同样的基本逻辑链条，相关的“矢量延伸”可以至少推进到表 5－2b 所列示的研究领域：

表 5－2b　　民企“类国企化”行为/表现之“矢量延伸”

现象事实（问题）	视角切入（话题）	理论基础（逻辑）	备注
显著的“国民差异”：贡献、地位（公司内）一股独大、（行业内）国企独大等	国企独大与“双低并存”：低效垄断、低效竞争……	市场竞争结构理论（MP、ES）、产业组织理论（SCP）等	国企的日益“逆势”做大可能导致低效垄断（失去竞争压力）与低效竞争（行业畸形集中）① ……
政府补贴、政策便利、政治关联、企业绩效的产权差异等	政府补贴的逻辑：效率基础 or 产权倾斜？ 企业的政治关联：短期利好 or 长期损害？……	寻租（竞争）理论、资源依赖理论、代理成本理论等	克鲁格（Krueger，1974）；詹森和麦克林（Jensen & Meckling，1976）……
民企僵尸企业日多、国企僵尸企业变形、实体企业金融化加剧、地方政府债务风险问题……	僵尸企业处置：形式及其效果； 民企“类国企化”是否加剧了实体企业金融化？ 民企“类国企化”是否加剧了地方政府债务问题？……	资源依赖理论、代理成本理论、资本结构理论等	更多企业依赖金融化等快捷方式获取回报（投机性）；更多企业依赖政治关联、寻租等非市场化竞争方式融资；诸多宏观问题的微观累积②；……

① 参见前面 5.2.2 节例 5－3 的相关分析。

② 地方债务问题及其成因复杂，但民企的竞争模仿行为或其“类国企化”取向——更多的企业依赖政治关联、寻租等非市场化竞争方式（投融资），而为应对更趋激烈的竞争，更多的企业又会通过金融化等快捷方式获取更高回报（投机性）；无疑是加剧负债问题宏观集聚风险的微观因素或重要力量。

续表

现象事实（问题）	视角切入（话题）	理论基础（逻辑）	备注
混改动机弱化、混而未改现象、混改效率低下； “逆混改”现象……	混改其实是民企“类国企化”现象加剧的典型表现或其制度固化吗？ “逆混改”现象与民企的“类国企化”：动机 or 结果？……	新规制经济学等	混改可能是对民企模仿国企之趋势的一种“合法化”认可①；混改的方式多样，其关键在于治理公平、竞争公平；② ……

其三，属于影响/后果问题。

承上行为/表现分析，民企与国企的“行为趋同”势必导致国企“积弊”之传染或蔓延，进而导致更大范围以及更深层次的效率损失问题——如公司治理低效、竞争格局失衡、政府干预日多、创新动机日弱等。竞争是需要约束的，否则会导致租值的消散（张五常，2008），而约束竞争必须依赖日益完善的公司治理环境。结合我国特定的制度背景，推进国企改革及其有效治理以及引导形成“公平竞争”的市场环境，就需要务实推进“市场充分竞争＋政府监管适度”的中道平衡——这正是“新规制经济学”的核心观点（Tirole，2014；胡永刚和石崇，2016）；这也是本人提出的须引导激发国企改革之“双重效应”——推进提升自身效率＋引导民企回归市场化正规——的观点初衷及其理－实依据（吴昊旻等，2018；2020）。基于此，经由同样的基本逻辑链条，相关的“矢量延伸”可以至少推进到表5－2c所列示的研究领域：

表5－2c　　民企“类国企化”影响/后果之“矢量延伸”

现象事实（问题）	视角切入（话题）	理论基础（逻辑）	备注
国企的“双重优势”：先天体制设计＋后天管制便利	国企的“双重效率损失”：国企低效、民企退变……	寻租（竞争）理论、边际递减理论等	克鲁格（Krueger，1974）……
民企的竞争模仿：政治关联、寻租等	国企改革的“双重效应”：助推国企提质增效、引导民企回归市场化正规……	新规制经济学、代理成本理论等	梯若儿（Tirole，2014）；詹森和麦克林（Jensen & Meckling，1976）……

---

① 结合我国特定的制度背景，国企的“双重优势”其实在客观上无法也不会实质性改变，故其诱致的民企竞争模仿实际上亦无法杜绝。基于此现实，国家顺势以推进“混改”的形式予以“合法化”认可，这未尝不是适应市场化规律的一种理性、务实选择。

② 混改的方式多样，但其关键在于治理公平、竞争公平——这应该也是中央政策的初衷。这里的“治理公平”是指基于股权结构的管控、制衡等环节的公平，即“共治”；而“竞争公平”则是指参与市场竞争的机会、资源分配等环节的公平，即“共享”。因此，媒体及有些学者所谓的“逆混改”现象其实并非“背逆”，而属于正常或意料之中的混改形式，只是还须基于其“动机及后果”予以“反馈性校正”——是否符合中央推进混改之初衷，即须对比考察其是直接的国有化（结果）还是“类国企化”（动机）？也因此，在这个角度上，所谓的“逆混改”现象确实值得从制度设计、政策定位等方面予以深入反思。

续表

现象事实（问题）	视角切入（话题）	理论基础（逻辑）	备注
贡献－待遇失配 资源－效率错配	资源配置、国民差异与效率损失：基于行业竞争格局（PMC）的视角……	寻租（竞争）理论、边际递减理论、管制经济学等	克鲁格（Krueger，1974）；默克等（Morck et al.，2005）；阿尔钦等（Aghion et al.，2005）
研发投入的差异、效率的差异：产权性质、行业虚实（实体）、竞争环境（区域）、时期/阶段等；等等……	民企的创新：竞争挤占 or 策略转移？ 产业的所有制结构：现状、渊源及其效率（TFP）……	创新理论、公司治理理论等	民企不得不寻找或转移更多的资金用于应对国企独大引致的畸形竞争；创新主体及其效率的下降势必掣肘经济增长及其发展质量①……

5.3.2 灌溉之方：纲举目张

本节从“idea 之发展”过程中的“结构化遵循”——承前第 3 章和第 4 章——视角阐述“灌溉之方”。这里的“结构化遵循”，即是指主题（idea）既定、逻辑厘清之后的“框架－内容”；即是“将逻辑框架化”——逻辑须边界清晰，再“将框架内容化”——框架须附着内容，进而才能体现和支撑差异化的研究主题及其贡献②。框架需赖提纲撑展，内容需赖层次延伸，只有主题聚焦、逻辑贯穿、框架锚定，即达到所谓“纲举而目张”，便可以依序灌溉内容，文章也才能脉络清晰、主次分明、形意兼备。

（1）架构提纲之引领

前面第 4 章“idea 之发现”，是沿着“主题—逻辑—框架（层级—主次）—内容”的序贯路径，立足于“结构化思维”及其相关方法（抽筋扒皮－形象化），着意从现象观察、文献阅读中聚焦、凝练、解读、析出文章之 idea。本章基于理论推演将 idea 发展成文，则是进一步将抽象的思想（idea）“逻辑化”（即由点到线，将主题贯穿逻辑，做到主干清晰、提纲挈领）——“形象化”（即由线到面，将逻辑架构化、可视化，做到架构严谨、层次分明）——“具体化”（即点面相关，将结构“有机化”，做到枝繁叶茂、理据充实）。

所谓“主题既定，逻辑随之；逻辑序贯，框架随之；层级清晰，主次自明；脉络贯通，机体自灵”。如果说框架是对 idea 的初步锚定，那么，提纲便是对框架的细化分层，这犹如“干上生枝，枝上附叶”，如此才能厘清主次、凸显脉络、结构有机。idea 是凝练的逻辑，而逻辑即是展开的 idea，要将 idea 进一步发展成文，必先经由一条或数条序贯推

① 企业是创新之载体，企业的创新动机及其投入直接攸关一国/地区经济的可持续增长及其发展质量。国家将“创新驱动发展”战略上升为“国策”，既是因应现实问题，也是顺应世界大势。民企作为我国经济的主力军，应当成为引领创新的主体，否则将直接掣肘国家发展。

② 可见，所谓的“差异化贡献”，须从研究之立意（idea 之发现）到其架构化（idea 之发展）的全过程予以凝练和彰显，才能算作是支撑充分。

进而又结构关联、彼此呼应的路径、渠道或者网络，而当此“路网”一旦成形，架构提纲之引领效应即可凸显。

（2）框架提纲之重要

框架重要。所谓“提纲挈领、纲举目张”，全赖框架。**须知道**，逻辑内含于主题、附着于框架、展现于纲目①，即主题须框架化，框架须纲目化；大纲是框架之细化，框架是主题之伸张。因此，将 idea 发展成文，必先谋定框架、细化提纲，以逻辑框定主题（“界埂”），以纲目序贯逻辑（“内墒”），依次灌溉内容，才不至于游离主题。

概括框架提纲之重要，大约体现在如下三个方面：

其一，是锚定逻辑、凸显引领。

主题既定，逻辑序贯，框架随之，故框架是对 idea 的初步锚定；框架既定，层级清晰，主次自明，故提纲是对框架的细化分层。框架锚定逻辑，提纲引领思路，层级彰显主次，文章便不会游离主题。这是让文章凝神聚意之“结构化遵循”。

其二，是有助于不断“自正衣冠”。

千锤百炼，逻辑自现。文章之 idea 从其“灵光一现”到其最终锚定，就是首先通过框架提纲的不断完善、修正而实现的，这个过程即是锤炼逻辑的过程，即是“自正衣冠”的过程。所谓“自正衣冠”，犹如镜鉴，即是要其有助于自己发现自己的问题、自己照见自己的不足；即是要像不断擦拭镜面一样，通过框架提纲的不断完善、修正，精准凝练主题，充分凸显脉络。实际上，做到了“不游离主题”，便是在既定的逻辑框架之内集中、深入思考问题，集中自能突破，深入自能拓展，这不仅有助于不断“自正衣冠”，亦有利于支撑“举一反三”。

其三，是有助于展现“结构之美”。

好的文章，首先是主旨明确、逻辑序贯、脉络清晰，此即为“结构之美”；而好的框架，**就是要**彰显和支撑“结构之美”，**就是要**使得文章的各个章节，从结构到容量都不会层级不清、主次不明、大小失当、主客失度；**就是要**让文章的整体布局更加“匀称”，犹如窈窕人体，展现自然灵动之美。展现结构之美，必须做到“心中有数”，故文章架构之显隐、章节之繁简、层次之多少、内容之详略、整体之丰冗等，都须协调有机，一如天成。

（3）提纲之三大分类

拟定框架提纲，即是将逻辑“有形化”②。遵循思维之规律，参照既有之研究，对比其长短、考量其优缺，本节将框架提纲之形式，略分如下三类：

其一，主题式。

主题式大纲，即定位于集中展示和充分阐述研究的主体内容及其可行设计，故亦可称

---

① 这里的“纲目”即是体现和划分文章层级的章、节、目。

② 这里的逻辑“有形化”，是概括性的说法，即其包含第 4 章所谓的“抽筋扒皮”（即一页纸、一张图）以及“形象化”（即架构化 + 可视化）。

为“主体式大纲”。相对于“结构式”大纲的“有骨无肉”，主题式大纲则类似“有骨有肉”。概括其优点即在于主体既定、彰显支撑，在于内容优先、主次明确。因此，这类大纲尤其适宜于那些创新性较强、具有尝试/突破性质、往往会相机修改可行设计的研究话题。

其二，结构式。

结构式大纲，类似于合同，属于格式化的大纲形式，即定位于全面展现研究之框架体系、结构关联及其整体设计。相对于主题式大纲，结构式大纲“有骨而无肉”。概括其优点即在于逻辑框架一贯、层级主次一览，在于“应然而尽然”。因此，这类大纲尤其适宜于那些体系性更强①、须锚定框架、其深度延展须逻辑支撑的研究话题；适宜于那些思路－体系已经趋于成熟、发问－解决有理论支撑的研究设计；尤其适宜于在 idea 发现或主题既定之前及之后的框架性梳理、逻辑性凝练以及整体性设计的研究话题。

其三，综合式。

除上述两类之外，也有将二者相结合的“综合式大纲”。这种大纲设计，则定位于“框架－内容”之有机结合、创新性与体系性之协调兼顾，是对上述两类提纲的相机补充，故可称之为“第三类”。综合式大纲立足于充分展示研究之全貌，即其结构体系以及主体内容之设计，以强调主次、凸显支撑。相对于“结构式”大纲的“有骨无肉”、主题式大纲的“有骨有肉”，综合式大纲则更类似于“有血有肉有骨”，故更能彰显“有机”。因此，如若体量允许，这类大纲设计当为上选或优先，更须针对性历练；尤其适用于方案可行性论证、项目－开题答辩等现实场景。

（4）提纲之结构层级

提纲之结构层级，是指 idea 之发展、逻辑之延伸所附着之“纲目”；即是指体现和划分文章结构层级的章、节、目。所谓“三生万物”，一个结构严谨、主次分明、详略得当的框架提纲，一般应当章—节—目齐备，即须延伸到三级。也就是说，当以三级为宜，即最好细化到第三级；为充分说明、利于框定，有些主体章节甚至要相机延伸到第四级。本书的结构安排及其章－节－目划分即是如此。

提纲之结构层级的细化，有利于框定范围（结构－边界）、明确主次（内容－详略）、体现延伸（纲目－逻辑）；有利于依序“灌溉”内容而不游离主题；更有利于引导缮养“结构化”思维之基本功夫。这类似于第 3 章所谓之“共路—界埂—内墒”的农田耕种格局，即“路边有田、田间有埂、埂内有墒”，才能实现“耕种有序、灌溉有方”；也类似于英语考试中的“完形填空”，即是在既定的内容及其逻辑中“补充”完成相关意思之表达。

此外，**值得说明的是**，框架提纲还须“留有余地”，即不能也不可能“写尽框尽”，

① 实际上，创新性往往不可兼顾体系性，因为创新往往意味着突破既有（多为广度、深度次之），故对于“体系性”对应的“重要”及其深度难以兼顾，亦不可苛求，否则即不利于创新。

否则即是"死的话题"[①]。任何一个堪称新颖的话题即"活的话题"，是不可能事先构想、谋划完备、写尽框尽的，必然存在诸多"不确定"的空间（事前）或者"未竟之领域"（事后），适宜相机而动、动态调整，甚至推翻重来，这既是"否定之否定"之辩证规律，也是"文章不厌百回改"的写作逻辑。

（5）文章之三分架构

文章总是依托章节目次，总是会有主客详略，故实证文章之"三分架构"，即是在前面第3章"idea之解构"的基础上，再次强调"分进合击"的辩证道理甚或"写作技巧"。可从如下三个方面予以解读：

其一，研究进程之"三分"。

实际上，（实证）文章主题凝练及其逻辑贯穿（发现idea）、逻辑延展及其框架完善（发展idea）、纲举目张进而灌溉内容（实现idea），正是一个思维序贯、写作行文、次第推进的"三分过程"——本书之结构安排亦体现了这种对应。这个"三分过程"又对应着"引言"（idea之提出）、"理论推演"（idea之发展）以及"研究设计"（idea之实现）三个主体部分，而这正是前面所谓实证文章之"三大主体"。在研究进程上，谋定而后动，主体序贯推进，文章才能理据充实。

其二，内容体量之"三分"。

承接前面所谓"主题既定，逻辑随之；逻辑序贯，框架随之；层级清晰，主次自明；脉络贯通，机体自灵"，实际上，围绕主题、序贯逻辑的框架大纲既定，文章就已经完成了"三分之一"，这是从内容体量——工作量——方面对实证文章进行界分。与研究进程之划分相配合，实证文章之内容体量，也应该与其"两大依据/背景"（理论依据+现实依据）以及"三大主体"（问题提出+理实推演+研究设计）相呼应，即应该从细、从深、从严要求。

其三，时间分配之"三分"。

时间之分配，实际体现和对应着主次、详略、轻重之划分。理实结合，发现一个好的idea并发问得当，然后谋定逻辑及其框架提纲，是最费思量亦最值得"流连忘返"的，故至少须将三分之一的时间用于此处，而其可行，已愈半功。至于后续的研究设计及其检验过程，相对来讲属于"按部就班"或序贯而为，难在方法之优选以及数据之深挖。

综上可见，实证文章之"三分架构"与前面所谓"三大主体"及其"两大依据/背景"，形殊而理一、路异而旨同；三者内在呼应、相辅相成。

5.3.3 灌溉之方：现身说法

5.3.2节从"idea之发展"过程中的"结构化遵循"视角阐述"灌溉之方"，本节则

---

① 一个可以"写尽框尽"的话题，若非"一统江湖"的扛鼎之作（如张五常的名作《公司的合约本质》），便是其本身已无"创新性"可言，且其"重要性"或已被前人挖掘殆尽，故或可定义为重复性话题。但是，研究之价值评估往往也有"例外"，例如"时移世易"，有些问题还是需要"重提"，这也符合科学认知的客观规律；然而，虽属"重提"，归纳其内在逻辑却定有不同。

以“现身说法”的角度举证例说“灌溉之方”，以**承接“举一反三”**（5.3.1 节），**呼应“结构遵循”**（5.3.2 节）。灌溉内容，犹如“干上生枝，枝上附叶”，即是在“看图说话”（在逻辑框架图中填充勾联），类似于“完形填空”（在既定意思之延展中补齐、联结）。

为求直观贴近，在此仍承前例“现身说法”。前面 5.3.1 节先以“民企的‘类国企化’何以重要?”为引题例说了“举一反三”，显示了求索发问、关联想象、锚定框架之重要；本节则以“禀赋差异、市场竞争与民企的‘类国企化’选择”为主题，视角和落点齐备，联想与推演共进，完整展示“idea 之发展”的全过程及其内容“灌溉之方”，以求问答呼应、点面系统、结构相关。

基于本书倡导之“结构化思维”及其方法梳理，这里的“典证例说”大体按照第 3、第 4、第 5 各章之主旨聚焦及其结构安排展开，即：首先展示“抽筋扒皮”（一页纸或一张图），然后诉诸“形象化”（架构化 + 可视化），最后填充勾连或补齐联结成文，这也符合和因应了文章之“三分架构”。

【例 5 -4c】禀赋差异、市场竞争与民企之“类国企化”选择

我们基于要素/资源获取、市场竞争参与两大维度的理论透视以及描述性分析表明，中国诸多民企（至少 1/3）的经营取向已与国企基本雷同，我们将这种现象界定为民企的“类国企化”，并认为这是政企关系失衡与国企改革不力及其治理低效引致的企业间竞争偏离市场化正轨的“退变”现象，而这种退变也会造成显著的效率损失，甚至更为严重——会加剧市场的无序竞争，并使“国企日国、政府日强、创新日弱”。因此，认识和审视民企经营取向及其效率变迁至少与国企治理同等重要。

我们沿着民企退变的成因及其后果的逻辑主线，拟首先对其表现形式、制度渊源及其经济后果进行概观性分析，进而从市场竞争的新角度揭示民企退变及国企垄断何以引致显著效率损失的作用机理，以验证和甄别这种非市场化取向对于我国经济的长期损害。这对于我国新时期全面深化改革、推动形成以国企改革及治理有效引导更多民企回归基于创新驱动发展的市场竞争正轨，无疑具有重要的理论及现实意义。

我们的研究正是为了聚焦中国民企之经营取向变化及其可能引致的更大的效率损失。

首先，我们使用第 3 章所谓的“一页纸或一张图”即“抽筋扒皮”之法，展示我们基于基本的事实观察、现状梳理以及理实推演的描述性过程①，以期聚焦核心问题、凝练主体逻辑，同时将其作为锚定最终框架的一个可行基础：

1. 问题的提出：从民企的贡献及“国/民”差异说起

1.1 民企的突出贡献

1.2 显著的“国/民”差异

① 这里的“一页纸或一张图”旨在梳理、凝练 idea 之发现及其逻辑聚焦之过程。实证文章按其“三分架构”，至少应有三份“一页纸或一张图”，而最终的那“一页纸或一张图”——以读者的视角——则是基于文章之全貌。

1.3　显著"国/民差异"的渊源：民企为何依然"弱势"?

2. 民企"类国企化"取向及其表因：短期利好与国企的利益诱导

2.1　民企的"类国企化"选择：一个尝试性的界定

2.2　民企的"类国企化"选择：普遍性表现

3. 民企"类国企化"选择与企业价值：可持续吗?

4. 民企"类国企化"取向的制度渊源：政府的渗透性干预与国企治理的低效

4.1　民企的"类国企化"的渊源：禀赋差异引致并加剧无序竞争

4.2　民企的"类国企化"的实质：寻租竞争或"争宠式竞争"

5. 民企"类国企化"取向的"校正"：国企有效治理与政府职能有效转变

5.1　民企的"类国企化"的经济后果：造成更大的效率损失

5.2　民企的"类国企化"的校正/治理：循因觅果、由果溯因

6. 民企"类国企化"取向的"校正"：新规制经济学的启示

6.1　"市场充分开发+政府适度监管"的中道平衡

6.2　国企改革及其有效治理：引导民企"回归"的关键抓手

7. 总结：结论与启示

以上七个部分亦可分别对应 idea 之发现、因应、发展以及其理论解读、实证验证的全过程，其中：

第一部分，由"民企的贡献及'国/民'差异"引出问题，即是对 idea 这个"点"的发现与凝练；——对应着"idea 之发现、凝练"。

第二部分，由"短期利好与国企的利益诱导"反思"民企'类国企化'之取向及其表因"，即是对 idea 这个"点"的界定与阐发；——对应着"idea 之因应、发展"（短期－后果）。

第三部分，从可持续性角度反问"民企'类国企化'选择及其价值效应"，即是基于 idea 这个"点"的发问与联想（由点到线）；——对应着"idea 之因应、发展"（长期－后果）。

第四部分，从"政府的渗透性干预与国企治理的低效"两大维度解读"民企'类国企化'取向之制度渊源"，即是对基于 idea 这个"点"的发问的现状透视与制度反观（由线到面、点面相关）；——对应着"idea 之因应、发展"（理－实互动）。

第五、六部分，分别从"国企有效治理与政府职能有效转变"的制度视角和"新规制经济学之启示"的理论角度，针对"民企'类国企化'取向的'校正'"提出对策建议，则是对基于 idea 这个"点"的发问的制度优化与理论透视；——对应着"idea 之验证"（理论建议）。

第七部分，是一个总结与展望。

其次，我们基于上述的"一页纸或一张图"（结构－提纲），再按照第 4 章所谓的"架构化、可视化"方法将其结构及逻辑诉诸"形象化"。为此，我们承接前面的现象反

思（见图5－7ab），在这里依次序贯延展民企“类国企化”行为（idea）之内涵界定（内涵－本质）、经济后果（长期－短期）、经济实质（渊源－溯因、直接－间接）及其校正优化（理论透视、制度革新）① ——还可参见前面图4－4。

分别如图5－8至图5－10所示。

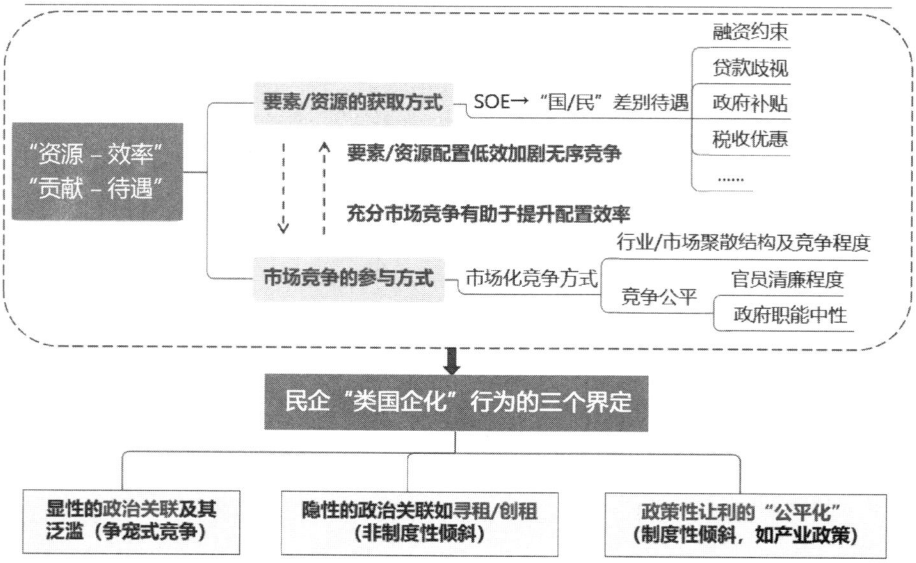

图5－8　民企“类国企化”之尝试性界定及其度量

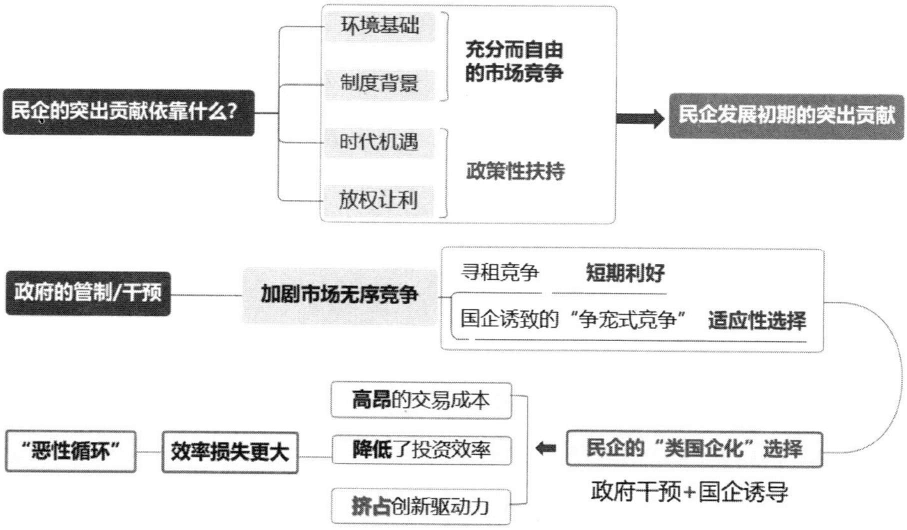

图5－9a　民企“类国企化”之经济后果

① 即沿着“现象—问题—逻辑—验证”的基本范式序贯展开。前面的图5－7ab以及这里的图5－8至图5－10等图，是对项目研究成果的一个展示和解读，这里直接呈现，以呼应第9章，亦堪为“文献解读”之例证。

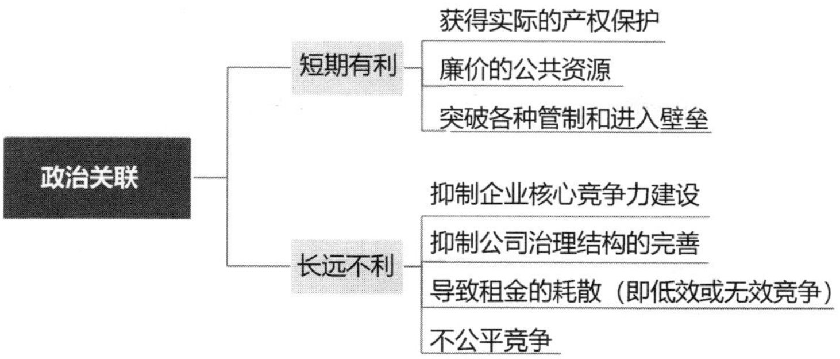

图 5－9b 民企“类国企化”之经济后果（政治关联）①

“类国企化”通过产品市场竞争的中介效应造成民企投资效率损失的检验结果

第一步：投资效率（*a*）		第二步：产品市场竞争 *PM*（*b*）			第三步：投资非效率（*c*）		
变量	投资非效率（*a*）	变量	*PCM*	*HHI*	变量	*PCM*	*HHI*
Lgp	0.002 95**	*Lgp*	－0.111 67***	－0.001 34	*Lgp*	0.002 60*	0.002 96**
	(－0.001 03)		(0.029 63)	(0.001 66)		(0.001 03)	(0.001 03)
Size	－0.002 89***	*Size*	－0.082 50***	－0.001 44	*PMC*	－0.003 16***	－0.004 13
	(－0.000 57)		(0.016 11)	(0.001 14)		(0.000 47)	(0.007 12)
LEV	0.001 43	*Roa*	0.784 92*	0.029 95	*Size*	－0.002 70***	－0.002 88***
	(0.002 51)		(0.375 40)	(0.015 30)		(0.000 57)	(0.000 57)
Roa	0.007 38	*FCF*	0.026 18	－0.000 85	*LEV*	0.002 47	0.001 40
	(0.009 13)		(0.013 36)	(0.000 69)		(0.002 52)	(0.002 51)
FCF	0.001 11**	*Tang*	0.563 79***	0.007 60	*Roa*	0.006 44	0.007 21
	(0.000 38)		(0.080 90)	(0.005 13)		(0.009 11)	(0.009 13)
Tang	0.004 35	_ *cons*	－0.332 26	0.168 31***	*FCF*	0.001 03**	0.001 11**
	(0.003 53)		(0.236 47)	(0.019 02)		(0.000 38)	(0.000 38)
_ cons	0.079 55***	–	–	–	*Tang*	0.002 58	0.004 32
	(0.009 16)					(0.003 55)	(0.003 53)
–	–	–	–	–	_ cons	0.081 46***	0.078 83***
						(0.009 13)	(0.009 25)
r2_ a	0.062 54	r2_ a	0.185 85	0.744 53	r2_ a	0.068 45	0.062 44
N	7 000	N	7 000	7 000	N	7 000	7 000
F	15.098 71	F	74.386 67	43.02	F	15.350 55	14.739 64

注：N＝7 000；* p＜0.10；** p＜0.05；*** p＜0.01，括号内为标准误。

图 5－9c 民企“类国企化”之经济后果（政治关联＋寻租）②

---

① 诸多经验证据表明，民企的这种短视行为不利于企业自身以及国民经济的长远健康发展。（Fan 等，2007；杨其静，2011；邓可斌和曾海舰，2014；逯东等，2015；吴昊旻等，2016）。

② 我们的经验研究表明，民企的“类国企业”行为会通过加剧产品市场的无序竞争进而造成其投资效率的下降（吴昊旻等，2018）。

资料来源：吴昊旻、宋静云．“类国企化”是否损害民誉企业的投资效率？．《现代财经》，2018（7）：19－35。

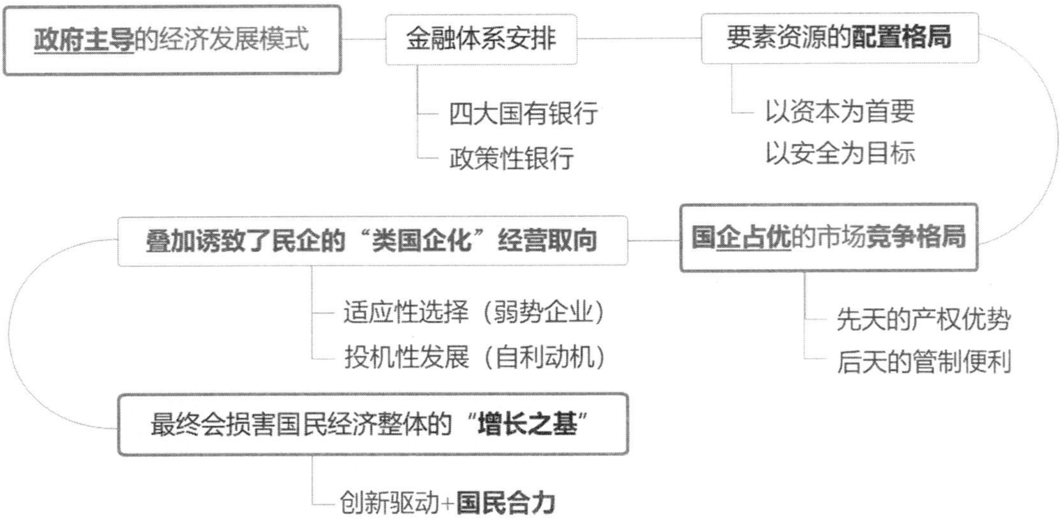

图 5-10a　民企“类国企化”之校正（渊源）

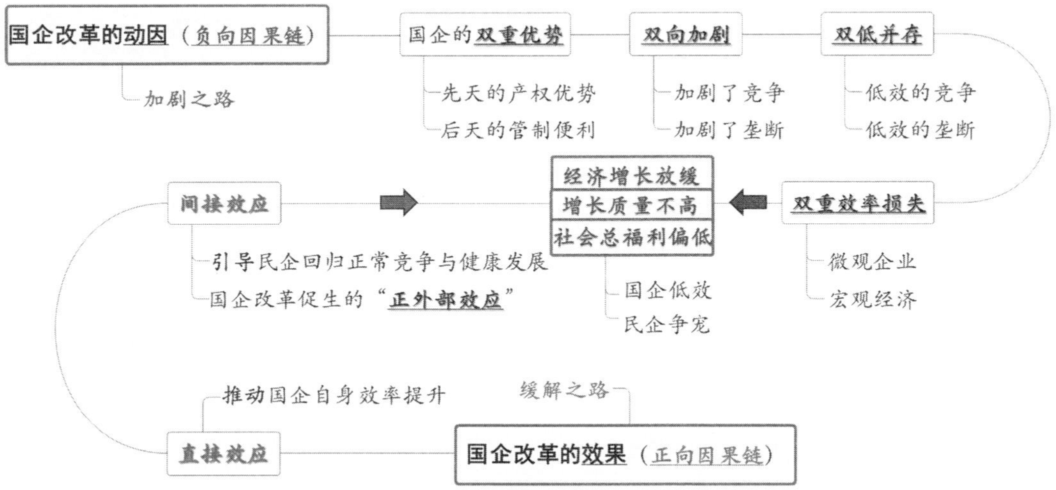

图 5-10b　民企“类国企化”之校正（路径）

最后，我们在上述“架构化、可视化”的逻辑链条基础上，即可以“看图说话”或“完形填空”，在最终敲定的可行框架之中填充勾连、补齐联结，即依序“灌溉内容”，最后连缀成文。

5.4　命题与假设：由理论到实证

从 idea 之发现到其发展，即主题－聚焦既定、逻辑－框架敲定、提纲－层级确定之后，理论分析部分即实证检验之前的“灌溉”——实证文章之前“四股”——就已基本完成；实证分析部分的“灌溉”也须沿着既定的框架提纲展开，而其展开须有“标的”，这个“标的”即是实证研究所谓的命题或假设。文章实证部分的研究设计及其检验、描述性统计分析甚至包括制度背景之综观等，均须围绕这个具体“目标”而展开。因此，命题或假设实为“idea”及其逻辑——抽象意义上的“标的”——之有形化、具象化。

本节阐述命题假设之联系与区别（理实之分、学科差异）、命题假设之量化及验证（因果 or 相关）以及命题假设之形成及规则（递进 or 并进），即略分如下三个小节。

5.4.1　命题 or 假设

谈到命题与假设，往往涉及构念、概念、变量及其理实之分，且往往与学科及领域差异亦相关联。这里简述其内涵及其区别。科学研究按其目的可划分为三种类型：探索性研究（把握基础与方向）、描述性研究（发现规律及特征）或解释性研究（聚焦因果关系），实证研究通常属于解释性研究，而解释性研究需要对研究对象的普适性特征以及相关的构念、概念进行理论及实证层面的开发、界定或建构。

（1）命题与假设之联系

科学研究往往沿着理论和实证两个层面进行，命题与假设，其实是构念、概念、变量在理论及实证层面的联系及其区别的反映；“构念”在理论层面被“概念化”（即对象化），而“变量”在实证层面被“数量化”（即能测量）。与“构念”或“概念”相对应的是[①]，“命题”是基于理论层面的判断性陈述，无法直接进行验证，故往往需要通过构筑“变量”间关系间接地对其命题进行检验，而“假设”即是对变量间关系的经验性阐述[②]。构念之间（如 A 与 B）的关系构成理论层面的“命题”，而变量之间（自变量 - 应变量）的关系则构成实证层面的“假设”。

（2）命题与假设之分别

所谓“命题”，是关于事物——准确地说是研究对象——的一个或多个概念即变量及其关系的表述——社会科学研究所涉及的大部分概念都是“变量”，通过这种表述或判断而将各种现象、事物或观点联系起来，以期指导或形成（新的）逻辑判断。社会上普遍存在的公理、定理以及经验概括等都属于命题的范畴，而“假设”是未经证实的命题，通常是为陈述两个社会现象或事物——变量——之间的因果或相关关系。

命题与假设，除了与构念/概念、变量相对应的理实之分，还往往涉及学科及领域之差异。在逻辑学上，假设或假说，是一种基于已有理论知识及事实材料的推测性说明，是一种将认识由已知推向未知，进而变未知为已知的思维方法。作为社会科学领域实证研究

---

① 所谓“构念”，可分为一维构念（如体重）和多维构念（如个性），而“概念”是相对低阶的抽象。与理论层面的“构念或概念”联系和对应的是实证层面的“变量”。

② “假设”一词，很早即出现在汉语词汇中（如《汉书·贾谊传》：“假设陛下居齐桓之处，将不合诸侯而匡天下乎?”），其意有如果、凭空构想——对应的英文为“presume”或“suppose”即“暂时认为”，以及尚未得到证明的科学主张或科学研究中根据事实提出的假定说明等——对应的英文为“hypothesis”。实证研究中所谓的“假设”多指后者。

的基本范式，“假设”需要通过构筑变量间关系对未经证实的“命题”进行间接检验。因其研究主题之不同、内容侧重之差异以及学科专业之分别，实证文章的命题与假设之形式不一而足[①]，但一般并不作刻意的区分，往往可以归纳为“基本命题 - 具体假设”的模式，亦可谓“命题既定，假设随之”，实际上类似于一种“总分关系”；命题是具体假设的“归集判断”，而假设是命题的具体化，即实现、解答以及通过量化而验证问题的程序或步骤。

5.4.2 因果 or 相关

社会科学研究需要将“构念或概念”具象化为各类“变量”，更要通过变量之间的相互关系——两个或两个以上变量之间相联系的性质——认识和掌握社会规律，即依托于命题或假设而构筑的变量间关系，实是社会发展及其变化规律的反映。

变量间关系主要分为两大类型，即因果关系和相关关系。在社会科学研究中，确定关系的类型非常关键，因为它不仅是认识社会现象及其发展规律的前提条件，也是制定政策进而解决问题的重要依据。所谓研究之“问题导向”，即是沿着命题与假设界定的“变量间关系”的“预设轨道”而行进的。——这里的“关系界定”实与后面专论描述性统计之重要（第7章）以及制度背景综观之攸关（第7章）相呼应。

（1）因果必相关：特定

实证研究中所谓的“变量”，究其本质属于“概念”之范畴，是概念的一种类型，是指本身可变动的、可用数值表现的概念；变量是对概念之类型、程度的量化与测度[②]。因果关系是指在两个有关系的变量中，因为一个变量发生变化而引起另一个变量的变化，而相关关系则是指变量的变化之间存在着非因果性质的某种联系或关系[③]，故因果必定相关。

科学研究中的命题多为陈述“相关”性判断，而假设多为验证“因果”性关联，故“因果必定相关”的**研究启示即在于**：在“普遍”相关的关系链中验证筛选出“特定”相关的因果链，是对社会现象或研究对象更为准确的规律性认知（见图5-11），也因此更能——在重要、创新的基础上——凸显研究之“可行性”价值；同时，也应注意，因果关系往往因其更为实证研究（者）所“乐见”——因其更符合“预期”，故其“因果”关联之确定往往亦需要更为严谨、深入的理论推演以及科学验证。

（2）相关无因果：基本

科学的“假设”必须基于相关事实及科学原理，其本质是“以结果倒推逻辑”、以已

---

① 哲学或逻辑学层面的差异辨析是为建构和训练抽象思维，实证研究中则不必过于拘泥，故其区分无关紧要，只是形式差别而已。在现实中，经济学、人类社会学等学科的实证研究一般只提出命题，而管理学尤其是会计、财务等领域的实证研究则往往会具体到假设（H）。

② 变量即是“可量化”的概念；反之，概念若无法量化即无法检验。可见，量化或“变量化”是实证研究区别于理论研究的一大关键特征。

③ 按相关关系变化的方向可分为正相关、负相关（逆相关）；按其变化的表现形式，又可分为直线相关和曲线相关（即线性 or 非线性）。

知推测未知，故假设不可“先定”，否则限定“思维”。在实际研究过程中，一个 idea 的发现、发展及其验证、实现，往往存在两种不同的写法：

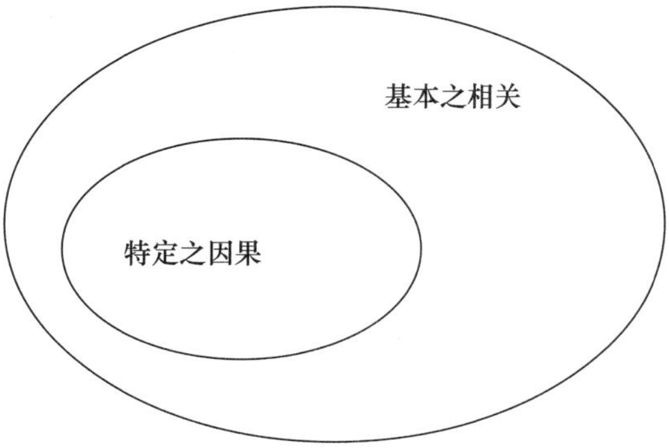

图 5－11　因果与相关

其一，是“逆序”思维。

简而言之即“以结果反证 idea”，就是先搜集整理相关数据，然后进行描述与实证检验，结果若符合预期则 idea 即可确定。这种写法略具“投机”性质，却在实际中更为常见，其实是属于“归纳思维”的研究及写作范式。

其二，是“正序”思维。

与前法相反，“正序”就是沿着科学研究的“应然”逻辑——“假设”必有科学依据（事实＋理论），即基于科学的事实及其科学的理论，确定主题即 idea 之后先推演逻辑，进而提出假设，然后再做检验，理据相依、序贯而下。

对比两种方法，究其差异，实为归纳与演绎之分，亦类似于读－写之别①（见图 5－12）。所谓“殊途同归、莫问出处”，二法对于有经验的“研究者”来讲实无区别，甚至可以正反交错；但对于初学者而言，则须有个“**优先顺序**”，即应该优先遵循“正序思维”，着力于夯实敏于联系实际、善于捕捉现象的“理论运用”素养，着力于历练从普遍中观照差异、从规律中发现例外的“理论反思”能力；然后自能归纳与演绎交错使用，自能渐渐游刃而有余。这与前面 5.2.1 节引用爱因斯坦的观点——你能不能观察到眼前的现象，取决于你运用什么样的理论，“理论决定着你到底能观察到什么”——实际一脉相承。

所谓“**基本为本**”，上述的“优先遵循”，实有助于**校正和避免**实证研究中常常发生的苛求或迎合因果而无视相关关系、重视或放大特殊而忽视基本规律、局限或迷信样本而罔顾相关事实的“近常识性”偏误②以及“理实脱节”之流弊。相关普遍于因果，故因果往往隐藏于相关。**特别强调**“相关或无因果”，即是为强调基本规律之重要（衔接理实）、之基本（支撑力度）、之关键（结论攸关）；故其**研究启示在于**：相关关系更为常见，故亦往往蕴含着更为普遍的规律或联系，而这些规律或联系可能更为多元、更具新意、更为

① 写作与阅读的思路不同，在思维上往往是“相反的”，故品读不同于写作。见前面第 3 章相关分析。

② 这里的“近常识性”——有悖于客观或事实——其实也涵盖了“反常识性”，实有悖于科学或逻辑。

重要，故须更加稳健（方法）、更加科学（理论）、更为谦逊（三观）地去面对。

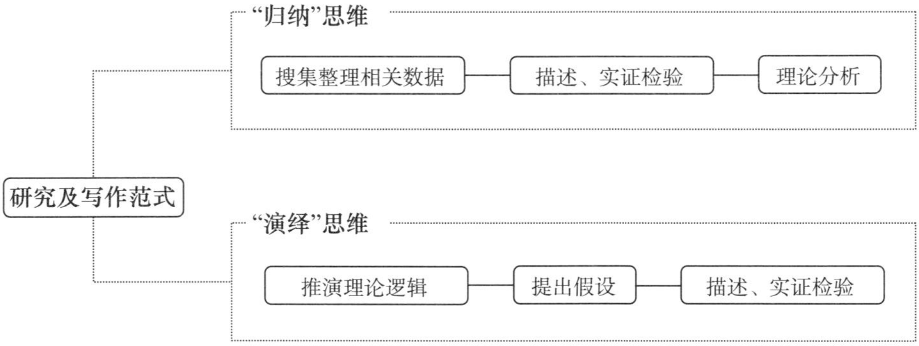

图 5－12　学术思维与写作范式

（3）无因亦无果：反思

任何一种科学理论在未得到确证之前都属于假设或假说。社会上广泛存在着尚未被事实确证的理论假说，也存在着理论未能解释的客观现象，后者在实证研究领域即属于"无因亦无果"的范畴或状态，而其意涵或价值重要而关键。有的假设尚未完全被科学方法所验证（无因），但也没有被任何一种科学方法所否定（无果），却一样能够产生深远之影响——如"量子假说"[①]，而这种影响其实也是递进之认知。

可见，实证研究所谓的"假设"不一定非要被"验证"，即在计量统计学意义上不一定非要"显著"；而一些"非显著"的研究结果反而可能具有更大的启示意义。这都是真实世界给予"研究者"的真实反馈；对其价值的反思，在逻辑和方法论上，也根本符合实证研究的本质及其宗旨。——参见后面 7.4 节的例 7－17"MOR 新政：为何欢迎"不显著"（negative）的研究结果?"之案例分析。

5.4.3　递进 or 并进

假设的内涵及其结构等自可详究，不再赘述，这里简说其形式或类型。假设或假说的形成属于"创造性"活动，故不存在普适而固定的机械模式或形式规则，但应当有启发性的指导准则，概括起来**约有四条**，即：以科学原理为指导（基于已有理论的继承与创新）、以经验事实为依据（可以解释－不受干扰）[②]、具有可检验性（区别是否可检验与检验条件是否具备）[③]、结构简明严谨（内容精练－多维协调）[④]。

---

① 德国物理学家马克斯·普朗克为解决黑体辐射谱而于 1900 年首先提出，至今仍被认为是科学的标准假定。

② 即基于已有理论能够对相关事实——并非所有——做出圆满解释，不受个别"反例"或"异例"的干扰。

③ 这属于"可行性"方面的要求，对未知命题的推断必须包含有可在实践中检验的结论（已有理论＋相关事实），即应当把是否可检验与检验条件是否具备这两类问题区别开来、科学而历史地对待。

④ 假设检验也须遵循一般准则，大致有如下四条：须严格检验但不可忽视一般、改进辅助性假设但不可特设、个别检验相对但不可忽视其意义、否定竞争性假设但不可忽视其价值。这与上面强调"相关无因果"以及"无因亦无果"的科学内涵相一致、相呼应。

假设之形式多元，结合其基本准则，本书将其大致分为两类，即“序贯递进”（递进相关）和“多维并列”（殊途同归）。这里的“序贯递进”是指多个假设序贯而下、主辅互补、依次验证而递进相关；而“多维并列”则是指从多个独立的维度，分进合击，共同验证一个（主/基本）假设，即“殊途同归”。除此之外，实证文章还可以梳理出一个“假设－检验”相互对应的、大体的“结构性顺序”，即：基本/基础假设（基本的检验）、辅助/延伸假设（拓展性检验）、反向/异向假设（内生性检验）[①] ——这可以被称为文章实证部分的“三分架构”。如图5－13所示。

图5－13 假设之基本准则及其形式

下面再分别以例证展示。

（1）例说递进

以下摘录范博宏和黄德尊（Fan & Wong，2005）[②] 发表在国际顶级期刊《会计研究》（*Journal of Accounting Research*）上的一篇代表性文章中的假设。该文的五个假设序贯而下、层层递进、依次验证、前后呼应，故其假设提出（H）可堪作为“序贯递进”式假设——多维并进、层层支撑——的一个典型示例。

【例5－5】研究假设应该如何延伸递进：以Fan & Wong（2005）为例

Fan & Wong（2005）的文章基于代理成本理论（Jensen and Meckling，1976）[③] ——理性的公司管理层会主动引入声誉更好的高质量审计师以缓解其股权结构引致的严重代理冲突——和东亚八国/地区的上市公司样本，从高质量审计需求、融资约束影响以及公司价值效应等方面，实证考察新兴市场国家或地区的独立审计师是否发挥了其公司治理效应。

Hypotheses or Predictions：

H1：A firm's decision to hire a Big5 auditing firm is positively related to its agency problem

---

① 即与研究的主假设或基本假设“相反”或“相异”的情境或事例，这是决定研究是否逻辑自洽（因果清晰）、因应理实（有理有据）的关键性考量；这可以通过改进辅助性假设、竞争性假设或者内生性检验的方法或路径予以纵深考察。

② Fan，J.，Wong，T. J. 2005. Do External Auditors Perform a Corporate Governance Role in Emerging Markets：Evidence from East Asia［J］. *Journal of Accounting Research*，43：35－72.

③ Jensen，M. and W. Meckling. 1976. Theory of the Firm：Managerial Behavior，Agency Costs and Ownership Structure［J］. *Journal of Financial Economics*，3：305－60.

embedded in its ownership structure. ——（对高质量审计的需求?）

H2：The positive relation between a firm's hiring a Big5 auditor and the degree of its agency problem increases with the firm's demand for equity capital. ——（强化融资约束?）

H3：The share price discount associated with agency problems induced by ownership structures is smaller for Big5 clients than non – Big5 clients. ——（是否具有价值效应?）

H4：The audit fee charged to a firm is positively related to the firm's agency problem embedded in its ownership structure. ——（审计定价是否是代理问题的函数?）

H5：Poor earnings will more likely trigger auditors to issue modified opinions（MAOs）to firms that have more agency problems embedded in their ownership structures. ——（代理冲突引致的业绩下滑是否更易引发非标审计意见?）

（2）例说并进

不同于“序贯式”假设凸显递进相关、更多着意于问题之“深入”检验，“并列式”假设则体现多维共证、分进合击、“殊途同归”，更多着意于问题之“全面”验证。试以本人的相关研究“现身说法”，例证展示如下。

【例 5 – 6】政治关联与企业环境责任履行：“合作”or“合谋”?①

企业环境责任的履行受制于复杂的政企关系及其制度渊源，我们基于企业政治关联的不同维度及其制度背景的宏微观结合视角，以我国沪深 A 股重污染行业上市公司为样本，实证检验政治关联如何影响企业的环境责任履行，以期阐释和厘清我国环境污染治理进程中的的“转移 – 升级矛盾”及其背后的“政 – 企利益纠葛”，进而为我国新时期持续推进环境污染治理及其施政重点提供针对性决策借鉴。

【问题切入】研究发问与基本描述

实际上，类似话题“人人都有感觉”，即均可基于其切身感受及实际经历进行评点论证、对比分析和质疑反思，故在研究发问之时，更适宜首先从“直觉”入手进行思考和框架设计，从而才能使得学术研究之问题切入“更接地气”。为此，须依赖基本描述——详见第 7 章“idea 之量化：基本规律重要”之阐释——予以支撑、导引，而基本规律之描述也须依托“发问”来予以聚焦、引申。

我们首先将之概括凝练为如下的“三个反问”（实为质疑）和“四个设问”（内含预期），然后在此基础上再依托进一步的描述性统计分析，进行理实推演和研究设计。

三个反问——实为质疑：

联合国“人居示范奖”城市何以成为污染排头兵？……（以所在城市现身说法）。

边远滞后地区曾经的蓝天去哪儿了？……（以实际观感现身说法）。

环境污染的“周期现象”为何演变为“周边现象”了？……（以实际数据对比反思）。

① 吴昊旻等，“政治关联有助于提升企业环境责任履行意愿吗？——基于中国重污染行业上市公司的经验证据”（第 17 届中国实证会计国际研讨会，博士生论坛主题报告），2018，Working paper。

四个设问——内含预期：

发达国家走过的路，发展中国家也要走一遍？……

发达地区走过的路，滞后地区也要走一遍？……

滞后地区的环境恶化主因是“产业承接/转移”or“技术水平限制”？……

如果是“无奈”的产业承接/转移，那其背后的制约/影响因素又有哪些？……

【研究设计】理－实综观与实证设计

沿着上述的“发问”而聚焦、引申的逻辑，围绕我们的研究关切，自然会进而反思这个“逻辑主线”之中涉及的最重要的两大利益攸关主体即各级政府（治理主导）和各类企业在污染的“治理－转移”进程之中，又各自究竟扮演了什么角色？发展趋势（如法治化、信息化）、社会公众的期待或诉求又会对各级政府和各类企业的行为导向及其决策选择——涉及“政府—企业—社会”——发挥着什么影响？等等。为此，我们沿着如下的思路以及详细的描述性统计（见图5－14ab）对此进行“理－实综观”（H）和实证设计（Test）。

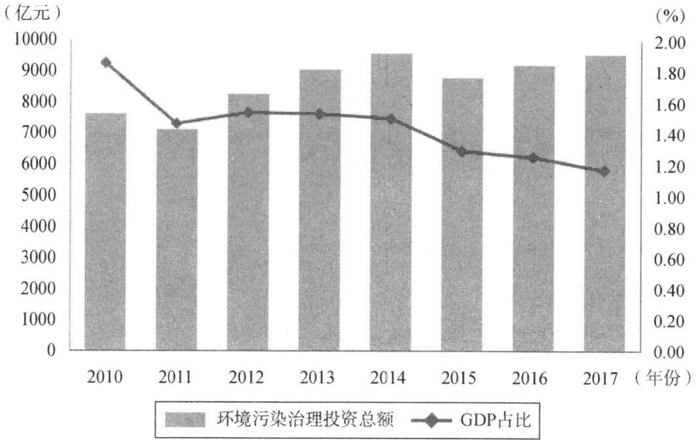

图5－14a　2010－2017年我国环境污染治理投资总额及GDP占比

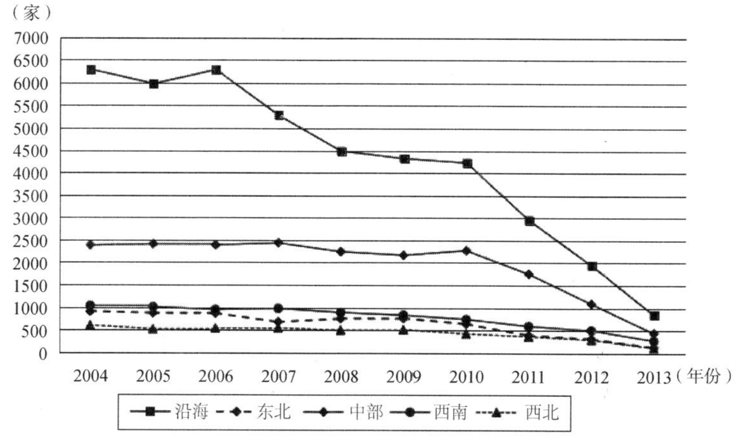

图5－14b　2004－2013年新建污染企业的地区分布（下降速率）

制度背景：法制环境与政策变迁。

——政策和法规约束日益“收紧”（治理导向，见图5－14a）；

——环境污染呈现出显著的“周边现象”：产业转移与政企博弈？

逻辑凝练：理论分析与假设提出。

——政治关联与企业环境责任履行（H1）；

——政治关联层级、政企动机差异与企业环境责任履行（H2ab）；

——地区环境差异、政治关联与企业环境责任履行（H3）。

承上反问及设问，作为一种特殊的“社会性资源/资本”，企业的政治关联往往同时具有“积极社会效应”（公众形象、社会声誉等）与“寻租/权力庇护”效应（管制便利、例外竞争等）——**那么**，企业的环境责任履行是更倾向于“典范式遵循”即“迎合”还是个体利益的“共谋”呢？企业环境责任的履行动机及其水平又会受到哪些因素的影响？

结合我国新兴/转轨的特定发展背景、“行政集权、财政分权”的制度设计特征以及以市场化和法治化进程为核心的各地区发展显著不平衡的制度环境差异，并通过严谨而客观的理论分析、制度背景综观以及基本规律描述（见图5－14ab），我们拟在基本假设（H1）的基础上进而提出三个“并列”的假设（H2ab及H3），即：

H1：企业的政治关联显著影响其环境责任的履行（两种效应并存但有差异）；

H2a：中央层级政治关联的企业更愿意响应或“迎合”中央政府的环境治理目标，进而会履行更多的环境责任（“合作”效应）；

H2b：地方层级政治关联的企业更易“俘获”政府，在环境管制中获得政府的权力庇护，从而履行较少的环境责任（“合谋”效应）；

H3：地区环境差异显著影响企业政治关联与其环境责任履行的关系，相对于高环境规制地区，企业的政治关联与其环境责任履行的负相关关系（“合谋”效应）在低环境规制地区将更为显著。

实证分析：假设验证与研究启示。

我们的实证分析验证了预期：政治关联显著影响企业的环境责任履行，中央层级政治关联企业更倾向于主动以“典范的方式”积极响应或“迎合”国家政令及环保要求，从而履行了更多的环境责任；而地方层级政治关联企业则因“政－企利益纠葛”（包含了“转移－升级矛盾”）而呈现出较为复杂的“两面性”[①]，当企业处于低环境规制地区以及面临更少成长机会时，地方政府与其关联企业更容易达成“合谋”，进而漠视甚或纵容企业污染行为，政治关联因此成为造成和加剧边远或相对滞后地区污染难治即所谓“**周边现象**”的一个“**负面背景**”。

① 这种导致“两面性”的“纠葛和矛盾”可能包括：（企业和地方政府）是直接承接or推进技术升级？是着眼短期增长（承接、任期考量……）or长期持续（创新、公益考量……）？是不得不承接or自愿选择？是响应中央or服从地方？是顺应发展大趋势和公众期待or短期功利主义？等等。实际上，这里的“政－企利益纠葛”包含和对应着“转移－升级矛盾”，而这是导致污染难治及其关联复杂的根本原因，故亦须从此处着力推进改革。

我们的研究对于厘清我国环境污染难治之根源以及在新时期如何均衡而针对性推进滞后地区污染之有效治理等，具有积极参考价值。

值得说明的是，本节关于“假设”之两类形式的划分，实是为有助于理解、提升或优化“假设”——即研究之“标的”——之意涵表达、内容结构及其主题对应，实际研究中切不可硬性拘泥；在“多维并进”中往往隐含着“递进”相关，如例5-5所示。

此外，如前所述，命题之凝练以及假设之形成，属于高度“创造性”活动，实为“idea之发展”环节之核心及其落点，同时也是作者“思维之力”以及基础素养——尤其是前面所谓“七能”之抽象之能、推演之能、综观之能——的集中体现。

所谓“像研究者一样思考”[①]，依托科学有效的命题与假设将idea发展成文，**就是要你**抽象与具象兼修、理论与实证结合；**就是要你**知道“体用相济、虚实相依”的道理。

① 所谓“像研究者一样思考”即暗示着你须具备在理论与实证两大层面不断反复或转换的能力；它不仅包括对观察进行“构念抽象”的能力，还包括对联系这些抽象构念的“法理学网络”——指一组相关构念间的所有关系网络（逻辑关联及其思维导向）——进行“心理想象”的能力。

第6章 idea之因应：背景综观

凡将立国，制度不可不察也。

——《商君书·壹言》

不齐之中，流通照应，必有大齐者存。

——［清］刘熙载《艺概》

只知一国者近乎于无知。

——［美］李普塞特

一国有一国之传统与国情，一代有一代之潮流及取向，随时轮转、因袭造固，遂成一国一代之“背景”，亦当为学术研究之“凭借”。故学术研究所谓“问题导向”（现实问题+理论问题；务实+务虚）①，应当**做到“四应”**，即：因应“背景”、顺应“时势”、适应“国情”、响应“内需”（即应发自作者内心或思想的“冲动”）。

有别于实证文章之“理论依据/背景”（文献综述+理论基础），制度背景分析乃是实证文章立论之“现实依据/背景”②。实证文章必须先有此“两大依据/背景”，并做到理实相应、相互支撑、表里互证、前后呼应，方可自洽从容（逻辑序贯）、体态雍容（架构谨严），否则不能称之为“论据充分、言之成理”。

简而言之，所谓“背景”，即是“**传统+时势**”，即是“**时间+空间**”，对应着一国一代一事之“过去—现在—未来”，亦映射着中国古人所谓“天时—地利—人和”之状态。这里的“传统”，包含文化、历史、制度、礼仪、风俗等广义的人文领域；而“时势”则

---

① 实际中往往将学术研究之“问题导向”不自觉地等同于“现实问题”，其实不然，还应当包含“理论问题”。要知道，新思想、新理论的来源不只是现象、事实或案例，还包括逻辑推演、关联想象或“无边的神思”，即既需要“务实”，也要适时“务虚”，要“虚实响应、理实结合”。因此，需要从思维认知、思想演进的层面重新审视“问题导向”这个原则或根本问题。

② 既然属于综观性的分析，故也需配合宏、微观数据；故所谓的“现实背景/依据”也包括后面第7章的基本规律之呈现（即“idea之量化”）。

主要是指时代态势、发展趋势等动态的社会趋向[①]。因此，学术研究所谓之“制度背景”，依其主题之内涵及其涉及，实际已经涵盖了从“人文”到“社会”、从“静态”到“动态”、从“可见”到“潜隐”的几乎所有领域以及其情境。

本章定名为“idea之因应”，即是从学术研究所谓“制度背景”分析的维度，为实证文章idea之“问题导向”及其“现实依据”奠定基础；即是因时应势、“顺天应人”进而做到“四应”；即是“理实之综观”——对“主体－主题”[②]所在的制度背景进行描述分析和深入解读。这就需要引导和缮养出过硬的批判性思维能力，即须具备抽象与具象、分析与综合、判断与评估的综合性素养。谓之“综观”，一是为呼应前面所谓人文社科研究之“五功七能”（其“综观之能”），二是为强调理实结合、虚实相依、体用相济之重要。

实际上，制度背景之综观，也是一种“阅读”，即本书倡导之“一法六要”思维及写作范式中的“读背景”[③]。要知道，因应理论、序贯逻辑、支撑主旨的制度背景分析，同时也是夯实、锚定、解析、深研既定idea以及（重新）寻找、定位、发现新的idea的最有力基础和必由之路。故本章承接前面第4、5章的“idea之发现、发展”，又与第7章“idea之量化”前后呼应。

此外，在“idea之发现、发展”之后，再**“逆序”讲解**“idea之因应”，其实也是对实证研究中广泛存在的脱离背景、扭曲客观（忽视取向趋势及其变化、制度评价有失中肯）以及夸大一般、罔顾事实（片面倚重大样本规律、忽略现象及实例支撑）等流弊的一个针对性回应；故对理－实结合综观之重要（本章）、基本规律描述之关键（第7章）再予以“格外或额外”的强调；同时，亦凸显了本书将其作为实证文章之“两大依据/背景”以及其“三大主体”之一的理据所在。

6.1 背景综观：重要而优先

作为实证文章之“两大依据/背景、三大主体”之一，制度背景分析重要而优先，而

---

① 中国人很早就认识到“顺天应人、天人合一”的自然规律及其辩证道理，故对于“时势”早有独特深入之见解，且广泛运用于兵法、用人、治世、修身等方方面面。早如《庄子·秋水》即有：“当尧舜而天下无穷人，非知得也；当桀纣而天下无通人，非知失也，时势适然。”《战国策·齐策五》有：“夫权藉者，万物之率也，而时势者，百事之长也”，更是对于“时势”的经典阐释。

② 这里的“主体－主题”——其意实在倡导“实事求是”——既包括学者本身，也包括其所关注的问题。在学术研究日益国际化的大背景下，这个“背景”不可忽略。很多“国外”学者——如A籍B裔——关注B国之问题而得出很多“不接地气”甚或背离民俗传统的研究结论早已屡见不鲜，典型如2020年新冠肺炎疫情以来诸多受意识形态左右或缺乏真实数据的相关研究频频见诸报端、贻笑大方。

③ 所谓“一法六要”，其中的“一法”即指“结构化方法”，而“六要”则呼应所谓“人文基本功”，即读哪些、读多少、读背景、如何读、如何评、如何写；这“六要”聚焦“三功”（即读－写－评），而贯穿“一法”。还可参见后面第8章详述。

其展开更是考验和体现作者的“理实综观之能”。制度背景分析就是对学术研究所谓“问题导向”的佐证、细化及量化。本节首先解构其内涵及维度、阐述其依据及基础之支撑、强调其系统而多维之影响，并分别以例证佐之。

6.1.1 制度背景之解构：内涵及维度

承前分析，所谓“制度背景”，要其内涵，不外乎“传统－时势”之二维，其中的“时”为实时、现实、适时，聚焦于“静态”之时点期间；“势”为形势、趋势、大势，落点于“动态”之时变事变；而一国一地之“传统”自于其间发挥着内生性、渗透性、润滑性、制衡性等诸多直接或间接的作用。此为任何国家或地区之最大、最典型且最为重要的环境背景或其社会“底色”①。故呼应其“两大内涵”，制度背景之“综观”分析应当体现和坚持“**四个维度/四要**”：

（1）要有“社会性”的普及

这个维度是在凸显制度背景分析之“**社会属性**”，即视角上要定位多元、视野上要普及周到，以体现其“全局性”内涵。“社会”，是由生物与环境形成的关系总和；而“社会性”即是指个体不能脱离于“社会”而孤立存在的属性。由“社会”到“社会性”的追问②，在这里是为借指个体、国家、地区以及组织等各个层面、各种区隔之间普遍而复杂的“社会性”联系，而且，这种联系还具有历史性。

因此，制度背景分析必须要有“社会性”的普及（度）：一是在内容上，分析须立足于社会全局，首先从整体性、宏观处着眼；二是在对象上，分析须定位于普遍关注，从利益攸关之代表性问题着手；三是在角度上，分析须基于科技进步和社会发展的动态视角，辩证地分析问题、提出对策。

（2）要有“典型性”的洞察

这个维度是在强调制度背景分析之“**深入－典型**”**要求**，即视角切入要直指关键（渊源－本质）、问题解析须“鞭辟入里”（焦点－症结）、关联构造须表里兼顾（因果－相关），以体现其“代表性、必然性”内涵。这里的“典型性洞察”与上面的“社会性普及”两大维度一起，共同支撑起制度背景之“综观”分析的“由点及面、点面相关”。这与第5章“idea之发展”即理论推演的逻辑及其方法实相一致。

（3）要有“阶段性”的对比

这个维度是在突出制度背景分析之“**动态－权变**”**特征**，以体现其“相对性、机遇性、不确定性”等内涵。世间万物（y），皆是时间与空间（x）的“函数”，所谓时移世易、世易事宜，制度背景之“综观”分析还须遵循“动态－权变”的规律/规则，而其典

---

① 与制度背景相近的另一个表述是“制度环境”，在学术研究中亦往往混用，虽不必拘泥，但考其内涵实际有别：“背景”涵盖“传统－时势”之时空二维，可囊括古今；而“环境”则多指“时势”一维，多定位于现时。

② 本是社会学术语。“社会”指在特定环境下共同生活的生物，能够长久维持、彼此不能离开的相互依存的一种不容易改变的结构；“社会性”是生物作为集体活动中的个体，或作为社会的一员而活动时所表现出的有利于集体和社会发展的特性，主要有利他性、协作性、依赖性以及更加高级的自觉性等。

型之体现便是“阶段性”。制度及其政策是为社会发展服务的，一国/地区的制度尤其是政策不可能始终一如既往；在全球经济一体化进程加剧、宏观经济波动交相联动、信息科学技术全球共享的现代社会，制度的“动态－权变”特征将日益显著，而其“背景”——新旧制度的博弈、新新制度的协调以及技术与制度的“兼容”、制度设计与社会发展的“互动”等——也将随之而变迁；特别是那些仍处于新兴、转轨阶段的国家/地区，其制度设计尤其是政策制定更是呈现出灵活多变、务实权宜、阶段更替的特征。所谓的“政策窗口期”以及“历史机遇期”等宣传及判断，即是其反映。

实际上，这里的“阶段性”包含着宏观、微观以及纵向、横向“两个层面”：一是指某一国/地区的“阶段性发展”，即基于整体性、普遍性、社会性的视角看待制度变迁；二是指某一事件/现象的“阶段性演变”，即基于代表性、典型性、深刻性的视角看待制度变迁。这两大层面关联互动、相辅相成，后者是前者“非均衡”发展或其效率的体现，前者是推动后者的基础，而后者的累积又会促成或掣肘前者。

可见，制度背景之“综观”分析，既要宏微结合、分“阶”比对考校，也须纵横兼顾、分“段”对比审视，此即为“阶－段－对－比”①。这也是学术研究必须坚持的“实事求是”。

（4）要有“公允性”的评价

这个维度是在彰显制度背景分析之“**客观－中正**”**宗旨**，即制度评价也须纵横兼顾，制度运行成效的纵向对比须“客观理性”，制度本身优劣的横向对比须“中正不偏”，以体现其“历史性、辩证性”内涵。制度是一个体系性范畴，内含诸多层面及维度，包括法律、法规、章程等正式制度，还包括宗教、风俗、礼仪等非正式制度，从不是一朝一代、一人一事即可塑成，而是经久累积而成；故其背景分析自然涉及“传统－时势”之时空二维，而其评价尺度自须坚持“客观－中正”之宗旨。

然而，制度背景分析也最易受到“意识形态”或所谓“单极化”思维的干扰②。体现在学术研究当中，对于制度背景的分析评价，要么是笼统的效率定性，如“市场化进程仍然非常滞后……”，等等；要么是偏执的制度定位，如“由于制度设计的天然局限……”，云云；要么一味机械地强调中国特色，要么单边主义地概以美国为尊……凡此种种，不一而足③，都有悖于科学研究的方法与态度。

实际上，这种“局面”渊源已久。在思想领域，自我国明末以降，西方人文思潮已然

---

① “比”的本义是夫妇并肩匹合，引申为并列、亲近、挨近、连接、勾结、等同、比较、考校或核对等义（见《周易》及《说文》）；“对”的本义是指回答、应答，引申为敌对或对立、成双或配偶，也有核对之义；而“阶”分高低上下、“段”分前后左右，故此处引申四字原义，意在强调“背景之综观”应将宏观－微观两大层面“等量齐观”、纵向－横向两大维度“平等对待”而不可偏废的重要性。

② 不止体现于此。前面第3章3.3.2节关于实证文章第七股“结论与启示”撰写之“五大流弊”的分析，其实也是受此影响。实际上，文章的“理实推演”（理论分析＋制度背景）部分若受此干扰，自然也会渗透全文。

③ 已有学者开始适时、集中地反思这些问题，代表如：陈冬华、李真．“乡土与城邦”．《会计研究》．2015年第1期。

开始“冲出暗夜、重新自立”①，并以科学及哲学为代表，以实践和变革为工具，日益引领世界潮流，不断冲击全球格局，至鸦片战争达到其“**第一个高峰**”，至改革开放又迎来“**第二个高峰**”②。**此间**列强以武力称雄、以科技开路，框定世界格局，独享全球红利；**此间**思潮席卷、颠覆社稷、跌宕思维；**此间**以强为大、以大为尊，遂演变而成为世界利益格局以及人文科技发展之“规矩”；**此间**中国历经百年屈辱、眼见积弱积贫、依稀往日荣光。“积习”沉淀已久，自然积重难返，很难也不宜在一时间纠偏校正，否则也会陷入“矫枉过正”。然而，科学研究的精神却不可旦夕丢弃。在这持续近百余年的“冲击－学习”模式影响及其“自觉演变”——向“创新－学习”过渡③——的转型、复兴进程之中，认为“好的基本自产、坏的多为引进”（张五常），自然略失偏颇；但动辄以洋为贵、一切唯美是尊，则更是失之于客观。

可见，制度背景分析的“公允性”评价难能可贵。社会的本质特征总是多元而非单一，故其社会单元如国家、地区、组织、民族等也应一直呈现并遵循多元共融、多极共存、多维共生的“生态型格局”；故激励与约束其主体行为的“制度”自然也应该是多元的；故其“背景之综观”，就不应该受到“意识形态”之片面干扰④，也不应该受到“单边主义”之独断左右，而应当秉持“客观－中正”的宗旨。私意认为，著名社会学家费孝通（1990）先生总结出的“各美其美，美人之美，美美与共，天下大同”的“十六字箴言”，也大可以引申作为基于不同文化关系而进行制度背景分析评价的“十六字箴言”；此亦为本章所谓“综观”之意义。

综上，制度背景分析之“四大维度”或其“四要”，不仅与其“传统－时势”之二维内涵相呼应，**其实也秉承了中西方先贤一直秉持的“时空思维”**：前两大维度即“社会性普及”和“典型性洞察”，实是基于“空间”的覆盖；而后两大维度即“阶段性对比”与“公允性评价”，则是属于“时间”的延伸。这又在另一个层面诠释了本章所谓“综观”之意义。实际上，“背景之综观”需要坚持的“客观－中正”宗旨，**就是不要忽视**甚至歪曲不同制度的优势——“空间”差异；**就是不要忽视**各自的传统及其所处的时势——“时间”差异；**就是不要忽视**“制度”本身——规范主体行为之社会结构、利益协调或固化的秩序、规则或机制——的内涵（权变－时宜－人为）及其局限（惯性－固化－人为），而是要坚持“问题”分析的历史性、辩证性以及科学性。

前面第 4 章 4.5.1 节以德国特里尔大学中国政治经济学教授、柏林墨卡托中国研究中

---

① 近代西方的发达实起源于“文艺复兴”，即冲出了“中世纪的暗夜”，开始“重现”希腊、罗马古典时代文艺的高度繁荣，之后逐渐扩展到科技领域。

② 大约 140 年之后的中国改革开放，是西方影响东方的“第二个高峰”，两次高峰之间，历经百余年战乱，又有十年“浩劫”，硬性的“冲击”叠加着软性的“渗透”；两次高峰，渊源背景类似（落后则受欺），而其影响本质相同，都是“冲击－学习”。

③ 如今，随着国力的强盛，上述的“冲击－学习”模式已开始自觉地向“创新－学习”演变转型。这是“自强才能自立”的规律彰显。

④ 作为哲学范畴的“观念之集合”的“意识形态”（Ideology，也叫“意识型态”），其本身是中性的，人人都有意识形态，这里指受到狭隘的政治或党派利益左右的、政治领域的意识形态。

心（MERICS）创建人及总裁韩博天（Sebastian Heilmann）的新著《红天鹅》为例，基于逻辑的“平面架构化”——其著作之结构纲目——视角，展示了一个“国外学者”如何跳出传统的制度分析框架，以比较政治研究的视角，对中国革命、社会主义建设及改革开放各个阶段发展模式和试验创新的深度解析与客观洞察。**此例亦可作为**实证文章制度背景之“综观”分析——贵在公允客观、理实结合——的典型例证和有益遵循。

中国社科院张明教授的“《红天鹅》读书笔记”对该著作有一个“忠实摘录”[①]，可以让我们一窥该书之解读视角及其立论之基。张明教授的读书笔记共总结出28条，这里特遴选、转引其“自注”及主要条目之核心内容**作为例证**，以展示制度背景分析之贵在“务实综观”，以凸显“公允”评价之难能可贵，以传承“客观－中正”之科学理性精神。

【例6－1】德国学者的《红天鹅》：真的是一只“红天鹅”么？

【张注】近日读了一本非常有趣的书。作者韩博天（Heilmann）是德国柏林墨卡托中国研究中心（MERICS）创始人，也是中德论坛的地方代表。这种书从西方学者的视角对中国经济崛起过程中的政策制定过程进行了归纳和总结。必须声明的是，以下读书笔记全为书中内容的忠实摘录，并不反映笔者本人观点。不过，正所谓兼听则明，“不识庐山真面目，只缘身在此山中”。有时候，来自外部的观察可能要比我们想象中的更加全面而深刻。

——制定政策是一个没有终点、不预设结果的开放过程，这个过程受政策主体间的利益冲突、周期性互动和不断反馈的机制驱动，而不是由历史发展、政治体制或制度框架所驱动的线性发展过程。

——中国共产党在革命战争时期形成了一套“游击战”式制定政策的方法。……在制定政策过程中允许改变一些已有的规定来适应周围环境的变化，并在执行过程中不断调整，这种政策风格要求决策者具有较强的创造力。

——由地方发起改革和试验，成功之后上升为国家政策，推广到全国。这样的政策过程称为“政策试验”。这种特殊的政策试验方法对中国自1978年以来的经济发展极为重要，它也为身处庞大复杂的行政管理体系之内的行动主体提供了许多事先难以想象的机会。

——通过试验制定政策主要分三个步骤：首先，在地方设立试点或试验区；其次，从试点项目中挑选出成功的项目，确定为“典型试验”；最后，在更广泛的地区继续尝试，

---

① 张明博士是中国社科院世界经济与政治研究所研究员、国际投资研究室主任。详细可参见其微信公众平台“张明宏观金融研究”的文章“《红天鹅》读书笔记”（2020－4－12）。例证题目及其中脚注是本书所加。类似《红天鹅》的客观反思著作还有：［加］贝淡宁（Daniel A. Bell）著，吴万伟译，《贤能政治》，中信出版社，2016年9月；［美］威廉·伊斯特利（William Easterly）著，冯宇、邓敏译《威权体制》，中信出版社，2016年9月；［德］赫尔穆特·施密特著，梅兆荣等译，《伟人与大国》，海南出版社．人民出版社，2010年7月；［美］罗纳德·哈里·科斯、王宁著，徐尧、李哲民译，《变革中国》，中信出版社，2013年1月；［美］斯蒂芬·霍尔西（Stephen R. Halsey）著，赵莹译《追寻富强——中国现代国家的建构（1850－1949）》（Quest for Power: European Imperialism and the Maki），中信出版社，2018年6月；等等。

即“由点到面”或“以点带面”加以推广[①]，以此检验新政策是否具有普遍性或是否还需再调整。

——政策试验最核心的就是中央和地方之间的互动，…… 这种试验方法允许尝试新的解决问题的方法，以适应新出现的情况，同时不需要改变整个政治体制。

——中国政治体制的一个最大优势就是制订长期的发展规划以及集中力量实施国家大型建设项目。中国中长期发展规划对协调和引导不同政策领域活动起到了关键作用。……

——中国并不存在一个统一的规划周期，不同的政策领域、不同的行政层级都有各自的规划周期，由此构成了一个有差异、不间断的协调和评估循环周期。……

——……在中国，政策执行主要是建立在干部责任制之上，而不是法律责任。中国政府可以用干部考核指标来明确和调整工作重心。

——由于中国地域辽阔、各地差异较大，这种反复试验及不断反馈的机制非常适合采用多样化的政策工具和培育不同的动员组织模式，这让中央政府无论面对何种情况都能找到相应的政策工具。

——中国的政策制定过程是一系列意见、文件、试验反复执行和调整的过程，是一个受各种互动和反馈机制所驱动的过程，而不是照规章或职责运行的过程。这种灵活的政策过程让中国体制变得有活力和弹性。中国的政策制定和实施过程中包含了大量自下而上的参与和互动机制，远远超过了其传统机制结构给人的印象，这种特殊的政策制定和实施策略就是中国能够保持韧性和适应性的基础。

——《黑天鹅》的作者塔勒布认为，制度创新能力的高低并不取决于其所处系统的特性，而是取决于该系统能提供多少“最大限度反复试错”的机会。

——中国的各项制度和政策虽然历经了多次变动，但中国共产党的“政策风格”却保持了惊人的稳定性。这……是因为政策主体的能动性以及制定和执行政策的独特方法能够保证在变幻莫测的革命战争环境中夺取最大的胜利。这种政策风格是一种追求变化的“推动和摄取”风格，它与西方发达国家以稳定为导向的“预期和监管”模式的政策风格截然不同。“游击式”政策风格与中国传统思想一脉相承。中国传统思想强调以灵活的、辩证的、有谋略的手段来解决普遍存在的冲突与对立。中国共产党的治理机制表现出极强的灵活性与适应性……

——中国经济转型有一个显著特征，即在政策制定过程中，中央政策制定者鼓励地方政府结合地方特点尝试各种解决问题的办法，然后将所取得的经验反馈到国家起草的政策中。“由点到面”是一种成熟的方法论。这种具有中国本土特色的方法论，意味着地方试验有其深厚的合法性，……政策试验被证明是一个很好的应对不确定性和不确切性的途径。分级式试验才是理解中国制定政策过程的关键……

---

① 私意认为，中国的制度改革及其“政策试验”——其实自古至今皆然——都可以被概括为继承传统、因应时势的“结构化”修正、推进与革新，例证不胜枚举。这既与本章对“背景综观”的“传统－时势”之内涵解构相为呼应，也与本书倡导之“结构化思维”及其分析方法（点—线—面—架构—空间）一脉相承。

——试验的有效性并不是建立在全面放权和自发推广政策创新的基础之上，中国以试验为基础的政策制定过程仍然需要中央领导的权威来鼓励和保护广泛存在的地方积极性，总结提炼可推广的经验，同时避免政策试验过程中可能出现的离心力。上级领导对基层试验的鼓励和保护是一种潜在的“政治保障”，这种保障对于基层开拓性的试验起到了决定性作用。

——在中国当前进行政策试验存在一个关键性的难题：如果试验项目不能立即给地方带来好处，用试验推动改革，其成功的概率就会微乎其微。在提供社会产品和公共产品方面，政策试验具有明显的局限性……

——过去几十年里，中国在制定经济政策方面之所以显示出强大的适应能力，关键在于把广泛的政策试验和制订长期政策规划这两个方面加以结合，在层级分明的行政管理体制下进行“有远见的反复试验”。…… 这种改革方式的好处不在于统一性而在于开放性 ……

——东亚产业计划的核心是对完全自由市场根深蒂固的怀疑[①]，不相信完全自由市场能够自发地形成“一种满足国家需求的产业结构，而不是被动接受国际分工的结果”。

——中国政治经济体制的活力在于其不相信长期以来“放之四海而皆准”的实用主义原则。1993 年以后，中国制定规划的官员对建立形式化的模型越来越谨慎，对市场的异常波动以及政策实施过程中难以预料的情况则越来越宽容，……中国制定规划的方式是非常灵活的，既有明确目标，同时又给反复试验各种实现目标的方法和步骤提供了足够的发挥空间。

——……国家规划实施最优效率的领域，往往是对干部的政绩考核与国内国际市场发展趋势相吻合的那些领域。

——中国制定规划的模式暴露出政府长期干预经济所产生的明显弊端[②]。首先，制定发展规划导致出现各种既得利益团体，并要努力维护这些团体在规划过程中的权利。其次，大家对一个关键问题还没完全达成共识，即限制政府在一些领域的干预行为和规定政府退出的门槛，从而为市场竞争主体和社会自发组织留出发展空间。

——中国的区域规划具有多重功能。最根本的是，它们构成了一个中长期区域发展战略框架，……为地方政府创造了一个政策空间，以便……创造性地解决问题。区域规划既保障了中长期政策目标的稳定性，又提供了调整和创新政策的灵活性。

——五年规划的起草准备工作在新规划正式启动前两年就开始了，……五年规划实施到第三年，各级政府都会开始对规划进行中期评估，并调整目标……

---

① 这正是“意识形态”在起作用，反映出东西方仍然存在的，尤其是在政治体制及其决定的经济制度等方面的“意识形态”分歧，亦体现出作者前后分析的“逻辑矛盾性”——实际上，作者已经认识到“中国传统思想强调以灵活的、辩证的、有谋略的手段来解决普遍存在的冲突与对立”，即“理想、务实、辩证”正是中国自古至今的制度变革及其思想传统之核心特色。

② 此条直指“政府－市场”关系失衡之症结以及“市场充分竞争＋政府适度干预”的“中道平衡”之关键。这也成为新时期中央立足深化体制改革（如供给侧结构性改革、国企改革等）、推进提升国家治理体系及治理能力现代化之治国方略的背景。

——参与起草党中央《规划建议》和国务院《规划纲要》的主体之间形成了一个紧密的工作网络，…… 这个网络的成员大都是专家学者型干部出身，跟行业、地方及部门利益团体没有直接的业务关联。……这样的主体关系无异于“嵌入性自主”模式。

——中国的规划周期有一个特点，即五年规划的周期跟党和政府的任期不同步，……由此出现了另一种规划“锁定”的效应，导致政府换人换届但却不换政策的某种连续性。

——中国规划体系仍有一些局限性：第一，基层干部……导致政策执行效果打了折扣；第二，规划不能有效解决资源短缺问题；第三，……国家发改委……没有足够人手和能力去监督各省落实政策的具体情况；第四，……上级对下级提供信息的依赖……为下级谎报数据提供了便利……；第五，……在调整经济结构、转变发展模式、以创新带动经济发展等方面，规划所达到的效果比较有限。

——中国当前的发展规划不是一个完整统一的体系，而更像一个不断循环往复的过程，……规划所包含的评估和调整机制使得决策者能够及时发现问题并调整政策优先顺序。

——1993 年以后中国形成的新型规划，其最大的优势就在于灵活性，……中国发展规划的特点是在松散的制度化基础上，在一个可塑的、不断调整适应的政策过程中，重新组合了各种治理方式。

——中国政策过程可以区分为常规模式和危机模式。常规决策需要各方协调达成一致意见，……而一旦发生紧急事件、社会出现动荡的时候，决策模式则进入另一种完全不同的模式，这时集中统一领导、开展思想动员和中央统一行动成为其主要特征。……

“我们不是中国人的楷模，因而不能用我们的判断去衡量他们的努力。”① ——这是 1975 年 10 月随同德国时任总理赫尔穆特·施密特首次访华的瑞士著名作家马克斯·弗里施（Max Frisch，1911 –1991 年）事后说的一句话，后被引用在施密特总理的新著《理解中国》的扉页之上。私意认为，这句话可以作为尊重文化差异、理解一国传统、客观理性评价一国制度选择及其现实影响的一个“最好参照”。

6.1.2 制度背景之支撑：依据及基础

中篇之首章即第 3 章所谓“实证研究之主体”，即实证研究之立论（理论分析及假设）及其结论（结果及结论）之依托，包括“两大依据/背景、三大主体”，而制度背景分析既是实证文章之“现实依据/背景”，同时又是其“三大主体”之一，故堪称实证文章之“腰干 – 支撑”，考验和体现作者的“理 – 实综观”之能。

（1）是“问题导向”之基

在上述定位之外，制度背景分析还是支撑学术研究之“问题导向”的基础。制度背景分析通过宏观与微观层面的变量互动、时间与空间维度的数据交叉、定性与定量视角的指

① 这句话引自［德］赫尔穆特·施密特、弗朗克·西伦著，梅兆荣等译，《理解中国》（海南出版社，2009 年 10 月）的扉页。

标配合，为即将展开的理论推演、命题假设及其逻辑框架提供佐证或基本的量化证据，进而奠定其“现实基础”，并与之共同构成支撑“idea 之发展”的“理 - 实基础”。可见，制度背景之“综观”是学术研究之“问题导向”——立足解决——之体现，同时又是彰显 idea 之内涵及其价值的主体。

（2）是“导向问题”之源

与此同时，制度背景分析又是引致“导向问题”——追根溯源——的基础与工具。这就是本章之前言所谓“因应理论、序贯逻辑、支撑主旨的制度背景分析”是“夯实、锚定、解析、深研既定 idea”——“问题导向”——以及“（重新）寻找、定位、发现新的 idea 的最有力基础和必由之路”——“导向问题”——的内涵及其原因。可见，制度背景分析又是发现、锚定新的 idea——纵深或拓展——的缘起及其渊源。

【例 6 -2a】由产品市场竞争（PMC）的度量“歧误”想开去

关于市场竞争（Market Competition）之影响的考察大体是按着两个方面进行：其一是要素市场上的竞争（Element Market），主要关注证券或资本市场（SM）以及与之关联的企业融资决策；其二是产品市场上的竞争（Product Market），主要关注企业产品/服务的经营及其销售。这里要讨论的产品市场竞争（PMC）即是指后者。为有效聚焦问题，这里的分析直接从“一个洞察/**界断**”**以及**“**几个疑问/歧义**”**入手**。

一个洞察/界断：市场/行业竞争结构何以重要？

实际上——在很大程度上，中国企业治理的核心是国有企业的治理——直接关涉政府与市场的关系及其角色平衡问题，故历来是中国宏观调控以及经济治理的重心；也因此，国企治理的核心便是如何（借机）合理界定或约束政府的角色，而其目标——改革开放之后尤其是在新的历史时期——则是做大做强、做少做精。

那么，究竟应该如何科学界定和有效推动国企的改革及其治理呢？该如何着手？又从何切入呢？

必须要明确，类似上述的大问题，既不能一概予以“原罪性否定”（国有区别于国营），也不能一概以“民企化了事”（民企亦有其瓶颈）；既不能粗暴认为“国企 = 垄断”，也不能简单认定“民营 = 高效”，还是得回到或坚持以“效率 - 公平”之根本性原则，予以科学的考量与权衡（Demsetz，1973；张五常，1999）；而其考量与权衡的方式或路径即是以市场的“结构 - 效率”为其枢纽或着力之关键——其实这在理论及实务层面均渊源已久。这是早期的制度经济学派（T. 凡勃伦、J. R. 康芒斯、W. C. 米切尔等）、产业组织理论（Bain，1959；Stigler，1971）、20 世纪 60 年代兴起的新制度经济学（Coase，1937；Demsetz，1967；Alchain，1950；1972；张五常，1983；Williamson，1985）以及以让 · 梯若儿（Jean Tirole）等为代表的“新规制经济学”（Tirole and Laffont，1993；Laffont，2003）和“新产业组织理论”（Tirole，1988）等一脉相承、行之有效的考量方法。

因此——**承接**上述的两个“核心”，界定和考量如何推进国企改革及其治理乃至企业治理的着眼点或其着力点，即是从行业/市场的竞争结构——适用于产品市场 PM 以及要素市场 SM——分析入手。**因此**，行业或市场的竞争结构（PMC）就成为推动国企治理乃至企业治理、优化行业乃至产业竞争环境、推进市场化整体进程以及提升市场竞争质量的核心①；而行业或市场竞争结构分析的对象、重点或其核心即是行业/产业内的企业数量多少，规模大小，产权性质（国/民差异），其他特征（如成长性等）以及由（受）这些因素构成、博弈或互动影响的行业/产业结构变迁（S - C - P）②。

几个疑问/歧义：市场/行业竞争结构如何度量？

在发出“几个疑问”之前，首先对产品市场竞争（PMC）的衡量方式做一个概观③。

关于产品市场竞争（PMC），产业组织研究文献最常使用的衡量指标是行业集中度（CR_n）和交叉价格弹性等，但由于行业集中度主要度量市场中最大的 N 家企业产出占行业总产出的比例（如 CR_4、HHI），难以有效反映企业间的竞争互动，而交叉价格弹性则因受制于企业的定价资料而很难获取，故均不能准确而全面反映公司所在的行业或市场的竞争动态（结构 - 强度）。

鉴于此，我们遵循国外主流研究（Gaspar and Massa，2006；Irine and Pontiff，2009；Kale，2010；Peress，2010）的思路以及国内相关研究（姜付秀等，2005；魏后凯，2002）的主流做法，结合我国特定的制度背景，科学界定影响公司市场竞争地位的重要因素，从“结构”（行业的集聚程度）、“强度”（企业间竞争强度）、“效率”（创新水平的差距）以及“指标性质”（行业内外差异）“**四大视角**”，基于“**六个维度**”，对行业竞争结构或产品市场竞争（PMC）进行综合度量。

此外，受加斯帕和马萨（Gaspar and Massa，2006）、诺威 - 马克斯（Novy - Marx，2009）④ 及豪等（Haw et al.，2008）等研究的启发，除基于结构与势力差异考量外，我们还考虑了度量指标的“内外”差异⑤。具体地，我们采用反映（行业间）市场集中程度的综合指标即赫芬因德指数（HHI）和熵指数（EI）来度量公司所在行业的聚散结构；采用

---

① 产业组织理论（Industrial Organization）研究市场在不完全竞争条件下的企业行为和市场构造，是微观经济学的一个重要分支，主要是为解决所谓的“马歇尔冲突”难题，即产业内企业的规模经济效应与企业之间竞争活力的冲突。

② 结合我国的制度背景，可以说，行业或市场竞争结构（PMC）的核心即是“国 - 民对比”（企业数量 - 结构分布）与“国 - 民博弈”（市场势力 - 竞争效率）。因此——拓展分析，僵尸企业处置（国民皆有 - 两个方向 - 国民差异）、国企混改（实是对民企“类国企化”行为的一种“合法化认可”或趋势顺应）或“逆混改”（民企之国有化）以及诸如审计市场上的数量及质量问题（事务所规模 - 审计质量等），等等，其实质皆是市场竞争结构的问题（数量 - 结构 - 效率），皆可以此为核心和路径进行有效分析。

③ 本人持续从事该方向研究，故对此作了较为全面的梳理，主要可参见：吴昊旻等.2012.“产品市场竞争与公司股票特质性风险：基于中国上市公司的经验证据”.《经济研究》.（6）：101 - 115；吴昊旻著.《公司治理环境、产品市场竞争与股票特质性波动》，经济管理出版社，2018 年 3 月；吴昊旻著.《产品市场竞争与异质性风险：理论模型与实证》.暨南大学出版社.2012 年 9 月。这里引用的文献皆可参阅其中。

④ 相对于行业集中度指标 HHI，价格 - 成本边际（PCM、EPCM）能更好刻画公司真实的寡头垄断势力以及相关的配置低效（Novy - Marx，2009）。

⑤ 采用多种方式度量行业竞争并“区别内外”，其实是考虑到行业集中程度与市场竞争强度间关联的模糊性（Lyandres，2006；Mackey and Phillips，2005），以及单纯使用行业集中度等外生性指标的缺陷（Karuna，2007；Haushalter et al.，2007）。

反映行业内竞争互动的指标即公司间经营策略的敏感度（CS）、公司经营的相似程度即自然边界（NH）以及体现公司市场势力的价格－成本边际（PCM 与 EPCM）指标来衡量市场的竞争强度。具体见表 6－1。

表 6－1　　行业竞争结构或产品市场竞争（PMC）的六维度量

	指标	代码	度量方法	备注①
产品市场竞争	赫芬因德指数	*HHI*	$HHI = \sum_f (X_f / \sum X_f)^2$ 其中，X_f为公司 f 的销售额，一般用主营业务收入代替	－
	熵指数	*EI*	$EI = \sum_{f=1}^{n} S_f \log\left(\frac{1}{S_f}\right)$ 其中，S_f为公司 f 的市场份额（销售额或增加值等），n 为行业内公司数	－
	价格－成本边际	*PCM*	折旧及息税前利润/销售额	－
	超额价格－成本边际	*EPCM*	等权的 *EPCM* ＝公司 *PCM*－行业价值等权的 *PCM* 均值	－
	公司间经营策略敏感度	*CS*	公司销售额变化（看销售和管理费用）对其竞争对手的敏感度②	＋
	公司间经营的相似程度	*NH*	$NH_{f,i,y} = \frac{\lvert (K/L)_{f,i,y} - median_{i,y,-f}(K/L) \rvert}{range\{ \lvert (K/L_{f,i,y} - median_{i,y,-f}(K/L)) \rvert \forall f \in i,y\}} \in [0,1]$ 其中，f 代表公司，i 代表行业，y 表示年度	－

仔细考察上述指标，正是因其基于多维、综合之考量，故亦可借机剖析或“洞见”相关研究的“不足”——主要从是否契合制度背景、是否符合基本规律的角度评价。基于我们对其度量产生之“歧义”的认知，因而发出至少“**三个疑问**”，进而提出至少“**三个强调**”：

其一，市场竞争是否是多维度量？

聚散结构与竞争程度，是从不同角度、不同层面反映行业或市场的竞争结构的，故其结果可能不同。因此，“完整的”产品市场竞争（PMC）应当或必须要从“结构－强度”这两个方面或两大维度予以综合的考量（吴昊旻等，2012；2018），否则不足以科学而全面地刻画一个行业/产业乃至一国/地区的市场竞争格局（见图 6－1）。这也是德姆塞茨（Demsetz，1973）等经研究——见后面的例 6－4——得出的重要启示。

其二，竞争度量是否考虑规模等？

值得注意的是，绝大多数的实证研究——尤其是国内——仍然局限于只以行业集中度（HHI）衡量产品市场竞争（PMC），**尚未考虑到**“结构－强度”指标之内在差异（如行业内外）及其多维价值（如不同角度）；**尚未能区分**不同维度的竞争性指标（如 HHI 与

① 这里的符号表示各指标与市场竞争程度之高低的关系，即是正向 or 反向指标。

② 借鉴姜付秀和刘志彪（2005）的做法，并有所改进，具体参见吴昊旻和王华（2009）、杨兴全和吴昊旻（2009）以及吴昊旻等（2012）等研究。

EI）因公司规模（如 HHI 更多考虑行业内的大企业，而 EI 则反之，见表 6－1 中公式）、行业差异等而导致的歧义——如集中度相同的行业内其公司规模/势力的分布却可能显著不同（见图 6－1）；**尚未扩展到**创新水平（如 NHI）、战略及策略（如 NH 与 CS）、公司分布（如 HHI 与 EI）以及产业政策倾向（如 PCM 和 EPCM）等体现企业、行业、产业乃至一国/地区制度环境及其发展阶段等差异的更广、更深维度。——这无疑有脱离现实制度背景之影响的“嫌疑”，并可能导致“尴尬”的后果。

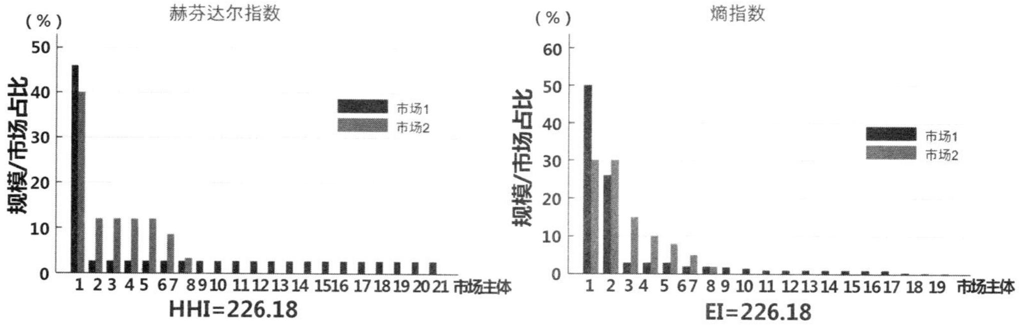

图 6－1　竞争强度（集中度）相同时行业内公司分布（规模差异－度量歧义）①

其三，结构与强度是否相互因应？

企业显著的市场势力（MP）往往对应着较为集中的行业结构，而更为集中行业中的大企业也更易拥有显著的市场势力，故企业的市场势力与其所在行业的集聚程度——或市场的竞争强度与行业的聚散程度——实际上是“一体两翼、互为因果”。然而，也正因为聚散结构与竞争程度是从不同的角度、不同的层面反映行业或市场的竞争结构，故其结果也可能不同，即“结构－强度”可能并不对应，无法相互因应支撑，甚至相互冲突矛盾。这导致相同性质的指标——都是 PMC 指标——却无法给出一致的结论（见图 6－1）。

考其成因有二：**一是**未能充分考量不同维度指标间的差异，导致“结构－强度”未能因应支撑（如考虑创新的指标 NH 与其他指标）；**二是**源于环境的复杂与多变，相对于发达经济体资本市场与产品市场更为成熟、稳定的竞争环境，处于新兴、转轨时期的发展中国家，则往往在呈现“增长的繁荣”的同时也伴随着“增长的乱象”，普遍存在行业相对集中但竞争也异常激烈的行业（如国企独大的诸多行业）——如图 6－1 所示。

这种“结构－强度”不对应甚至“相背离”的现象（吴昊旻，2018）——见后面例 7－15——是发展中国家必须予以重视的“差异化现状”，不可以等同甚或笼统视之。

【例 6－2b】中国的行业竞争结构持续“畸形”吗：一个辅证

“局部改革的陷阱”——不彻底的改革有可能让转型过程陷入“陷阱”——的观点并

① 图 6－1 显示了相同的 HHI（EI）下不同的行业结构（因公司规模的分布不同），同时昭示了产品市场竞争（PMC）的度量歧义（如结构与强度往往并不对应）及其多元化之必要。因其数值较小，故图中 HHI（EI）的数值都是 ×1000 的结果。

未认识到，伴随着改革进程，中国政府改革的决心也在增大。改革造就了许多很强大的特殊利益集团，但并没有出现政策制定的瘫痪。恰恰相反，1993年以来，每当政府认识到国家利益所在，便坚持不懈地启动一项又一项重要改革。……由于认识到经济上的不断改善对长期的政治成功至关重要，政治领导人愿意为了经济发展而接受诸多的外部约束……上述观点的一个典型例子就是对垄断部门的管理体制。

Pei（2006）指出：一个成功的自我调节的中央集权政府最后会控制那些大的集中的垄断部门，中国恰好符合这一理论；但Pei（2006）同时指出，缺乏竞争和垄断部门对腐败收入的追求，会在长期内侵蚀这些垄断租金，经济停滞是不可避免的。然而，中国的经验并不支持这一说法，正是为了防止这种情形的发生，中国在关键的部门建立了寡头竞争的局面，比如在石油和电信部门，都有2~3家大型国企在相互竞争，这提供了足够的产品市场竞争，这迫使经理们不敢懈怠。……①

——［美］勃兰特等（2009）

可见，对于产品市场竞争（PMC）的考量，必须要从行业的聚散结构及其市场的竞争程度两大维度予以综合考察，否则即不能准确而全面地认识行业竞争环境之作用及其影响（吴昊旻等，2012）。这种脱离制度背景的“习惯性做法”，可以认为是导致诸多研究存在显著分歧甚或“明显歧误”的一大原因。

6.1.3 制度背景之影响：系统而多维

制度背景分析重要而优先。承前所述，对于制度本身及其发展之评价，应遵循“十六字箴言”；而对于制度效能②及其影响之评价，则须“求同而存异”，即均须“公允－客观”。作为“结果”的制度，会经由行为约束、思想导引进而影响文化之“塑成”，又成为其“因”；而作为“起因”的制度，会受到主体行为、思维惯性及其文化传统之“反塑”，又成为其“果”。可见，制度背景之影响多维而又系统，且往往“因果互动”、渊源动机复杂；故其影响分析必须“务实综观”（制度背景的差异性＋多维互动的辩证性），应当“求同存异”（制度形式的多元性＋逻辑立论的一致性）。这既是“方法论”，也是“价值观”。

（1）影响（分析）之系统

系统性影响往往体现为“时间－空间”维度以及“宏观－微观”层面的重叠及其交叉互动效应，而这自然涉及制度背景分析的“传统－时势”之二维内涵，也就是“历史与现时”的融合。这就是给数据及其理论再赋予“历史的维度”（时＋势），进而凸显出制度背景之影响及其影响分析的复杂性或其系统性。

重新“重视历史”可以认为是以诺斯（North）为代表的“新经济史学派”及其“制度变迁理论”——运用新古典经济学和经济计量学来研究经济史问题——对于中国的“最

① ［美］勃兰特、罗斯基编，方颖等译：《伟大的中国经济转型》. 格致出版社，2009年10月（第四章结论）。
② 即其产生的效力、效率及效果，或其蕴藏的有利作用。

重要启示”，也构成其研究方法创新及立论之基。诺斯曾“特别强调”了中国：

“学者们已涉及到中国的历史，并进一步发现系统地分析政治和经济问题尤其有价值。然而，必须再一次强调历史的重要性。中国现存的详尽的制度知识（knowledge of the institutions）及其是如何演进的，这亟待作分析。”①

要知道，中国是世界上“最早具备国家形态”的国家，同时也是“制度体系最为庞杂而完备、史料记载最为丰富完善”的国家②，故其制度背景之影响及其影响之对比分析——古今中外、宏观微观——就必须坚持“务实综观”以及“求同存异”的大原则，否则很容易陷入所谓“背景无用论”之尴尬③。

（2）影响（分析）之多维

制度背景“综观”之重要而优先，实际上还体现在两个层面：其一是为强调“理实结合”之思维观及其方法论的多元互动；其二更是为凸显制度背景及其影响分析的“差异性”（对比拓展、可能国与国异）以及“系统性”（深入洞察、可能国与国同）。这就要求必须在“系统”之外，还须坚持“多维”。

基于此，实证研究中对于制度背景之影响的多维拓展及深入洞察——或其“综观之能”——的“价值内涵或目标”还体现在如下“**两个向度**”④：一是可以因此而见出“差异”（务实综观、多元共融）；二是因此而更能洞见“相同”（求同存异、多维共生）。这才是支撑实证研究成果之价值的关键，也才能更好彰显实证研究之科学精神。

【例 6-3】中国的经济增长：真的“特殊”吗？真的属于“例外”吗？

改革开放以来中国持续高速的经济增长自然堪称“奇迹”，但其增长的“理论基础”及其“制度轨迹”真的那么“特殊”吗？相对于古今中外，真的属于“例外”吗？——基于这个“背景”的“制度背景分析”，更应该遵循上述的哪个“向度”？

在此，引证多位知名学者的观点——亦与前面第 3 章 3.3.2 节关于“结论与启示”撰写的“五大流弊”相呼应，一是为了呈现或印证制度背景之“综观”的必要性及其复杂

① 参见其代表著作《经济史中的结构与变迁》（1981）中文版——诺斯（North，D.），上海三联书店、上海人民出版社，1994 年——的序言。

② 私意认为，完全将以《二十四史》为代表的中国历代正史直接视为“帝王家史”，显然过于武断或偏颇；而且，中国历代史官之“独立”——历代皆有以身家性命为其代价者——亦并非虚言、溢美之词。我想这既是古人重节尚义之“士子精神”之体现，同时也彰显出帝王及臣民之“宗法观念”乃至“制度意识”以及其社稷治理之设计中的先进制衡思维。中国史官之“独立精神”以及浩瀚史料之“中正载稽”，在众多的“无端”质疑中亦伴随着诸多考古发掘之反证，故断不可以偏概全、“疑罪从有”，而当传承借鉴，更加仰视其精神。——后续结合史实、考据等当有专论，敬请讨论关注。

③ 诸如有些学者认为：“若是你认为是文化在起作用，那就等于什么也没说”（如范博宏）。此论虽有失偏颇，但却反映出内生于一国/地区——尤其是文明古国——之文化传统的制度背景影响分析的复杂性或其“抽象性”（如后面例 6-6 对于东西方文化差异以及例 7-8 对于宗教及其影响的认知等）。这显然也是对基于量化分析的实证研究的一大挑战。

④ 这“两个向度”即是强调古今中外的兼容互鉴。由东到西，属于横向之背景变迁，如东西之传统与体制，即是“可以因此而见出‘差异’”；由古至今，则属纵向之背景变迁，如一国之传统与现在，即须“因此而更能洞见‘相同’”。

性，二是为了引导反思这个重要而又根本的问题——无论对于研究还是实践。

中国发展的经验是5个因素的组合：人口红利保证劳动力的数量和质量；对外开放带来了资本；市场经济改革形成了好的资源配置方式；政府提供了基础设施等公共品；市场统一实现了大国优势。这些成功经验恰恰说明，既有的经济理论是具有普遍性的。

——陆铭（2019）："中国经验到底说明了什么?"

钱颖一由此得出一个重要结论：中国经济增长并不特殊，在总结中国经济的快速发展时，常常强调中国特色，而忽视了经济发展规律作用下的共性。这就是，同一些东亚国家和地区走过的道路相仿，在经济起飞后的一个特定时间段内，会保持一个相对较快的发展速度，甚至这种速度上升的幅度及其周期的长度都有相似之处。①

——潘璠："钱颖一教授的一个重要发现"

关于经济发展水平与经济制度的关系，钱颖一指出：现今中国的经济制度在一定程度上仍可支持更高的经济发展水平，但通过与世界其他各国制度质量指数的对比，可发现我国的制度质量还处于较低的水平。可是，通过与美国经济的比较，还发现100年前的美国经济，也同样面临着制度转轨时期的种种问题。

——《财经网》2010－11－29

"不要告诉我什么不对。我可以在一个星期内写一本厚厚的批评中国的书。然而，在有那么多的不利的困境下，中国的高速增长持续了那么久，历史从来没有出现过。……中国一定是做了非常对的事才产生了我们见到的经济奇迹。那是什么呢？这才是真正的问题。"（*pp*：97）……

"科斯对权利界定的分析，在那一九六〇的鸿文中用上的多个精彩的实例，我看不到所有权是否私有对资源的使用有何重要。这话题的出现，是因为当时我的注意力集中在1983开始盛行的承包责任合约。我看到在逻辑上推到尽，这合约是准许私人使用资产但没有私人所有权。"（*pp*：106）……"中国经济改革的重点，是要把等级界定权利转到以资产界定权利的制度去。"（*pp*：116）……

"必须说的是我相信中国的前途有很久的时日了。作孩子时我读马哥孛罗，正如他吃惊于所遇，我也是，而我当时觉得那是个潜力庞大的国家，不知为什么没有发挥出来。对我来说，不能发挥这潜力是一个谜，而使我震惊的，是1978年之后的迹象显示，这潜力彷佛开始体现了。这个会议我听到的，证实着这个观点。现在我有这样的感受：1978年激活了的发展，将会是个伟大成就"（*pp*：183－184）；……"无论从规模还是速度上来说，中国的经济发展都是个奇迹，我对此有很多不明白的地方，这也就是为什么我想召开这个会议"（采访）；"为中国而奋斗，就是为世界而奋斗"（"The struggle for China is the struggle for the world"）。98岁老人以一句："我将长眠，祝福中国！"结束了闭幕词。②

---

① 来源：国家统计局网站（http：//www. stats. gov. cn），2012－4－18。

② 这是科斯（Coase）在美国芝加哥大学用其1991年的诺贝尔奖奖金自费发起的"中国经济改革"研讨会上的闭幕词。转引自：张五常著.《中国的经济制度》. 香港：花千树出版有限公司. 2008年7月。

——张五常（2008）：《中国的经济制度》

以解决政府失灵问题的私有化浪潮，可能导致更为严重的市场失灵问题。虽然在总体上私有企业比国有企业有更强的盈利能力，但这并不意味着私有企业比国有企业更有效率。即使能够证明私有企业比国有企业更有效率，也不能说私有化是可取的。①

——2001 年诺奖得主 斯蒂格利茨（2011）

中国对印度的相对优势是其改革前奠基工作的产物，而不是其改革后重订方向的结果。

——1998 年诺奖得主 阿马蒂亚·森（Amartya Sen）

在中国改革历程中，各个阶段的多种改革措施是相互穿插的，在前一阶段施行的改革中往往蕴含后一阶段主要改革措施的某些萌芽；后一阶段施行的改革，又常常保留前一阶段改革的某些遗产。

——吴敬琏："中国经济 60 年"（《财经》2009－20）

一个中央集权型的计划经济国家有可能成功地向市场经济体制渐进过渡的现实路径是：改革之初的中央政府主导型的改革方式逐步向地方政府主导的改革方式转变，并随着排他性产权的逐步确立，最终过渡到与市场经济内在要求相一致的需求诱致型改革方式，从而完成向市场经济体制的过渡②。

——杨瑞龙（1998）

……第四，我们的文章从一个角度揭示了所谓"中国模式"的隐性成本。高增长、多事故已经构成了中国粗放式发展的基本特征，然而学者们往往对地方分权和竞争带来的好处大加赞扬，而忽视了地方竞争带来的负面后果。……在即将出版的专著《政企合谋与经济增长：反思"中国模式"》（人大出版社 2013 年 5 月）中，我将"中国模式"概括为"以政企合谋为动力、以人口红利为优势、以出口替代为导向、以粗放式增长为表现的综合体"，并认为中国的经济增长处于一种特殊的"陀螺均衡"，只能通过高速运转才能保持平衡状态。中国要走出这种均衡，只能通过政治体制和经济体制改革，提升制度质量，并最终从政企合谋走向政企合作③。

——聂辉华（2013）

6.2 背景分析：逻辑与方法

制度背景分析必须有其逻辑与方法，否则难以有效支撑文章 idea 的"现实依据"，并有机衔接和呼应其"理论依据"（文献证据＋理论分析）。这里的"逻辑"，既是实证章节

① 约瑟夫·E. 斯蒂格利茨："私有化更有效率吗?"《经济理论与经济管理》，2011 年第 10 期。

② 参见：杨瑞龙．"我国制度变迁方式转换的三阶段论——兼论地方政府的制度创新行为"．《经济研究》．1998 年第 1 期。

③ 还可参见：Nie，Huihua，M. Jiang，and X. Wang，2013，"The Impact of Political Cycle：Evidence from Coalmine Accidents in China"，*Journal of Comparative Economics*，41（4）：995－1011.

的序贯延伸，也是写作展开的逻辑遵循。本节在“背景”解构的基础上，进一步阐述制度背景之“综观”分析的逻辑与方法，略分为基本范式、逻辑展开、分析维度（方法）三个部分，并分别列举典型文献或“现身说法”，予以例证展示。

6.2.1　基本范式：理论遵循、两个参照

制度背景分析，因其视角宏观而牵涉复杂——涉及经济 or 非经济因素、制度 or 非制度行为等，故须依据理论、遵循范式，否则难以把握；而这也是“制度分析”历来自成体系、流派纷呈的一大渊源[①]。关于实证研究的制度背景之“综观”的基本范式，本节将其概括为“一个理论遵循”和“两个方法参照”。具体如下。

（1）理论遵循：历史＋结构

以诺斯（North）为代表的“新经济史”学派及其制度变迁理论——三大理论基石＋路径依赖[②]——已经为我们考察制度变迁及其影响提供了一个如何运用历史分析（国民性－阶段演进－量化历史）和结构分析（个体差异－行为互动－社会构成）的可行分析范式。这可以作为实证研究的制度背景之“综观”的一个理论遵循或范式参照。在实际研究中，因具体问题不同、实证话题相异、研究主题迥然，故对于其制度背景的“综观”分析也须相机调整、酌宜而行。

这里援引毛泽东主席在延安文艺座谈会上的报告[③]，以“辅证”说明理论何以重要、理论如何诞生，以及中国的（经济学）理论何以缺乏等现实问题——这些问题于近70年前提出，但至今读来，却犹觉适用，亦足以令人“警怵”。

“……（许多马克思列宁主义的学者）言必称希腊，对于自己的祖宗，则对不住，忘记了。认真地研究现状的空气是不浓厚的，认真地研究历史的空气也是不浓厚的。”……

---

① 制度经济学（Institutional Economics）是把制度作为研究对象的一门经济学分支，因其理论思想尤其是研究方法与众不同而备受瞩目。在方法论上，制度经济学的最初起源可追溯到19世纪40年代以F. 李斯特为先驱的德国历史学派；至19世纪末20世纪初，由美国经济学家凡勃伦、康芒斯、米切尔等发展而形成制度经济学派。制度经济学派重视对法律、历史、社会和伦理尤其是制度等非经济因素对于社会经济生活的重要影响，其方法论的核心在于，不是以任何客观的指标来衡量经济活动，而是立足于个人之间的互动来理解经济活动。“研究视角的改变推动了诸如产业组织、劳动经济学、经济史、产权分析和比较体制等领域中实证和理论研究的结合——这种结合是有用的，并带来了制度主义的复兴”（Williamson，1978）。到20世纪60年代，制度经济学派又以历史分析、结构分析的方法，探讨产权制度变迁及社会经济发展趋向。制度经济学略分新旧，科斯（Coase）在制度分析中引入边际分析方法（交易成本）和以诺思和舒尔茨为代表的制度变迁理论（“成本－收益”分析），是制度经济学的最新发展，同时体现了其与主流经济学的日益融合。

② 在其代表作《经济史中的结构与变迁》中，诺思将描述一个体制中激励个人和集团的“产权理论”、界定实施产权的“国家理论”以及影响人们对客观存在变化不同反应的“意识形态理论”作为分析制度变迁的“三块基石”，这三大理论构成加上“路径依赖”理论（Path－Dependence）——好的制度与差的制度的“惯性”——完整阐释了经济制度演进的“轨迹”。

③ 见《改造我们的学习》，这是毛泽东在延安干部会上所作的报告（1941－5－19）。这篇报告与《整顿党的作风》（1942－4－27）、《反对党八股》（1942－2－8），三篇文献聚焦学风、党风以及文风，定格了“延安整风运动”的基本精神。

“你们看，中国的经济、政治、军事、文化，我们究竟有多少人创造了可以称为理论的理论，算得科学形态的、周密的而不是粗枝大叶的理论呢？特别在经济理论方面，中国资本主义的发展，从鸦片战争到现在，已经一百年了，但是还没有产生一本合乎中国经济发展的实际的、真正科学的理论，像在中国经济问题方面，能不能说理论水平已经高了呢？——实在不能说。”

（2）操作范式：一二三四

前面6.1.1节关于制度背景之“四维”解构或其“四要”，实际上也可以作为一个“理论之外”——制度变迁理论等——的可操作性范式，这个“范式”可以概括为“一二三四”，即：“理实综观”之一大法则、“传统－时势”之二维内涵、背景解析之三个层面（即“两个向度”＋时空结合＋宏微互动）以及内涵解构之“四维/四要”。这是本章展开的逻辑遵循，也是一个将逻辑与方法相衔接的、可直接作为撰写框架的可操作性范式①。

（3）辅助参照：SICP范式

此外，一个国家/地区的产业政策往往是塑造其制度环境——体制之外——特征的关键方面，故产业组织理论的经典分析范式即“S－C－P”范式（Bain，1958）②，也可以作为制度背景分析之逻辑展开的“结构遵循”以及其分析与撰写方法的“框架参照”。这个范式认为产业结构（S）决定了产业内的竞争状态，并决定了企业的行为及其战略选择（C），从而最终决定着企业的绩效（P）。

本人的前期研究还曾在“S－C－P”范式的基础上构建了一个考虑制度背景（I）差异及其特定影响的“S－I－C－P”范式③，以尝试整合我国农村土地流转的诸多实践及创新，以尝试兼容发展中国家/地区政府干预的主导性影响。这个范式指出：不同的合约权利结构（S）决定经济制度及其变迁（I）的本质，而主体行为选择（C）的方向及其获得的绩效水平（P）既是制度创新的结果，又是引致制度变革的原因（见图6－2）。这个范式其实是结合了以让·梯若尔（Tirole，2014）为代表的“新规制经济学”——产业组织理论的最新进展——的核心思想，即公平良好的市场环境应该是“市场充分竞争”与“政府适度干预”的中道平衡（胡永刚和石崇，2016；吴昊旻等，2020），故亦可引为制

① 知名财务学者范博宏（Fan，2009）提出了一个由“治理结构与会计－企业－市场－制度环境”构成核心要素的、自下而上的“Top－Down Approach”，这个范式被学界普遍认可为契合中国制度背景进行公司财务与公司治理研究的一个可行范式。

② 即现代产业经济学的“结构－行为－绩效”分析范式（Structure－Conduct－Performance），是贝恩（Bain，1958）在吸收和继承马歇尔的完全竞争理论、张伯伦的垄断竞争理论和克拉克的有效竞争理论，并结合20世纪30年代哈佛大学学者创立的SCP理论而总结提出的分析范式，至今仍然是传统产业组织理论分析企业竞争行为和市场效率的主要工具。

③ 参见拙作：吴昊旻、胡宜挺．2014．“完善我国农村土地流转制度：SICP范式、路径及其内涵”，《西北农林科技大学学报》，2014（5）：14－20．文章运用多学科理论，以承包合约的静态与动态权利结构分析为起点，遵循“权利结构－制度变迁－行为选择－绩效”的联动关系逻辑，创建SICP分析范式，尝试为我国农地流转制度的实践创新提供一般解释及完善对策。

度背景“综观”之借鉴。

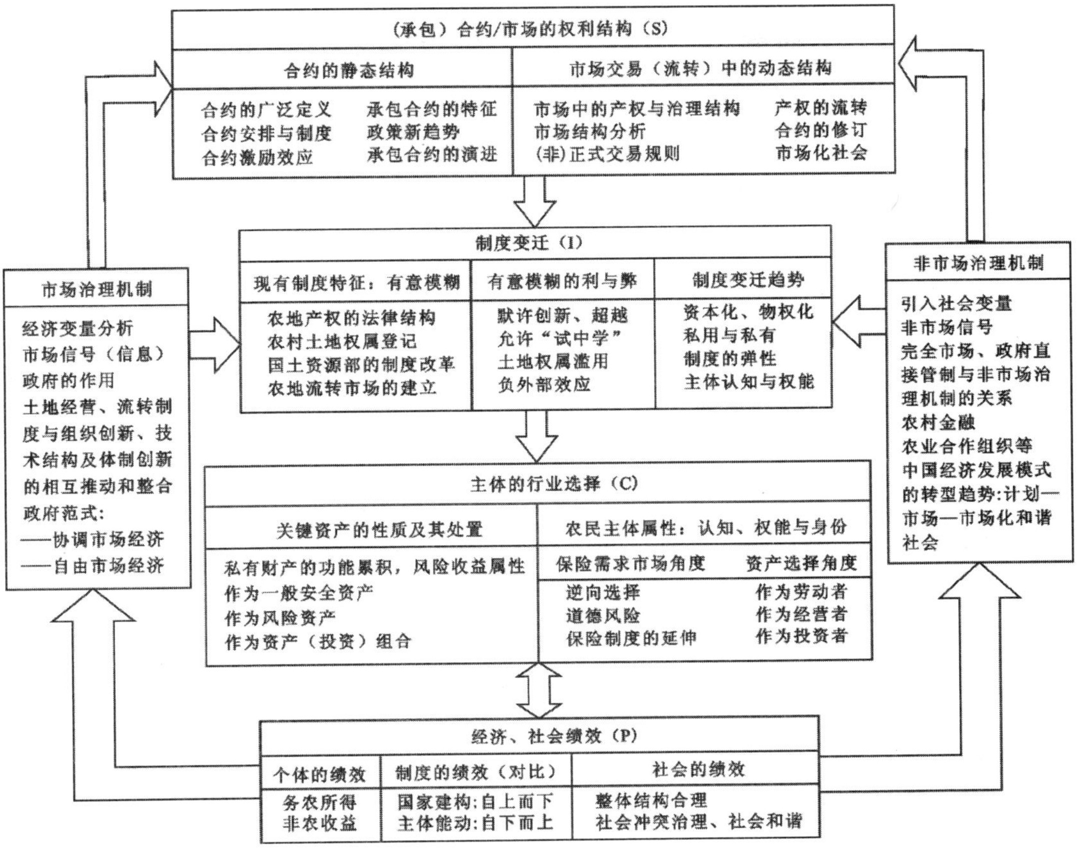

图6-2 SICP范式及其内涵（农地流转中的政府角色）

6.2.2 逻辑展开：多维细化、序贯相关

制度背景“综观”之逻辑展开，需要遵循上述的基本范式、围绕一个主体逻辑进行多维细化，即须做到序贯理论、体系相关、前后呼应；而其方法选择则须因应理论及逻辑。本部分首先阐述其逻辑展开之方法，下部分接续说明其具体的分析维度。概括其逻辑展开之方法，可以从如下三个层面着手。

（1）宏微互动、理实结合

首先是在思想上、立意上，制度背景“综观”之逻辑展开务必要做到宏微互动、理实结合，这就需要坚持“两个路向”、秉持“一个法则”。

这里的坚持“两个路向”是指：一要“由微而入宏”，即“自下而上”，由微观层面的梳理、积累和总结而洞察、提炼有助于宏观决策及其改进的普适性规律；二要“由宏而入微”，即“自上而下”，由社会变迁与宏观层面更为普遍而深刻的规律“倒推”把握微观层面梳理、累积和总结的“规则”[①]。可见，这两个路向是互逆而又互补的过程。

这里的“一个法则”，则是指在宏微观“两大路向”互动的同时，还须做到“理实结合”，即须序贯理论分析、贯穿一个逻辑（见下述）。这样才能使文章自成一个体系。前面引证的著作《红天鹅》对于中国“治理特色”的总结即是绝好的例证，为实证研究的制度背景之“综观”提供了绝好的框架参考，同时也为引发诸多的 idea 奠定了理实渊源。

（2）逻辑序贯、行进有纲

其次是在逻辑上、结构上，制度背景“综观”之逻辑展开务必要做到序贯一个主体逻辑、遵循一个架构提纲。与实证文章的整体架构及其逻辑——见第 3、4、5 章——保持一致，制度背景分析部分也须逻辑序贯、行进有纲、依序灌溉，以框定主次、呼应主题、凸显逻辑。背景综观与理论分析这两大部分即“理实推演”只有经过如此细化之后，才能“框定”和“倒推”出后续的研究设计与实证检验以及前面的相关研究综述何以展开的纲目，全文也才能自成一个完整的体系。可见，理实推演是“文章之腰”——“两大依据/背景 + 三大主体”，腰干充实则内劲聚集，内劲聚合则四肢通畅，正其意也。

（3）本纳多元、开卷有益

最后是在视野上、方法上，制度背景“综观”之逻辑展开务必要做到本纳多元、开卷有益。所谓“本纳多元”，其意有二：一是为充实“应然”，即是要基于其逻辑内涵作必要之延伸；二是为强调“务实”，即是要针对理实问题寻求多元之解决。也就是要做到始终基于一个“本”（问题 - 逻辑 - 主旨），科学容纳多个“元”（理论 - 方法 - 维度）。

“开卷有益”的本义在于“要多读书”[②]，是指阅读不但要“勤于开卷”，还须“广开视野”，即不应只局限于专业及其学科，还应该向其“**领域**”——尤其是交叉学科领域（interdisciplinary）[③]——延伸拓展。**须知道**，任何一个问题的解决——尤其是人文社会科学——都从来不只是依靠一门知识、都从来不只是调动一种能力。制度背景分析其实也是一种“阅读”——即前面所谓“一法六要”中的“读背景”，故在其逻辑展开及方法选择上善于“开卷”，不但有助于领悟“阅读”方法，更是在学习和践行科学的研究“方法论”。

---

① 会计与财务作为经管领域的技术性学科，也开始适时而明确地强调宏 - 微观结合；而审计专业可直接“服务国家治理”的属性及功能也日益显著。相关研究可见：Ritter J R. 2005. Recent Developments in Corporate Finance [C]. Massachusetts：Edward Elgar Publishing，Inc，2005；姜国华、饶品贵. “宏观经济政策与微观企业行为——拓展会计与财务研究新领域”.《会计研究》. 2011 年第 3 期；许年行、赖建清、吴世农. “公司财务与投资者法律保护研究述评”.《管理科学学报》. 2008 年第 2 期；Eric Avis，Claudio Ferraz，Frederico Finan，Do Government Audits Reduce Corruption? Estimating the Impacts of Exposing Corrupt Politicians，*Journal of Political Economy*，2018，vol. 126，issue 5，1912 - 1964；等等。

② 语出宋·王辟之《渑水燕谈录》卷六：“太宗日阅《（太平）御览》第三卷；因事有阙（缺）；暇日追补之；尝曰：‘开卷有益，朕不以为劳也’”。

③ 诸多交叉学科的发展极大地推动了科学进步，学科交叉研究（interdisciplinary research）体现着科学向综合性发展的趋势。在 2020 年 8 月召开的全国研究生教育会议上，决定新增“交叉学科”作为新的学科门类，交叉学科已成为我国第 14 个学科门类。这其实既是对古代先贤倡导和践行的博雅教育、厚积薄发、博学多能传统以及当今提倡的“综合素质”培育的一个回馈与传承。

6.2.3 分析维度：必要方面、夯实基本

与前面6.1.1节呼应其内涵的维度——“四要”——分析不同，这里的“维度”则是基于方法——**分析、写作或呈现**——的视角。实证研究的制度背景分析也应该做到“理实结合”，即“理论”（序贯理论+逻辑框架）+“现实”（制度分析+政策解读+量化分析）；总结其方法，则一般可从如下“**三个维度**”展开：一是基本分析框架——也应贯彻“结构化”思维，先有序贯理论的逻辑框架；二是基本数据描述——要配合数据的描述性分析；三是时空纵深洞察——借鉴量化历史的分析方法，从宏大和纵深处再予以追究。当然，这三个方面只是提供基本范围，具体还须因应话题、对应任务并“因地制宜”。

（1）基本分析框架：结构+逻辑

实证研究中的制度背景之“综观”分析，一般可以按照如下的基本框架进行结构设计和逻辑延展，即遵循基本范式、因应研究主题、围绕核心问题（idea），可大体沿着“制度变迁综述—相关政策概观—典型案例解读—焦点事件剖析—基本数据描述”的路径展开；其中，数据配合呼应，不必拘泥顺序；总体呈现图文并茂、理据充实之效果。

对此——值得说明的是，诸如会计与审计、公司财务及公司治理等“技术性特征”更为明显的专业研究，还应该多多借鉴跨学科、跨领域的“实证范式”，如社会学、经济学以及（量化）历史等学科领域的实证研究论文，即立足于基本规律的描述与基本的统计检验。这看似不同学科或领域的研究或写作范式之异，实质上却有“**本末之别**”。这种跨“专业-学科-领域”的交流互动，实有助于“校正”当前的专业实证研究中广受诟病的“技术中心主义”倾向或其流弊①，实有助于推进交叉学科的发展以及知识的共享共融。试举一例。

【例6-4】什么才是衡量行业竞争结构优劣的关键因素?

德姆塞茨（1973）研究关注行业结构和市场竞争优势的形成以及相关公共政策的效率问题②，他通过理论分析和实证检验，进而提出如下质疑并提醒予以充分重视：即诸如分散化或反并购的政策，相对于其对低效率的消除或解决，是否也会因此导致更低的效率?

德姆塞茨（1973）的文章除引言外，只有两个部分即第二部分“经由竞争的集中（Concentration through competition）”和第三部分“反垄断政策的低效（Inefficiency through anti-concentration public policy）”，可谓言简意赅、直切主题。德姆塞茨（1973）分析指出，更集中的行业自有其优势——因为很多集中是竞争形成的，这些优势表现为：产出扩

① 即追求“问题”之完美解决，而近乎于苛求。典型表现如内生性问题。可以说，这种“技术中心主义”倾向似乎已然脱离了实际。从自然与社会中找寻科学规律自然不易，但对于数据的过度“操作”往往又会扭曲或背离“自然的科学规律”；而这种度的“精妙平衡”正是科学发展——尤其是人文社会科学——中最难把握的“上帝之骰”，故必须辩证视之。

② 文献来源：Demsetz, H., 1973, Industry Structure, Market Rivalry, and Public Policy, *Journal of Law and Economics* 16, 1-9. Gale, B., 1972, Market Share and Rate of Return. *Review of Economics and Statistics* 54, 412-423。

张（expanding output）、成本优势（cost advantage）、因团队和创新而取得的更好竞争绩效（superior competitive performance as team and unique）以及对于不确定性的把握能力（uncertainty）等，**而这些优势不一定都是垄断性的**。

基于此，德姆塞茨（1973）进而反思和验证了降低集中和反对兼并的公共政策及其缺陷（defects），其分析和验证可以概括为两个命题或假设（原文并未提出），即：

命题1：行业集中程度与小公司回报率正相关（...a positive correlation between the rate of return earned by small firms and the degree to which the industry is concentrated）——小公司能从降低共谋（collusion）的公共政策中受益，故其回报率应与行业集中程度成反比。

命题2：行业集中程度与大小公司的回报率之差正相关（...a positive correlation between concentration and the difference between the rate of return earned by large firms and that earned by small firms）——同理，如果效率与集中度有关，则行业集中程度应该与大公司和小公司的回报率之差正相关；也就是说，大公司之做大，是因其更有效率，故能获得比其他公司更高的回报率。

表6-2ab（原文Tables 1 and 2）和表6-2cd（原文Tables 3 and 4）是其检验结果①。可见，小公司并未从行业集中度的增加中获利，即数据并未表明行业集中与共谋存在相关性；集中行业的高回报源于大公司更好的业绩即效率，而非共谋。

表6-2a　　按规模和集中度划分的回报率（R，未加权）

集中度 C_{63}	行业数量（个）	R_1	R_2	R_3	R_4	R_i
10%~20%	14	6.7%	9.0%	10.8%	10.3%	9.2%
20%~30%	22	4.5%	9.1%	9.7%	10.4%	8.4%
30%~40%	24	5.2%	8.7%	9.9%	11.0%	8.7%
40%~50%	21	5.8%	9.0%	9.5%	9.0%	8.3%
50%~60%	11	6.7%	9.8%	10.5%	13.4%	10.1%
大于60%	3	5.3%	10.1%	11.5%	23.1%	12.5%

注：最后一列为 R_i（i从1到4）的均值。

表6-2b　　按规模和集中度划分的回报率（R，资产加权）

集中度 C_{63}	行业数量（个）	R_1	R_2	R_3	R_4	R_i
10%~20%	14	7.3%	9.5%	10.6%	8.0%	8.8%
20%~30%	22	4.4%	8.6	9.9%	10.6%	8.4%

① 这些回报率是基于按企业规模和行业集中度划分的95个三位数行业（three digit industries）的国内收入数据得出的。其中，C_{63}表示1963年的以行业销售额前四家公司衡量的集中度比率；R_1、R_2、R_3和R_4分别为资产价值低于50万美元、50万~500万美元、500万~5000万美元和超过5000万美元公司的会计收益率［(profit plus interest)/total assets］。

续表

集中度 C_{63}	行业数量（个）	R_1	R_2	R_3	R_4	R_i
30% ~40%	24	5.1%	9.0%	9.4%	11.7%	8.8%
40% ~50%	21	4.8%	9.5%	11.2%	9.4%	8.7%
50% ~60%	11	0.9%	9.6%	10.8%	12.2%	8.4%
大于60%	3	5.0%	8.6%	10.3%	21.6%	12.5%

注：最后一列为 R_i（i 从 1 到 4）的均值。

表 6－2c　　　　回归结果

$R_4 - R_1 = -1.4 + 0.21^{*} C_{63}$ (0.07)	$r^2 = 0.09$
$R_4 - R_2 = -2.6 + 0.12^{**} C_{63}$ (0.06)	$r^2 = 0.04$
$R_4 - R_3 = -3.1 + 0.10^{**} C_{63}$ (0.05)	$r^2 = 0.04$

注：*，** 分别表示 1% 和 5% 的显著性水平，括号内为标准误。

表 6－2d　　　　回归结果：稳健性检验

$R_4 - R_1 = -1.5 + 0.21^{*} C_{63} + 0.21 (C_{67} - C_{63})$ (0.07) (0.42)	$r^2 = 0.09$
$R_4 - R_2 = -2.9 + 0.12^{**} C_{63} + 0.37 (C_{67} - C_{63})$ (0.06) (0.28)	$r^2 = 0.04$
$R_4 - R_3 = -3.4 + 0.10^{**} C_{63} + 0.29 (C_{67} - C_{63})$ (0.05) (0.24)	$r^2 = 0.04$

注：*，** 分别表示 1% 和 5% 的显著性水平，括号内为标准误。

德姆塞茨（1973）反思得到了数据支撑，即那些立足于降低集中和反对并购——为了阻止垄断——的公共政策，确实在降低非效率的同时又导致了更多的非效率。德姆塞茨（1973）的研究表明：效率的高低或是否取得竞争优势才是衡量行业结构优劣的关键（Gale，1972），不能只看其表面是竞争的或是集中的；过于分散的竞争有损效率，集中与分散的行业市场结构引致的政策高效率都是“有条件的”，可能还要考虑规模等多因素影响；“垄断可能是竞争的结果”（张五常，1999），不能像阻碍行政垄断一样“粗暴地”抑制竞争①。

德姆塞茨（1973）的研究仍然值得充分的重视，概括其启示，至少有两大方面：

其一，是对诸多公共政策及言论的反思。

诸多的公共政策尤其是一些立意于促进或优化市场竞争的“反垄断”政策，其实并未充分吸取学术研究的“警示”，要么肆意“误解妄读”——如 EMH 理论、公允价值与 2008 年金融危机（见后例 7－14）；要么仍然“置若罔闻”——如本例。实际上，虽然学界关于“竞争 or 垄断”以及“政府 or 市场”的讨论仍在继续，但诸多单边主义或“一边

① 相关分析还可参见拙作：吴昊旻著．《产品市场竞争与异质性风险：理论模型与实证》．暨南大学出版社．2012 年 9 月（第 17－18 页），以及本文聚焦产品市场竞争（PMC）的系列研究。

倒”的政策、治理措施以及“流量”论调，却依然底气十足。

其二，是对于行业竞争结构的综合性考量。

显著的公司市场势力（MP）往往对应着较为集中的行业结构，而更集中行业中的大公司也更易拥有显著的市场势力，故公司的市场势力与其所在行业的集中度——或市场的竞争强度与行业的聚散程度——实际上“一体两翼、互为因果”。因此，德姆塞茨（1973）的研究还具有重要的启示，即“完整的”产品市场竞争（PMC）应当或必须要从行业的聚散结构及其市场的竞争程度“两个方面或两大维度”予以综合的考量（吴昊旻等，2012；2018），否则即不足以科学而全面地刻画一个行业/产业乃至一国/地区的市场竞争格局——前面6.1.2节的例6-3及其图示（见图6-1）即可最直接地看出这种度量的“歧误”及其后果①。

（2）基本数据描述：静态+趋势

实证文章之制度背景因其立足于“综观”，故其数量分析可仅局限于“基本数据描述”——亦是为了避免与后续实证分析环节的描述性统计分析相重复，主要涉及核心指标的静态分析以及其关联变量的趋势分析两大类。

A. 静态分析。这里的静态分析即是指围绕idea涉及的某个核心变量，单独定性考察其高低、轻重及大小等基本特征（如第5章例证中的市场竞争程度指标HHI）；或者定量分析其指标的基本数值分布（如方差、权距等），一般可以二维表的形式展示（见表6-2）。

B. 趋势分析。这里的趋势分析又可依其维度而分为两类：“单维”趋势分析和“多维”趋势分析；两者均属于动态的趋势分析。

其一，“单维”即“点”或单个指标的动态趋势分析。

主要是围绕idea涉及的核心变量，独立考察其变动趋势，以对比、掌握——与其他独立指标——其基本规律。这有助于深化对于“点”的认知，有利于勾画、联结进而建立起主要变量之间——“由点到线”——的相关关系或其因果关系。“单维”趋势分析往往以单轴坐标图、框架图等形式展示，典型如供给（S）和需求（D）曲线图，图6-3中引用的林毅夫等（2006）文中的图2亦是。

其二，“多维”即“线”或关联指标的动态趋势分析。

动态的关联趋势（涉及两个及以上变量），是指将idea涉及的多个核心变量——多维——与研究落点相互关联（如X_i与Y），并以双轴或单轴坐标图等形式展示其动态关联趋势。可见，“多维”趋势分析即是实现和建构“由点到线”乃至“连点成面”的基础，是对后续的实证检验之结果呈现的“基本锚定”——若不符合这个基本规律，则须依此“锚”而反思改进。试举一例。

---

① 值得再次强调的是，一个行业的竞争格局或所谓产品市场竞争（PMC）必须要从“聚散结构-竞争强度”两大维度予以综合考量，但绝大多数实证研究仍然局限于行业集中度（HHI），尚未考虑到“结构-强度”指标之内在差异，尚未扩展到创新水平、战略策略、公司分布（如HHI与EI）、产业政策等体现企业、行业乃至一国/地区制度环境及其发展阶段等差异的更广及更深维度。

【例6-5】什么才是影响中国银行业结构的关键因素？

林毅夫等（2006）① 的研究利用中国分省面板数据，考察要素禀赋、发展战略以及经济结构对银行业结构的影响。作者认为：从经济发展的动态角度来看，一国的金融结构——包括银行业结构——主要内生于本国的要素禀赋结构和具体的发展战略所决定的经济结构；经济发展水平、发展战略进而经济结构的差异是解释中国各省份银行业结构差异的主要因素；因此，作者从要素禀赋结构以及发展战略所决定的经济结构视角考察中国银行业结构的决定因素，并基于中国1985-2002年各省份经济结构及金融结构数据，首先通过制度背景分析验证其推断，如图6-3（即原文中的图1、图2和图3）所示。

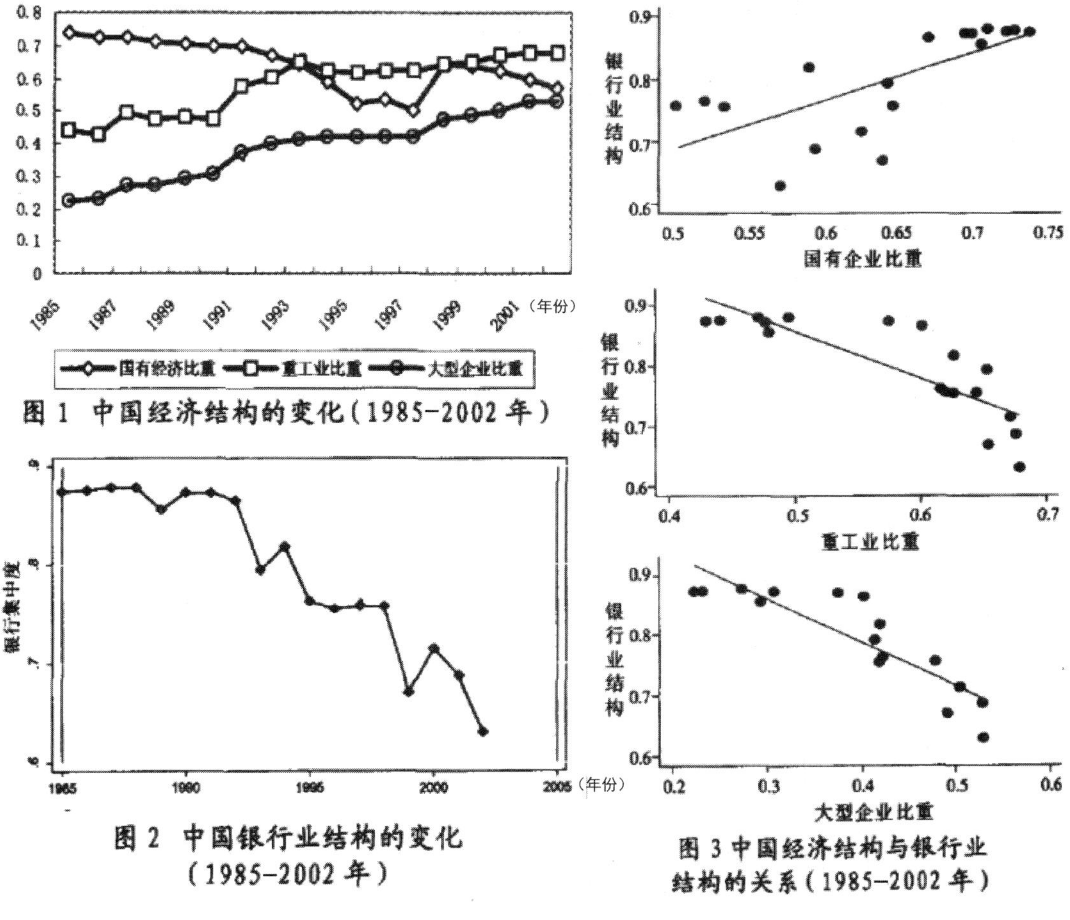

图6-3 中国的经济结构与银行业结构及其关系描述

文中的图1显示了中国总体经济结构的三大变化特征：国企产值占工业总产值的比例越来越低；重工业产值以及大型企业产值占工业总产值的比重越来越高；与此对应，

① 文献来源：林毅夫、姜烨．“发展战略、经济结构与银行业结构：来自中国的经验”．《管理世界》．2006（1）：29-40. 其他文章如：林毅夫、姜烨．“经济结构、银行业结构与经济发展——基于分省面板数据的实证分析”．《金融研究》．2006（1）：7-22.，等也采用了类似的范式。

中国的银行业结构指标[①]随着时间推移而不断下降，从1985年接近90%下降到2002年的60%多，这意味着国有银行在整个金融体系中的地位受到削弱（图2）。图3关于中国经济结构与银行业结构关系的简单二维图显示出两个规律：其一，国企产值占工业总产值的比重与银行业集中度正相关（简单相关系数为0.76），随着国企产出份额的降低，四大国有银行在整个银行体系的存贷款份额也越来越低；其二，重工业产值以及大型企业产值占工业总产值的比重与银行业集中度负相关（简单相关系数分别为 -0.76 和 -0.72）。

从理论以及基于发达市场经济体的经验证据来看，作为资本高度密集的重工业，由于规模效应，其融资规模也相对较大，分散的银行体系在进行大规模融资方面效率较低；而大银行或者高的银行集中度能够更加有效地为大企业提供大规模融资服务，故重工业和大型企业在经济中的份额越高，银行集中度也应越高（Rajan and Zingales，1995；Beck，Kunt and Maksimovic，2005）。然而，为什么中国的现实却呈现出相反的现象呢？——是否是由于整体经济层面分析中所进行的加总使省份和地区之间的差异性被抵消了？或者是否存在其他影响银行业结构的因素使重工业和大型企业比重与银行业结构间的关系发生了逆转呢？

因此，为修正上述两个方面分析可能存在的偏差，需要进一步深入各省层面进行考察，同时还须对其他可能影响经济结构和银行业结构的因素加以控制。文中的图4～图6（略）直观反映了中国历年来不同省份间经济结构与银行业结构变化的关系。原文图4显示，在1990年之前，尽管各省份间国企比重存在差异，但银行集中度却都保持在80%以上，这在一定程度上反映了此阶段我国银行业改革相对于经济改革的滞后，即使个别省份国有经济比重开始有所下降，国有银行高度垄断的格局并未发生改变；1990年尤其是1994年以后，国企比重和银行业结构的正相关关系在各省份间日益明显，国企比重高的省份，银行业集中度也相应较高，反之则较低，表明1994年确立的银行商业化改革开始发挥作用；各省份重工业比重与银行集中度的关系也呈现出与国企相一致的规律，即1994年后两者间有着明显的正相关性（原文图5），重工业比重越高的省份，银行集中度也越高，这与全国整体层面上两者的关系刚好相反，这说明仅从整体经济结构层面考察金融结构影响因素会忽略各省份间经济结构等方面的差异对金融结构的影响，分省数据分析可能更为可靠；大型企业比重与银行集中度间的正相关关系在1998年之前还不是很明显，而在1998年以后则非常明显（原文图6）……

林毅夫等（2006）在关于中国银行业结构影响因素的实证研究中，将制度背景分析纳入引言（idea之提出）以及理论分析部分（idea之发展），以多维度、多层面的数据描述验证了其研究关切——发展战略、经济结构如何影响银行业结构——的基本关系或规律，从而解释了“中国的现实为何呈现相反现象”的疑问。基本规律既定，研究设计随之，而

① 文中采用银行集中度来表示，即四大国有银行存贷款在所有银行存贷款中的比重，它在一定程度上反映了银行业的垄断和竞争状况、大小银行的对比状况等。

回归检验只是从“技术层面”进一步夯实这个结果/结论。林毅夫教授的系列文章关于基本规律的描述与验证——制度背景分析、描述性统计——均采用了类似的范式或模式，故**尤资借鉴**。

（3）量化历史分析：历史+样本

经济史是史学的一大支流，以诺斯（North）为代表的“新经济史”学派——运用新古典经济学和经济计量学来研究经济史问题——实际上属于“量化历史”（Quantitative History）的研究范畴①，而“量化历史”又可纳入更为广义的“大历史”（Big History）的研究范畴②。

按照诺斯的追溯（North，1977），用量化方法研究经济史问题大致起源于1957年，当时几位学者尝试研究美国黑奴历史的经济逻辑。自此量化方法开始运用到更多的历史研究领域，包括诺斯对欧洲政治制度史（North，1973）、西波拉对西方教育及宗教史的研究（Cipolla，1969）等，量化史学变得流行，到20世纪六七十年代之后又有所消退，直到20世纪90年代中期后再度崛起并引人注目。催生新一轮量化历史研究的经典作品主要来自经济学领域，而且在如何利用大数据论证历史假说方面，经济史学者做了诸多方法论上的创新，改变了以往社会学家、人口学家只注重历史数据描述性分析与相关性分析的传统，将历史研究进一步推向科学化。可以说，从“制度变迁理论”到“量化历史”，再到“大历史”，人们认识经济与社会发展的视角及其维度已经大为扩展，这将有助于推进制度背景分析的深化。

概括“量化历史”以及“大历史”研究对于实证研究的逻辑展开及其方法启示，主要体现在**三个方面**：

其一，是在“新经济史”的基础上进一步将制度分析与历史变迁相结合（即“史-实结合”），大大延伸了制度背景之“综观”的“时空”维度。

其二，是推进了逻辑演绎即理实推演与数据描述的有机结合（即“理-据充实”），进一步夯实和呈现了实证研究赖以可信的“基本规律”。

其三，是从宏大、纵深处考虑问题，可有力助推交叉学科之发展，进而可使实证研究借此以更加广阔而深入的视野去发现、发展并验证其idea（即“宏-微互动”），使其更

---

① 量化历史研究（Quantitative History）旨在对历史事件及其规律从统计学意义上进行严谨的逻辑推论和排他性的实证论证，以纠正单纯定性研究方法的不足；既是对传统历史研究（侧重朝代史、政治史等，多停留在史料整理和描述性层面）的一个新拓展，也是对经济管理研究领域的一个拓展。该学派大致兴起于20世纪60年代，后几经波折，至今渐隆；其在国内的兴起则始于2013年陈志武约请清华大学龙登高、伦敦经济学院马德斌、香港科技大学龚启圣等教授一起举办的第一届量化历史讲习班，之后每年举办一届并出版《量化历史研究》专刊。

② 与传统世界史观不同，历史学家大卫·克里斯蒂安（David Christian，1946年-）首倡的“大历史”（Big History）学派不再局限于民族、地区、国家的历史，而是将人类史视为宇宙历史的一个章节，重新定位人类在宇宙演化进程中的历史坐标。“大历史”观将深刻影响大众对于人类历史的认知。比尔·盖茨斥资千万美元，正致力于在全球范围内推广“大历史教学项目”（Big History Project）。

加有趣、客观而科学，有助于其摆脱“数字游戏”的狭隘与尴尬①。对应于实证研究之“八股结构”，二者的启示即是有力支撑、充分彰显了制度背景之“综观”（纵横 + 宏微 + 理实）、描述性统计之“多维”（历史洞察 + 样本扩展）以及实证检验之“纵深”（新理论 + 大数据）的内涵及其意义。

将“量化历史”的视角纳入制度背景分析，其逻辑展开及其方法运用将更为多元——或可覆盖上述所有方法，而其图表呈现也将更为丰富。在此，试举一例。

著名经济学家乔治·克拉克教授的最新研究（Clark, Andrew & Pottenger, 2020），以姓氏地位的视角关注和反思“澳大利亚的社会流动性问题”——澳大利亚人一直都以其创造了一个社会开放、流动性强的国家为傲（Leigh, 2007; Mendolia & Siminski, 2016; Corak, 2013）。作者首先定义了一组精英姓氏，参考对象来自 2014 年选民名单以及 1870 – 1899 年墨尔本或悉尼大学的毕业生。根据 1903 – 1983 年澳大利亚投票名册上登记的职业信息，作者使用职业地位指数（ANU2、ANU3）计算了精英姓氏在每个时间点的估计状态（见图 6 – 4）。图中的粗虚线部分显示了 1904 – 1980 年代际流动的线性拟合，整个时期内估计系数为 0. 73，表明 20 世纪澳大利亚社会流动性缓慢且在加剧。

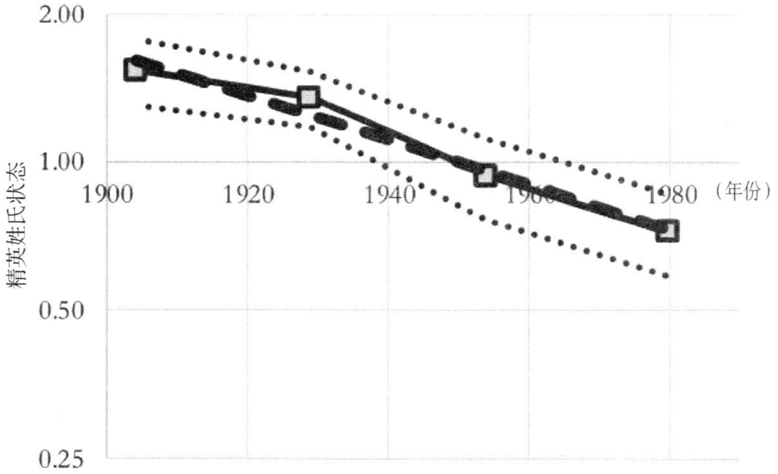

图 6 – 4　1904 – 1980 年澳大利亚精英姓氏职业状况②

这既是经济学研究的“实证结果”，又可作为实证研究之“制度背景”分析以及基本规律的“描述性统计”（见后面第 7 章），图文并茂、理据结合、规律直观。基于量化历

① 抛开学派之差异，诸多基于交叉学科视角的著作，均对制度背景分析的逻辑及其方法启示良多。代表如经济统计史著作（美）安格斯·麦迪森的《世界经济千年统计》和《中国经济的长期表现：公元 960 – 2030 年》，科技史著作（英）李约瑟的《中国科学技术史》、（法）乔尔·莫基尔的《富裕的杠杆：技术革新与经济进步》，以及基于社会、教育及法律视角的著作如（英）杰克·古迪的《西方中的东方》、（英）约翰·霍布森的《西方文明的东方起源》、（美）D. 布迪和 C. 莫里斯的《中华帝国的法律》，等等。

② 文献来源：Clark, Gregory & Andrew, Leigh & Pottenger, Mike. Frontiers of Mobility: Was Australia 1870 – 2017 a more Socially Mobile Society than England? . *Explorations in Economic History*. 2020.

史的证据，因其具备历史变迁的“漫长与洞观”以及经济计量学的“量化与精确”，故其对于基本规律/关系以及相关/因果检验的理据支撑——夯实现有以及发现新的 idea——也就更加充实，故其方法亦**尤资借鉴**。

6.3 典证例说：现身说法

国与国之间的差异——涵盖种族、民族、文化传统以及制度建设等几乎所有方面——或许最能体现所谓的“背景”差异及其影响，而2019年底暴发几乎要绵延整个2020年的新冠肺炎疫情（COVID－19）——或许更久——及其防控效果的国际差别，为我们认识制度背景差异及其影响提供了一个“天然的”考察机遇和“绝佳的”对比场景。

【例6－6】东西方文化差异：是影响疫情防控效果的重要因素么？

“为什么韩国、日本和中国台湾的死亡人数如此之少？我认为面部遮盖和儒家的共同利益观是关键。（***Why*** *did Korea, Japan & Taiwan have so few deaths? I see face－covering and the Confucian idea of common good as key.*）”

——诺贝尔奖得主迈克尔·利维特（Michael Levitt，2020－5－22）

我们的研究也始于类似的疑问[1]：中日韩等东亚国家都是人口密度极大的国家，为何其巨量人口的感染率和死亡率却都是全世界最低的？同时，以中国为核心的东亚国家/地区又是传统意义上的“儒家文化圈”国家/地区，是否是儒家文化推崇的“公益理念”或其“乐群意识”以及这种趋同的传统文化背景在起着“基础性”的作用？……——为此，我们基于全球各国的COVID－19病例相关数据（Our World in Data website），立足东西方文化差异——按照“儒家文化圈”国家、霍夫斯泰德的“文化距离指数”（Hofstede National Culture Measures）以及Gelfand et al.（2011）的“松紧指数”（Tightness－Looseness Score）[2] **三大维度**——考察疫情防控效果“背后”的制度文化差异。

---

① 参见拙作：Haomin Wu，Meng Yang，Jeffrey Zhang，Ting Zhang. 2020. A small global village：Analyzing the cultural influence on the spread of COVID－19. Working paper.

② 对于其中的“儒家文化圈”国家，我们采用传统上受儒家文化影响最为深远的五个国家为样本。“文化距离指数”见：Hofstede's cultural dimensions include individualism－collectivism，uncertainty avoidance，power distance，masculinity－femininity，and long－term orientation. G. Hofstede. Cultures and organizations：software of the mind. London：McGraw－Hill（1991）. 以及G. Hofstede，G. J. Hofstede. Culture and Organizations－Software of the Mind：Intercultural Cooperation and its Importance for Survival. 2nd Edition，McGraw Hill，New York（2005）. In 2010，Hofstede added a sixth dimension，indulgence versus self－restraint. “松紧指数”见：M. G. Gelfand，J. L. Raver，L. Nishii，L. M. Leslie，J. Lun，B. C. Lim，L. L. Duan，A. Almaliach，S. Ang，J. Arnadottir，Z. Aycan，K. Boehnke，P. Boski，R. Cabecinhas，D. Chan，J. Chhokar，A. D'Amato，M. Ferrer，I. C. Fischlmayr，R. Fischer，M. Fülöp，J. Georgas，E. S. Kashima，Y. Kashima，K. Kim，A. Lempereur，P. Marquez，R. Othman，B. Overlaet，P. Panagiotopoulou，K. Peltzer，L. R. Perez－Florizno，L. Ponomarenko，A. Realo，V. Schei，M. Schmitt，P. B. Smith，N. Soomro，E. Szabo，N. Taveesin，M. Toyama，E. V. d. Vliert，N. Vohra，C. Ward，S. Yamaguchi. Differences between tight and loose cultures：A 33－nation study. *Science.* 332（6033）：1100－1104（2011）.

我们首先基于 COVID－19 病例数据，做了两个基于国别的描述性统计（图）。

其中，图 6－5 反映的是目前受疫情影响最严重的 10 个国家——文化背景相似——新增确诊病例数（Confirmed new cases）的变化趋势①；另一张图呈现的是疫情发生国家——不同文化背景——累计确诊病例数（Total cases）的全球分布（图略）②。通过两图可以更为直观地对比疫情防控效果显著的国际差异；国与国之间最大的差异可能正是“文化差异”，而制度、规则以及其国民之行为选择等的差异，很可能都是“文化差异”的结果。

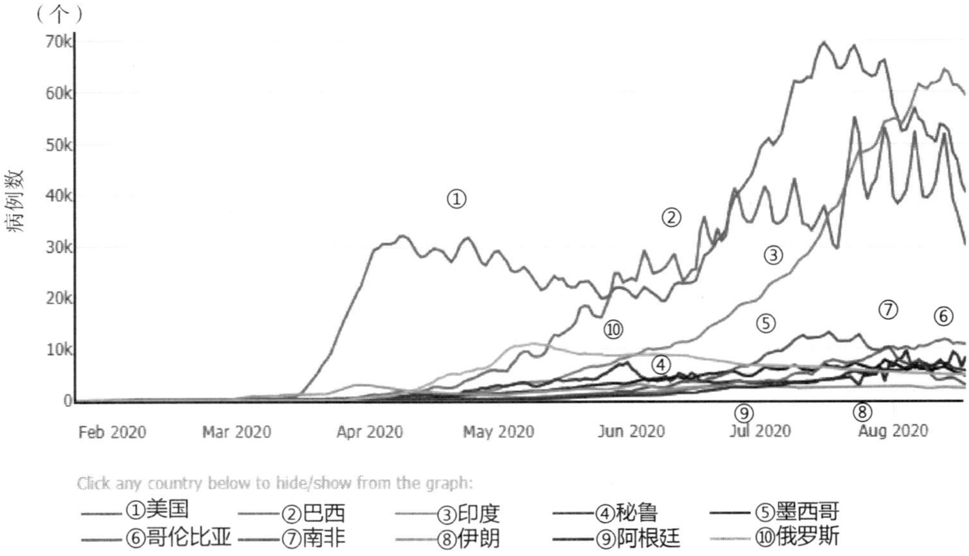

图 6－5　十个最严重国家的新冠肺炎新增病例数（5 日移动平均）

This figure shows the growth trends of new COVID－19 cases calculated as 5－day moving average for the 10 most affected countries as of August 19, 2020. These countries are Argentina, Brazil, Colombia, India, Iran, Mexico, Peru, Russia, South Africa, and the USA. The figure is obtained from John Hopkins University website.

To conclude, the COVID－19 global pandemic has placed unprecedented challenges and greatly altered normal life and economic activities. Some scientific studies have investigated the various factors that are associated with the spread of the COVID－19. To be specific, the travel quarantine introduced in Wuhan, China on January 23, 2020 only delayed epidemic progression by 3 to 5 days within China, but international travel restrictions helped to slow spread elsewhere in the world until mid－February 2020. Wearing a face mask dramatically decreases a person's chances of being infected by the COVID－19. The combined intervention of quarantining and workplace distancing could substantially reduce the number of infections.

① https://coronavirus.jhu.edu/data/new－cases, accessed on August 19, 2020.

② https://github.com/owid/covid－19－data/tree/master/public/data.

In this study, we investigate the spread of COVID – 19 cases by considering national cultures across different countries in the world. The empirical results are consistent with our expectations. After controlling for several factors at the national level (Fig. 6 – 5ab), we find that countries with cultures that emphasize collectivism rather than individualism experience a lower spread rate of COVID – 19 cases. In particular, from January 1, 2020 to May 22, 2020, the new COVID – 19 cases in collectivism – oriented countries and regions grow at a rate of 10.62% lower than other individualism – oriented countries. Collectivistic culture also plays an important role in mitigating the positive effects of other factors associated with an increased spread of COVID – 19 cases (e.g. age, extreme poverty, and Diabetes prevalence). Furthermore, we extend our study by considering the effect of Confucian culture and cultural tightness – looseness on the spread of COVID – 19 cases. We identify nine countries and regions within the "Confucian cultural circle", and find that the Confucian cultural circle countries generally experience a low COVID – 19 spread rate. On average, the growth rate of COVID – 19 cases is 20.77% lower in these countries within the Confucian cultural circle than in other countries. Again, Confucian cultures play an important role in mitigating the positive effects of other factors associated with an increase of COVID – 19 cases. Moreover, we show that the countries and regions with a tight culture generally experience a lower spread rate of COVID – 19 than countries with a loose culture. The result indicates that on average, the new COVID – 19 cases in the tight countries grow at a rate of 12.48% lower than in the loose countries.

Overall, our perspective is both unique and important by showing that countries and regions that are collectivistic, tight and that belong to the Confucian cultural circle have witnessed a lower growth rate of new COVID – 19 cases. The lower spread rate of COVID – 19 cases in these countries can be attributed to the emphasis these countries place on the ideas of the common good and the sense of community, as well as the strong norms and a low tolerance of deviant behavior. Both the Confucian and collectivistic culture play an important role in mitigating the positive effect of other factors associated with COVID – 19. Representing one of the most fundamental ways that have shaped people's thinking, actions, and interactions with other people, culture and social norms affects countries and people's responses to the COVID – 19 pandemic. Our study is particularly important considering that "Most scholars these days are extremely reluctant to ascribe outcomes to culture" and "Some of the choices the governments have made may be a product of culture."[①] Our findings indicate that an emphasis of the collectivism consideration, the idea of the common good, a sense of community, and a low tolerance of deviant behavior is a better way to successfully slow down the spread of the COVID – 19 cases, as we together live in a small global

① 资料来源：C. Lawson, MIT News. "When culture clashes with Covid – 19" (MIT, 2020); http://news.mit.edu/2020/when – culture – clashes – covid – 19 – 0625.

village.

可见，研究结果证实了我们的预期。实际上，人们的行为包括政府做出的一些决策选择都可能是文化的产物。然而，正如诸多学者反思的那样，直到如今，大多数学者仍然极不愿意将上述结果归因于文化。很多人甚至包括专业的学者，一方面赞同并接受文化与社会规范在塑造人们的思想、行为以及与他人互动方面的关键作用，另一方面却又忽视或否认其在所谓“事关政党能力、国家形象或制度优劣”的疫情防控、民本民生以及公共危机处置等方面的重要影响。这种“矛盾”实际上正是狭隘的“意识形态”在起作用，而这种“意识形态”仍然是制度或文化背景差异的反映。

看来，人类的“自相矛盾”正是其本性之一，“正大光明”而又“讳莫如深”。

“我们都是生物和文化生物，因此当一种疾病在世界人口的大部分地区传播时，我们可以用生物和文化两种方式来应对……人类历史上的每一次重大流行病都以这样或那样的方式因文化行为而加剧。（***We** are both biological and cultural beings*, *so when a disease spreads through large parts of the world's population*, *we can cope with that in both biological and cultural ways... **Every** major pandemic in human history has been exacerbated by cultural behavior in one way or another.*）”①

——密苏里堪萨斯大学健康学院科学副教授卡洛琳·奥班（Carolyn Orbann，2020－3－27）

正如卡洛琳·奥班（Carolyn Orbann）所言：“我们既是生物的也是文化的，……人类历史上的每一次重大流行病都因文化行为而加剧。”中国历史上载籍史册的瘟疫就有300多次，悠悠古国，绵延至今，无论封建帝制还是现代民主，都始终是世界上人口繁衍速度及其数量称最之国家，却从未因瘟疫频发而中断消亡。考虑到古国千年的社会现实——不同的科技背景面对的却是几乎相同的病症，如今的现代化国家似乎更应对古国治理“投以尊崇而又理性的目光”，更应该对其面对瘟疫的预防控制、救疗技术——从来都是依靠传统中医方式——以及治理思维等方面进行客观、深入而全面的挖掘、整理和总结，而不是以“史料记载有隐瞒、皆是美化帝王家”的所谓“科学质疑”武断了事②。

① 更多观点请参阅：https：//www. futurity. org/covid－19－culture－history－2318752/.

② 相对于近代西方发生的历次大型瘟疫，中国史料记载的病患死亡率均远远低于西方。史料自然不可尽信，但“结果”却值得反思，此次新冠肺炎疫情的暴发也是证据之一。更多关于瘟疫的资料可参见“量化历史研究”发布的诸多成果，如：Ambrus，A.，Field，E.，& Gonzalez，R.. Loss in the Time of Cholera：Long－run Impact of a Disease Epidemic on the Urban Landscape. *American Economic Review*（2020）. Hilbig，Hanno，Hans Lueders，and Sascha Riaz. Information Gathering in Authoritarian Regimes：Evidence from a Natural Disaster in the GDR.（2020）. Emanuele Massaro，Alexander Ganin，Nicola Perra，Igor Linkov & Alessandro Vespignani. Resilience management during large－scale epidemic outbreaks. *Sci Rep* 8，1859（2018）. https：//doi. org/10. 1038/s41598－018－19706－2. 等等。

以“科学”的名义否定“科学”，是近代西方诸多“著名公案”的背景①，而**以“科学”的名义否定“有效”**——例如对中医的态度——却是至今仍然发生或正在发生的现实。这是典型的“自相矛盾”，也是明显的“双重标准”——正如同“科学不容置疑”一样违背科学精神。不免想起，唐朝诗人杜牧的名篇《阿房宫赋》中有言：“秦人无暇自哀而后人哀之，后人哀之而不鉴之，亦使后人复哀后人也。”这句话又被数百年之后的哲学家黑格尔上升到辩证法的高度：“历史给人最大的教训，就是人类从不接受历史教训。”② ——这其中的讽喻意义，又何止于东西方“制度背景”之差异呢?

实际上，面对类似于瘟疫的灾难治理，任何国家可见的制度设计及其背后“潜隐”的文化传统，都值得客观而深入的总结，这正是“前事不忘，后事之师”。正如前面6.1.3.2节指出的那样，制度背景“综观”之重要而优先的“**两个向度**”，实在是为了强调古今中外的兼容互鉴、平等交流以及公允评价：**由东到西**，实属于横向之背景变迁，如东西之传统与体制，即是“可以因此而见出‘差异’”；**由古至今**，则属于纵向之背景变迁，如一国之传统与现在，即须“因此而更能洞见‘相同’”。

——所谓“务实之综观”，如是而已；

——所谓“科学之研究”，如是而已。

① 前世界银行首席经济学家考希克·巴苏指出，鉴于因果关系难以发现，好的政策仅仅掌握事实不足以将其与理论结合起来，还须坚信并依赖直觉判断力以及“理性直觉”（reasoned intuition）——通过推理来验证直觉的使用（Basu，2014）；数据、理论和直觉是人类知识与进步的三个要素，但怀疑论仍然是思想者思维方式的一部分——正如历代的哲学家以及凯恩斯在《通论》第12章提醒我们的那样；科学家对迷信大加抨击，却不质疑科学知识，他们其实面临着双重标准的问题，他们没有认识到，当涉及未来的确定性时，科学智慧与许多其他形式的知识一样，是可以被质疑的。——全文请参见《比较》第109辑（2020－10－5）。

② 这是黑格尔的著名格言之一，其德文为：“*daß die Geschichte die Eigenheit hat, durepetiert zu werden, so lange, bis die Lektion begriffen wird*”。可译为：历史有重演的特性，它会一直持续到教训被人领悟为止。

第7章 idea之量化：基本规律重要

微事不通，粗事不能者必劳；大事不得，小事不为者必贫。

——《晏子春秋·外篇》

缺乏理论的数据仅仅是数据而已；缺乏数据的理论仅仅是理论而已。

——［美］加里·史密斯

我们经常会被数据愚弄，是时候拆穿这些诡计了。

——［美］罗伯特·希勒

统计学是金融领域极其常用的修辞方式。

——［美］布莱恩·怀特

实证研究必有量化，而量化须先有理据。理论分析（idea之发展）与文献综述奠定实证文章之“理论依据/背景”，而制度背景分析（idea之因应）与描述性统计（idea之量化）则构成实证文章之“现实依据/背景”。正如前面第3章（3.4节），将实证文章之“两大依据”细分解构为“三据”——“数据（样本－变量）—理据（理论－逻辑）—证据（文献－案例）”，实是为了凸显和强调数据支撑之充分、理论分析之严谨、实证分析之验证；只有理实“两据”结合、“三据”多维互证，才能奠定实证文章的“立论之基”，而要做到这一点，就必须要在量化及其设计上更多着力。

基本规律重要，因其“基本”依赖于基本理论、基本数据及其基本处理[①]；而其“重要”则体现在如下三个方面，即与制度背景之综观一样，扎实可靠的描述性统计是夯实、锚定既有idea以及验证、支撑实证分析结果及结论的“基本证据”和最有力基础，同时又是（重新）寻找、定位、发现新的idea的一个重要来源和必由之路。相对于第6章的“idea之因应”——对研究“主体－主题”所在之制度背景进行综观分析与解读，本章的

① 这里的“基本处理”是指基于原始数据或样本的基本描述，着眼于呈现数据或样本之基本特征或其分布规律，即不会使用复杂的统计量和计量技术对数据进行深度的“人为”处理。

“idea 之量化”则立足于对此“现实背景”进行量化分析，进而共同为实证研究奠定“现实依据”。

本章之所以将描述性统计（descriptive statistics）划定为“idea 之量化”——实为量化之基，是因为一个“合格的”idea 实际上已经包含和界定了实证研究的核心变量及其关系预期（相关 or 因果），而“idea 之量化”就是旨在揭示上述变量关联之基本的逻辑及数量关系（图－表－数据），并由此成为细化理实背景之“依据”、框定研究设计之“凭据”、校准实证检验之“证据”、定位研究贡献之“理据”（即下面所谓“四据”）；也因此，本章可谓**横跨两章**（背景综观＋实证分析）、**关涉三股**（制度背景＋研究设计＋实证分析）、**支撑全书**；可谓贯通上下、衔接理实。

本章在阐述实证研究之描述性统计的内涵、逻辑及其范式遵循的基础上，还将重点展现描述性统计分析中（容易）出现的诸多“歧误”——有些是人为的，有些是不自觉的——及其重要后果，即以“反例”的形式凸显基本规律之呈现彰显、基本证据之夯实求证的重要性及其关键意义。**须知道，数据也会骗人，尤其是经过统计或计量方法处理过的数据更容易骗到人；须知道**，定量须由定性来引导，而定性也会误导定量。我们在实证研究中常常感到的“原来如此……怪不得……”的豁然开朗，以及“原来不是如此……必须得……”的尴尬气氛，其实正好反映了“专业的深入”（认知门槛）与“专业的误导”（精心包装）的现实距离及其差异①——这些其实往往都源于“思维惯性”或者“孤陋寡闻”。

在这个意义上，立足于揭示和呈现“**基本规律**”的描述性统计，**就是要让你**了解“原来如此”和“原来不是如此”的真相；**就是要助你**击破思维定式的局限；**就是要引导你**追本溯源、懂得还原进而知晓那个“原来”；而前面第 3 章所谓“胸中须有三据”，**就是要你**知道只有夯实“现实依据”——依赖原始数据，才能更好引导理论预期、框定研究设计、支撑实证结论。因此，这里的“**基本规律**”实际对应着 idea 及其逻辑之“经济意义”（economic significance），对应着实证研究所依托之核心变量间关系之“基本路径/机制”，乃是实证检验之前提及其基础，故体现着研究者的“量化之能”。

体现描述性统计之重要性内涵的“**四据**”，与第 3 章关于制度背景分析之“四维/四要”一起，夯实和凸显了实证文章“制度背景分析＋描述性统计”环节设计的“**四大功能**”：“**使用原始数据－呈现基本规律－回答基本问题－支撑检验证据**”，这四步序贯而下、次第验证、层层夯筑、衔接理实，**故攸关可靠、不可或缺**。

7.1 描述性统计之重要：内涵“四据”

作为制度背景“综观”之细化，实证研究之“描述性统计”同样重要而优先。概括

① 例如，北京和上海真的太大了——所以才要限制流入吗？慈善捐赠真的使教育更加公平了吗？高校教师真的更轻松吗？等等。对此，很多学者——如陆铭教授——结合真实数据，为我们逐步还原了“真相”。

其重要性及内涵，在于如下“**四据**”——相对于制度背景分析之“四维/四要”，扎实的描述性统计是：细化实证研究两大背景之“依据”、框定研究设计之“凭据”、校准实证检验之“证据”、定位研究贡献之“理据”。以下分节论之。

7.1.1 细化理实背景之“依据”

中篇之开篇将实证研究之“主体”具体解构为“五大模块”，即“两大依据/背景”+“三大主体”；其中的“两大依据/背景”是指实证文章之“现实依据/背景”（问题导向+制度背景）和“理论依据/背景”（相关研究+理论基础），而“三大主体”则分别为实证文章之文献综述（相关研究）、理实推演（制度背景+理论基础+假设推演）和实证验证（研究设计+描述性统计+假设检验）。

可见，基于制度背景之“综观”分析——必须扩及和呼应到制度背景予以“细化”——的描述性统计，正是衔接理实、联结“三主”、支撑全文的关键环节，进而与制度背景一起为实证研究奠定了“现实依据”；而实证研究之“五大模块”亦由此而成为结构协调、逻辑序贯、数理互证、前承后续的有机整体。

7.1.2 框定研究设计之“凭据”

定量自须定性来引导，而定性也须依据基本规律与事实，故细化了实证研究的“依据”之后，自然就可以大体框定研究设计。实证研究的差异化贡献，往往也体现在求证“同样问题”时的研究设计之差异上。因此，必须凭借细化的描述性统计“依据”合理框定具体的idea及其研究设计，而这种“框定”其实就是界定实证之边界，服务创新及可行。

作为构成“idea之量化”的一大关键部分，描述统计立足于发现并夯实基本规律、验证其经济意义，而后续的实证检验则立足于纵深考察变量关联、彰显其规律力度、验证其统计意义；二者虽然各司其职，但后者却须以基本规律及其经济意义为其实证逻辑之根本支撑，即后者之“是否可靠”（检验过程及其科学性）依赖于前者之“是否可信”（理实衔接及其合理性），否则即需要重新检验。

因此——还须强调的是，描述性统计的“边界”，应当不止于实证检验之样本，还必须扩及和呼应制度背景之“综观”分析，以求夯实“**基本规律－基本逻辑－基本证据**”之可靠可信；否则便不足以称之为依据细化、不足以科学框定研究设计、不足以校准把握检验过程、不足以烘托定位研究贡献。

7.1.3 校准实证检验之“证据”

基于制度背景、客观现象以及原始数据，立足揭示、呈现和夯实研究关切之“基本规律”的描述性统计分析，其重要性还体现在如下**三个方面**：

其一，是有助于调整和校正既定idea之偏颇虚妄，使之沿着科学的方向和理实衔接的逻辑有序行进，而不至于不自觉的走偏或“离地”；

其二，是有助于校准或纠正实证研究中自觉或不自觉的“技术中心主义”倾向，防止“理技失衡”（追求极致解决、流于数字游戏）、“学术分立”（思想与方法、学理与应用）①；

其三，是在框定“凭据”、细化“依据”之后，还进而有助于“举一反三”发现和引出新的话题、**新的数据**（create - 整合），有助于“关联锚定”新的 idea 或相关规律，这对于培养训练“联想之能”、调整夯实文章理据、开启纵深拓展研究等，无疑都大有裨益。

7.1.4 定位研究贡献之“理据”

实证研究的贡献自然首先取决于其 idea 的“重要及新颖”，但其“可行”亦不可或缺，即一个理论推演“自洽”（逻辑序贯）、基本规律“打底”（因应现实）、经济意义“保驾”（理实衔接）、实证检验“显著”（样本规律）的研究结果，才能算是要素“齐备”、理据“完整”地支撑了研究的实证内涵；紧接着通过结论对于结果的提炼、启示对于结论的升华，进而才能有效支撑其 idea 的“重要及新颖”，而其研究的“边际贡献”也才能得以有序凸显。

是否是“重复性”的研究，关键是看其逻辑是否有衍生 - 拓展、看其理据是否有申发 - 求证。立足于揭示和呈现“基本规律”的描述性统计，其最重要的作用在于其能够“由点及面、由特殊到一般”——即由基于样本的检验结果到理实衔接的基本规律、由样本研究的边际贡献到举一反三的引导启发——地支撑和定位具体研究成果及其贡献的“坐标 - 谱系”，也就是该研究的 idea（问题之价值）及其研究成果（问题之答案）在其学科、领域中的作用、影响及其地位。这无疑有助于相关研究的推进纵深，而这本身就是学术研究的一个“重要原则”或“科学义务”。

7.2 描述性统计之逻辑：因应“四多”

承接和呼应制度背景之“综观”分析的描述性统计，因其揭示和呈现的是“基本规律”，故其势必并应当“大于等于”既定 idea 之实证的“逻辑边界”（约束于命题与假设）——如此才能彰显学术研究应有的内涵及其外延②。**因此**，“基本规律”对应的“问题”就应该是多元而且多维的，而**话题多元相关**（外延）、**视角多维互证**（内涵），**问题也就自然多解**（方法）、**求证也就自须多问**（夯实）。因此，呼应描述性统计之重要的“四据”，则必有其逻辑延展之“**四多**”。以下略分四小节论之。

---

① 学与术往往统称，而其义不同。梁启超在《学与术》一文中指出：“学也者，观察事物而发明其真理者也；术也者，取所发明之真理而致用者也。”蔡元培也认为，“学”是纯粹的学问和理论，“术”是具体的技术和方法，但反对机械割裂，主张学术并进，“学必借术以应用，术必以学为基本，两者并进始可”——这不但指出了“学术”之本质，也阐明了“务虚”之重要。

② 受制于事物本身及“有限理性”的发展等主客观因素之影响，任何一个话题在其内涵及外延上都“富有弹性”，故一项科学且具有价值的学术研究都应当具备一定的“弹性/空间”。这是后续研究的契机与基础。

为了让读者对于数据描述的“扭曲”及其重要影响先有一个概观性的体验，本节首先援引《简单统计学》一书的序言（节选），**作为引例**。

【例7-1】《简单统计学》[①] 序言：我们被数据愚弄多久了？

我们生活在大数据时代，高性能计算机和全球网络的强大组合正在得到人们的赞美甚至推崇。专家不断告诉我们，他们发现了一种新的能力，可以对海量数据进行筛查并发现真相，这将为政府、商业、金融、医疗、法律以及我们的日常生活带来一场革命。我们可以做出更明确的决策，因为强大的计算机可以对数据进行分析，发现重要的结论。

也许事实的确如此，也许未必。有时，这些无所不在的数据和伟大光明正确的计算机会得出一些非常怪异的结论。例如，有人一本正经的宣称[②]：

凌乱的房间会强化人们的种族主义倾向；

还未出生的小鸡胚胎会对计算机的随机事件生成器产生影响；

当政府负债相对国内生产总会的比率超过90%时，国家几乎一定会陷入衰退；

在过去20年美国犯罪率下降的原因中，合法堕胎的比例高达50%；

如果每天饮用两杯咖啡，患上胰腺癌的风险将极度放大；

最成功的公司倾向于变得不那么成功，最不成功的公司倾向于变得更加成功，因此用不了多久，所有公司都会沦为普通的公司；

出现在《体育画报》和《麦登橄榄球》封面上的运动员会受到诅咒，他们可能会陷入平庸，或者受到伤病困扰；

生活在输电线附近的儿童具有更大的口患癌风险；

人类有能力将死亡推迟到重大仪式之后；

亚裔美国人更容易在每月四号突发心脏病；

如果一个人的姓名首字母缩写拥有积极的含义（比如ACE），那么，他可以多活三到五年；

平均来说，教名（第一个名字）以字母D开头的棒球运动员的寿命比教名字母E到Z开头的运动员短两年；

临终病人可以被几千英里以外传送过来的积极心理能量治愈；

当NFC冠军球队赢得超级碗（美国超级碗总决赛在国家联合会（NFC）和美国联合会（AFL）分别比赛产生的冠军之间举行）时，股市几乎一定会上涨；

如果你购买股息率最高、每股价格第二低的道琼斯股票，你就可以跑赢大盘。

以上这些说法显然是错误的。不过，许多与此类似的说法每天都会出现在报纸和杂志

---

① ［美］加里·史密斯著、刘清山译：《简单统计学》，江西人民出版社，2018年3月。引例解读的题目“我们被数据愚弄多久了”是本人加的。

② 这些“结论”的得出，往往是由于混淆了哲学上的“万物普遍联系”与实证检验中的“相关性”的缘故——因为将任何变量放进回归模型都可能会得出“显著相关”的结果。这也是实证文章何以必须做到“问题导向－理实推演－基本规律－研究设计－实证验证”序贯支撑的原因。

上。在如今的信息时代，我们用没完没了而又毫无意义的数据指导我们的思想和行动。不难看出为什么我们会反复得出错误的推论，制定糟糕的决策。即使能够得到比较充足的信息，我们也不会永远注意到数据的偏差性和无关性，或者科学的缺陷和误导性。我们倾向于相信计算机从不犯错，认为不管我们把什么样的垃圾扔进去，计算机都会吐出绝对真理。这种想法不仅存在于外行人的日常生活中，也存在于专业人员严肃认真的工作中。在流行刊物、电视、互联网、竞选活动、学术期刊、商业会议、法庭、政府听证会，此类现象屡见不鲜。

几十年前，数据非常稀少，计算机还没有出现时，研究人员需要努力收集优质数据并进行审慎的思考，然后花费几个小时甚至几天的时间从事艰苦的计算工作。现在，面对丰富的数据，研究人员通常不会花费太多的时间对优质数据和垃圾进行区分，或者对合理分析和垃圾科学进行区分。更糟糕的是，我们常常不假思索地认为，我们对大量数据的处理永远不会出现错误。我们匆匆忙忙地根据这些机器发出的梦呓制定决策——比如在衰退过程中增加税收，将我们一生的积蓄交给一些说得天花乱坠的财务分析师，根据最新的管理理念制定商业决策，用医疗骗术危害我们的健康——更糟糕的是，我们还会放弃心爱的咖啡。

罗纳德·科斯（Ronald Coase）曾经嘲讽道："如果你对数据拷打足够长时间，它一定会招供。"《简单统计学》一书考察了几十个扭曲的结论。只需片刻的思考，你就会发现这些结论的问题。有时，无耻之徒故意用这些说法来误导我们。有时，天真快乐的研究人员并没有意识到他们制造的恶作剧。我写这本书的目的是帮助我们远离错误——包括外部错误和自己千百万的错误。你将学到一些简单的指导准则，用于识别其他人或者你自己说出的不靠谱的观点。其他人用数据欺骗我们，我们也经常用数据欺骗自己。

加里·史密斯（Gary Smith）教授的告诫及其目的再也直白不过。那么，数据是在"愚弄"我们，还是我们在用数据"弄愚"自己？——这确实是一个问题。正如作者提醒的那样，无论是大数据时代还是几十年前，研究人员都"需要努力收集优质数据并进行审慎的思考"，否则不是"其他人用数据欺骗我们"，便是"我们也经常用数据欺骗自己"。

7.2.1　内涵多元：理据之别

基于理论推演（idea 之发展）尤其是制度背景之"综观"分析的描述性统计，其呈现的"基本规律"势必内涵多元，故有"理－据之别"；而且，因其内涵多元，故须"以理定据"——理实推演有助于"框定"描述统计之维度，还要"以据校理"——基本规律有助于"校准"理实推演之预期。

前面已对实证研究之"两大依据"及其解构细分即"三据"[①] ——"数据（样本－变量）—理据（理论－逻辑）—证据（文献－案例）"——进行了阐述，以着意强调数据

① 这里的"三据"区别于后面第 7 章的"胸中有三据"（原始数据－理论依据－经验证据），解构不同，立意随之，反之亦然。

支撑之充分、理论分析之严谨、实证分析之验证；着意强调理实“两据”结合、“三据”多维互证，才能奠定实证文章的“立论之基”。本部分结合时变，试举一例。

【例7－2】所谓的“逆混改”现象：是民企“类国企化”的现实例证么？

前面第5章5.3.1节“举一反三：范畴之外”的例证5－4b“民企‘类国企化’研究之‘矢量延伸’”，已经对民企“类国企化”之内涵、前因后果以及其话题延展，进行了详细的分类梳理（见表5－2abc），可见其“内涵兼容”国企改革及治理、混合所有制改革、僵尸企业处置、过度金融化以及创新惰性、地方债务问题等话题，故亦可完全印证“民企‘类国企化’”界定之内涵多元及其视角多维。本部分结合“最新时变”即“逆混改”现象①，以再证其“内涵兼容”。

据记者不完全统计，2018年至今，环保领域共有20起民营环保上市公司拟引入国有资本战略投资者的案例，涉及相关市值达1274.7亿元。其中，仅今年以来就发生了6起，多家民营环保上市公司先后出让或计划出让公司控制权。

“2020年环保领域‘逆向混改潮’的趋势愈加明显，多家民营环保上市公司易主，国有企业在环保产业头部的势力进一步增强。”……

民营环保上市公司牵手国资有何特征？

梳理2018年至今这20起混改案例（原文表1），民营环保上市公司引入国有资本呈现出5个特点：

第一，引入的国有资本既有大型央企如中国建筑集团等，也有来自北京、四川、湖南、浙江、山东、江苏等地方国企，如四川铁投等。

第二，标的民营环保上市公司的业务范围涵盖了大气、水、土壤、固废、生物质发电等多个领域，且市值区间在50亿元内的民营环保上市公司占比最高。……

第三，引入国有资本的民营环保上市公司主要源于深交所创业板（12家）。

第四，从并购情况来看，标的涉及多个省份，且有11家民营环保上市公司存在国有资本异地收购的情形。……

第五，引入国有资本的方式包括但不限于股权转让、表决权委托、非公开发行股票等。

20起民营环保上市公司（拟）引入国有资本情况汇总表（数据截至2020年7月28日）

序号	上市公司	地区	上市板块	首次公告时间	（拟）引入国资方	实控人是否变更	是否异地收购	总市值（亿元）
1	盛运退	安徽	深交所风险警示板A股	2018年5月	川能集团	否	是	1.58
2	三聚环保	北京	深交所创业板A股	2018年6月	海淀国投	是	否	136.00
3	*ST凯迪	湖北	深交所风险警示板A股	2018年8月	中战华信	否	是	41.30

① 来自微信平台“环保创业邦”，原创雷英杰：“20家民营环保上市公司拟引入国有资本，2020年逆向混改趋势愈加明显”（2020－8－6）。引证时有改动。

续表

序号	上市公司	地区	上市板块	首次公告时间	（拟）引入国资方	实控人是否变更	是否异地收购	总市值（亿元）
4	美晨生态	山东	深交所创业板 A 股	2018 年 9 月和 11 月	潍坊城投和诸城投资	是	否	33.30
5	天翔环境	四川	深交所创业板 A 股	2018 年 10 月	四川铁投	否	是	6.51
6	永清环保	湖南	深交所创业板 A 股	2018 年 10 月	金阳投资	否	否	33.30
7	中建环能	四川	深交所创业板 A 股	2018 年 10 月	中建启明	是	是	30.30
8	兴源环境	浙江	深交所创业板 A 股	2018 年 10 月	国有资本平台	否	否	53.70
9	中金环境	浙江	深交所创业板 A 股	2018 年 11 月	无锡市政	是	是	66.70
10	神雾退	北京	深交所风险警示板 A 股	2018 年 11 月	南昌市政府出资平台	否	是	1.31
11	东方园林	北京	深交所中小板 A 股	2018 年 11 月	朝汇鑫	是	否	135.00
12	启迪环境	湖北	深交所主板 A 股	2019 年 3 月	雄安新区管委会、雄安集团与清华控股	是	是	115.00
13	清新环境	北京	深交所中小板 A 股	2019 年 4 月	国润环境	是	是	62.50
14	博世科	广西	深交所创业板 A 股	2019 年 5 月	广西环保	否	否	42.20
15	国祯环保	安徽	深交所创业板 A 股	2020 年 3 月	中节能	是	是	68.40
16	碧水源	北京	深交所创业板 A 股	2020 年 3 月	中国城乡	是	否	268.00
17	铁汉生态	深圳	深交所创业板 A 股	2020 年 4 月	中节能	是	是	62.20
18	雪浪环境	江苏	深交所创业板 A 股	2020 年 7 月	新苏环保	是	否	23.10
19	博天环境	北京	上交所主板 A 股	2020 年 7 月	中汇集团	是	是	33.50
20	富春环保	浙江	深交所中小板 A 股	2020 年 7 月	水天集团	是	是	60.80

国资选择标的时，更偏好哪些因素？

在这 20 起案例中，13 家民营环保上市公司的实际控制人发生了变化。那么，**国有资本在选择标的时，更偏好哪些因素呢？**……

“通常情况下，国有资本参股民营企业，会选择有发展前景的民营上市公司、准头部企业以及具有潜力的未上市专业企业。”作为一名国有企业的负责人，于立国认为国有资本选择标的时主要看重以下四个方面：

一是民营企业所处行业的发展潜力，特别是新兴产业、符合国家产业支持政策的行业会更受国有资本青睐。……

二是民营企业的经营能力和运营优势。……

三是民营企业的专业资质和专业技术水平。……

四是民营企业区域深耕或领域深耕能力。……

为何要引入国有资本？

“民营环保企业引入国有资本，实际上是一种‘被迫’选择。”——“被迫”？其实在业界看来，或许更多的是一种无奈。……

不过，与 2015 年国有资本通过并购大举进军环保领域不同，这一次是深陷流动危机的民营环保企业主动寻找国有资本纾困。民营环保企业引入国有资本，主要起因是 2018

年的金融“去杠杆”。……

有的民营环保上市公司引入国有资本，是基于战略合作，促进业务的长足发展，如清新环境……；实际上大多数环保企业引入国有资本恐怕是不得已而为之，更多的是为了寻求资金解困，降低股权质押比例，缓解流动性危机，如博天环境……“第一种是民营环保企业将国有资本作为战略投资者，双方在业务开展上可产生一定化学反应，国有资本也可给予民营环保企业一定的信用背书。第二种是救命，债务还不上了，引入国有资本纾困。”……

引入国资后，表现如何？

民营环保上市公司引入国有资本，一直是环保产业界关注的热点。坊间有言论认为，国有资本正在“抄底”收购民营环保上市公司，这是一种“国进民退”的现象。……这20起案例中，有13家民营环保上市公司易主。那么，“牵手”后的表现究竟如何呢？

“已接受驰援的民营环保上市公司，有的在国有资本助力下成功打破融资困境，回血明显，焕发新活力；有的还需要一段时间以待观察。”（全国工商联环境商会秘书长马辉）……从目前来看，市场对于民营环保上市公司引入国有资本一事似乎并不看好，13起案例中大多数环保企业并未在国有资本入股后扭转股价下跌的颓势。……“国有资本入主分为三个阶段，即：从国资救命到国资控股；国资民资如何合作或民资如何退出；国资主导生态基建投资，民资发挥专业优势。目前主要还在第二阶段徘徊，这里涉及很多利益博弈，完全调整好需要一定的时间。”……

正如学界所言，推进混合所有制改革的关键在于“以混促改”，促成更为高效的公司治理、业务融合以及价值创造，但“结果”并不尽如人意，这反映出政策激励引导的“不足”以及国企的“逆危机”成长——见前面5.2.2（3）节例证“中国的产品市场竞争真的过度了吗?”的相关分析——等大背景下民企的“无助或无奈”；而如今，环保行业所谓的“逆混改”——混改本是推进国企改革及其有效治理的一种方式——正好印证了这一点。

实际上，所谓的“逆混改”并非“可逆”，**考其本质及渊源有二**：

其一，它当属于混合所有制改革——并非狭义之国企混改——的应有范畴，因为无论从现实还是效率的角度考量，新时期的国企（加剧）与民企（开始）均面临困境，故在逻辑上，混改绝非仅指“国混民”，而应当是“国－民互动”[①]；

其二，它其实也是本人提出的“民企‘类国企化’”概念的一种表现形式或其“结果”（前面5.3.1节例5－5），即诸多民企引入国资甚至甘愿“被控股”，真的是出于竞争空间日窄或国企垄断优势诱致之下的一种理性的“被迫选择”；而狭义的“国混民”其实也是对国家对于日益增多的民企“类国企化”选择的一种“**合法化认可**”，其意均在于适应转型升级、助推提质增效，也均“暗合”推进国企改革及其有效治理、优化市场竞争环

① 中央层面推动的“混合所有制改革”绝不仅仅针对国企，而是在新时期深刻意识到国企的“根本存在”及其必要发展以及民企历经30年“改革红利”背景下的高速增长后开始面临新的“增长困局”而提出的着意于深化体制改革、推进“市场公平竞争＋政府适度监管”的宏观性战略。

境乃至“供给侧结构性改革”等新政内涵及其导向。

7.2.2 视角多维：角度之辨

内涵之多元，往往对应着视角之多维，故自有“角度之辨”。对于一个重要、新颖或可行的idea，基于问题导向而对其研究视角的多维扩展，不是为了“主观否定”，而是为了“客观呈现”，即通过idea内涵及其视角的多维挖掘——考验“联想/推演之能”，意在彰显“点—线—面—架构—空间”的结构化演绎，因应充实“主题—逻辑—框架—内容”的结构化灌溉。

因此，学术研究的“角度之辨”，既是idea发展之扩充路径，亦是描述性统计之维度依托。试举二例。

【例7－3】定性引导定量：国企效率真的更低么？股东至上目标公平么？

本部分拟以我国国企、民企及其在资源获取、市场竞争以及企业效率等方面——亦呼应前面第5、6章关于民企“类国企化”的例5－4abc——广泛而显著的“国/民差异”为引例，继续纵深序贯探讨“国企的效率真的更低么?”——对应“民企的效率一定更高么?”——以及“基于股东至上的企业价值目标真的公平么?”这几个根本性问题，以求反思甚或“匡正”学界长久以来的“**意识形态型思维惯性**”①。

且先看几张“国/民差异”的效率对比图。

其中，图7－1abc侧重反映“事后的”企业绩效差异，而图7－2ab则反映了“事前的”资源配置（负债率、政府补贴）差异，对此已有很多研究，不再赘述。

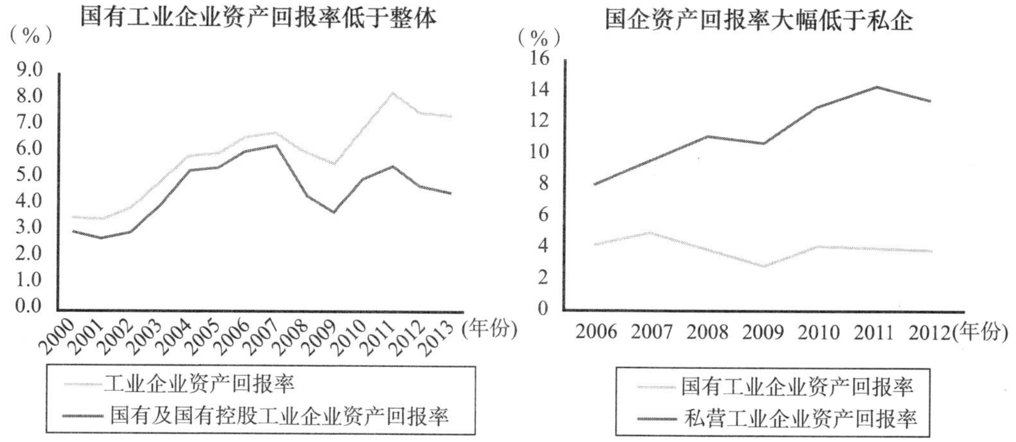

图7－1a 国企与民企的资产回报率对比2000－2013年（财经观察2014－8）

资料来源：WIND，平安证券研究所。

① 这两个根本性问题攸关企业创值能力的科学计量及其评价，故亦攸关国民经济效率。然而，受西方自由主义思潮及其市场经济理论之影响，学界长久以来“天经地义”地坚持奉行“管制一定不合理、国企一定低效率”等当然理念或结论，而罔顾国企的政策性负担等客观事实以及企业价值目标设计之“缺陷”等理论偏误，从而确实呈现出一种类似甚或根植于“意识形态”的“思维惯性”。这有悖于学术研究之“客观中正”原则。

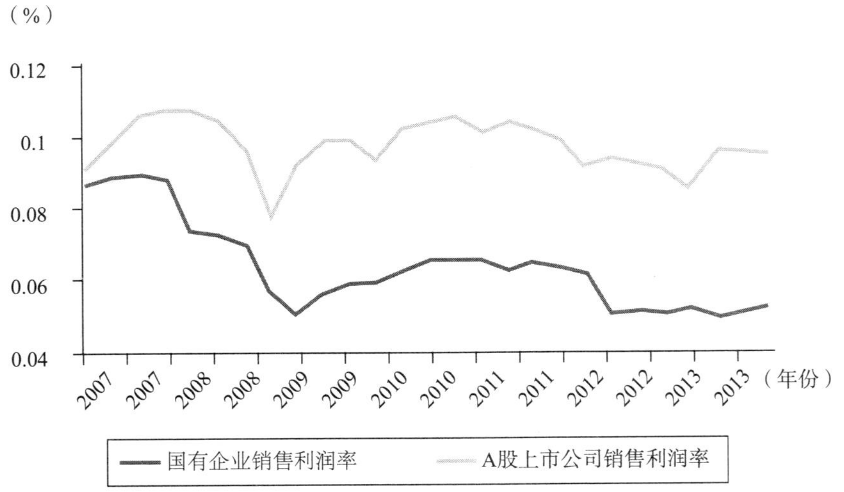

图 7－1b　2007－2013 年国企与 A 股上市公司销售利润率比较（财经观察 2014－9）

资料来源：WIND，广发证券发展研究中心。

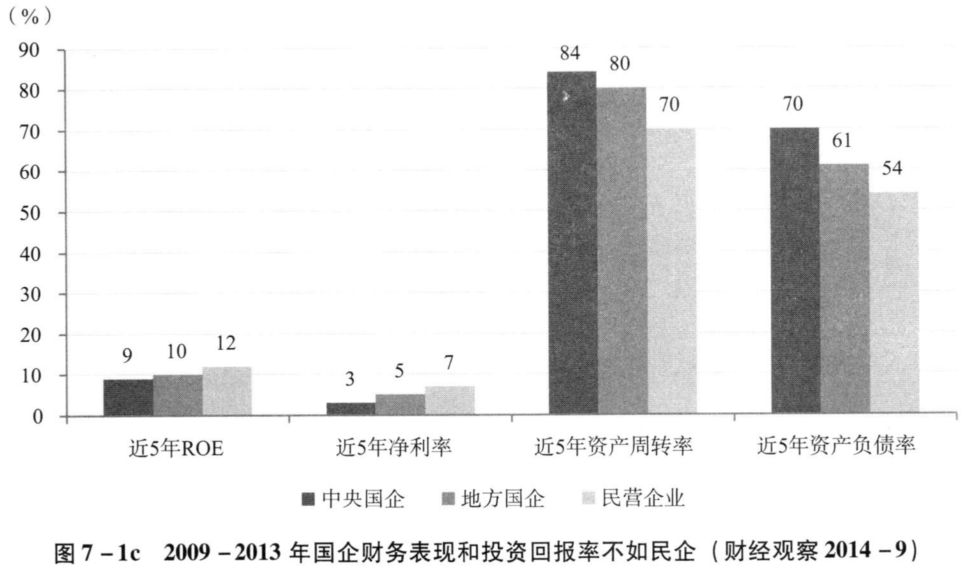

图 7－1c　2009－2013 年国企财务表现和投资回报率不如民企（财经观察 2014－9）

资料来源：中金公司研究部。

表 7－1　　　　我国企业（上市＋非上市）所获政府补贴金额估算（2017 年）

项目	金额及增速	非上市公司补助与利润之比较上市公司下调比例	估算政府补贴金额
上市公司政府补助	1302 亿元	80%	6142 亿元
上市公司利润总额	44872 亿元	60%	4932 亿元
上市公司补助占利润总额的比例	2. 9%	50%	4327 亿元

续表

项目	金额及增速	非上市公司补助与利润之比较上市公司下调比例	估算政府补贴金额
国有及规上非国有企业利润总额	85758 亿元	40%	3722 亿元
全部企业利润	25.33 亿元	20%	2512 亿元

资料来源：WIND，海通证券研究所。

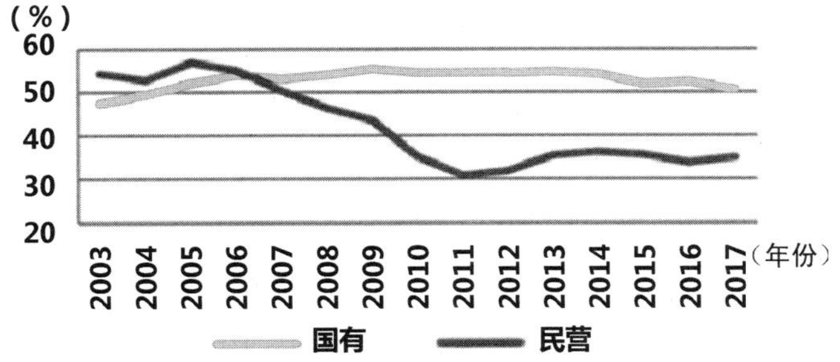

（1）2003－2017年A股上市公司资产负债率

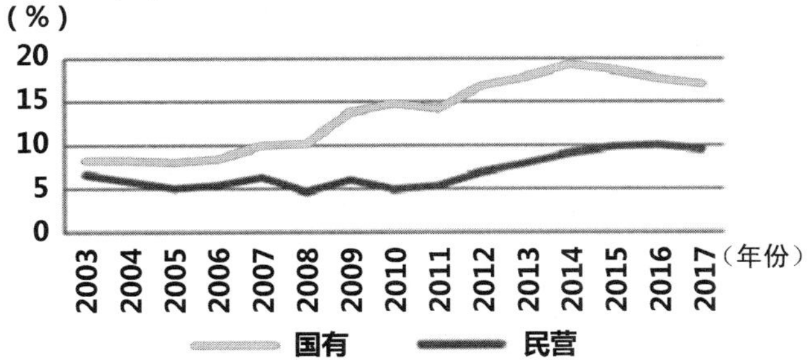

（2）2003－2017年A股上市公司债务期限结构

图 7－2a　2003－2017 年国企与民企的 TDA 与长债比例（CSMAR）

资料来源：CSMAR。

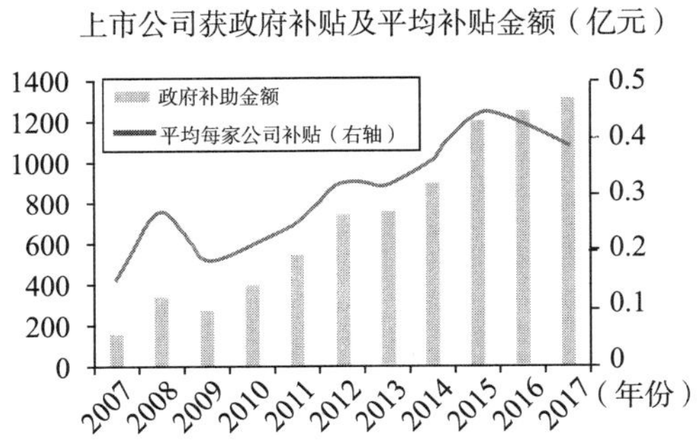

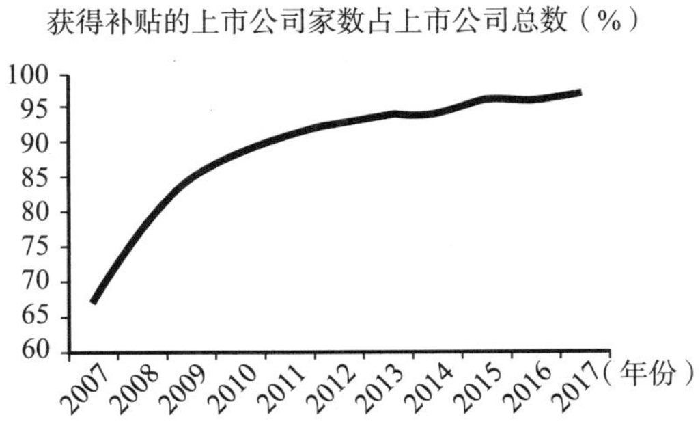

图 7－2b　2007－2017 年我国上市公司获得政府补贴的金额及公司数量

资料来源：WIND，海通证券研究所。

上述的反思甚或“匡正”，可从如下“两个方面/角度”展开。

其一，是客观评价国企的地位及其可能的“高效率”。

如同应该客观认可民企的高速增长及其效率贡献一样，对于国企的地位——且不应只是从体制角度解读——及其“可能的高效率”也应该给予客观的评价。上述诸图“清一色”证明了国企的低效及其管制便利之后果，也是主流研究给出的“主流答案”。然而，诸如“世界500强”榜单等各个角度的描述对比——国企仍是世界500强主力——还是“侧漏”了国企做大及其做强的“实绩”（见图7－3ab）。

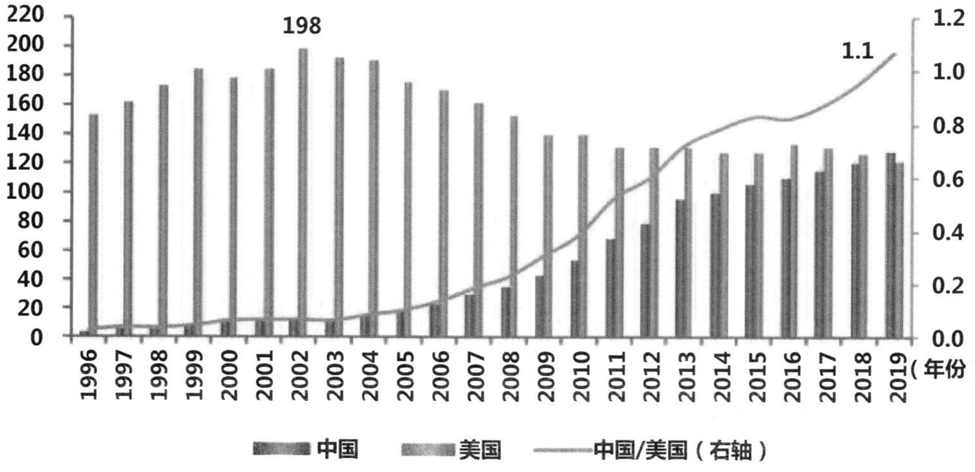

图7－3a　1996－2019年中美世界500强数量趋势对比

资料来源：《财富》，恒大研究院。

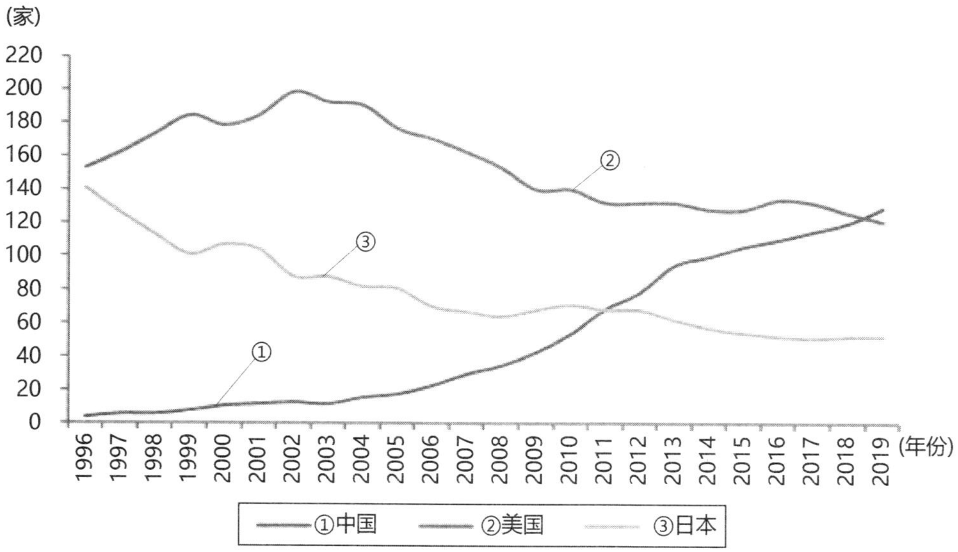

图7－3b　1996－2019年世界500强企业中美日上榜数量及其趋势对比

资料来源：《财富》，恒大研究院。

因此，应该适时深入反思企业价值目标设计之“缺陷”或其“理论偏误”了①。

尽管“利益相关者”理念已可谓深入人心，但“利益相关者”模式却始终未能成为企业价值计量及其评价的普遍遵循②。究其原因，除了该目标本身量化难之外，更主要的还是在于所谓的“主流研究”至今仍然“罔顾”国企的政策性负担等客观事实以及企业目标设计的“狭隘或自利”（见前面脚注及表7－2）。**须知道**，国企承担的政策性或社会化负担，都须花费“真金白银”，都是企业价值（创造）的构成部分，将之去除——认为是管制便利转移——再对比评价企业效率对于国企难免有失公平③。

表7－2　　2000－2017年中国公共部门的就业和工资

Employment and wages in China's public sector between 2000 and 2017.

Year	Total employment (million)	Total urban employment (million)	Total employment in urban units (million)	Total employment in urban state units (million)	Average annual employee salary in urban units (RMB)	Average annual employee salary in state units (RMB)
2017	776.40	424.62	176.438	60.64	74,318	81,114
2016	776.03	414.28	178.881	61.70	67,569	72,538
2015	774.51	404.10	180.625	62.08	62,029	65,296
2014	772.53	393.10	182.778	63.12	56,360	57,296
2013	769.77	382.40	181.084	63.65	51,483	52,657
2012	767.04	371.02	152.364	68.39	46,769	48,357
2011	764.20	359.14	144.133	67.04	41,799	43,483
2010	761.05	346.87	130.515	65.16	36,539	38,359
2009	758.28	333.22	125.73	64.20	32,244	34,130
2008	755.64	321.03	121.925	64.47	28,898	30,287
2007	75.321	309.53	120.244	64.24	24,721	26,100
2006	749.78	296.30	117.132	64.30	20,856	21,706
2005	746.47	283.89	114.04	64.88	18,200	18,978
2004	742.64	272.93	110.989	67.10	15,920	16,445
2003	737.36	262.30	109.697	68.76	13,969	14,358
2002	732.80	251.59	109.852	71.63	12,373	12,701
2001	727.97	241.23	111.658	76.40	10,834	11,045
2000	720.85	231.51	116.125	81.02	9333	9441

因此，对于国企地位及其贡献的评价，除了上述两大根本问题之外，还关联涉及政企关系的本质及其评价问题。**定性往往会引导定量**，对于政企关系本质的认知或定性，自然地影响着研究的视角与倾向、描述的维度与路径以及预期的落点与结论。**须知道**，政企关系或企业的政治关联是最重要、最常见的市场关系之一，无论古今中外，皆是如此，而**其差别只在“程度”的平衡而已**。

① 2019年8月19日，摩根大通、亚马逊、通用汽车等181家美国顶级公司共同签署了《关于企业宗旨的声明》，指出为股东创造长期价值只是企业宗旨之一，还应当包括为客户提供价值；通过培训和教育等为员工提供支持、补偿和尊重；与供应商公平合理地进行交易；支持社区和保护环境。此举被认为释放了美国大企业摒弃“股东至上”的信号。诺贝尔经济学奖得主、纽约大学教授迈克尔·斯彭斯认为，此次商业圆桌会议的声明是向“利益相关者”模式迈出的重要一步，但单靠企业无法解决问题，政府有责任为推行“利益相关者”模式的企业创造空间，提供工具，帮助企业最大程度发挥其积极社会影响。（2019－11－16《瞭望》新闻周刊）。

② 企业宗旨的重新定义实际是“大变局”或大趋势使然。自2008年金融危机以来，美国民众对企业不信任感加深，加之技术和环境带来的挑战，流行的“股东至上”主义受到更多质疑，更多人开始反思“大型跨国公司奉行的那种资本主义”；开始反思“市场/竞争至上”准则的缺陷以及以德、日公司治理为代表的“利益相关者”模式；开始反思“非市场治理机制”以及新规制经济学所谓的“市场充分竞争＋政府适度监管”之中道平衡的合理性。

③ 按照主流研究的逻辑，国企承担的政策性或社会化负担不过是其享受的管制便利的一部分“转移支付”，不但应该而且太少，即并未抵消干净；故在对比评价去除这些“负担”之后的国企绩效时还须揭示其特殊待遇，这自然就“涉嫌”管制便利的重复计量。然而，考虑到特定体制之下国企管制便利——尤其是隐性的——以及社会化负担的复杂性、长期性，国企绩效的精准衡量仍然会是一个“谜题”。

在这个意义上，Lin et al.（2020）关于中国“国企四十年研究与实践的回顾”[1]，便彰显了可贵的客观与理性；同时，此类研究还有助于提炼“中国特色”、推进“乡土研究”、夯实“四个自信”，于实践总结、于理论升华、于励学敦行、于弘思教化等，均大有裨益。

过去的40年，中国的国企在国内市场举足轻重，在全球经济中亦扮演着越来越重要的角色。早在2000年，《财富》全球500强企业（FG500）中有27家国企，这一数字在2017年增至102家，占FG500公司的1/5。2017年，FG500中国企的总收入达到6.1万亿美元，占比超过1/5（22%）[2]。值得注意的是，在2000年27家FG500国企中仅有9家来自中国；而在2017年，102家FG500国企中有75家来自中国。可见，中国国企的快速发展对国内和国际市场均有着重要影响。

然而，对中国国企的现有研究中，尤其是效率与业绩方面，存在许多不一致的结论。Lin et al.（2020）认为现有研究忽略了一个重要问题：如果国企表现不佳，为何以国企为经济主体的中国在过去40年获得了最快的经济增长？——对这一问题的分析首先有助于我们更好地理解国企在中国经济改革历程中发挥的作用及其存在的问题；其次亦可为未来国企研究与实践提供系统的理论基础，即有助于“匡正”偏误、引导未来。鉴于此，他们从国企的历史、作用、问题以及财务政策和公司治理五大方面对国企的研究及实践进行梳理，**得出如下基本结论**（Conclusions and future studies）：

China's SOE reform has been central to China's economic reform over the last 40 years… However, current research reaches no consensus on what the best practices are for Chinese SOEs. For example, given their externalities, why do SOEs perform well and support China's rapid economic development? How can the SOE system be linked with the Chinese political system to become efficient? Future research should build on current evidence of the inefficiency of state ownership and focus on constructive suggestions on how to improve SOE efficiency based on the political ecosystem of China.

A remarkable feature of SOEs is their corporate governance, …Unlike those in the western companies, …Evidence is mixed regarding whether and how different types of corporate governance mechanisms (e. g. , laws, regulations, contracts, corporate policies) contribute to corporate valux maximization. **We deemed the following questions interesting. First**, it would add insights to the existing literature to investigate the roles of SOEs' managers and board members in the labor market, …**Second**, existing evidence regarding how corporate governance mechanisms interact is scarce, which can be supplemented by future research. **Third**, the functioning of corporate governance mechanisms still depends on the quantity and quality of information. Using new

① Jingrong Lin, Xiaoyan Lu, 2020. Junsheng Zhang, Ying Zheng. State – owned enterprises in China: A review of 40 years of research and practice, *China Journal of Accounting Research*, 13: 31 – 55. 表7 – 2是原文中的Table – 7.

② 可见，不只在中国，国企在很多国家都仍在发挥其重要影响，政企关系是最为常见的市场关系之一。

data technologies, such as big data, future research should analyze the effect of new data and information dissemination technologies on the functioning of corporate governance mechanisms.

The analysis of CSR activities in China's SOEs allows us to understand the current state of research and practice and to further explore research questions in this area. First, in recent decades, the CSR practices of Chinese SOEs have been considered as a burden and as discretionary activities required by the government, leading to inefficient practices. …The Chinese SOEs respond to the orders and recommendations of the government. …Over the last two decades, studies have addressed important questions about the creation of goodwill, reputation, image, or status, collectively and loosely termed "social evaluations." Therefore, future research can contribute to the literature by examining how organizations seek and benefit from social evaluations…and also should focus on the pressures, incentives, strategies, and economic consequences of CSR decisions made by SOEs in China.

Finally, the theories and practice regarding the Chinese SOEs and the "China puzzle" seem to suggest a new explanation of the Chinese SOEs – the social enterprise theory. …Chinese SOEs are companies fitting the social enterprise concept in that they are set to balance the demand of multiple stakeholders effectively (Bruton et al., 2015). More important, China's institution provides a better supporting ecosystem for SOEs to reinforce the creation of social value when pursuing value maximization. SOEs could sacrifice profits and efficiency to fulfill social roles when necessary. Such a characteristic enables the Chinese government to focus on developing social welfare with supporting economic infrastructure, and thus makes the "China puzzle" feasible. We believe using the perspective of social enterprise to explain the Chinese SOEs will enrich future studies regarding SOEs.

其二，是理性反思国企的优势及其可能的“负影响”。

国企因其“双重优势”（先天的产权性质+后天的管制便利）以及普遍的“双低并存”（低效垄断+低效竞争）而一直备受争议（吴昊旻等，2018ab；吴延兵，2012；刘瑞明，2010）。若论国企垄断之“危害”，**本文反而认为不在其本身之绩效**，国企之最大甚或最严重的负面影响当在于其诱致了民企的“类国企化”取向（吴昊旻等，2017；2020）；也因此，推进国企改革及其有效治理便具有“双重效应”——还可参见前面5.3节的例5-4abc以及5.2.2（3）节的例5-3。**试论如下**。

实际上，上述逻辑可以总结为这样的一个**问题关系链**：国企的负面影响-为何要推动国企改革-民企“类国企化”之治理，而其核心正是更广大民企的行为取向问题。国企改革的方向可以大体概括为“数量减少、优势集中、公平竞争、做大做强”的序贯路径，进而通过界定“政-银-企”关系等不断优化其治理方略。**因此**，“为何要推动国企改革?”实可转换为如下的“民企‘类国企化’之溯因及其治理”问题——**互动因果链**：

国企改革的动因——负向因果链：国企的“双重优势”（先天的产权性质+后天的管

制便利）—“双向加剧”（加剧竞争 + 加剧垄断）—“双低并存”（低效的竞争 + 低效的垄断）—“双重效率损失”（微观企业 + 宏观经济）—经济增长放缓、滞延转型升级（竞争环境扭曲 + 企业发展创新受制……）；

国企改革的效果——正向因果链：国企改革及其有效治理因而具有“双重/多重效应”（由微观累积传导到宏观层面）：

——“**直接效应**”：有利于推动国企自身的治理优化及其效率提升（公司治理 + 财务绩效等……）；

——“**间接效应**”：有利于引导民企回归市场化竞争的正规，这是推进国企改革及其有效治理而促生的“正外部效应”……

可见，持续推动国企的改革及其有效治理正是深化体制改革、优化市场竞争环境乃至推进产业结构调整以及经济转型升级的关键抓手和政策落点（微观基础），而这也正是新时期我国诸多新政的导向以及其战略规划的最主要的着力点之一。

此外，考虑到国企“日益重要”之国际影响，亦有必要在更宽泛的领域认知和探讨国企改革及其治理的“意义及效应”：日本已经患上了“大企业病”（主银行制），阿根廷等国已被“资源诅咒”（俄罗斯等国亦近之），欧洲已接近“过度文明”（福利刚性、转变惰性），而美国正热衷于重回“贸易保护”（民族主义高涨、带头破坏规则）……，这些背景都是年轻的“现代中国”应该及时借以深入总结和反思的典型“先例”，同时或许也是古老中国的机遇所在①。

【例 7 –4】性别比例（sex ratios）中还隐含着什么信息？

魏尚进和张晓波（2011）的研究“竞争性储蓄动机：中国持续增长的性别比例与储蓄率”②，关注中国家庭储蓄率为何居高不下且持续增长，并从性别比例（sex ratios）的视角提出了新的解释。

他们的研究发现中国家庭储蓄率高企，却很难完全由诸如生命周期理论、预警储蓄动机、金融发展欠缺或文化习惯等传统方式来解释。结合中国家庭储蓄率（household savings rate）以及性别比例（性别比的地区数据来源于中国人口普查）的数据，该文提出了一个全新的解释或猜想——“竞争性储蓄动机”（competitive saving motive）：随着性别比例的

① 没有一种制度或模式是完美的，必须与时俱进、实事求是。美国学者丹比萨·莫约的新著《增长危机》认为里根与撒切尔夫人推崇的以“小政府”和“去监管”——在 20 世纪 80 年代的确为经济发展注入竞争活力、避免了英美陷入“高福利国家”困境——为特征的新自由主义似已走到尽头；那种重视短期而忽视长期利益（子孙后代）、政府投资不足尤其是基建投资乏善可陈、政府债务高企却仍然通过减税来刺激经济（寅吃卯粮）的发展模式已经不可持续。作者还对以美国为代表的民主制度给予了深刻的批评。

② S. J. Wei，X. B. Zhang，The Competitive Saving Motive：Evidence from Rising Sex Ratios and Savings Rates in China”，*Journal of Political Economy*，2011，119（3）：511 –564. 该文荣获 2014 年度第 16 届孙冶方经济科学奖（2015 年 11 月 9 日于浙江财大）。

增大，为了孩子今后在婚姻市场上更具吸引力，男孩的父母们竞相增加储蓄，而这种储蓄压力也蔓延到了其他家庭中（见图7-4）；跨地区的证据和家庭层面的证据都支持了上述猜想，而且“竞争性储蓄动机”可以解释1990-2007年家庭储蓄率实际增长的一半(约60%)，而预防性储蓄动机（precautionary savings motive）可以共同解释剩余的40%的储蓄增长。

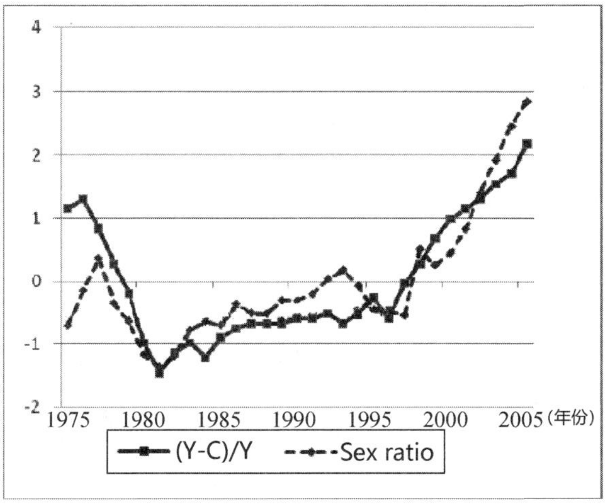

Figure 1: Sex Ratios and Saving Rates

Note: The sex ratio is defined as the ratio at birth 20 years earlier; see the footnote to Table 12 for data source. The saving rate is defined as the ratio of (GDP-private and government consumptions) to total GDP, which is available from China Statistical Yearbook 2007. Both variables have been rescaled by subtracting the mean and dividing by the standard deviation.

图7-4 性别比例与储蓄率的关联趋势（1975-2005年）

那么，性别比例（sex ratios）中还隐藏了什么信息？这些信息应该跟哪些因素或背景相关联？又如何将其关联起来？性别比例的经济或社会内涵及其后果又有哪些？在中国又具有什么样的意义或价值？等等。

实际上，性别差异是最为基本的社会差异之一，是决定和影响社会化选择的最基本的要素甚或“标准”。因此，性别可以被区分为诸多的维度，或者说，诸多的“差别”其实就是基于性别的“差异”而产生的。性别涉及的维度基本而广泛，具体可以包括：男女、美丑、性格（阴阳）、行为、生育/生理、姓名（取名）、伦理/礼仪以及婚姻、传承（企业-家族）和职业（社会参与度）等。性别差异可能是造成社会化选择之差异的原因（如受教育的机会等），也可能是社会化选择的结果（如重男轻女观念），魏尚进和张晓波（2011）的研究正是后者影响前者的例证。

这种结果现实而又普遍，却存在着显著的制度与文化背景差异，需要悉心描述。可以说，魏尚进和张晓波（2011）的研究，为我们提供了一个契合制度背景和文化差异、因应经济和社会发展趋势的新颖解释；同时，他们关于性别比例与储蓄率关系的理论分析、背景“综观”以及基本规律的描述，也为“**中国话题**”（evidence from China）的国际化意义——运用国际主流研究方法讲述“**中国故事**”（Chinese story）——及其可能的“理论创新空间”提供了一个良好范本。

7.2.3 问题多解：是非之争

内涵多元、视角多维，问题往往即多解。故理论之推演、背景之综观以及假设之提出就必须要做到理据充实、主旨聚焦、前后呼应，否则难以自成体系。要知道，数据也会骗人，尤其是那些经过一本正经或精心包装的数据就更是如此。因此，如何识别“伪装”、如何让数据“说实话”，既是现代社会的一项基本生存技能，也是实证研究应当严谨、可靠进而可亲、可信的一大原则遵循。

如何识别一本正经的胡说八道？——这里首先援引《简单统计学》中的一个例子，作为“是非之争”的引例。

【例7－5】理论与数据，数据与理论

在该书的第19章“何时相信，何时怀疑”，作者总结道：

缺乏理论的数据仅仅是数据而已

人们总是满怀希望地研究数据，寻找跑赢大盘或中彩票的方法，然后得出一些可笑的理论，比如超级碗理论或者让你的朋友玛丽替你购买彩票。不要相信这些胡言乱语。

如果我们足够努力，即使面对随机生成的数据，我们也可以找到某种模式。不管这种模式多么明显，我们都需要一种合理的理论来而解释这种模式。否则，我们找到的仅仅是巧合而已。

如果某种理论不合理，应当保持怀疑的态度。如果某种统计结论看上去令人难以置信，不要相信它。如果你对其中的数据和检验进行检查，你通常可以发现一个严重的问题，将结论推翻。

缺乏数据的理论仅仅是理论而已

人们相信令人舒服的事物——因为它们令人舒服。相反的证据被人忽视或丢弃。同承认自己的错误相比，对碍眼的事物视而不见是一件更加容易的事情。为了理解世界，即使是最聪明的人也会变得固执而愚蠢。

人们既可以被缺乏理论的数据骗到，也可以被缺乏数据的理论欺骗。我们既需要理论，也需要数据。仅仅通过搜刮数据寻找模式是不够的。模式需要得到理论的理解，这种理论应该言之有理，而且需要得到新数据的检验。另一方面，在经过可靠数据的检验之前，理论仅仅是一种猜测。

可见，因为不熟知理论，或未掌握数据，或未用对方法，或不善于质疑，现实中似是而非、似非而是的例子实在数不胜数——如均值回归、自选择偏差、混杂效应……，实证研究必须基于严谨的理论推演、扎实的数据描述，做出最有力的验证与甄别。

（1）定量“匡正”定性：似非而是

很多“似非而是”的论断，“贻害不浅”却又根深蒂固，究其原因，往往在于惯性思维、先入为主、定性失当，故必须要以定量“匡正”定性，使定性更为精准而科学。这个过程，既需要准确把握既有理论之要义、科学厘清主题逻辑之内核，又须依赖深入的背景“综观”和扎实的描述性统计给予支撑和“校准”，做到理据充实、数理互证，进而才能揭示本质、撕开伪装、还原真相。试举两例。

【例7－6】A是如何影响B的呢？——哈佛医学院也不够专业么？

实证研究贵在理实互证、“三据”对应[①]，其理论分析与假设提出必须基于科学的逻辑，即总是需要确认：A是否以及如何影响B？——如果影响，是否有其前提条件或存在混杂因素？这种影响是“因果”推断还是仅仅相关？等等。

基于此，我们看一看下面报告中的A（停车场数据等）究竟是如何影响B（疫情首发地）的呢？其逻辑支撑又何在？

前不久，哈佛医学院（Harvard Medical School）某研究团队发表的一份研究报告（见下图）指出[②]，从2019年8月开始，中国的武汉就已经出现新冠病毒了。

DIGITAL ACCESS TO SCHOLARSHIP AT HARVARD
DASH.HARVARD.EDU

HARVARD LIBRARY
Office for Scholarly Communication

Analysis of hospital traffic and search engine data in Wuhan China indicates early disease activity in the Fall of 2019

The Harvard community has made this article openly available. Please share how this access benefits you. Your story matters

Citation	Nsoesie, Elaine Okanyene, Benjamin Rader, Yiyao L. Barnoon, Lauren Goodwin, and John S. Brownstein. Analysis of hospital traffic and search engine data in Wuhan China indicates early disease activity in the Fall of 2019 (2020).
Citable link	http://nrs.harvard.edu/urn-3:HUL.InstRepos:42669767
Terms of Use	This article was downloaded from Harvard University's DASH repository, and is made available under the terms and conditions applicable to Open Access Policy Articles, as set forth at http://nrs.harvard.edu/urn-3:HUL.InstRepos:dash.current.terms-of-use#OAP

这份研究报告的“论据”主要依据两点：

其一，通过查看高分辨率的111个卫星影像，调查并对比武汉华南海鲜市场和武汉天佑医院的停车场的规律（如下图）。该报告指出，自2019年8月份开始，停车场的车辆数

---

① 研究者须做到“胸中有三据”，即“原始数据－理论依据－经验证据”，而其实证分析须做到“数据－理据－证据”作对应（见本章引言及前面3.3.3节）。不妨再举证引申：中国的传统学问皆有其基本遵循，如普遍认可阴阳五行学说及其“相生相克”之道等（见前例5－4a脚注），而这里的“相生相克”之理其实可对应于现代实证研究所依托的变量间（何以）相互影响之“作用路径或机理”分析，这种基于“归纳（访察－洞悟）－演绎（总结－申发）－归纳（再访－再思）……”的思维方法实与现代科学思维并无二致，而这种普遍联系、辩证周全的宏大视野正是中国传统学问特有的哲学气质。新冠肺炎在武汉初虐之时，中央下令先后修建火神山、雷神山医院，即是因应中国传统易学之辩证生克之理。

② 这篇论文目前预发布在哈佛大学的Dash学术平台，但“尚未经过同行评审”，且至今尚未见其正式更正“错误”。本例中的图片均来自哈佛医学院官网。详细解读还可参见：“深度扒皮：哈佛大学医学院这回在中国身上，算是彻底砸牌子了”（环球时报2020－6－10）以及“哈佛医学院‘翻车’实录”（观察者网2020－6－11）等。

量有很明显的增加。但其结论根本经不起推敲：首先是建筑物的遮挡及其阴影加之拍摄的角度及其时间不同直接导致2018年的车辆数量明显少于2019年；其次是图片显示的湖北妇幼保健院并未设有面向成人的呼吸内科，武汉市民突患发烧咳嗽也不会前往求医问诊，故其停车场车辆数量增加与疫情暴发无任何关联。正如英国路透社报道提及的那位英国专家质疑的那样，虽然论文用卫星图片进行分析的套路“有趣”，但其结论没有什么意义，甚至给人一种“强行关联”的感觉。这种分析实在有失水准甚至暴露出作者的无知与偏见。

Figures

Figure 1: Parking lot volume in a Wuhan, China hospital and control site

Satellite images and counts of cars (red) and trucks (yellow) in 2 Wuhan, China, parking areas. Top panel is Wuhan Tianyou Hospital pre-epidemic (***A***), October 2019 (***B***) and during the height of the COVID-19 outbreak (***C***). Lower panel is the Huanan Seafood Market, a high-volume control site, in September 2019 (***D***) and February 2020 (***E***).

其二，通过分析百度搜索引擎数据，调查有多少人上网搜索“咳嗽”或“腹泻”（如下图）。该报告指出，2019年8月份突然很多人上网搜索类似信息。然而，若使用百度搜索引擎的“百度指数”功能，设定了同样的检索关键词（咳嗽和腹泻）、检索地域（武汉）以及相似的时间范围（2018年4月－2020年5月）后，即可以轻易地得出一张与其非常相似的曲线图，而这竟然是该报告用来推断武汉在2019年8月就出现“异常”的第二个核心证据！只要再把时间线拉长一些，把2017年也算入进去，就会发现其存在明显的漏洞，报告所谓的“明显”增加还不如2017年和2018年同期的检索量增加得猛烈；按其逻辑，武汉“异常”应该更早了。——**可是，这符合事实么？**

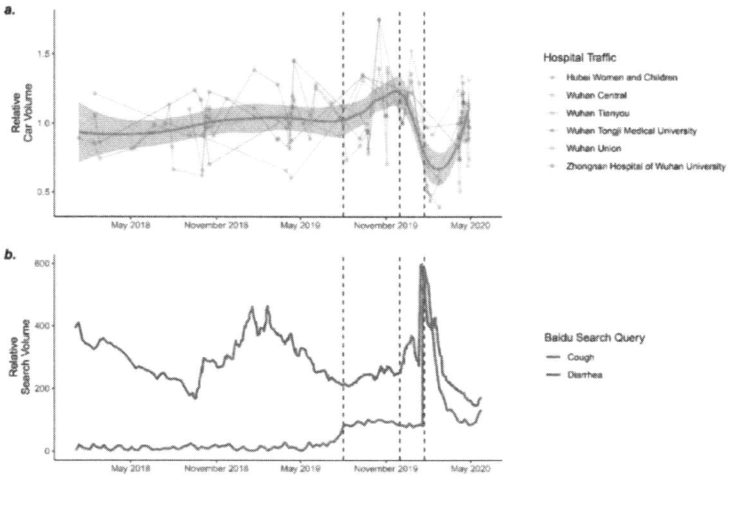

依据这两个草率的分析结果，该报告即判定，2019 年 8 月开始武汉就有新冠病毒出现，甚至在武汉暴发之前就已经在中国南部流传了（如下图）。

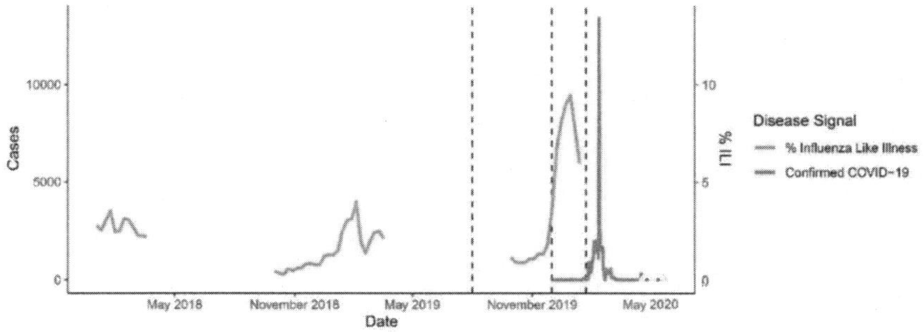

那么，这里的 A（停车场数据等）究竟是如何影响 B（疫情首发地）的呢？——报告始终未能给出符合科学及逻辑的答案，给出的只是牵强附会。

报告一经公布，即成为一时热点，也招致国内外及业内外诸多专家学者的批评。中国外交部发言人华春莹于 2020 年 6 月 9 日在每日新闻发布会中表示：“这个报告非常荒唐，使用交通车辆的这种观察来判定出这个结论，并不科学。”世卫组织卫生紧急项目负责人迈克尔 · 瑞安于 2020 年 6 月 10 日也表示：“现在越来越多研究使用卫星图像，如跟踪气候变化和人口移动，但重要的是不要过多推测，包括通过观察车辆就做出推断，因为本身并没有证据表明实际发生了什么。”

个别研究者的“劣质”报告自然否认不了哈佛大学（医学院）的水准，但其以“学术的名义”引发的牵强附会及其“虚伪”影响——尤其是对普通公众——却肯定存在。**这其实正是“定性”**（中国隐瞒数据、美国政府无责）**“蓄意”引导“定量”**（数据包装、结论引导）的典证。学术研究贵在客观理性、强在理据充实，这样的研究实在是已经靠近甚至走进了狭隘“意识形态”的政治旋涡；这样的研究虽是少量“反证”，但其社会及学术影响，**却尤足为研究者诫！**

【例 7 –7】政治关联真的可以提升企业价值么？

前面例 7 –3 关于国企效率之评价以及“股东至上”目标的反思，便是定量有助于“匡正”定性的典型例子。此处再引一例，以作为扎实的描述性统计分析有助于“校正”常识或惯性思维的证据。

越来越多的研究业已证明，政治关联有损企业价值（Faccio，2006；Fan et al. ，2007；杨其静，2011）。那么，自然就有“两大现象”且关联着“两大反思”：

其一，政治关联既然有损企业价值，那企业为何仍然趋之若鹜？——是惯性思维，还是“别有企图/好处”？

其二，是要由此及彼、由点及面、由浅入深，问及国企优势、体制约束乃至文化传统之渊源/影响？——是“诱致性”变迁、无奈之举，还是惯性行为？

实际上，也有证据表明政治关联——尤其是短期——具有价值效应①，但在长期影响方面其结论基本趋于一致。如前分析，政企关系是最重要、最常见的市场关系之一，故政企关系关联的企业价值自然会存在时期、阶段乃至行业、性质等的差异，而这里呈现的证据——如图 7－5ab 所示②——意义正在于“时变”内涵；即长远来看，政治关联——尤其是当体制约束相叠加时——并不会提升企业价值（杨其静，2011）。结合中国的制度背景，由于国企的“双重优势”，中小企业特别是民企构建政治关联绝多属于“无奈之举”，是典型的“诱致性”变迁（吴昊旻等，2018；2020）③。

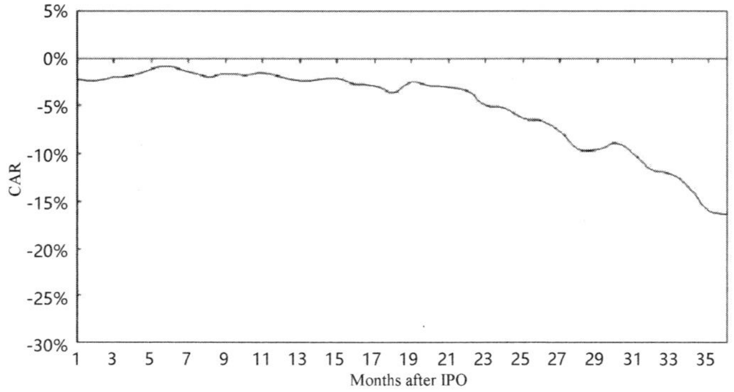

图 7－5a　1993－2001 年中国 790 家民营上市公司 IPO 后 36 个月的累积回报率均值（CAR）

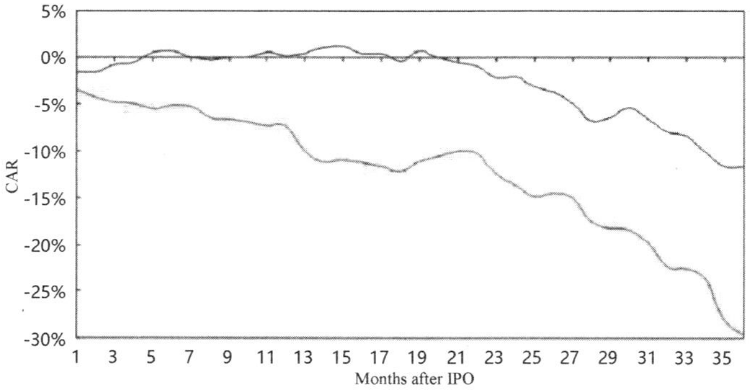

图 7－5b　1993－2001 年中国 790 家民营上市公司 IPO 后 36 个月的累积回报率均值（CAR）——按其 CEO 是否具有政治关联分类

① 政治关联短期有效——如便利融资、圈地等——即有利可图，故自有企业热衷。这与我国处于新兴转轨的制度环境以及诸多中小、民营企业追求短期逐利、快速发展、政策投机而普遍短命的现实相呼应。

② 图片来源：Fan J P H，Wong T J，Zhang T. 2007. Politically connected CEOs，corporate governance，and Post－IPO performance of China's newly partially privatized firms. *Journal of Financial Economics*，2：330－357. 相关文献还可参见：Mara Faccio. 2006. Politically Connected Firms. *American Economic Review*，96（1）：369－386. Faccio，Mara and Lang，Larry H. P. 2002. The Ultimate Ownership of Western European Corporations. *Journal of Financial Economics*，65（3）：365－395. Faccio，Mara；Lang，Larry H. P. and Young，Leslie. 2001. Dividends and Expropriation. *American Economic Review*，91（1）：54－78. Faccio M，Masulis R W，McConnell J J. 2006. Political connections and corporate bailouts. *Journal of Finance*，6：2597－2635. 杨其静．2011. 企业成长：政治关联还是能力建设．《经济研究》（10）：54－66，94.

③ 政治关联正是前面相关例证（例 5－4abc）所谓的民企的“类国企化”行为的其中一种表现。

FIGURE 1. Cumulative change in government stability (5 years pre-crisis)

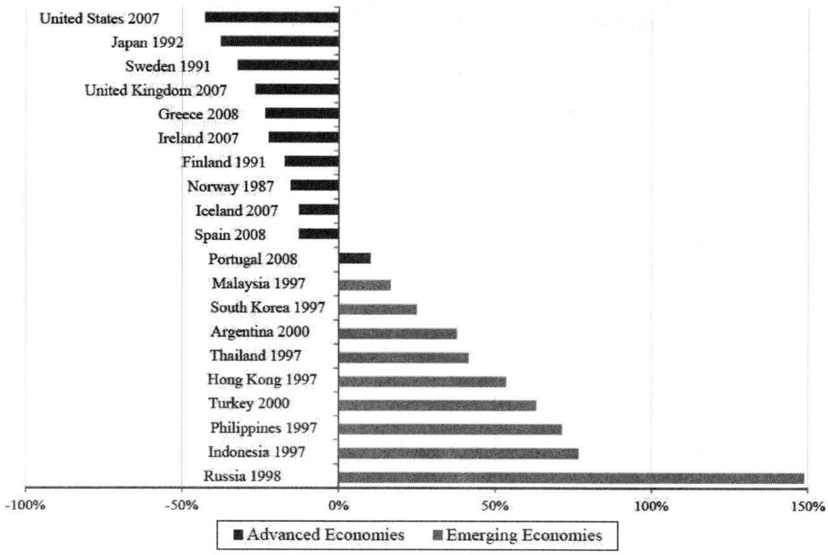

图 7－6　政府稳定性的累计变化（危机前 5 年）

图 7－6 来自赫雷拉等（Herrera et al.，2020）的研究“Political Booms，Financial Crises”（原文 Fig－1），展示了 20 次重大金融危机前 5 年，不同国家政府稳定指数（ICRG）的累积变化。可见，发达经济体和新兴经济体存在明显的差异：5 年中新兴经济体的指数大幅上升（平均增长 53.7%）——包括亚洲危机以及俄罗斯、阿根廷的经济崩溃；而发达经济体的情况恰恰相反（平均下降 21.5%）——不论是 20 世纪 80 年代末和 90 年代初的危机还是最近影响英、美和欧洲外围国家的危机，都是如此。

赫雷拉等（2020）借此描述认为政治繁荣（Political booms，用政府受欢迎程度的上升来衡量）可以预测金融危机，而且这一指标远远优于那些众所周知的早期预警指标，如信贷繁荣（credit booms）。但他们同时指出，这一预测能力只适用于新兴经济体，因为发展中国家的政府有更强的动机去利用（ride）不健康的信贷繁荣，以提高它们的受欢迎程度，而不是实施那些能够预防危机，但在政治上代价高昂的纠正性政策。他们通过构建基于民意调查的政府受欢迎程度的跨国数据样本，为这一预期提供了经验证据。

上述的证据解读也呼应了前面所谓的制度背景“综观”之二维内涵，而赫雷拉等（Helios Herrera et al.，2020）的最新研究也为此提供了证据①，故可以作为“辩证看待”政府作用、政企关系以及制度背景差异的证据之一。

① 文献来源：Helios Herrera，Guillermo Ordoñez，and Christoph Trebesch，2020，Political Booms，Financial Crises，*Journal of Political Economy* 128（2）：507－543.

（2）定性“引导”定量：似是而非

有些问题的“答案”看似科学而不容置疑，其实却“似是而非”。相对于定量的偏误，定性“误导”定量的情形似乎更为常见，而这种“误导”往往属于“专业误导”，不但读者容易受骗，连作者亦可能被“蒙在鼓里”——例如“均值回归”以及“混杂效应”等，加里·史密斯（Gary Smith）教授的专著《简单统计学》中即对其有重点分析，尽可参阅。

在此，围绕两大容易“误解”其影响的领域——宗教与政治，试举三例。

【例7-8】如何看待宗教信仰及其影响（企业/个体）——样本可信么？

宗教信仰作为制度背景的一个组成部分（内生于），同时也具有显著的制度背景或文化差异，而忽视这些差异，往往会得出“尴尬”的研究结论。——这其实可以作为制度背景“综观”之重要的典型证据，也可以作为无形的“文化传统其实在起作用”的典型证据①。这里的例证涉及相似主题——宗教信仰是否在起作用——却基于不同文化背景的两项研究成果，故须结合、对比来看；也唯有对比，才能看出制度背景“综观”及其可靠描述之重要。

宗教信仰与企业社会责任：中国的佛道样本。

有研究关注宗教信仰与慈善捐赠的关系以及其中的“国/民”差异问题②，研究样本基于手工搜集的中国A股上市公司的相关数据，实证分析宗教（佛教与道教）是否以及如何影响公司的慈善捐赠决策。研究发现，宗教与公司慈善捐赠显著正相关，但这一正向关系对于国有企业而言显著更弱。

几乎是同一作者（团队）的另一项研究，同样基于手工搜集的中国污染行业A股上市公司环境责任与佛教的相关数据，实证分析中国佛教是否以及如何影响公司环境绩效③。研究发现，佛教与公司环境绩效显著正相关，但法律环境调和了佛教与公司环境绩效间的正相关关系。……

值得商榷和反思的是：首先，必须确认佛教在中国**更多是一种“宗教”还是一种“文化”？**即中国人更多地是将其当作“信仰”以约束教徒之言行，还是当作有益的“异域知识”来修身而养性？佛-道-儒的“信徒”——包括“红尘”内外的普通民众——在中国是否可以清晰地予以分界辨别？即是否能够筛选出“无歧义”的实证样本？

---

① 本书并不认同有些学者所谓“若你认为是文化在起作用，那就等于什么也没说”（如范博宏）等观点。文化的作用类似于教育中的“父母角色”，难以量化却实实在在。实际上，一个国家/地区的“传统”——尤其是文明古国，才是真正意义上的时空大样本，研究者们听信样本规律，却否认文化传统之影响，既是自相矛盾，也是双重标准——正如同“科学不容置疑”一样违背科学精神。

② Xingqiang Du，Wei Jian，Yingjie Du，Wentao Feng & Quan Zeng，2014，“Religion，the Nature of Ultimate Owner，and Corporate Philanthropic Giving：Evidence from China”，*Journal of Business Ethics*，vol. 123（2）：235-256.

③ Xingqiang Du，Wei Jian，Quan Zeng & Yingjie Du，2014，“Corporate Environmental Responsibility in Polluting Industries：Does Religion Matter?”，*Journal of Business Ethics*，Volume 124（3）：485-507.

其次，类似于慈善捐赠、环境责任等支出皆由企业高管主导，那么，又如何确认企业——尤其是国企[①]——高管的宗教信仰及其界别差异呢？“宗教与公司慈善捐赠显著正相关，但这一正向关系对于国有企业而言显著更弱”的结论，是否正意味着国企高管的宗教信仰实难确认呢？所谓佛-道“信仰”的界别差异真的可以作为影响企业社会责任（CSR）行为的重要因素么？……此外，这些研究结论又该作何解读并引申为政策启示：是有助于作为企业的决策依据、政府的政策导向，还是有助于（管理层或个体）增加智识、丰富思想呢？——**私意认为**，这些都是值得反思、商榷的现实及理论问题。

宗教信仰确实具有“东西差异”——严格来讲，应该是“中外差异”[②]。以世界三大宗教为例，伊斯兰教、基督教都是教派信众分明、信仰边界清晰——出入规矩严格、信仰互不兼容——的宗教，而佛教特别是“中土”佛教则相对宽容；中国真正的原创教派道教以及西方人所谓的“儒教”，更是以“兼容并包”为其特质。**因此**，与其说中国民众“信仰宗教”[③]，倒不如说是“**以思想为信仰**”——“道”教尤然——更为准确[④]；道家和儒家在中国根本就是“文化”而非“信仰”——因其不具备（西方）宗教的一大关键特征，即其“信仰”的排他性或唯一性，而其他宗教亦深受其影响。这些差异既反映了“宗教”与“文化”之差异，也体现了东西方在塑造和引导人之行为的思想文化方面的归结与认同之差异。**也因此**，断不可以“世俗之见”轻易框定其边界，更不适合以“科学之名义”草率实证其影响[⑤]。

对文化影响的研究自须客观、深入而谨慎。然而，相似主题的研究，**换了样本**却能得出不同的感受，而其结论亦符合实证研究的可靠进而可信，相对令人信服。

去教堂祷告还是去银行借款？——美国基督教样本[⑥]

潘黎和钟春平（2015）的研究基于美国家庭的微观数据，运用有序（ordered）Logit

---

① 国企高管皆由政府任命，且明令不允许信教，若其信教势必隐晦，既然隐晦又何以能当作“信仰”？既然隐晦又如何确定其不信他教？若同时信仰其他宗教，又如何确认其交互影响？等等。这些疑问难以排除、值得反思。

② 这里所谓的“中”其实也包含“儒家文化圈”国家，典型如中、日、韩、朝、越等国。受儒家文化深刻影响，这些国家都有相似的“宗教观”，其信仰——尤其是佛-道——大都可以兼容，除非是虔诚的基督教（包括天主教）或伊斯兰教徒。

③ 因其文化兼容并包，故其宗教信仰亦趋多元。中国信教群众估计过亿，而穆斯林（超过3000万人）、基督教众（超过2500万人）均以数千万计，天主教众亦近千万。这些宗教都因其教规仪式规范而较易统计，而佛、道信众则因其程序开放而最难统计。实际上，同时信仰、忽佛忽道的民众不在少数，故其边界难以清晰。

④ 作者未将儒家文化归入宗教，是其明智之处。道教是中国本土宗教，以“道”为最高信仰，是世界五大宗教之一，自其春秋创始以来，即与儒家共同构筑了中华文明的底色；与儒家文化一样，道家是最能体现中华文明特质的思想文化符号，始终以包容、开放的“文化胸襟”——宗教的“边界意识”淡薄——广纳天下文化；而佛教的传入既是相融（中国化了），也是互助（思想互济）。故佛、道在中国自古寺观相邻、教众相杂、思想相通、不以为怪，与儒家文化一起共同构成和塑造了中华传统文化的渊源。

⑤ 私意认为，那些跟随西方“隔膜”论见而将儒家界定为“儒教”、以“孔庙的数量及距离”等进而考量“儒教”之影响的所谓实证研究，实在可以归入浅薄而妄为、将学术世俗化的流弊范畴，不足为引。

⑥ 潘黎、钟春平. 2015. 去教堂祷告还是去银行借款？——宗教与金融行为内在关联的微观经验证据”.《经济学（季刊）》.（4）：125-148.

回归、工具变量等方法，考察宗教与金融行为的内在关联。研究发现：居民去教堂的次数会对借款行为产生显著负向影响，部分证实了导致这种结果的原因是去教堂的次数会改变个人的生活态度；同时发现美国受访者信奉宗教派别的差异会通过其参加教堂活动的行为而表现出对借款决策的显著不同影响；更为有意义的是，利用中国的微观数据进行验证的结果仍然支持宗教派别差异显著影响借款行为的结论。

他们的研究以 Acemoglu（2009）关于宗教信仰影响人的经济行为之内在途径的理论框架为基础。Acemoglu（2009）认为，宗教文化信仰的差异可作为最简单的例子来分析文化因素对经济行为的影响，并具体指出它可能通过影响个体采取不同行为的意愿来影响其经济行为的结果，而其中一个重要的影响渠道就是宗教文化通过影响人们的当期消费和未来消费之间的选择，进而影响人们的消费和储蓄活动（见原文的图 1）。

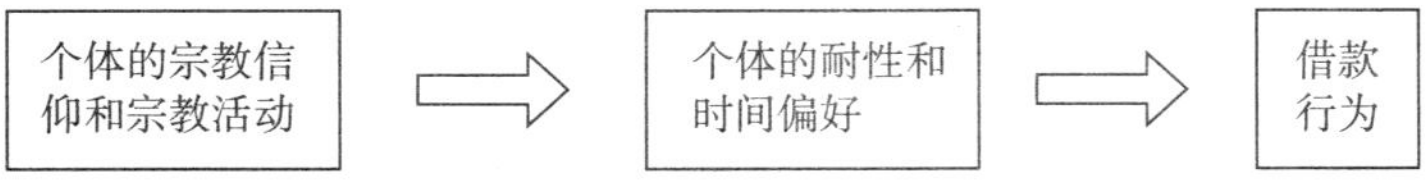

图 1　Acemoglu 指出宗教活动影响家庭借款的核心机制

他们的研究与社会调查的结果亦基本一致。知名调查机构 Gallup 于 2013 年 8 月 5 日公布的一项最新调查结果（见原文的表 1）显示：美国人吸烟危害自身健康的行为与他们的宗教虔诚度有非常紧密的联系，平均而言，从来不去教堂的人吸烟的概率是每周都去教堂的人的 3 倍。上述这些证据都表明经常参加宗教活动有助于提高自律性。更强的个人自律性意味着生活越循规蹈矩、越有计划性，在消费习惯上就会比较保守，可能会量入为出，不会轻易借款消费。

表 1　　参与宗教活动的次数与吸烟行为的统计　　%

行为	至少每周参加一次	几乎每周参加一次	大约一个月参加一次	极少参加	从不参加
吸烟	12	14	22	25	30
不吸烟	88	86	78	75	70

资料来源：Gallup 网站（www. gallup. com）。

与前面的研究不同的是，这项研究是以基督教信众——美国及中国——为样本，即可以清晰地框定样本的边界，其结论不光能为理论所阐释，亦符合现实，因而相对更为可靠。可见，这两项相似主题的研究，其结论之“可靠性差异”的关键，实在于研究样本的不同及其科学界定。

案例对比之后，不妨以哲学家的观点再引申一份“旁证”①。这些观点有助于理解儒家——西方谓之“儒教”（代表如马克斯·韦伯）——为何不是宗教以及儒家何以“可信”而又“可亲 - 可爱”，亦有助于领会“宗教”与“文化”之别。

① 关于宗教的影响——如教派影响经济繁荣等，量化历史研究也有涉及。例如，龚启圣，怎样理解近代中国的经济与社会——来自现代经济学的解读，量化历史研究，2014（1），等等。

以前我也反复说过，孔门儒学既非西方的哲学，也非西方的宗教，却具二者功能。其关键就在于：它是以培育塑建人性情感为主题、为核心。所以，它不只有理智、认识的一面，而且更有情欲、信仰的一面。孔子以“仁”释“礼”，强调“礼”不只是语言、姿态、仪容等外在形式，而必须有内在心理情感作为基础。……

孔子将上古巫术礼仪中的神圣情感心态，转化性地创造为世俗生存中具有神圣价值和崇高效用的人间情谊，即夫妇、父子、兄弟、朋友、君臣之间的人际关系和人际情感，以之作为政治的根本。它既世俗又神圣，既平凡又崇高，“仁”因之成了人所以为人的内在根据。这就是孔子继周公之后所作出的重大贡献。如果说周公“制礼作乐”，完成了外在巫术礼仪理性化的最终过程，孔子释“礼”归“仁”，则完成了内在巫术情感理性化的最终过程。他们两位的伟大历史地位即在于此。周孔并称，良有以也。

——李泽厚（2015）①

中国传统文化有三个显著特征，是世界所有其他民族没有的：一是“使用表意符号来书写，而不是用拼音文字”；二是“在受教育的阶层中，孔子的伦理学硕取代了宗教”；三是“执掌政事的不是世袭贵族，而是通过科举选拔出来的文人学士。”……

孔子是个注重实际的政治家，他更多地阐述了君王的治国之策，他所希望培养的美德不是彼岸世界的来世幸福，也不是要人们承受亚当和夏娃犯下的原罪，而是希望造就社会的繁荣。孔子思想跟西方宗教的武断行为有着本质区别。

——伯特兰·罗素（Bertrand Russell，1922）②

中国知识分子对政府的批评实际上带有儒家传统的色彩，徐复观就说过，知识分子谈论政治，一定应该是批评，而不是赞美。我不同意。因为政府一定会说自己的好话，而知识分子说不好听的话，谁来帮助老百姓平衡，对政府作出合理的评估？一定应该是谈得失，用《大学》的说法，就是“好而知其恶，恶而知其美”。但中国知识分子多半放弃这个原则。……

中国知识分子也应该挖出西方思想背后的预设，譬如“幽暗意识”就是西方自由主义的预设之一。挖出来之后，可以与中国思想的预设进行比较、讨论，然后思考是否值得接轨。……

我们看人类历史，找不到一个大公无私的社会。人类社会当然应该进步，既得利益者当然需要监督，但不能要求政治来配合“社会良心”。我觉得应该欣赏马马虎虎，欣赏有缺点的进步。因为政府的进步本来就是这个样子，大象跳舞已经很了不起，就不要挑剔它的舞姿了吧。……

——墨子刻（Thomas A. Metzger，2008）③

---

① 李泽厚著：《由巫到礼 释礼归仁》，生活·读书·新知三联书店出版社，2015年1月。

② 英国著名哲学家、数学家及文学家罗素（Bertrand Russell，1872－1970年）应梁启超邀请于1922年10月来到中国，在北京大学等地讲学9个月，回国后在英国报刊发表关于中国及远东的评论，《中国问题》即是评论结集。在这本书里，罗素对中国历史文化以及当时社会现状作了客观而精辟的分析。

③ 来源：“墨子刻 知识分子一定要批评政府?”《南方人物周刊》，2008年第35期，70－74页（记者李宗陶）。墨子刻（Thomas A. Metzger）：哈佛大学博士，知名中国学家，斯坦福大学胡佛研究所资深研究员，1933年生于德国柏林。主要著作有《清代官僚的内在组织》《摆脱困境——新儒学与中国政治文化的演进》及*A Cloud Across the Pacific*等。

【例 7 -9】非控股大股东真的在起作用吗？——实权 or 虚置？

自从拉泼塔等（LLSV，1998）发表名文“法与金融（Law and Finance）”进而开创了“法与金融”学派至今，无数的研究开始聚焦公司的股权结构特别是中小股东治理地位及其利益保护的问题；尤其是在股权结构更为集中的发展中国家或新兴市场国家——尽管绝大多数国家（如欧洲）的股权实际上都是相对集中的（见后面例 7 - 10 及例 7 - 16）。

拉泼塔等（1998）及其后续研究（LLS，1999）试图验证这样一个结论，即：不能保护中小股东的利益，很大程度上决定着该国家不能产生公众企业。这也得到了很多研究的支持或“旁证”[①]。然而，**值得追问的是**，中小股东的作用是理论上的作用，还是实际中正是如此？——这至关重要。与此类似的疑问，自然也涉及非控股大股东的公司治理作用——尤其是在那些股权结构相对或更为集中的国家或地区。

理论上讲，不只是非控股大股东，中小股东亦具有公司治理效应——道义上和法律中均获认可，动机上和能力上亦堪执行。但是，他们在实际中真的在起作用么？——且先看一个关于研究现状以及股权现状的基本梳理和描述：[②]

多个大股东的股权结构：普遍存在[③]

在世界范围内，多个大股东的股权结构都是普遍存在的。克莱森等（Claessens et al.，2000）的研究发现 32.2% 的东亚公司存在着至少两个持股比例超过 10% 的大股东；莫里和帕加斯特（Maury & Pajuste，2005）也发现大约有 48% 的芬兰上市公司至少拥有两个持股比例超过 10% 的大股东。雷文和莱文（Laeven & Levine，2008）基于西欧 13 国 1657 家公司的研究表明，大约 34% 的公司拥有两个或以上持股比例超过 10% 的大股东。即使在被认为是股权结构高度分散的美国，也有 70% 的公司存在两个或以上持股比例超过 5% 的大股东（Edmans and Manso，2011）。

非控股大股东之现状特征：中国样本。

中国的现状如何呢？截至 2018 年底，我国 A 股上市公司共 3567 家，为直观呈现非控股大股东现状及其变化趋势，特绘制如下的图 7 - 7。可见，2003 - 2018 年，无论按 10% 还是 5% 的标准，存在非控股大股东的我国上市公司数量均呈上升趋势：存在持股 10% 以上非控股大股东的上市公司从 2003 年的 476 家增至 2018 年的 1498 家，已占比 42%；存在持股 5% 以上非控股大股东的上市公司则从 2003 年的 705 家增至 2018 年的 2563 家，已占比 72%，增长趋势更为明显。这与中国实施改革开放特别是股权分置改革后，国企股权

---

① 例如马克·罗伊（Mark J. Roe）关于“公司治理的政治维度”的研究——见例 7 - 10——以及新经济史（Norse）或量化历史研究（Clark）的相关成果。

② 这是本人研究团队的一个前期研究和梳理，目前仍因缺乏“实证”——案例和事实——而停滞不前。引证于此，既有助于彰显本章之主题即“基本规律重要”，亦可作为“引例”抛砖引玉。

③ 关于大股东之界定，因其所在国家/地区之制度背景差异以及研究目的而不同。国外大体按如下两个标准：一是持股超过 10%（Faccio et al.，2002；Maury and Pajuste，2005；Laeven et al.，2007；Laeven and Levine，2008；Attig et al.，2009）；二是沿用 SEC（Securities Exchange Act of 1934）的标准即超过 5%（Holderness，2009；Bharath et al.，2013；Dou，2018）。国内研究亦基本遵循这两个标准（姜付秀等，2015；陈克兢，2019）；也有研究将前十大股东界定为大股东（罗进辉等，2020）。

集中度相对降低、公司股权结构日趋制衡性和多元化（俞红海、徐龙炳，2011）的现实基本相吻合。

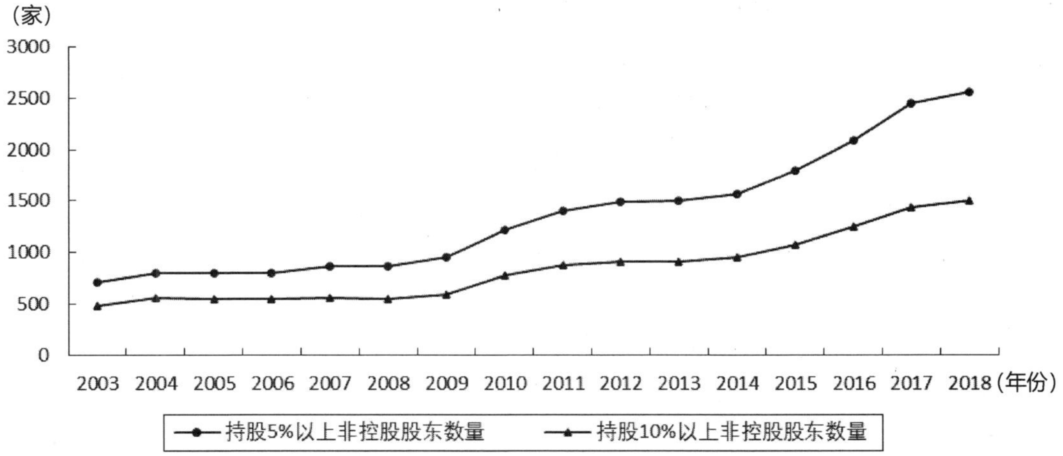

图7－7　存在非控股大股东的上市公司数量变化趋势

我们基于合并一致行动人的进一步梳理发现（见表7－3）：存在持股10%以上非控股大股东的上市公司中，拥有1～2位非控股大股东的公司比重已达到95.87%，拥有3位及以上非控股大股东的公司仍然较少，仅占4.13%；存在持股5%以上非控股大股东的上市公司中，拥有1～2位非控股大股东的公司比重为81.06%，拥有3位及以上非控股大股东的公司也较少，比重为18.94%。

表7－3　　存在非控股大股东的上市公司数量及比重变化（2003－2018年）

非控股大股东数量（位）	持股5%以上			持股10%以上		
	公司数量（家）	占比（%）	总占比（%）	公司数量（家）	占比（%）	总占比（%）
1	11467	52.54	52.54	10338	76.81	76.81
2	6225	28.52	81.06	2566	19.06	95.87
3	2733	12.52	93.59	499	3.71	99.58
4	944	4.33	97.91	52	0.39	99.96
5	312	1.43	99.34	4	0.03	99.99
6	94	0.43	99.77	1	0.01	100
7	43	0.2	99.97	/	/	/
8	4	0.02	99.99	/	/	/
9	2	0.01	100	/	/	/
10	1	0	100	/	/	/
合计	21825	100	/	13460	100	/

大股东的退出威胁：动机、能力 or 方式

关于大股东之公司治理作用的研究渊源已久。较早的研究更多聚焦于关注大股东通过协商谈判（Shleifer and Vishny，1986）、提交议案（Gillan et al.，2000）以及提议更换管理层（Helwege，2012）等方式“发声”参与治理及其公司治理效应。近年来，大股东的退出威胁逐渐成为研究热点，学者们普遍认为，大股东“可信的退出威胁”在现实公司治理中可以发挥其效用。

目前，关于大股东退出威胁之治理效应的研究仍然聚焦于“有无之争”：

一方面，似乎更多的研究支持大股东退出行为具有公司治理效应。阿德马蒂和普夫莱德勒（Admati and Pfleiderer，2009）认为大股东可通过退出威胁进而影响企业决策、约束经理人私利行为（Hope et al.，2017）。埃德曼等（Edmans et al.，2013）的研究指出，大股东的退出行为会向市场释放不利信号进而影响股价，这有助于缓解管理层——尤其是持股较多时——的机会主义行为。巴拉斯等（Bharath et al.，2013）基于金融危机的自然实验也证实了大股东退出威胁对于公司价值的正向作用。窦等（Dou et al.，2018）的研究还发现大股东退出威胁可以提高公司的财务报告质量。

国内关于大股东退出威胁的研究相对较少。姜付秀等（2015）将股权分置改革作为自然实验，证实了大股东的退出威胁能够降低控股股东的私利行为。最新的一些研究还相继发现，大股东的退出威胁可以有效发挥盈余管理治理作用（陈克兢，2018）、大股东中的机构投资者的退出威胁能够抑制真实和应计盈余管理水平（余怒涛等，2020）、稳定型机构投资者的退出威胁缓解国有企业的过度投资（廖静和刘星，2020）等。

另一方面，也有研究发现大股东退出威胁没有治理效应甚至会损害公司价值。例如，科尼金等（Konijn et al.，2011）的实证研究表明，能够促进其退出威胁发挥作用的大股东股权分散度与企业价值负相关；大股东“用脚投票”的行为对CEO变更已经逐渐失去影响（Helwege et al.，2012）。方等（Fang et al.，2014）的研究还证实，因管理层害怕大股东退出而过度关注短期业绩、放弃长期发展机会进而损害了企业价值的持续提升。

退出威胁：控股大股东 or 非控股大股东？

目前，现有关于大股东退出威胁之治理效应及其经济后果的研究中，**尚有两点值得注意**：一是甚少考虑到大股东的异质性（如机构 or 个人？国企 or 民企？以及其他行业或企业特征等）；二是更少聚焦非控股大股东之治理功能（控股 or 非控股?）。除姜付秀等（2015）外，陈克兢（2018，2019）的研究发现非控股大股东的退出威胁具有治理效应，可以有效降低企业的两类代理成本。

由于持股动机不同，控股股东和非控股大股东间的利益出发点和目标自然各不相同（Jaskiewicz，2017）。控股股东可能通过盈余管理（Leuz et al.，2003）、占用上市公司资金（姜国华和岳衡，2005；Jiang et al.，2010①）、关联交易（姜付秀等，2015）以及信息操纵（谢德仁等，2016）等方式获取控制权私利，这自然会严重侵害非控股大股东以及中小股东的利益。理论上讲，因为攸关自身权益，大股东——控股及非控股——都有足够的动机和能力关注公司发展、参与公司治理（Shleifer and Vishny，1986；1997）。

---

① Guohua Jiang，Charles M. C. Lee，Heng Yue. 2010. “Tunneling through intercorporate loans：The China experience”. *Journal of Financial Economics*. 98：1－20.

因此，在大股东退出威胁的研究框架中进一步聚焦非控股大股东退出威胁的治理效应及其经济后果，可能具有更为现实而重要的意义——尤其是在那些公司股权更为集中、大小股东间利益冲突占据主导地位的国家/地区（如中国）。……

如上所述，关于非控股股东之治理作用的话题，其理论及实际意义无疑非常重要①，但其伴随的诸多疑问同样不容忽视。**必须首先反问**：非控股大股东真的在起作用吗？——是实权还是虚置？是主动还是被迫？是持续地发挥还是“一锤子买卖”？中国与其他国家又有哪些差异？等等。**还必须要明白**，忽视了这些现实追问、忽略了其后的现实背景，非控股大股东之治理效应的实证研究，势必是空泛而虚妄的。

与理论上的“显而易见”——不只非控股大股东，中小股东也具有公司治理作用——相映照的是，其“应然”与“实然”的差距同样“显而易见”。内生于一国/地区特定制度背景之下的公司股权结构，不是股东们具有动机（愿意参与）、具备能力（专业技能 + 法律依据）就可以达到预期的。要知道，“**动机≠能力≠现实**”。实际上——甚至可以断定的是，在中国目前的制度环境下，非控股大股东尚不具备发挥其“显著乃至可见”之公司治理效应的现实基础；**其作用仍然类似于**“早期的国有股权虚置、至今的独立董事花瓶、持续的内部审计缺位……”；仍然可谓“可有可无、或有或无”。

然而——既然理论上存在、动机上可行、能力上具备，故关于非控股大股东之治理效应的研究，未必不可以挖掘出一些或许可行的“实证思路”或有价值的研究空间来。梳理目前关于非控股大股东之治理效应研究的“叙事逻辑”——理论分析 + 实证检验，大体可以归纳为如下“**两大分析框架**”：

其一，是在“合作性框架”中——如上面——讨论其治理效应。

实际上，这就是在其“理论作用”即所谓“可信的退出威胁”的基础上，通过构造某些模型或指标（Dou et al.，2016；Hope et al.，2017）②，间接地倒推或“臆测”出非控股大股东之“退出威胁”的治理作用或其经济后果——考虑到“退出威胁”之治理效应难以直接度量。因此，这类研究的明显“缺陷”或其局限即在于其“间接而抽象”，近似于“可有可无”甚至“或有或无”，即不能明确地呈现出非控股大股东直接发挥治理作用——像控股股东那样决定或否决、或因其退出而引起显著市场反应或致损失等——的可信的“操作过程”或可见的实际案例/样本。

---

① 强化非控股大股东之制衡作用及其治理效应——比保护中小股东利益更为切实而可行，是有效缓解代理冲突、塑造“公平有效”竞争环境及社会的重要机制，也是“靠近”以美国为代表的以“股权分散”为特征的发达资本市场的一个有效路径。

② 现有研究主要采用三种方法度量退出威胁：一是窦等（2016）提出的以流动性和大股东竞争的交乘项作为代理变量，退出威胁主要受股票流动性和大股东间竞争程度的正向影响。二是霍普等（Hope et al.，2017）采用双重差分模型来检验退出威胁的治理作用，若某公司在股权分置改革前存在一个或多个持有非流通股超过3%的非管理层大股东时 Treat 为1，否则为0；公司宣布股权分置改革初始计划当年及以后年度时 Post 为1，否则为0。三是姜付秀等（2015）以上市公司是否完成股权分置改革为标准，完成的退出威胁赋值为1，否则为0。这三种方法中以窦等（2016）的度量方式相对更为科学而全面。

实际上，上述的"合作"实近似于"合谋"，即"合作性框架"下的非控股大股东与控股股东虽然形式上可分，却始终是实际上的"一致行动人"；其所谓的"治理作用"实际上是从所有大股东的治理作用之中"扣除"控股股东之影响后剩下的那一部分作用，是理论上"推导或析出"的作用。因此，虽是实证研究，验证的却仍然是"理论上的作用"而难以确认为实际中的效果，故只能说"可能是非控股大股东在起作用"。

其二，是以"非合作框架"的逻辑讨论其治理效应。

既然在现实的"合作性框架"中难以准确地对应、区分和度量出非控股大股东之治理作用，那么，能否跳出这个只能算是"理论推导"其作用的间接框架而另辟蹊径呢？

私意认为，可以从"反向"即"不合作/合谋"的视角去确认、厘清进而验证其治理效应；也就是必须首先基于"动机上防范保护、能力上博弈抗衡、思维上积极主动"的理性模式或真实情境——谁都在乎自己的利益，或直面争取、或理性权衡、或"曲线救国"，然后再结合现实进行别类细分，尤其是要找寻出真实支撑的事例。**略有三点**：

一是细分内外。大股东可以被区分为控股与非控股两大类，而非控股大股东又须分内外，往往内部大股东更为积极。例如，陈克兢（2018）的研究即关注"外部大股东"① 的退出威胁可能具有的治理效应（治理 or 合谋），类似的还有余怒涛等（2020）、廖静和刘星（2020）聚焦机构投资者（非控股大股东）的研究等——这是一个可行的思路。

二是细分类别。考虑到我国股权结构相对集中、大小股东间代理冲突占据主导以及国有"主导"资源配置格局、国企"主导"行业竞争格局（PMC）的制度环境现状，还须基于扎实、全面的描述性统计，对非控股大股东可能发挥治理作用的企业（如国/民差异）、行业以及其作用方式等差异化特征，进行仔细的梳理。——这有助于确认可供验证（test）的"事实"或样本。

三是精确询证。基于上述的别类细分和统计梳理，可以尝试基于"案例"——单案例或多案例——或者"案例＋样本"的实证研究，约有两个思路：一是寻找确认非控股大股东行使"否决权"或发挥制衡作用的实例（如因集体行动而形成抗衡……）；二是寻找确认因非控股大股东"退出"而引发显著波动的实例（如涉及重要股东或核心业务等）。

这些实例往往涉及内部关键信息，这些信息是不会轻易公开的数据，故还需悉心寻找（可考虑跨板块、分样本），而这也正是至今关于非控股大股东之治理效应难以"直接"确认的最主要障碍——也因此，缺乏"基本规律"支撑的实证研究似乎只能"停滞"。

【例 7－10】公司治理的政治维度：发达市场"＝"股权分散么？

企业的经营决策行为总是内生于其所在的文化及制度环境，而政治是"塑造"一代乃至一国制度环境特征的最重要的力量，企业宗旨的变革——利益相关者模式——也将政府作为最重要的一极。政治影响是最为典型的制度背景，因此，公司治理必有其"政治维

① 陈克兢（2018）将持股超过 5% 且与上市公司不存在关联的外部投资者（包括保险公司、私募基金、公募基金、证券公司、信托公司、PE 创投机构、QFII、自然人及普通企业）界定为"外部大股东"。

度”。美国学者马克·罗伊（Mark J. Roe）的《公司治理的政治维度：政治环境与公司影响》① 便是聚焦和审视影响大公司存续形式、所有权结构以及公司治理安排等的产生与发展的政治与社会条件及其变迁的专门著作。这里主要探讨股权市场的聚散与一国的经济以及制度发展的关系，这里聚焦的命题是“**发达市场＝股权分散么?**”。

值得注意或反思的是，民间甚至学界，长期存有并认同一个“**假象/幻象**”，即相对于中国“高度集中”——国有一股独大——的所有权结构，发达国家的资本市场或（公众）公司治理结构都是“高度分散”的，而对于所谓“发达”的认可和了解却只限于美国；也就是，认可欧洲，却从不去对比深究；认可先进，却从不审视其缺陷；镜鉴仅限乎一极，“唯美”而马首是瞻。可以说，这种“专业误导”其实是“大佬/老大逻辑”甚或“霸权思维”在学术研究中的“不自觉”体现，即“老大”说的、做的应该或总是对的，即使不对也有其理由。这是典型的“**同向强化效应**”——对强势、大型、高阶的事物更倾向于给予正向评价（同向归功），反之，则倾向于更低的评价（同向归咎）。

正如美国著名政治学家、社会学家李普塞特（Seymour M. Lipset）所言：“只知一国者近似乎无知（Those who only know one country know no country）”，理性对比才能趋于客观。马克·罗伊（Mark J. Roe）的这部专著总体理性而又客观，正是对类似“莫名其妙正确/错误”思维的一个良好镜鉴。现摘录其核心观点——相关内容详见其引言、第二章等部分，同时结合拉泼塔（LLS，1999）的经典研究——作为“**发达市场≠股权分散**”的证据。

一个国家出现之前，必须要实现社会的和平稳定。不同的国家通过不同的途径达到这一目标，而那些途径恰恰植根于企业以及企业形成过程中的所有权模式以及公司治理结构。分散的、大规模的公众持有企业在美国商业中仍占据着主导地位，尽管还比较虚弱，或者说股东和管理者之间的关系比较脆弱。在其他经济发达国家的所有权不是分散的，而是集中的。这还不是在简单意义上的集中。……

在美国，为了诱使管理者与分散化股东相一致的那些现代性手段——激励性薪酬、透明性财务、敌意收购、强大的股东财富最大化准则——已经被欧洲大陆的社会民主大大地削弱，而且有时候还被恶意诋毁。……

在这里，作者不仅要揭示欧洲所有权集中制的政治性解释，而且要揭示美国公众企业兴起的一个关键政治前提，即社会民主对美国商业公司的压力是相当微弱的。……

在美国，相当长的时间里，分散的股东拥有着最大的公司。相比之下，在欧洲大陆国家，最大的公司都是集中持有的，因为许多企业从来都没有实行公众所有，甚至过去的控股性股东也是如此。……**所有权的差异情况如下**：

在德国，20家公司拥有超过5亿美元的证券化资本（保持相对于持久边界的规模），18个大股东拥有不少于20%的股份；在法国和意大利，每一个中等规模的公司都有一个

① ［美］马克·罗伊著、陈宇峰等译，《公司治理的政治维度：政治环境与公司影响》（*Political Determinants of Corporate Governance*），中国人民大学出版社，2008年1月。

持有20%的股份的大股东；在瑞典，则是18%；在美国，仅仅为2%。在德国，金融机构拥有全国最大的100家公司的5%或更多股份中50%的所有权；在美国，这种机构持有的股份是很少的，基本上是0。有人可能会发现，这种差异正在变成一种程度与另一种程度的差异。……但直到今天，这些差异依然存在着。

有数据显示，美国的新机构投资者要比境外的机构、家族和个人更偏好拥有更少的股份。欧洲公司也正在寻求新的资本来源，但是它们的所有权还远没有像美国公司那样分散。……

表7－4是1995年大股东不超过20%的中等规模公司比例分布（依据股本超过5亿美元的20家公众公司），可见，公众公司并不是组织演化的必然的、不可避免的结果。

表7－4　　主要发达国家公司所有权的分散化

国　家	分散度	备　注
奥地利	0.00	这是1995年按大股东不超过20%的中等规模公司的比例（依据股本超过5亿美元的20家公众公司）而度量的公司股权分散化程度。
意大利	0.00	
法国	0.00	
德国	0.10	
荷兰	0.10	
瑞典	0.10	
比利时	0.20	
芬兰	0.20	
挪威	0.20	
澳大利亚	0.30	
丹麦	0.30	
日本	0.30	
瑞士	0.50	
加拿大	0.60	
英国	0.60	
美国	0.90	

拉泼塔（1999）关于公司所有权全球分布的经典研究①，亦展示了与马克·罗伊（Mark J. Roe）基本一致的证据：在大多数国家，分散持有的公司都非常少见（...there are hardly any widely held firms in this most countries in the world...）；若以20%作为控股临界值，则各国大企业由家族控制的比例平均为30%；当以小企业为样本或将临界值降到10%时，这一比例还会升高；各国企业的控制权普遍掌握在巨富家族手中，详见表7－5ab

① La Porta, Rafael, Florencio Lopez－de－Silanes, and Andrei Shleifer, 1999, Corporate ownership around the world, *Journal of Finance* 54, 471－518.

和表7－6ab（原文Table2和Table3）。克莱森等（Claessens et al.，2000）；法齐奥和郎（Faccio and Lang，2002）以及纳迦等（Najah et al.，2003）的研究都再次证实了拉泼塔（1999）的发现。

表7－5a　　全球大型公众公司的控制权分布

Table II

Control of Large Publicly Traded Firms around the World

This table classifies countries according to their ranking in antidirector rights. We form two groups of countries: (1) high antidirectors; and (2) low antidirectors, based on whether the country's antidirector index is above the median or not. Panel A (B) presents means for each variable using 20 (10) percent as the criterion for control for a sample of the 20 largest firms (by stock market capitalization of equity at the end of 1995) in 27 countries. (Definitions for each of the variables are given in Table I.) This table also reports tests of means for countries above and below the median antidirector rights.

Panel A: 20% Cutoff						
Country/Area	Widely Held	Family	State	Widely Held Financial	Widely Held Corporation	Miscellaneous
Argentina	0.00	0.65	0.15	0.05	0.15	0.00
Australia	0.65	0.05	0.05	0.00	0.25	0.00
Canada	0.60	0.25	0.00	0.00	0.15	0.00
Hong Kong	0.10	0.70	0.05	0.05	0.00	0.10
Ireland	0.65	0.10	0.00	0.00	0.10	0.15
Japan	0.90	0.05	0.05	0.00	0.00	0.00
New Zealand	0.30	0.25	0.25	0.00	0.20	0.00
Norway	0.25	0.25	0.35	0.05	0.00	0.10
Singapore	0.15	0.30	0.45	0.05	0.05	0.00
Spain	0.35	0.15	0.30	0.10	0.10	0.00
U.K.	1.00	0.00	0.00	0.00	0.00	0.00
United States	0.80	0.20	0.00	0.00	0.00	0.00
High antidirector avg.	0.4792	0.2458	0.1375	0.0250	0.0833	0.0292
Austria	0.05	0.15	0.70	0.00	0.00	0.10
Belgium	0.05	0.50	0.05	0.30	0.00	0.10
Denmark	0.40	0.35	0.15	0.00	0.00	0.10
Finland	0.35	0.10	0.35	0.05	0.05	0.10
France	0.60	0.20	0.15	0.05	0.00	0.00
Germany	0.50	0.10	0.25	0.15	0.00	0.00
Greece	0.10	0.50	0.30	0.10	0.00	0.00
Israel	0.05	0.50	0.40	0.00	0.05	0.00
Italy	0.20	0.15	0.40	0.05	0.10	0.10
South Korea	0.55	0.20	0.15	0.00	0.05	0.05
Mexico	0.00	1.00	0.00	0.00	0.00	0.00
Netherlands	0.30	0.20	0.05	0.00	0.10	0.35
Portugal	0.10	0.45	0.25	0.15	0.00	0.05
Sweden	0.25	0.45	0.10	0.15	0.00	0.05
Switzerland	0.60	0.30	0.00	0.05	0.00	0.05
Low antidirector avg.	0.2733	0.3433	0.2200	0.0700	0.0233	0.0700
Sample average	0.3648	0.3000	0.1833	0.0500	0.0500	0.0519
Test of Means (t-statistic)						
Low vs. high antidirector	−1.95	1.09	1.20	1.70	−2.38	1.40

表 7 – 5b　　全球大型公众公司的控制权分布（续表 7 – 5a）

Table II—*Continued*

Panel B: 10% Cutoff						
Country/Area	Widely Held	Family	State	Widely Held Financial	Widely Held Corporation	Miscellaneous
Argentina	0.00	0.65	0.20	0.10	0.05	0.00
Australia	0.55	0.10	0.05	0.05	0.25	0.00
Canada	0.50	0.30	0.00	0.00	0.15	0.05
Hong Kong	0.10	0.70	0.05	0.05	0.00	0.10
Ireland	0.45	0.15	0.00	0.05	0.05	0.30
Japan	0.50	0.10	0.05	0.00	0.00	0.35
New Zealand	0.05	0.45	0.25	0.05	0.20	0.00
Norway	0.05	0.25	0.40	0.10	0.00	0.20
Singapore	0.05	0.45	0.45	0.00	0.00	0.05
Spain	0.15	0.25	0.45	0.15	0.00	0.00
U.K.	0.90	0.05	0.00	0.05	0.00	0.00
United States	0.80	0.20	0.00	0.00	0.00	0.00
High antidirect. avg.	0.3417	0.3042	0.1583	0.0500	0.0583	0.0875
Austria	0.05	0.15	0.70	0.00	0.00	0.10
Belgium	0.00	0.50	0.05	0.35	0.00	0.10
Denmark	0.10	0.35	0.20	0.05	0.00	0.30
Finland	0.15	0.10	0.35	0.25	0.00	0.15
France	0.30	0.20	0.20	0.20	0.10	0.00
Germany	0.35	0.10	0.30	0.25	0.00	0.00
Greece	0.05	0.65	0.30	0.00	0.00	0.00
Israel	0.05	0.50	0.40	0.00	0.05	0.00
Italy	0.15	0.20	0.50	0.00	0.00	0.15
South Korea	0.40	0.35	0.15	0.00	0.05	0.05
Mexico	0.00	1.00	0.00	0.00	0.00	0.00
Netherlands	0.30	0.20	0.05	0.00	0.10	0.35
Portugal	0.00	0.50	0.25	0.20	0.00	0.05
Sweden	0.00	0.55	0.10	0.30	0.00	0.05
Switzerland	0.50	0.40	0.00	0.05	0.00	0.05
Low antidirector avg.	0.1600	0.3833	0.2367	0.1100	0.0200	0.0900
Sample average	0.2407	0.3481	0.2019	0.0833	0.0370	0.0889
Test of Means (*t*-statistic)						
Low vs. high antidirector	−1.92	0.88	1.05	1.50	−1.50	0.06

表 7 - 6a　　全球中型公众公司的控制权分布

Table III

Control of Medium-Sized Publicly Traded Firms around the World

This table classifies countries according to their ranking in antidirector rights. We form two groups of countries: (1) high antidirectors; and (2) low antidirectors, based on whether the country's antidirector index is above the median or not. Panel A (B) presents means for each variable using 20 (10) percent as the criterion for control for a sample of 10 firms with stock market capitalization of common equity at the end of December of 1995 of at least $500 million or higher in 27 countries. (Definitions for each of the variables are given in Table I.) This table also reports tests of means for countries above and below the median antidirector rights.

Panel A: 20% Cutoff

Country/Area	Widely Held	Family	State	Widely Held Financial	Widely Held Corporation	Miscellaneous
Argentina	0.00	0.80	0.20	0.00	0.00	0.00
Australia	0.30	0.50	0.00	0.00	0.20	0.00
Canada	0.60	0.30	0.10	0.00	0.00	0.00
Hong Kong	0.00	0.90	0.00	0.00	0.00	0.10
Ireland	0.63	0.13	0.00	0.00	0.13	0.13
Japan	0.30	0.10	0.00	0.00	0.00	0.60
New Zealand	0.57	0.29	0.14	0.00	0.00	0.00
Norway	0.20	0.40	0.20	0.10	0.00	0.10
Singapore	0.40	0.40	0.20	0.00	0.00	0.00
Spain	0.00	0.30	0.20	0.40	0.10	0.00
U.K.	0.60	0.40	0.00	0.00	0.00	0.00
United States	0.90	0.10	0.00	0.00	0.00	0.00
High antidirector avg.	0.3750	0.3850	0.0867	0.0417	0.0358	0.0775
Austria	0.00	0.17	0.83	0.00	0.00	0.00
Belgium	0.20	0.40	0.30	0.10	0.00	0.00
Denmark	0.30	0.40	0.20	0.00	0.00	0.10
Finland	0.20	0.20	0.20	0.10	0.10	0.20
France	0.00	0.50	0.20	0.20	0.00	0.10
Germany	0.10	0.40	0.20	0.20	0.10	0.00
Greece	0.00	1.00	0.00	0.00	0.00	0.00
Israel	0.10	0.60	0.30	0.00	0.00	0.00
Italy	0.00	0.60	0.00	0.00	0.10	0.30
South Korea	0.30	0.50	0.00	0.00	0.20	0.00
Mexico	0.00	1.00	0.00	0.00	0.00	0.00
Netherlands	0.10	0.20	0.10	0.00	0.10	0.50
Portugal	0.00	0.50	0.50	0.00	0.00	0.00
Sweden	0.10	0.60	0.20	0.00	0.00	0.10
Switzerland	0.50	0.50	0.00	0.00	0.00	0.00
Low antidirector avg.	0.1267	0.5047	0.2020	0.0400	0.0400	0.0867
Sample average	0.2370	0.4515	0.1507	0.0407	0.0381	0.0826
Test of Means (*t*-statistic)						
Low vs. high antidirector	−2.86	1.24	1.64	−0.45	0.18	0.16

表7－6b　全球中型公众公司的控制权分布（续表7－6a）

Table III—*Continued*

Panel B: 10% Cutoff

Country/Area	Widely Held	Family	State	Widely Held Financial	Widely Held Corporation	Miscellaneous
Argentina	0.00	0.80	0.20	0.00	0.00	0.00
Australia	0.10	0.50	0.00	0.10	0.20	0.10
Canada	0.40	0.50	0.10	0.00	0.00	0.00
Hong Kong	0.00	0.90	0.00	0.00	0.00	0.10
Ireland	0.50	0.25	0.00	0.00	0.00	0.25
Japan	0.20	0.10	0.00	0.00	0.00	0.70
New Zealand	0.00	0.86	0.14	0.00	0.00	0.00
Norway	0.10	0.40	0.20	0.10	0.00	0.20
Singapore	0.10	0.60	0.30	0.00	0.00	0.00
Spain	0.00	0.30	0.30	0.40	0.00	0.00
U.K.	0.10	0.60	0.00	0.10	0.00	0.20
United States	0.50	0.30	0.00	0.00	0.00	0.20
High antidirector avg.	0.1667	0.5092	0.1033	0.0583	0.0167	0.1458
Austria	0.00	0.17	0.83	0.00	0.00	0.00
Belgium	0.10	0.40	0.30	0.20	0.00	0.00
Denmark	0.00	0.40	0.20	0.00	0.00	0.40
Finland	0.00	0.20	0.20	0.20	0.10	0.30
France	0.00	0.50	0.20	0.20	0.00	0.10
Germany	0.10	0.40	0.20	0.30	0.00	0.00
Greece	0.00	1.00	0.00	0.00	0.00	0.00
Israel	0.10	0.60	0.30	0.00	0.00	0.00
Italy	0.00	0.80	0.10	0.00	0.00	0.10
South Korea	0.00	0.80	0.00	0.00	0.20	0.00
Mexico	0.00	1.00	0.00	0.00	0.00	0.00
Netherlands	0.10	0.20	0.10	0.00	0.10	0.50
Portugal	0.00	0.50	0.50	0.00	0.00	0.00
Sweden	0.10	0.60	0.20	0.10	0.00	0.00
Switzerland	0.40	0.50	0.00	0.00	0.00	0.10
Low antidirector avg.	0.0600	0.5380	0.2087	0.0667	0.0267	0.1000
Sample average	0.1074	0.5252	0.1619	0.0630	0.0222	0.1204
Test of Means (*t*-statistic)						
Low vs. high antidirector	−1.83	0.28	1.47	0.20	0.44	−0.65

因此，通常认为由伯利和米恩斯（Berle and Means，1932）提出的美国企业股权分散的这一现象，其实十分罕见[①]。默克等（2005）的经典综述中汇总的相关文献结论也都清楚地表明：分散持股，凤毛麟角；家族控股，比比皆是[②]。详见表7－7（译文表2）。

① Berle，Adolf，and Gardiner Means，1932，The Modern Corporation and Private Property（MacMillan，New York，N. Y.）.

② Morck，Randall，Daniel Wolfenzon and Bernard Yeung，Corporate Governance，Economic Entrenchment and Growth. *Journal of Economic Literature*，2005，14（9）：655－720. 全文连载参见：卢昌崇（译）“公司治理、经济设防与经济增长”《管理世界》2010（3）：150－167 和 2010（4）：149－165。

表7-7 分散与家族控股企业在不同国家/地区大企业之所占比例

国家和地区	临界值为10%**		临界值为20%		资料来源
	分散持股	家族控股	分散持股	家族控股	
阿根廷	0	65	0	65	L.Porta,Lopez-de-Silanes, Shleifer(1999)
澳大利亚	55	10	65	5	L.Porta,Lopez-de-Silanes, Shleifer(1999)
奥地利	5	15	5	15	L.Porta,Lopez-de-Silanes, Shleifer(1999)
比利时	0	50	5	50	L.Porta,Lopez-de-Silanes, Shleifer(1999)
加拿大	50	30	60	25	L.Porta,Lopez-de-Silanes, Shleifer(1999)
	17.54	46.67	36.24	26.18	Attig,Gadhoum and Lang (2003)
丹麦	10	35	40	35	L.Porta,Lopez-de-Silanes, Shleifer(1999)
芬兰	15	10	35	10	L.Porta,Lopez-de-Silanes, Shleifer(1999)
法国	30	20	60	20	L.Porta,Lopez-de-Silanes, Shleifer(1999)
	8.92	70.44	17.79	64.83	Faccio and Lang (2002a)
德国	35	10	50	10	L.Porta,Lopez-de-Silanes, Shleifer(1999)
	5.61	71.64	14.02	64.62	Faccio and Lang (2002)
希腊	5	65	10	50	L.Porta,Lopez-de-Silanes, Shleifer(1999)
中国香港	10	70	10	70	L.Porta,Lopez-de-Silanes, Shleifer(1999)
	0.6	64.7	7	66.7	Claessens,Djankov and Lang(2000)
印度尼西亚	0.6	68.6	5.1	71.5	Claessens,Djankov and Lang(2000)
爱尔兰	45	15	65	10	L.Porta,Lopez-de-Silanes, Shleifer(1999)
以色列	5	50	5	50	L.Porta,Lopez-de-Silanes, Shleifer(1999)
意大利	15	20	20	15	L.Porta,Lopez-de-Silanes, Shleifer(1999)
	7.83	64.87	15.86	59.61	Faccio and Lang (2002)
日本	50	10	90	5	L.Porta,Lopez-de-Silanes, Shleifer(1999)
	42	13.1	79.8	9.7	Claessens,Djankov and Lang(2000)
韩国	40	35	55	20	L.Porta,Lopez-de-Silanes, Shleifer(1999)
	14.3	67.9	43.2	48.4	Claessens,Djankov and Lang(2000)
马来西亚	1	57.5	10.3	67.2	Claessens,Djankov and Lang(2000)
墨西哥	0	100	0	100	L.Porta,Lopez-de-Silanes, Shleifer(1999)
荷兰	30	20	30	20	L.Porta,Lopez-de-Silanes, Shleifer(1999)
新西兰	5	45	30	25	L.Porta,Lopez-de-Silanes, Shleifer(1999)
挪威	5	25	25	25	L.Porta,Lopez-de-Silanes, Shleifer(1999)
菲律宾	1.7	42.1	19.2	44.6	Claessens,Djankov and Lang(2000)
葡萄牙	0	50	10	45	L.Porta,Lopez-de-Silanes, Shleifer(1999)
新加坡	5	45	15	30	L.Porta,Lopez-de-Silanes, Shleifer(1999)
	1.4	52	5.4	55.4	Claessens,Djankov and Lang(2000)
西班牙	15	25	35	15	L.Porta,Lopez-de-Silanes, Shleifer(1999)
	12.74	67.33	28.06	55.79	Faccio and Lang (2002)
瑞典	0	55	25	45	L.Porta,Lopez-de-Silanes, Shleifer(1999)
瑞士	50	40	60	30	L.Porta,Lopez-de-Silanes, Shleifer(1999)
中国台湾	2.9	65.6	26.2	48.2	Claessens,Djankov and Lang(2000)
泰国	2.2	56.5	6.6	61.5	Claessens,Djankov and Lang(2000)
英国	90	5	100	0	L.Porta,Lopez-de-Silanes, Shleifer(1999)
	27.06	33.75	69.08	19.88	Faccio and Lang (2002)
美国	80	20	80	20	L.Porta,Lopez-de-Silanes, Shleifer(1999)
	38.95	23.37	69.26	6.13	Attig,Gadhoum and Lang (2003)

注：* La Porta、Lopez-de-Silanes、Shleifer(1999)数据反映的是20个最大上市公司的股权结构；Attig,Gadhoum 和 Lang(2003)的样本为多伦多股票交易所1121家可获得股权数据的上市公司；Faccio 和 Lang(2002)及 Claessens、Djankov 和 Lang(2000)的样本是可获得股权数据的全部上市公司。** Faccio 和 Lang(2002)发表的论文并未设有10%控股临界值的图表。我们的数据得自其先前尚未发表的文稿。

同时，拉泼塔（1999）的研究还试图得到“其他的”结论：不能保护小股东的利益，很大程度上决定着该国家不能产生公众企业。——这与马克·罗伊（Mark J. Roe）关于公众公司发展的“技术性决定”的核心观点亦基本一致（见下文）。

20世纪80年代，当德、日的工业竞争力超过美国的相应行业时，集中的所有权似乎更为优越；现在，当分散的所有权与先进的技术和急剧的变革相适应时，分散的所有权仿佛更好。究竟孰是孰非[1]，取决于某种特定的优势、某种特定的产业、某些特定的行业，或企业生命周期的某个特定时期。……

忽略了社会的政治基础，企业间的差异就很难全面讨论。重点在于，对于一个意欲建立公众公司和全面证券市场的国家而言，它需要的远不只是合适的法律制度，它所面临的更大问题将涉及国家的社会组织与政治组织的核心。同样，改革家们常常绝望地发现技术性解决方案不可能得到执行，即便执行后，技术的改革有时也收效甚微，除非现实政治基础发生变化。……

再次重申，法、德以及欧洲大陆国家拥有较少的公众公司和较弱的证券市场貌似技术结果，但其根本原因则在于缺乏制度性先决条件。会计制度需要透明化。欧洲中上阶层远离股票持有及其导致的企业家精神缺失的文化应当受到谴责。证券法需要改革，内部交易行为一旦被发现必须遭到禁止。而且，在最近，分析家们已经意识到对中小股东的保护措施是建立公众公司和深化证券市场发展的基本前提。……

技术性问题中有些比较重要，有些则可以忽略。法、德已经建立起良好的官僚制度，配备了有能力且有动力的专业技术人员。如果是证券法的不同导致了证券市场的不同，那么，为何这样的“技术性”法律会引起差异，又是如何引起差异的呢？这是因为相对于美国，法国和德国在综合性法律计划的起草和实施方面，在随后建立政府代理机构采取强化执行方面都做得更为优秀。……

支持大型公众公司的技术性制度非常有用。……虽然有些国家确实已经拥有这些技术性制度，但如果政治制度不匹配，所有权和控制权分离仍无法实现。……

企业尤其是公众公司（public firms）的产生及其发展确实有其“先决条件”，诸多学者包括马克·罗伊（Mark J. Roe）将其界定为“制度的技术性决定”或“技术性制度”——涉及政治体制及其执行机构、法律的适应性调整以及技术创新推动并相互适应的机制改革等。

也因此，各国关于公司发展的诸多“技术性解决方案”或“技术性制度”（如法律）很容易出现“雷同”（学习－模仿），故容易造就“大佬/老大”或所谓“上国思维”；

也因此，由经济制度及其上层建筑塑造的国家也就自然地存在着“背景”之差异，故作为公共产品的“制度”供给势必会产生不同的“经济后果”；

也因此，学术研究中的“背景之综观”与“差异之评价”就应当理性客观、科学考量，而不应该自陷于狭隘。

7.2.4 故须多问：相关 or 因果？

内涵多元、视角多维，问题自然多解，故须多多反问、多多求证。实证研究中的统计

---

① Demsetz and Lehn（1985）的研究发现，所有权集中与会计利润率之间并不显著相关。参见 Demsetz, Harold & Lehn, Kenneth, 1985. “The Structure of Corporate Ownership: Causes and Consequences,” *Journal of Political Economy*, vol. 93（6）: 1155－1177.

与计量检验，究竟是为了确定相关关系还是因果关系？哪个更富有价值或意义？——这些问题值得多多反问、多多求证。定量自然须由定性来引导，而定性也需要定量来框定，否则便容易陷于误导。对“原始数据”进行基本的统计描述，其目的在于定位基本的相关关系“集合”，并为进一步找寻和厘清因果关系奠定基础。相对于“更具哲学意味”的相关关系，因果关系确实更为重要。实证研究若仅仅满足于数据的挖掘，有可能已经背离了“实证”的宗旨，即未能证实“因果关系”的结论其实略等于“正确的废话”[①]。

本部分首先援引《为什么》的作者、图灵奖获得者、人工智能领域著名专家朱迪亚·珀尔（Judea Pearl）关于“因果关系”本质及其重要性的论断作为引例，然后引证《简单统计学》中的两个例子以及诺贝尔奖得主罗伯特·席勒（Robert Shiller）教授对于“叙事危机”——涉及新冠肺炎疫情——的申发和解读，以助力认知“idea 之量化”中的“因果 or 相关”追问[②]。

【例 7-11】因果关系：何以更“精确”、更重要?[③]

实证研究甚或科学研究本是为寻求和确认因果而非相关关系，相关性只是因果性确认进程中的一个中间环节或步骤，绝不可以替代因果，否则就做不到“科学施策”。然而，“**相关性泛滥**”却日益演变成为实证研究中的“数字游戏”——均可满足回归检验的显著性标准——的一个脚注或渊薮。对此，“明白人”置若罔闻，而“糊涂人”则因因袭陈规。

在《为什么》一书的“导言：思维胜于数据”中，朱迪亚·珀尔直言不讳地批评道：

遗憾的是，统计学盲目迷恋这种常识性的观察结论。它告诉我们，相关关系不等于因果关系，但并没有告诉我们因果关系是什么。……统计学唯一关注的就是如何总结数据，而不关注如何解释数据。……

统计学及其相关学科严重低估了路径分析，使其在萌芽状态历经了数十年的压制。……统计学的其他学科以及那些依赖统计学工具的学科仍然停留在禁令时代，错误地相信所有科学问题的答案都藏在数据之中，有待巧妙的数据挖掘手段将其揭示出来。……

今天，这种以数据为中心的观念仍然阴魂不散。我们生活在一个相信大数据能解决所有问题的时代。……我希望本书最终能说服你相信这一点：数据远非万能[④]。……

---

① 虽然可能仍未达到朱迪亚·珀尔教授的期望，但如今对于因果推断的认知水平及其技术发展显然已经今非昔比，至少在统计学、计量学科中已经不再避讳。

② 关于统计学等研究方法的运用与社会科学研究“失真”等问题分析，还可参见“计量经济圈”公众号上的相关文章，如“计量方法导致失真的社科研究，谁之过?”（2018-12-31）等。

③ 可以说，“相关性泛滥”在助涨实证研究中的“数字游戏”的同时，似乎也已经成为社会治理的顽疾。那种“宁可错杀一千，不可放过一个”的粗暴做法——疫情期间尤盛，其实正是在以“科学的名义”滥权和庸政、懒政、怠政，实际早已将“精准施策”和科学治理抛诸脑后了。

④ 前世界银行首席经济学家考希克·巴苏梳理经济学以及世界的现状时即强调了“理性直觉”（reasoned intuition）在经济学研究和政策制定——相关数据、理论之外——的重要作用；他同时指出，鉴于因果关系难以发现，好的政策仅仅掌握事实不足以将其与理论结合起来，还须坚信并依赖直觉判断力以及“理性直觉”——通过推理来验证直觉的使用（Basu，2014）；数据、理论和直觉是人类知识与进步的三个要素，但怀疑论仍然是思想者思维方式的一部分——正如历代的哲学家以及凯恩斯在《通论》第12章提醒我们的那样。——全文请参见《比较》第109辑（2020-10-5）。

正是这个问题，即人类智能的自动化（有时也被称为“强人工智能”是否可能）引导我开始研究因果关系的。我相信因果推理对智能机器人至关重要……

如果能用一句话来概括本书的内容，那就是“你比你的数据聪明”。数据不了解因果，而了解人类。我希望因果推断这门新科学能让我们更好地理解我们是如何做到这件事的，因为除了自我模拟，我们没有更好的方法来了解人类自身了。与此同时，在计算机时代，这种新的理解也有望被应用于增强人类自身的因果直觉，从而让我们更好地读懂数据，无论是大数据还是小数据。

——［美］朱迪亚·珀尔（Judea Pearl）[①]

如今，借助计算机及大数据，所谓“因果推断”的技术与方法已经非常“发达”，（这也导致）但“数字游戏”仍然是实证领域最严重的流弊之一，“不断调整，总会显著的”，类似的“操作”已然背离了科学研究的宗旨。正如朱迪亚·珀尔（Judea Pearl）所言，统计学常常强调“相关关系不等于因果关系，但并没有告诉我们因果关系是什么”。——因果关系确实更为重要，因果关系研究是科学探索的核心，而其真正重要的应用则体现在人工智能领域，它甚至是人工智能（AI）实现升级或跃迁的关键[②]。

【例 7－12】均值回归：人类决策最基本的错误来源之一？

加里·史密斯（Gary Smith）在其著作《简单统计学》中多次“揭批”了均值回归的谬误，甚至认为其是“人类决策最基本的错误来源之一”。那么，“均值回归”何以如此泛滥甚至影响深远呢？为何还会涉及诸多著名的统计学家、金融学教授以及经济学家，其中甚至不乏诺贝尔经济学奖得主呢？在该书的第九章“胜者的诅咒”中，作者举了诸多例证，试节选如下：

我曾经和一个学生对棒球领域的均值回归做了一些研究，我们没有写出 468 页的著作[③]，但我们至少在看到均值回归时认识到了这一点。发表这篇论文的期刊评论员写到：

几乎没有哪个统计事实比均值回归更加有趣，原因有两点：首先，人们几乎每天都会在生活中遇到它；其次，几乎没有人理解这种现象。

这两个原因的叠加使均值回归成了人类决策最基本的错误来源之一，在医学、教育、政府甚至体育领域导致了许多错误的推理。

没错，我们几乎每天都会遇到均值回归现象，而且几乎没有人理解这种现象。就像西

---

① ［美］朱迪亚·珀尔（Judea Pearl），纳·麦肯齐（Dana Mackenzie）著，江生，于华译：《为什么 关于因果关系的新科学》（*The Book of Why*），中信出版社，2019 年 7 月。这本书可谓是其之前出版的三部因果关系科学专著的科普版。

② 朱迪亚·珀尔在《为什么》中试图回答的核心问题是：如何让智能机器像人一样思考？他认为大部分机器学习技术，都建立于相关关系而非因果关系。要实现“强人工智能”，乃至将智能机器转变为具有道德意识的有机体，就必须让机器学会问“为什么”，也就是要让机器学会因果推理，理解因果关系。

③ 这里是指西北大学经济学教授贺拉斯·西克里斯特（Horace Secrist）的著作《平庸在商业中的胜利》，该书出版时广受溢美之词，后来却“反而成为被均值回归愚弄的一个经典案例”。加里·史密斯在批评均值回归时将其作为引例。下面米尔顿·弗里德曼提到的“这本书”也涉及这本书。

克里斯特（Horace Secrist）的例子说明的那样，这是一种致命的组合。……我们可以在许多环境中遇到这种现象——尤其是当我们想要测量的某件事情得到不完美的测量结果时。……诺贝尔奖获得者丹尼尔·卡尼曼[①]曾告诉以色列飞行员教官，如果新兵接受表扬而不是惩罚，他们可以实现更快的进步。一位高级教官提出了强烈的反对意见：

我曾在很多场合对漂亮的执行某种特技动作的飞行员提出表扬。总体而言，当他们再次训练时，他们的表现会退步。另一方面，我经常对表现糟糕的学员大吵大嚷，总体而言，他们下次会做出更好的表现。所以，请不要告诉我鼓励是有效的，惩罚是无效的，因为实际情况恰恰相反。

卡尼曼立即意识到，这位教官受到了均值回归的欺骗。做出最佳飞行表现的学员通常不具有他们表现出来的那种远高于平均水平的能力。平均来说，不管教官表扬他们，叱责他们，还是一言不发，他们都不会在下次飞行中做出同样好的表现。指责卡尼曼的高级教官错误地认为他的表扬导致学员表现退步；实际上，这些学员并没有看上去那样优秀。类似的，平均来说，飞行表现最为糟糕的学员并没有看上去那么无能；如果教官能够控制住自己的吼叫，这些学员可以在下次飞行中做出更好的表现。卡尼曼后来写道：

这是一个快乐的时刻，因为我理解了这个世界的一个重要真理：由于我们倾向于在其他人表现出色时奖励他们，在其他人糟糕时惩罚他们，又由于均值回归现象，因此从统计上看，我们将由于奖励别人而受到惩罚，由于惩罚别人而受到奖励，这是人类社会的一个组织部分。

卡尼曼不是第一个认识到均值回归重要性的人。……回归是双向的，因为它仅仅反映了随机波动。……

20世纪80年代，一位诺贝尔奖获得者在一本投资教材中指出，“最终，经济力量将导致不同利润率和增长率的收敛。”……为了支持这种说法，他考察了1966年利润率最高和最低的公司。14年后，1980年，两个群体的利润率更加接近均值。他得意地总结道：“对总体均值的收敛是显而易见的……这种现象无疑是真实的。”多么似曾相识的说法！和50年前的西克里斯特（Horace Secrist）一样，他没有考虑到这种收敛仅仅来自均值回归的可能性。……几年后，两位接触的金融教授（其中一位也是诺贝尔奖获得者）犯下了完全相同的错误。他们发现了数据中的收入回归现象。和西克里斯特（Horace Secrist）一样，他们将其完全归因于竞争力量：

在竞争环境中，行业内和跨行业的利润率都会向均值靠拢。其他公司最终会模仿一家公司高于正常利润率所依靠的创新产品和新技术。破产或收购的前景将激励利润率较低的公司将资产分配到更有成效的地方。

竞争的力量也须的确存在。不过，它们显然不是事情的全部。部分原因（甚至全部原因）在于“收入相对较高的公司更有可能正在经历好运，而不是霉运”这一单纯的统计

① 丹尼尔·卡内曼（Daniel Kahneman），1934年生，以色列和美国籍科学家，因其“把心理学研究和经济学研究结合在一起，特别是与在不确定状况下的决策制定有关的研究”而获得2002年诺贝尔经济学奖。

性观察。

这种反复出现的错误的另一个版本出现在一本书及其书评之中，两位均出自著名经济学家的手笔。……米尔顿·弗里德曼（Milton Friedman）写了一篇恰当的评论，题目叫做《古老的谬误何曾消亡?》：

这本书的作者和书评作者都是优秀的经济学家，对现代统计方法了如指掌，他们竟然没能意识到自己陷入了回归谬误，对此我感到很吃惊……不过，考虑到这种谬误在大众讨论和学术研究中的普遍存在，我也许不应该感到吃惊。

既然是著名统计学家、金融学教授和经济学家都能忽略均值回归，其他人又怎么能幸免呢？……

实际上，类似于均值回归的诸多谬误从未停止过。自2020年新冠肺炎疫情（COVID－19）开始全球性蔓延以来，诸多的"研究成果"——见第4章的例4－6和本章的例7－6等——其实都或少或多"裹挟"了狭隘意识形态的非学术成分，有些甚至已完全严重背离了科学的宗旨。正如弗里德里希·迪伦马特（1962）所言："谁能直面矛盾，谁就能触摸现实"，读者务必要基于"**数据＋理论**"的视角与方法予以合理的审视与质疑。

【例7－13】样本选择与数据筛选：华裔真的面临"五行噩运"？

加里·史密斯（Gary Smith）在其著作《简单统计学》第十三章"黑色星期一"中还提到了遗漏数据的做法——忽略、排除甚至丢弃——造成的严重误导问题，并以（外国人）对中国的"阴阳五行"研究为例进行分析。试节选如下：

中国的农历的每一年与五行之一（金木水火土）相联系。传统中医认为，五行中的每一个元素与一种存储能力的脏器以及一种制造能量、移除废物的脏器有关（见表7－8，原著表13.1）：

表7－8　五行与人类器官

元素	脏器（阴）	脏器（阳）
火	心	小肠
土	脾	胃
金	肺	大肠
水	肾	膀胱
木	肝	胆囊

巴斯克维尔研究的首席作者与其他人共同进行了另一项具有争议性的研究。这一次，他们认为，中国人的出生年份可能给他们带来"噩运"，即他们可能患上与这些年份相关的脏器疾病。例如，1937年是火年，火对应的脏器是心，因此1937年出生的中国人可能更容易死于心脏病。

也许，感觉自己将死于心脏病的人不会努力预防这种疾病。或者，这些人的长期焦虑导致了他们预想的结果。或者，二者之间也许没有任何关系。

作者报告说，华裔美国人的死亡数据支持他们的结论。不过，他们只提到了与上表7－8中的10种器官相关的一小部分疾病。例如，他们提到了肾炎和另一种肾病的结果，但是没有提到其他肾病的结果；他们提到了支气管炎、肺气肿和哮喘的结果，但是没有提到其他呼吸系统疾病的结果。他们丢弃了不支持这种理论的数据。

作者将心脏病分成了不同寻常的子集，然后再次丢弃了碍事的数据。他们提出的理论是出生在火年的中国人更容易患上心脏病，不是出生在火年的中国人更容易患上某些类型的心脏病，不太容易患上其他类型的心脏病。更加可疑的是，首席作者没有使用巴斯克维尔研究中的子集。他们显然对数据进行了考察，并在每项研究中选择了不同的子集，这种做法使统计检验变的毫无意义。……

当人们发表真正的实证研究（不是我的抛硬币实验）时，我们通常不知道他们是否丢弃了某些数据。一位研究人员可能会说，“我们使用了这些年份、这些人和这些疾病的数据”。看上去，这些类别像是提前选出来的。研究人员不会说，“在考察数据之后，我们丢弃了这些年份、这些人和这些疾病的数据，因为它们不支持我们的结论。”研究人员为什么要这么做呢？首先，他们希望得到能够发表的结果，而且觉得要想成功发表，他们需要得到统计显著性。其次，他们真诚地相信自己的理论是正确的，因此认为忽略相反的证据是没有关系的。

在噩运研究中，每一年对应于五行（金木水火土）之一。要想检验疾病与出生年份相关的理论，最自然的方法是考察死于某种疾病的中国人出生在噩运年份的比例是否超过1/5。例如，既然火对应的脏器是心，那么死于心脏病的中国人出生在火年的比例是否超过1/5？

既然作者没有提到这种检验，那就让我来介绍一下吧。在他们提到的15种疾病中，20.08%的人出生在噩运年份。这既不是疾病与出生年份之间存在关联的明显证据，也不是具有统计显著性的证据。对于上表7－8中更加广泛的疾病类别，19%的人出生在噩运年份。这几乎具有了统计显著性，但方向是相反的。

另一种合理的检验是考察在死于特定疾病的中国人中，出生在噩运年份的群体的寿命是否低于出生在其他年份的群体。在研究提到的15种疾病中，只有两种疾病具有统计显著性。对于更加广泛的疾病类型，统计显著性消失了。例如，作者指出，出生在噩运年份并且死于支气管炎、肺气肿和哮喘的人寿命相对较短；不过如果我们考察所有呼吸系统疾病，我们就会发现，出生在噩运年份的人拥有相对较长的寿命。

在没有被数据挖掘所污染的独立数据中，我们能否发现什么呢？1960－1968年以及1991－2002年的数据无法复制作者对1969－1990年的数据进行搜刮以后得到的结果。对于他们声称受到出生年份影响的疾病，几乎刚好有20%的死者出生在噩运年份，而且出生在噩运年份和其他年份的亚裔美国人不具有明显或有具有统计显著的平均死亡年龄差异。

和巴马斯克维尔研究一样，出生年份噩运研究真正能够证明的结论是，对于任何理论，只要考察大量数据，并且丢弃不支持这种理论的数据，那么你一定能够收集到支持这种理论的证据。……

在研究中遗漏数据的做法是一个巨大的危险信号。包含或者排除数据的决定有时具有天壤之别。这种决定应当基于数据的相关性和质量，而不是数据是否支持或影响研究人员期望或理论的结论。

对于得到错误记录的数据进行校正是可以的。有时，忽略异常值也是可以的。不过，对于研究人员来说，最好的规则是，当存在疑问时，不要排除数据。对于读者来说，最好的规则是对丢弃数据的研究保持警惕。问问你自己，被忽略的数据是否存在非常明显的错误。如果不存在，说明研究可能有问题。一些数据之所以被丢弃，可能仅仅是因为它们与理想的结果相矛盾。

这个例子其实也是文化或制度背景差异导致认知、体验或理解差异——文化的关联度及体悟的深入度——的典型例证。“外国人”的“阴阳五行”研究，犹如中国人的“塔克星象”[①] 研究一样，似乎总是隔着“文化的差异”。**实际上**，若没有或者不能进行客观而深入的思考与洞察，对任何看上去不解的事物或结论都会感到“**匪夷所思**”——这一方面可能是由于“专业的包装”，另一方面也可能是因为“专业的精深”所致，但这两者却有天壤之别[②]；故不能将“匪夷所思”的学问一概打入伪科学甚或迷信的范畴，**例如中国的《周易》等**。阴阳五行和“金木水火土”是中国古代科学家或哲学家认识自然世界的一个“可行范式”，如同古希腊哲学家的“单元素说”和“四元素说”一般[③]，都是充满着朴素辩证法的哲学或科学阶段，代表着哲学或科学思想的不断演进过程。

不能给予科学的肯定，但却也不能给出科学的否定，这是“科学争议”产生的基础。因此，如果（现阶段）不能“科学地”否定，就不应该将其武断地归结为“伪科学”，否则即是背离了科学之宗旨。——因为科学仍然在发展、仍然延续着“否定之否定”；因为“科学的态度”往往比“科学的结果”更为重要。

正如加里·史密斯（Gary Smith）教授在例子中客观指出的那样，即“……共同进行了另一项具有争议性的研究”，科学的质疑并非就等于否定，而是以“相反的证据”提出

---

① 中国也有传统的星象学，只不过几乎完全不同于西方分析体系，例如二十八宿的创设即是古代天文学史上的一大进步。英国的李约瑟博士在《中国科学技术史》中评论道：“现在无疑已经证实，中国古代的天文学虽然在逻辑性和实用性方面决不逊于埃及、希腊以及较晚的欧洲天文学，然而它却是以大不相同的思想体系为基础的。”

② 关于“命-运”及其影响因素的研究，古今中外皆属“显学”——这其实代表着“认知科学”的开放和进步。中国的命理传统学问自不必赘述，国外的最新研究亦多持续的涉及，相关文献如：Duckworth, A. L., Quirk, A., Gallop, R., Hoyle, R. H., Kelly, D. R., & Matthews, M. D. (2019). Cognitive and noncognitive predictors of success. *Proceedings of the National Academy of Sciences* of the United States of America, 116 (47), 23499-23504. Denrell, J., Fang, C., & Liu, C. (2019). In Search of Behavioral Opportunities From Misattributions of Luck. *Academy of Management Review*, 44 (4), 896-915. 还有意大利物理学家 Allesandro Pluchino、Andrea Raspisarda 和意大利经济学家 Alessio Biondo 组成的研究小组，第一次尝试量化运气和天赋对成功的影响（原文链接：https://blogs.scientificamerican.com/beautiful-minds/the-role-of-luck-in-life-success-is-far-greater-than-we-realize/），等等。

③ 著名的希腊大数学家兼哲人毕达哥拉斯（Pythagoras）及其学派放弃了单一元素观念（西方第一位哲学家泰勒斯首次提出水元素说），提出了最初的“四元素说”，即物质是由土、水、气、火四者组成的；后经亚里士多德的发扬光大，才得以系统的确立。相较于东方的五行学说，四元素说也是西方神秘学理论的基础。这些学说构成了传统医药学以及化学、物理学等现代科学的渊源和基础。

合理的质疑，由此引发的“争议”又往往是推进研究或接近真理的科学路径。总之，因为内涵多元（如文化与制度）、视角多维（如理性与认知），问题自然多解，故必须多多反问、多多求证。

【例 7-14】公允价值、叙事危机与短期主义：究竟是谁的错？

自罗伯特·席勒（Robert Shiller）教授的新著《叙事经济学》出版以来①，“叙事”（Narrative）一词再次进入公众视野。“叙事”在本质上就是一种“描述”——配合着大量的数据与感染性的故事，甚至“是一种经济行为”（Robert Shiller，2020），聚焦探讨社会心理如何形成以及如何推动经济波动和增长；而“叙事危机”（The Crisis of Narratives）则似乎往往意味着“诡计得逞”或者“怀疑论或恐惧”的盛行。罗伯特·席勒（Robert Shiller）教授于 2019 年首次提出的“叙事经济学”理论（Narrative Economics），即着重分析叙事的病毒般传播及其对个人行为决策和经济趋势的影响。他的创新阐释，让“叙事危机”（Narrative crisis）成为 2020 年新冠肺炎疫情（COVID-19）何以全球性肆虐并导致经济发展基本停滞及政治乱象丛生的一个有力注脚——如同他早在 2000 年就提出的“非理性繁荣”（Irrational Exuberance）可以解释 2008 年金融危机的爆发及其蔓延一样。

“叙事”（Narrative）的传播自然需要借助技术，但不断改进的通信技术并不是影响传播效率的唯一因素，也不一定总是最重要的因素，文化因素的作用也很重要且似乎日益显著。在很大程度上，当今所谓的“叙事危机”正日益映照和反射出“文化差异”甚至是“文明冲突”的重要影响。这种“**故事+数据**”的叙事或描述，或许正是当今诸多的经济、政治以及社会性事件——如 2008 年金融危机、2020 年新冠肺炎疫情（COVID-19）及其引发的民族主义和“逆全球化”思潮等——的一大渊源或背景。

在此，以 2008 年金融危机及其引发的公允价值讨论为例，分析会计（人）或公允价值何以成为了危机的“替罪羊”。

归咎“叙事”：公允价值是罪魁祸首么？

在危机之前很长一段时期，金融创新被普遍认为是分散风险、降低借款成本进而提高金融机构价值的有效工具，但这明显与资本结构理论——包括最初的 MM 理论——相悖，因为“不管怎样切，蛋糕（风险/价值）的大小都不会变”。过度的资产证券化使得美国的金融公司日“趋杠杆化”，却仍然普遍轻视风险。甚至连当时的美联储主席 Greenspan 都认为：“金融机构所有者和管理者的精明和利己会促使他们保持足够的缓冲以防止破产（The enlightened self-interest of owners and managers of financial institutions would lead them to maintain a sufficient buffer against insolvency）”。事后证明 Greenspan 错了——如果金融机构的所有者和经理是理性的，当他们意识到自己可以赚取收益，而风险却由债权人承担，那

① ［美］罗伯特·席勒著，陆殷莉译，《叙事经济学》，中信出版集团，2020 年 4 月。罗伯特·席勒（Robert J. Shiller）是 2013 年诺贝尔经济学奖得主，耶鲁大学经济学斯特林（Sterling）讲席教授，代表作有《非理性繁荣》以及《动物精神》《钓愚》（后两本与 2001 年诺奖得主乔治·阿克洛夫合著）等。

他们便不会留足准备金，雷曼兄弟因此破产，危机自此蔓延。

为降低代理成本，债权人常常会通过债务限制条款（covenants）来防止股东过度负债或损害其利益（Warfield，1995）。然而，由于采用公允价值计量模式，随着繁荣期资产价格的上升，公允价值的"顺周期效应"① 可能有效地规避债务限制性条款，这将导致债权人监督的失效。

那么，公允价值是罪魁祸首吗？——如果认为是由于会计准则要求使用公允价值计量模式而导致危机的积聚及其爆发，**那么**，忽视资本结构以及有效市场理论（EMH）的后果是否更为严重呢？

归咎"叙事"：有效市场理论真错了吗？

金融危机爆发后，有效市场理论（EMH）广受质疑。《华盛顿邮报（WASHINGTON POST）》事后评论（2009）："极不准确的有效市场理论导致了资产泡沫、管制松懈、有害的激励和邪恶复杂的工具的致命危险组合，导致了我们目前的困境（The incredibly inaccurate efficient market theory caused a lethally dangerous combination of asset bubbles，lax controls，pernicious incentives and wickedly complicated instruments that led to our current plight.）"——认为是有效市场理论（EMH）"畸化"了激励机制并造成邪恶金融工具的流行进而导致了危机困境。

那么，究竟是有效市场理论（EMH）误导了监管层？还是监管层没有充分重视有效市场理论而酿成大祸呢？危机之前美国的监管机构相信价格可以充分反映信息，故放松了对于金融机构的有效监管——"管理当局不应该干涉华尔街的操作（Authorities should not interfere with the pollinating bees of Wall Street）"（Greenspan，2007）。——**可是，美国的资本市场真的"有效"吗？**②

如果真的理解有效市场假说（EMH），那么，在看到金融公司的高收益的同时就应该意识到相应的高风险；同样，投资者也应该对评级公司给出的AAA信用等级保持谨慎的质疑。然而，这些警惕都在一片繁荣中"湮没不闻"。因此，并非有效市场理论（EMH）误导了监管层，而是监管层未能充分重视理论的提醒而酿成了危机的积聚与爆发。

基于此，不妨延伸思考：事发之前，关于"市场有效"的"叙事"是如何展开的？是基于EMH的原义而展开的么？事发之后，关于"市场无效"的"归咎叙事"又是如何展开的？仍然是基于EMH的原义么？再到如今的"后危机时代"，关于"市场效率"的"叙事"又是如何进行的？仍然是基于EMH的原义么？这个理论真的"有用/有效"吗？

罗伯特·席勒与尤金·法玛于2013年同获诺贝尔奖，但关于危机的阐释却**观点相左**，

---

① "顺周期性"的更广泛定义包含了三个部分，即：围绕趋势值波动、趋势本身的变化以及均衡值可能出现累计性的偏离。这种在现实中很难区分却实际都在发生的"趋势"无疑会给监管机构带来挑战，监管机构必须努力识别在什么情况下纯粹的周期性波动会导致不同的结果：可能是趋势本身的变化，或是一个累计过程的开始。

② 法玛（1970）对"有效"的定义是：股票价格充分反映了所有信息。按照美国投资大师、华尔街专业投资人、经济学者伯顿·麦基尔（Burton G. Malkiel）的理解（2003），"有效"就是不允许投资者在未承担超过平均水平的风险时，就赚取超过平均水平的收益，也就是"没有免费的午餐"。

这又说明了什么？该听谁的呢？——理论其实也是一种“叙事”，而叙事逻辑的不同自会导致结论的差异，作为“描述”事件及其因果的理论叙事，其“本职”当在于呈现多维视角的思考而非“答案”才对！

反思“叙事”：制度设计出了哪些问题？

危机之后，对创新型金融产品的风险认识不足、监管不力，被普遍认为是导致这场金融危机的重要原因。在此之前，美国监管机构认为，市场化的评级公司——受制于声誉约束——出具的评级报告可以帮助投资者降低投资风险，否则将失去声誉；但这是建立在评级机构本应独立的前提之下。然而事实上却是，评级机构竟与金融公司成为“一丘之貉”，在一片繁荣之中“相约”聚拢在同一个利益链条上①——评级机构同时也是金融产品的设计者（Grauwe，2008）②，而监管机构却仍然认为其独立有效。这就导致了“风险意识”与风险管理或监管制度设计的“危机叠加”③。斯蒂格利茨（Stiglitz，2009）指出，应该成立一个独立评估金融机构提供的金融产品是否可以上市交易和买卖的“金融产品安全委员会”，同时赋予其规范设计标准化金融产品的权利，以保证其能够容易地被市场参与者所理解，从而增强金融市场总体的透明度。

实际上，危机已然有了“答案”，即类似的繁荣不可持续。**那么**，再多一层监管机构真的可以解决问题么？是否会陷入新的“监管悖论”？

道德“叙事”：贪婪与道德风险的蔓延？

如同2001年安然事件引发的信任危机一样，2008年金融危机在其本质上就是“另一场”社会信任危机。从危机之前的“利益精算”到危机之后的“自顾不暇”，都渗透着贪婪与道德风险的味道。将危机归咎于“无形”的信任或道德，绝不是否认可见的监管制度设计的“漏洞”，而是在接受“有限理性”和“道德风险”的现实之下积极倡导公平竞争、利益共享的氛围，进而也就对职业道德和个体自律赋予了更高的祈求。

谁都摆脱不了“趋势”的影响，甚至什么都干不过“趋势”。如同公允价值伴生的“顺周期效应”，一个更具竞争性的“繁荣”的金融环境对公司高管具有显著的“行为导向作用”：

当薪酬与绩效更相关时，其风险厌恶情绪会下降；而当绩效与同行相比较时，又会产生“羊群效应”——追求相近或更高的目标，两者都会加剧风险选择行为，在这样的“趋势”之下，又该如何防范或监管？

还须反思的是，在事发之前甚至之后，我们发现了什么样的“趋势”？是“真正的”趋势吗？如何在“趋势”的裹挟之下保持清醒、独立以及对于公益的兼顾？为什么事前都

---

① 评级巨头穆迪公司在Lehman Brothers破产前几天仍然对其债务给出AA评级，在美国政府宣布接管AIG之前一周穆迪仍然为其债务给出AAA评级，即是力证。对此，《纽约时报》（2009）发出了：“为垂死病人出具了身体健康的诊疗证明”（like deathly ill patients bearing clean bills of health）的嘲评。

② 这如同安达信同时为安然做审计和管理咨询业务，前车之鉴不远，却仍置若罔闻。

③ 如今，这里的“危机叠加”还具有另一层含义：2008年金融危机导致的“后危机时代”与此次2020年新冠肺炎疫情导致的更大的经济危机相互叠加。

已经描述出了危机的“趋势”，却仍然不能避免危机的蔓延呢？

实际上，从美国房地产泡沫形成及其结果，即可以看出危机蔓延的实质，即可以洞穿危机之后诸多“科学归咎”的荒谬[1]；即可以理解危机背景下的“**评价失序**”何以蔓延。——为什么市场的放任和去监管会催生诸如“忍者”贷款（NINJA Loan）[2] 这样高风险行为？银行家和监管部门的短视行为以及逐渐累积的风险是如何被忽视的？道德风险何以泛滥？为什么事后无人为此承担责任？投机的银行家、出错的评级机构为何依然“逍遥法外”？制度设计究竟出了什么问题？为什么鲜有经济学家预测到危机的爆发？经济学研究出了什么问题？……

这一条由“金融公司（收益至上）—评级机构（风险背书）—监管机构（忽视监管）—理论界（罔顾教训）—社会面（跟风投机）……”构成并传导的**因果链条**，究竟是如何形成并固化的？又何以会瞬间崩塌？……

对此，多年之后，美国学者丹比萨·莫约（Dambisa Moyo）关于增长危机[3]之因的反思及解读可谓一语中的：“……我们在商业和民主政治制度中都偏好短期主义；短期主义是西方民主的核心”（128 页）；“在自由民主制度下，几乎所有投票决定的核心都是经济选择”“政治短视是发达经济体增长道路上的主要障碍”。这种“自上而下”的短期主义从频繁选举导致的政治短视一路蔓延而至 CEO 的薪酬文化，使得分配不公与贪婪成为“晚期资本主义的症候之一”，而其正是对弗里德曼提出的单纯对“股东利益最大化”的追求。因此，丹比萨·莫约指出：“由于民主制度以这样一种方式助长短期主义，所以如果不彻底改革改革民主制度，我们就不可能解决许多看起来棘手的结构性问题，而正是这些问题导致了全球增长的停滞”（130 页）。

丹比萨·莫约的《增长危机》中关于保障增长的体制选择——尤其是中国模式——的客观对比与讨论，实际上与前面第 6 章例 6－1 所引韩博天（Heilmann）教授新著《红天鹅》中的诸多观点基本一致，也与2008 年金融危机之后全世界对于“利益相关者”模式的焦虑和期待一脉相承。

7.3 典证例说：现身说法

微事不通，粗事不能者必劳；大事不得，小事不为者必贫。

——《晏子春秋·外篇》

① 危机之后，对于危机起因及后果的归咎却充斥着各种“有意识”的怪论：如保罗·克鲁格曼以及美国诸多政客将其归咎于中国的高储蓄，还有学者将其归咎于中国的汇率管制等，这遭到了斯蒂格利茨、蒙代尔等很多理性经济学家的批评。这些论点其实就是“顾左右而言他”，甚至是“卸责/甩锅”。

② 这里的“忍者”贷款（NINJA Loan）是指那些没有收入、没有工作，也没有抵押资产的人申请的贷款，也就是普通所谓的“裸贷”。

③ ［美］丹比萨·莫约（Dambisa Moyo）著，王雨晴译，《增长危机》，中信出版社，2019 年7 月。

比起普通人无法把控的大趋势，真正能给所有人带来机会，从细微处引发大变化的，恰恰是我们身边的各种“小趋势”。

——罗技（2019）

可见，小“因果”往往胜过“大相关”。

前文第五章5.2.2节的例5－3“中国的产品市场竞争（PMC）真的过度了吗?”，详细展示了“idea之发展”的逻辑展开，故其“理实推演与假设提出”自然涉及“制度背景”之综观。**本节再引此例**——与例5－3的角度不同、切问不同，则是为进一步——基于“理－实推演”——侧重“基本规律”之描述分析，即是从“结构与竞争”——是否相互背离——的深入描述角度，再次强调产品市场竞争（PMC）度量之“歧误”及其渊源与影响，从而为实证验证奠定充实的“理－据”基础。

【例7－15】中国的产品市场竞争格局：结构与竞争何以背离?[①]

产品市场竞争（PMC）现状：结构与绩效。

我们基于全行业样本对2013年中国上市公司所在行业的市场集中度（HHI）进行了描述，由表7－9ab及后图7－8a可见，中国上市公司所在行业的集中度波动仍然明显且总体偏低，2000年后尤其是2005年和2008年前后波动较大（政策变迁所致）[②]，个别行业日趋集中，中国产品市场竞争的三大主要特征依然持续（吴昊旻等，2012）[③]，尤其是低效竞争与低效垄断“双低并存”的格局至今仍未有效改观，大部分行业的分散化特征依然持续（更多行业分布在1000以下的高竞争区间），行业结构虽然微显“优化”集中趋势，但却主要源于国企的日益做大[④]。表7－9a中公司和销售收入分布及其比重呈现出显著的“国民”差异，在高竞争（HHI小于1000）尤其是高寡占区间（HHI大于1800），国企均占明显优势（集中程度越高，国企所占比重越大，反之亦然）。

与理论分析一致，国企的“逆危机成长”应该是导致中国上市公司所在行业竞争结构“畸形”的主要原因，国企对于行业竞争的“双重/双向”效应导致其既可能在高集中行业加剧/强化垄断，又可能在低集中行业加剧无序（如争宠式）竞争，即“双向加剧”。这不仅印证和解释了中国行业“双低并存”的竞争结构现状，亦与刘瑞明和石磊（2010）

---

① 吴昊旻等．2018．“公司治理环境、产品市场竞争与特质性风险——基于中国资本市场的经验证据”．Working paper．相关研究可参见：吴昊旻等．2012．“产品市场竞争与公司股票特质性风险：基于中国上市公司的经验证据”．《经济研究》．（6）：101－115；吴昊旻著．《公司治理环境、产品市场竞争与股票特质性波动》，经济管理出版社，2018年3月。

② 2005年国务院出台“非公36条”，鼓励引导非公经济发展，但制造业并未出现显著集中之趋势，政策效果并不明显，故2010年“新36条”实为落实“旧36条”。2008年8月实施的《反垄断法》可能是导致行业集中度下降的一个主要因素，但法律与政策旨在优化我国经济及产业结构的效果尚未有效凸显。

③ 在1978－1990年经济转型早期呈分散化趋势，1990－1995年趋于稳定，1995年后又趋集中（余东华，2009；魏后凯，2003）；2000年后尤其是2005年和2008年前后波动较大（政策变迁所致），个别行业趋于集中。这与图7－8a描绘的变化趋势基本吻合。

④ 国企数量及其销售额比重，相对于2012年（900家，占比45.36%；销售额比重81.81%）有所减少和降低，这意味着中央推动国企改革与产业结构调整的相关政策或已促生积极效果。

等关于国企“双重效率损失”的分析相吻合。

上述特征在工业企业样本中体现得更为明显，行业集中度（HHI）的变化趋势大体一致，而工业企业所在行业的集中度波动却更加显著（见例5－3的图5－5）；工业企业中更少的国企（10.11%）的销售收入比重却更高，达到85.23%（见表7－9b），这说明中国产品市场竞争结构的“失衡”是普遍的。

表7－9a　　2013年中国上市公司所在行业的市场集中度（HHI）

HHI	行业分布①		公司分布				销售收入			
	数量（个）	比率（%）	数量（个）	比率（%）	国企数目（个）	国企比重（%）	总额（元）	比率（%）	国企收入（元）	国企比重（%）
500以下	7	0.3333	1029	0.4364	305	0.2964	6.61E＋12	0.2990	4.20E＋12	0.6354
500～1000	9	0.4286	987	0.4186	359	0.3637	5.33E＋12	0.2411	3.72E＋12	0.6979
1000～1400	0	0.0000	0	0.0000	0	0.0000	0.00E＋00	0.0000	0.00E＋00	0.0000
1400～1800	2	0.0952	66	0.0280	21	0.3182	3.06E＋12	0.1384	2.86E＋12	0.9346
1800～3000	2	0.0952	216	0.0916	39	0.1806	8.15E＋11	0.0369	5.40E＋11	0.6626
3000以上	1	0.0476	60	0.0254	41	0.6833	6.29E＋12	0.2846	6.21E＋12	0.9873
合计	21	100%	2358	100%	765	**0.3244**	2.21E＋13	100%	1.75E＋13	**0.7930**

注：1）HHI区间的划分基于美国司法部（Department of Justice）反托拉斯法以HHI值为基准的市场结构分类，这里的HHI是将其扩大10000倍之后的结果（下同）；2）该表是参照2001年行业分类指引的统计结果，我们又按照最新的2012年行业分类指引进行了统计，结果稳健。

表7－9b　　2009年中国工业企业所在行业的市场集中度（HHI）

HHI	行业分布		公司分布				销售收入			
	数量（个）	比率（%）	数量（个）	比率（%）	国企数目（个）	国企比重（%）	总额（元）	比率（%）	国企收入（元）	国企比重（%）
500以下	40	0.7692	194247	0.9971	19382	0.0998	3.30E＋12	0.4640	2.64E＋12	0.8000
500～1000	4	0.0769	230	0.0120	127	0.5522	7.27E＋11	0.1022	5.37E＋11	0.7387
1000～1400	2	0.0385	142	0.0007	88	0.6197	1.70E＋11	0.0237	1.37E＋11	0.8059
1400～1800	2	0.0385	97	0.0005	56	0.5773	4.01E＋8	0.0001	3.96E＋8	0.9875
1800～3000	1	0.0192	10	0.0001	1	0.1000	1.52E＋10	0.0021	1.27E＋9	0.8355
3000以上	3	0.0577	77	0.0004	43	0.5584	2.90E＋12	0.4079	2.74E＋12	0.9448
合计	52	100%	194803	100%	19697	**0.1011**	7.11E＋12	100%	6.06E＋12	**0.8523**

注：1）当时中国工业企业数据库最新数据截至2009年；2）HHI区间划分及其他统计处理同表7－9a。

主要变量描述性统计：PMC“失衡”之后果。

承前第5章5.2.2节例5－3，我们将其与股票回报的特质性波动（IR）——股价信息

① 考虑到中国制造业上市公司总体比重（超过60%），故对其进行二级分类，其他行业均采用一级分类。

含量、资本配置效率、投资决策质量乃至资本市场效率水平以及公司治理环境好坏的一个有效度量（Durnev et al.，2004ab；Ferreira and Laux，2007）——相关联，从“竞争－IR”的关联视角，进一步考察行业竞争结构的“失衡”及其后果。

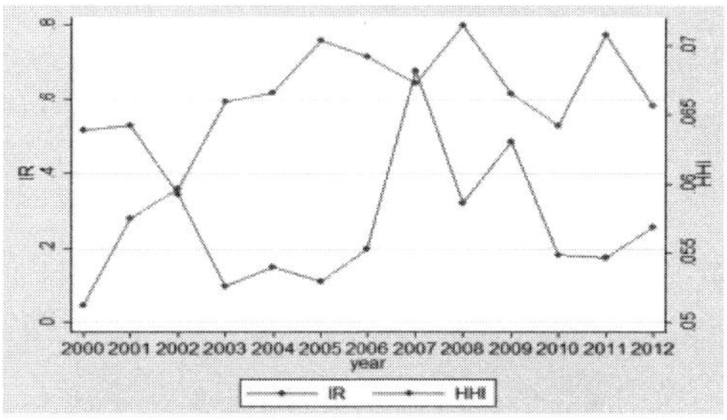

a：特质性波动（IR）与行业集中度（HHI）

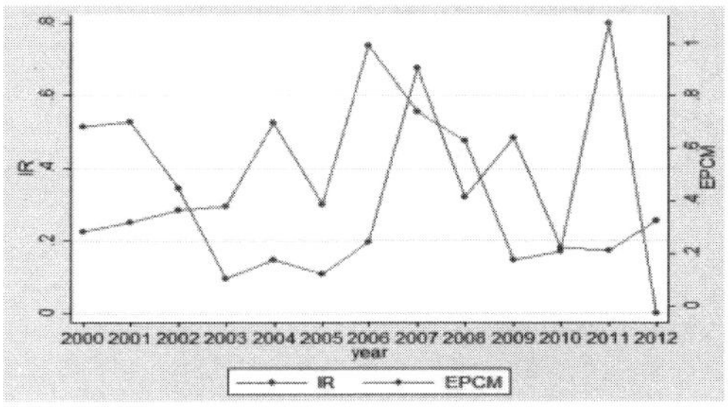

b：特质性波动（IR）与公司市场势力（EPCM）

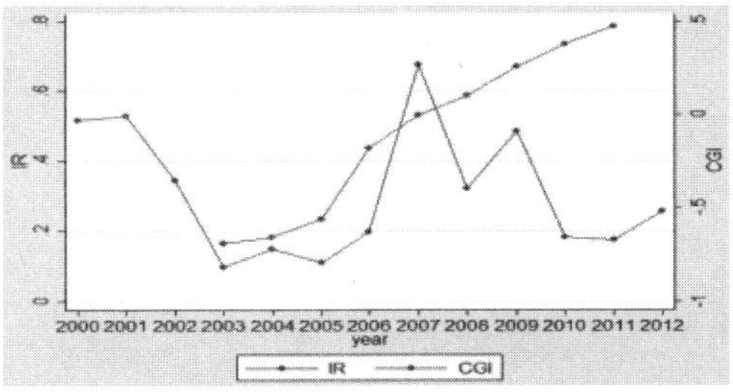

c：特质性波动（IR）与公司内部治理水平（CGI）

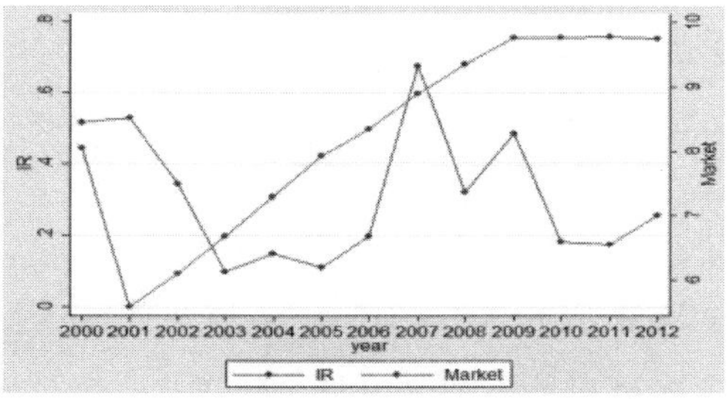

d：特质性波动（IR）与外部治理环境（Market）

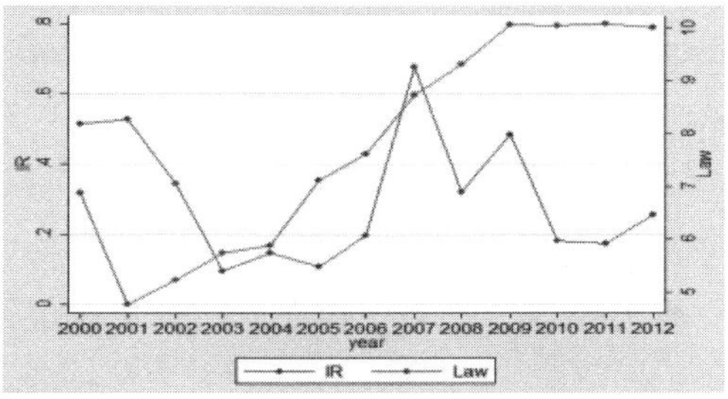

e：特质性波动（IR）与外部治理环境（Law）

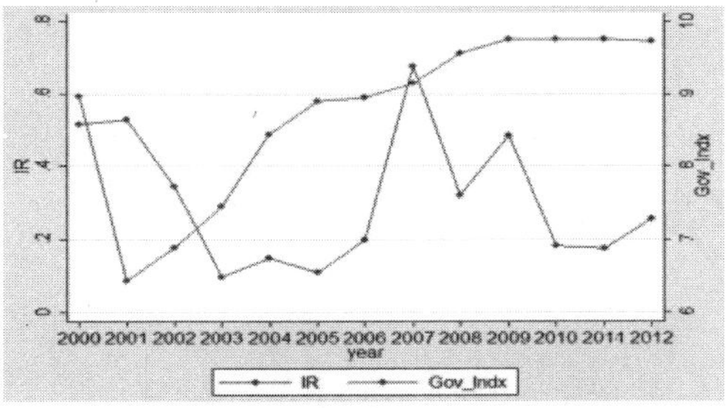

f：特质性波动（IR）与外部治理环境（Gov-Int）

图7－8 “竞争－IR”以及“治理－IR”之关联趋势

由表7－10可见，股票特质性风险（IR）的年度均值为0.3025，仍远低于美国等发达国家甚至超过40%的水平（Gaspar and Massa，2006；Brown and Kapadia，2007），但特质性风险水平波动显著且具有明显的阶段性特征（标准差为487.8%）：2000－2003年呈下降趋势，而2003年尤其是2005－2007年又呈显著增加趋势，2007年之后波动依然显著但总体呈下降趋势——与显著受政策变迁（特别事件）影响的中国市场的行业集中度的变化趋势基本吻合，产品市场竞争与特质性波动即“竞争－IR”正向关联显著（见图7－9ab）；基于全行业样本的特质性风险变化趋势亦与勃兰特等（Brandt et al.，2010）、孔东民和杨薇（2012）等的“均值反转”结果相类似，政策变迁、金融危机等特别事件效应应该是导致特质性风险呈阶段性波动特征的主要原因。

相对应地，资本市场的系统性风险（$=1-$CAPM 月度回归的 R^2）的均值高达 0.697（标准差为 31.28%），又远高于美国资本市场（均值为 0.189，标准差为 15.4%），较低特质性风险与过高系统性风险的“背离”依然明显，表明中国上市公司的风险回报仍更多受制于宏观政策变迁或基本面波动——新兴/转轨市场经济国家的普遍特征，与公司自身“效率”特征（经营、治理及获利能力等）的关联仍处在偏低水平①，中国资本市场的“政策市”和散户居多的“投机市”特征依然显著（吴昊旻等，2012），上市公司整体绩效及其价值创造能力仍然较弱。

行业集中度（HHI）的均值为 0.066（标准差为 0.084），行业总体分布较为分散，而公司市场势力（EPCM）的均值为 -1.635（标准差为 1212.48），分布差异巨大，表明中国上市公司的市场势力与其所在行业的聚散结构并不对应（显著的公司市场势力一般对应着更为集中的行业结构），行业聚散结构与公司市场势力强弱的明显背离进一步印证了中国行业的“畸形”竞争结构（见表 7－9ab、图 7－8ab 及前面图 6－1）以及公司治理环境总体向好（见图 7－8cdef）但仍滞后的现状。相对于吴昊旻等（2012）基于制造业样本的结果，全行业样本下的特质性风险更高（0.3025）且其波动趋势更显著（2007 年反转），市场风险亦更高（0.6974），而行业集中度（HHI）尤其是公司市场势力（EPCM）则更低，这与制造业等实体性企业的股价波动相对较小、分布相对集中有关。……

表 7－10　　主要变量描述性统计

变量	均值	标准差	最小值	最大值
IR	0.3025	4.8779	0.00011	427.5233
$1-R^2$	0.6974	0.3128	0.0268	0.9925
HHI	0.0657	0.0840	0.0149	0.8892
EPCM	-1.6345	1212.4760	-160780.1	5742.8620

承接前面例 5－3 的理论与实证分析，企业层面很多微观变化——如公司回报的特质性风险（IR）等——往往意味着许多更广且不易分散的系统性因素在背后起作用，故应适时扩及到经济环境变迁以及制度背景差异即宏观治理环境的更深广层面寻求（新的）解释；治理环境对于市场竞争的“激励－约束”水平实际上反映着一个国家/地区的宏微观治理环境的质量高低，而弱化的公司治理只会加剧无序的竞争。

基于上市公司及工业企业全行业样本的上述描述结果，基本反映了中国企业整体的竞争现状。可见，中国产品市场竞争（PMC）的普遍“失衡”或其行业聚散结构与市场竞争绩效“相背离”的现状，必须要从进一步完善公司治理环境即“治理－PMC”互动的全局性角度，予以系统的优化，这既是发达市场经济体的成功经验，也是立足中国市场环境竞争现状之深入描述的现实需求。

---

① 一般地，公司绩效若更多取决于其所在国家/地区的宏观政策或基本面的波动，则其所在资本市场的投机性特征便更为明显；而健全资本市场下公司绩效则更多取决于其自身的价值创造能力或公司特征性信息的变化（Durnev et al.，2004）。

【例7-16】市场垄断程度长期看：美国持续分散？中国也在加剧？

德洛克等（De Loecker et al.，2020）基于微观层面之企业市场势力（Market Power）变化如何“塑造”了美国宏观经济特征的研究①，既是微观企业行为与宏观经济变迁（结构-政策-导向等）互动研究的典范代表，同时也为我们考察一国/地区的市场竞争结构或其垄断程度的长期变化（水平-特征-趋势等）提供了很好的启示。

市场竞争/垄断程度：长期看、规律现。

德洛克等（2020）的研究视角及其主要结论如下：

We document the evolution of markups based on firm-level data for the US economy since 1950. Initially, markups are stable, even slightly decreasing. In 1980, average markups start to rise from 18% above marginal cost to 67% now. There is no strong pattern across industries, though markups tend to be higher, across all sectors of the economy, in smaller firms and most of the increase is due to an increase within industry. We do see a notable change in the distribution of markups with the increase exclusively due to a sharp increase in high markup firms.

We then evaluate the macroeconomic implications of an increase in average market power, which can account for a number of secular trends **in the last 3 decades**: 1. decrease in labor share, 2. increase in capital share, 3. decrease in low skill wages, 4. decrease in labor force participation, 5. decrease in labor flows, 6. decrease in migration rates, 7. slowdown in aggregate output.

德洛克等（2020）的主要结论可以分别如图7-9abc（企业毛利率水平及其特征）、图7-10ab（毛利率变化的驱动因素及其成本构成）以及图7-11（企业净利率变化及其分布）所示。

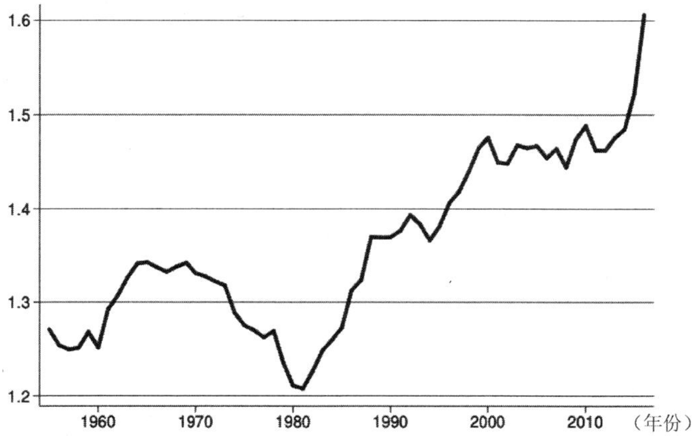

图7-9a 美国企业的平均毛利润率（1950-2016年）

---

① 文献来源：De Loecker, J., Eeckhout, J., & Unger, G.（2020）. The Rise of Market Power and the Macroeconomic Implications. *The Quarterly Journal of Economics*. 135（2）：561-644. 受其启发，可以进一步考察中国的市场或行业集中度是否也一直在加剧，并纵深对比中美两国市场——发达市场与发展中市场之代表——市场竞争结构的长期变迁及其渊源。这有助于从时间（长期）、空间（国际）以及宏-微观互动的综观视角，全面理解“竞争-垄断”之争。

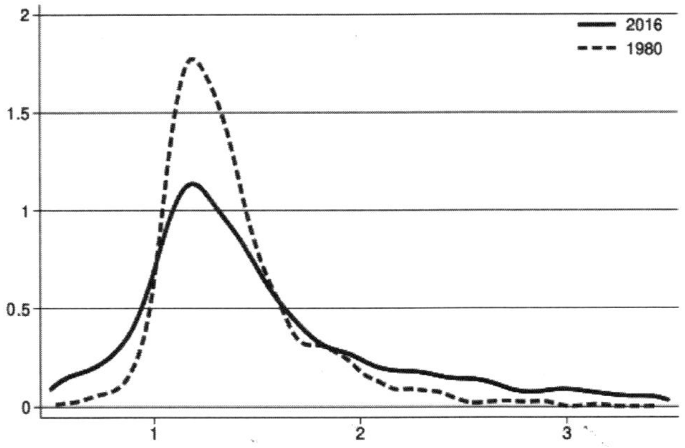

图 7 -9b　美国企业平均毛利润率的分布（1980 年和 2016 年）

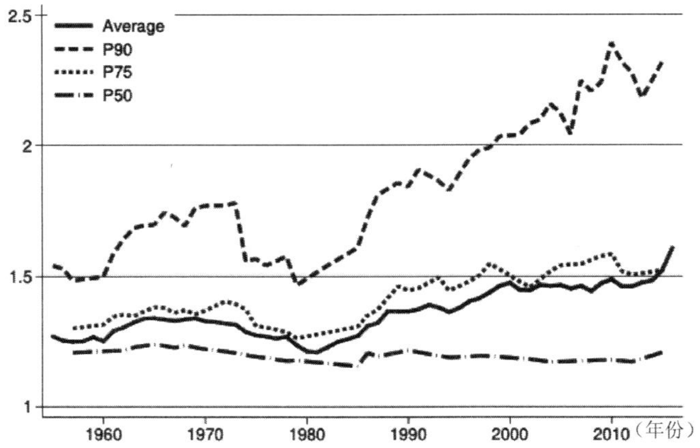

图 7 -9c　美国不同层级企业的毛利润率水平（1950 -2016 年）

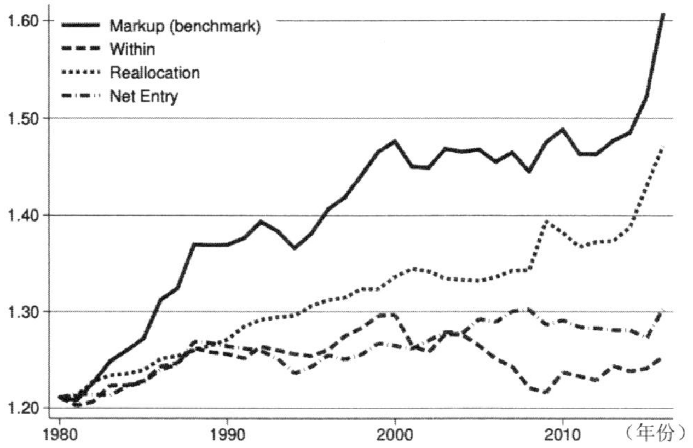

图 7 -10a　美国企业毛利润率上涨的驱动力量（1950 -2016 年）

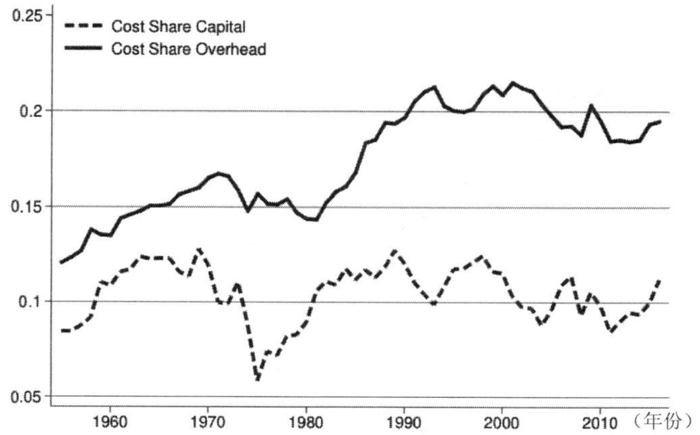

图 7－10b　美国企业的成本占比的变化（1950－2016 年）

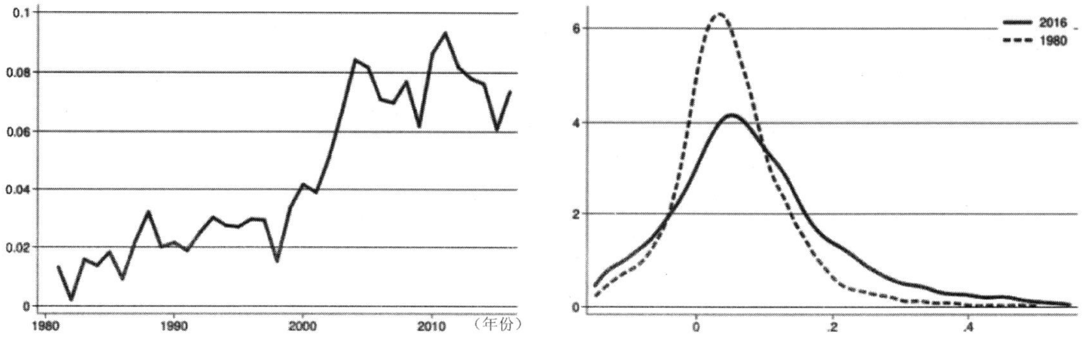

图 7－11　美国企业净利润率的变化与分布（1980－2016 年）

市场竞争－中美对比：长期看、近相关。

承前例 7－15，我们基于全行业样本对中国沪深 A 股上市公司及非上市规模以上工业企业所在行业的市场集中度（HHI）进行了描述性统计（见表 7－9ab），**分析发现**：中国上市公司所在行业的集中度波动明显且总体偏低，个别行业日趋集中（主要源于国企的日益做大），低效竞争与低效垄断“**双低并存**”的市场竞争格局仍未有效改观；在高竞争（HHI 小于 1000）尤其是高寡占区间（HHI 大于 1800），国企均占明显优势；上述特征在工业企业样本中体现得更为明显（见图 5－5）——**这表明**：中国的产品市场竞争结构的**普遍“失衡”**；而且，基于聚散结构角度衡量的集中度（如 HHI、EI）和基于市场势力角度衡量的竞争强度（如 EPCM、CS 等）并不对应，行业聚散结构与市场竞争强度的明显背离进一步印证了中国行业竞争结构的“畸形”（见图 6－1）。

中国是仍处在新兴、转轨阶段的发展中大国，市场结构及行业竞争变化相对较快，而公司治理环境虽总体向好，但仍然相对滞后；**因此，这种主要由**国企日益做大做强而引致的市场竞争结构的“集中”，**很可能使得中美“长期看、近相关”。那么，这种主要由**国企的日益做大做强——如 500 强中的国企数量亦日多——而引致的“个别乃至诸多行业的集中”是否可以看作是其市场结构的“优化”？是否代表着中国整体的市场竞争格局也正在趋于“集中”呢？……——这都值得更加深入而长期的考量。

此外，德洛克等（2020）的研究与前面的例7－15基于不同的衡量指标而得出“**相近**”的结论[①]，亦可对比见出**“两类指标”的不同**：基于企业毛利率（净利率）及其成本构成分析的“经济分析指标”，显然要比行业集中度（如HHI）及市场竞争强度（如CS）等“偏财务性”指标更为宏观而又更细致、更为全面而又更具体，而考其优势即在于前者之“**综观**”，即时期更长（时间）、样本更大（空间）、视角更客观（所有企业）、考量更基本（利润率及成本）。[②]

由市场结构到股权结构：公司治理结构之“嬗变”。

由上例可见，长期来看，美国的市场结构确实呈现出“明显”集中的趋势，而市场竞争结构的集中往往是某些“**权力结构**”——由资本到资源、由宏观到微观——的集中所致。

须知道，经济增长取决于资本控制权的配置（Aghion et al.，1999；Morck et al.，2005），而控制权的集中会加剧微观企业乃至宏观治理层面的代理问题。不同于分散型所有权结构，新兴市场国家的诸多企业（资本）——如中国、印度、巴西等——可通过金字塔式结构、交叉持股和超权股等控制手段，进而实现其对企业（集团）乃至一国经济的控制（LLS，1999；Morck et al.，2005），这种控制权方式/结构促生的财富放大效应为其获取超额控制权私利（PBC）提供了体制便利；**而当**为数不多甚或在不断减少的国企对于国民经济的影响仍然日益显著时——如我国的“**国企独大**”[③]（见例7－10）以及特殊“**威权体制**”[④]，则此类企业（集团）的治理问题在宏观经济层面就变得十分重要，因为它会显著地影响创新效率、误导资源配置、加大行业壁垒、阻碍资本市场发展进而滞延一国/地区的经济增长（Morck et al.，2005；Aghion et al.，2005；Chun et al.，2008；聂辉华等，2008；李春涛和宋敏，2010；邓可斌和丁重，2010）。[⑤]

---

① 国内有学者基于德洛克等（De Loecker et al.，2012；2020）的思路，描述了中国企业的市场势力测度，亦得出了相似的结论。考虑到制度背景之差异，对具体的测度指标进行了适应性调整。相关研究参见：黄枫、吴纯杰. 2013. 市场势力测度与影响因素分析——基于我国化学药品制造业研究. 经济学（季刊）. 12（2）：511－526；尹恒、张子尧. 需求异质与企业加成率估计. 2019. 中国工业经济. 12：60－77. 等等。

② 前例6－2a、例6－4已经提及，行业集中度指标HHI（侧重于大企业）、EI（侧重于小企业）等皆受制于权重限制，而竞争强度指标EPCM（价格成本边际）、CS（策略敏感度）、NH（创新水平差距）等则仍局限于行业内外的企业间比较，仍然属于偏重于微观层面的度量方式。

③ 这里的“国企独大”并不等同于国有股“一股独大”。在中国企业尤其是上市公司普遍热衷于构建政治关联等现实背景下，私意认为，前者似更具代表性和解释力，即更能在企业整体及其所处行业的系统层面上综合反映行业的竞争结构差异，而后者更侧重企业内部的股权结构（吴昊旻，2018；2020）。

④ 政府官员和国企高管的互任、国企甚或大型民企显著影响地区经济发展和制度建设进程的现象，在我国由来已久，这会间接甚或直接“诱导”企业通过构建政治关联强化其投融资势力，并最终加剧行业的无序或“争宠式”竞争（吴昊旻，2018；2020）。

⑤ 具体可参见如下重要文献：Aghion，Ph. M. Dewatripont，P. Rey，Corporate Governance，Competition Policy and Industrial Policy，*European Economic Review*，1997，41（3）：797－805. Morck，Randall，David Stangeland and Bernard Yeung，Corporate Governance，Economic Entrenchment and Growth. *Journal of Economic Literature*，2005，14（9）：655－720. 相关讨论请参见本人的系列研究如“吴昊旻著：《公司治理环境、产品市场竞争与股票特质性波动》，经济管理出版社，2018年3月”等。

须知道，经济基础决定上层建筑，而“经济基础”赖以存在的载体即是企业；股权结构其实是企业微观层面的“**权力体系**”，尤其是公众（上市）公司乃至企业集团，其微观“权力体系”甚至直接关联着上层政治基础；同时，“忽略了社会的政治基础，企业间的差异就很难全面讨论”（Mark Roe，2008）。**因此——反向思考**，拉波塔（LLS，1999）所谓的“分散”其实真的就像莫克尔（Morck et al.，2005）所说：“分散持股，凤毛麟角；家族持股，比比皆是”（见例7－10）。**而如今**，又有近30年过去了——相对于拉波塔（LLS，1999）的样本，连那个曾经是“股权分散”之最佳甚至唯一代表的美国，其市场结构都是一直在“**潜在集聚**”甚至已然呈现出明显的“**寡头垄断**”特征；而中国国企的日益做强做大——尤其是2008年后的“**逆危机成长**”——似乎也正在“**引领着**”（如诱致了“逆混改”或民企的“类国企化”）诸多行业市场结构的日趋“集中”，——**那么：**

这种趋势又是什么力量/因素——政府之行政or市场之自然——导致的呢？

这种趋势是否是因为以股权结构为核心的公司治理结构（治理层面）的“集中”，进而导致了市场竞争结构（经营层面）的“集中”呢？

这种趋势是在“变好”还是在“变坏”呢？

为什么看似“**同样的现象**”，理论及实务界的评价却不一呢（对中国、对美国）？……

上述种种疑问，有些是反问，有些却是设问，但透视或折射出的却是**同样的逻辑**，即：

应该基于或秉持一个什么样的“标准或原则”，进而客观、中正、辩证、务实地看待和评判各国/地区经济、政治及其社会现象之变迁；

应该如何进行“背景之综观”（第6章之主题）进而展示“基本规律之呈现”（本章之主题）；

应该如何从时间（长期）、空间（国际）以及宏－微观互动的综观视角，全面理解“竞争－垄断”之争；

应该如何构建更好的而有差异——如尊重一国传统及习性、符合其国情及国民诉求——的（公司）治理环境。……

——**这是本例**引发的关于由微观层面而及宏观层面的“**权力体系－结构**”即“市场竞争结构－所有权结构－公司治理结构－资源配置权结构……”的关联性思考，**是本书**之结构设计拟着意凸显的导向；**同时，也是**马克·罗伊（Mark Roe，2008）关于《公司治理的政治维度》聚焦和探讨的核心问题。

可以说，类似于德洛克等（2020）这样的基于“时间－空间”大数据样本的描述性研究，为我们提供一个更为全面、更为多元、更为客观故而也可能更好的**角度或方法论**，从而更**有助于破除**“大佬/老大逻辑”甚或“霸权思维”，**有助于**校正“惯性之思”、回归“**价值理性**”。

前世界银行首席经济学家考希克·巴苏（Kaushik Basu）[①] 通过梳理亚当·斯密以来经济学的发展轨迹，对经济学研究以及世界的现状提出了自己的思考，他在阐述数据（和证据）、理论（和演绎推理）以及“理性直觉”（和直觉判断力，reasoned intuition）——人类知识与进步的三大要素——在经济学研究和政策制定中的重要作用时，还特别强调了描述性研究的关键作用——有助于验证直觉、夯实因果关系、引导质疑的思维方式、对未知怀有敬畏之心——以及其“**尴尬**”：

> 值得一提的是，数据和统计属于与描述有关的更大的研究领域。然而，**不幸的是，从事描述性的社会科学研究常常受到贬抑**。但正如阿马蒂亚·森（1980）在一篇颇有分量的文章中指出的，好的描述并不容易，而科学的进步很大程度上取决于描述。无论是文字还是数据的描述都需要选择。描述并不是复述我们看到的一切周边事物，我们必须选择那些至关重要的东西，并使之为他人知晓。**我们描述的方式和内容塑造了我们对世界的理解**。因此，“描述者”是一个举足轻重的角色。
>
> 需要注意的是，描述可以采取多种形式。人类学家的描述往往不是用数字和数据的形式，而是对他的所见所闻尤其是他所经历事情的描述，这对我们了解这个世界至关重要。吉尔伯特·赖尔（Gilbert Ryle，1968）和克利福德·格尔茨（Clifford Geertz，1973）提出的“深度描述”（Thick description）概念被无数人类学家采用，极大地增进了我们对传统社会和偏远社会的理解，这使我们能够更有效地对一些行为进行干预，……进一步推动社会的发展。

描述之重要，亦衬托了统计学之重要，故人人都应该知道一些统计相关性的知识，否则极易受其误导。正如加里·史密斯（Gary Smith）的《简单统计学》中的例证，诸多常识性的统计学偏误长期遍布学术领域甚至频频见诸顶级期刊。**诸多错误，如将：**集体相关＝个体相关（如诺贝尔奖得主数量与该国巧克力人均消费量强相关，*The New England Journal of Medicine*，2012）、相关关系＝因果关系（如两岁以下儿童的近视与睡眠期间夜间环境光曝光度强相关，*Nature*，1999）、相关系数为零＝变量相互独立（如安斯库姆四重奏（Anscombe's quartet），1973[②]），以及迷信数据模型（如激素替代疗法会导致冠状动脉心脏疾病的风险增加）引致的误导性危害，等等。[③]

---

① 考希克·巴苏（Kaushik Basu）为印度籍经济学家，是发展经济学、福利经济学等领域的知名学者，2012 年 9 月被任命为世界银行首席经济学家兼高级副行长。如下观点参见《比较》第 109 辑（2020－10－5）以及财新网（全文）。

② 文献来源：F. J. Anscombe，1973，“Graphs in Statistical Analysis，” *American Statistician*，27：17－21. 诸多案例均转引自加里·史密斯的《简单统计学》一书。

③ 著名统计学家乔治·博克斯（George E. P. Box）在其著作《实证模型的建立与响应面》中写道：“本质上而言，所有统计模型都是错误的，但是其中有一些是有用的。”所有统计模型都是使用数学概念对真实世界某一现象的简化描述，若其设计分析过程严谨科学并确知其方法之局限，则该模型可能有用，否则不仅毫无用处，还具有潜在的危险性——误导专业人士及社会公众。

如图7－12所示，“安斯库姆四重奏”（Anscombe's quartet）是四组基本的统计特性一致的数据，但由它们绘制出的图表则截然不同。每一组数据都包括了11个（x，y）点。这四组数据由英国统计学家弗朗西斯·安斯库姆（Francis Anscombe）于1973年构造，其目的是用来说明在分析数据前先绘制图表的重要性，以及离群值对统计结果的影响之大：四组数据的相关系数都为0.816，但散点图的结果却显著不同，只有左上图符合统计分析的假设——这个结果也可作为统计学“误导”相关与因果关系判断的一个典型例证。

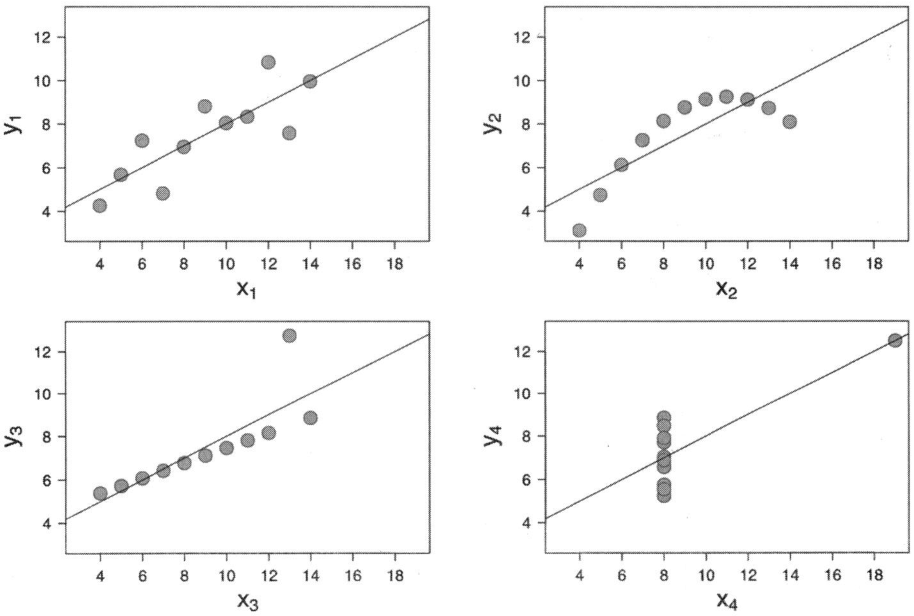

图7－12 安斯库姆四重奏（Anscombe's quartet）的四组数据

7.4 研究结果一定要显著吗?

有价值的研究成果一定要显著么？本节以“反向”视角——反问实证研究的“须显著才得证”的基本逻辑——反思和追问实证研究中的诸多“尴尬”：这包括基本规律或经济意义成立而未能通过计量检验、为通过计量检验而频繁进行技术性的调整、必须得到一个“完美”的答案才算完成（如内生性检验），等等。①

① 2020年10月，中科院院士、北大环境学教授陶澍团队，在国际权威期刊《科学》（*Science*）子刊《科学进步》（*Science Advances*）发表论文称：中国农村烧饭、取暖产生大量的PM2.5污染，导致每年数十万人死亡。研究结果或许严谨，但其结果还是引致舆论哗然，“农民背锅、献丑递刀子、哪里来的自信……”等嘲讽以及无视农村蓝天、无视工业污染及其承接转移等更为显见而重要污染源的批评不绝于耳，也让普通民众再一次领教了专业研究的“技术中心主义”偏执乃至学术研究脱离实际的“尴尬”。然而——相比之下，国外知名医学期刊《柳叶刀》文章的研究结论“2015年PM2.5造成中国110万人和全球420万人死亡”（医咖会2017－4－12）却似乎更为客观。

需要说明的是，本章名为“idea之量化”，故理应包括idea之检验（test），但本书之所以未涉及实证过程，一是受限于“技术”，**但更重要的却是为了**强调“基本规律”之后的技术检验（empirical test），实质上就是一个验证预期结果——须与基本规律一致——的“人为过程”（human adjustment process）。[①]

因此，本节可以作为以上三节或本章的**一个总结**——多元、多维故多解，同时也是为扩展呈现和探讨实证研究领域的一些“主动反思”或者“前沿动态”，例如一些国际知名期刊的“反常做法”。

7.4.1 知名期刊为何要这么做?

学术论文的发表应该和新闻发表——强调“人咬狗”的眼球效应——的逻辑一样么?即研究结论一定要“显著”（positive）才能发表么?为什么一定要显著才行?不显著的结果为什么不行——是有悖于“科学的宗旨”还是偏离了“预定的人设”?

【例7-17】MOR新政：为何欢迎“不显著”（negative）的研究结果?

且先了解一个以2020年新冠肺炎疫情为引子的知名学术期刊改革的最新动态[②]：MOR新政欢迎“不显著”（negative）的研究结果，只要你的研究满足……

直到现在，其他200多位国家和地区的政府首脑目前为止没有感染的消息（阴性）。未见主流媒体用主要版面跟踪报道各个国家元首们的“阴性结果”，而一个“阳性结果”（positive）瞬间占据了各大版面[③]。**——那么，问题来了：**

新闻报道偏好“阳性结果”，研究论文发表也是如此?——同样是!

按照同样的标准执行和设计的研究，其结果或显著（positive）或不显著/空结果（negative）。迪克森（Dickersin et al.，1987）的研究表明，在临床医学研究中，效应显著的实验结果被发表的可能性为得到空结果论文的三倍。

这种现象被称为“发表偏倚”（publication bias）。当某项研究是否发表的可能性受着该研究的结论（显著或不显著）影响时，发表偏倚就会发生。

不显著（阴性）的结果有意义么?——意义可能更大!

科学研究是一个不断探索的过程，或者说是一个不停试错的过程。出现阴性结果或者失败的结果是非常正常的。发表结果不显著文章的意义**至少有三**：

一是，避免重复的错误，加快技术的进步。要达到一个科研目标可能有好多种技术途径，单一的研究团队资源有限，很难有精力全部进行尝试。如果看到有同行发表的某个技

---

① 关于“idea之量化”的实证过程，本人预期再以“实证三论”——拟分别聚焦内生性检验、稳健性检验以及“技术中心主义”等问题——的形式予以延伸探讨，敬请关注。

② 资料来源：“英国首相新冠阳性，发表偏倚与MOR新政”，见Management and Organization Review（SSCI）的中文公众号“组织管理研究MOR”（2020-3-28）。

③ 2020年3月27日晚，一则新闻占据了各大媒体的头版/头条，英国首相鲍里斯·约翰逊（Boris Johnson）新冠病毒检测结果呈阳性（positive）。

术方案的阴性结果，那么这种“此路不通”的文章是很有价值的。

举例来说，全世界都在试验治疗新冠病毒的药物，临床试验需要大量的成本和时间，试出有效药物之前所有的尝试都是“阴性”结果，但是只要研究设计合理且试验过程严谨，告诉全世界同行“某个药物无效，赶紧去试其他的药”一样是相当有意义的成果。医学界曾经有一个期刊《生物医学中的不显著结果》（*Journal of Negative Results in Biomedicine*）就专注于发表此类研究①。

二是，不显著结果可能孕育着突破性成果。所有突破性成果都是源自对现有理论的质疑，对于现有理论而言，不显著结果可能意味着新理论的产生与发现。

三是，发表不显著结果既是对科研人员劳动成果的尊重，也有助于科研结果的公开化和在一定程度上减少科研造假的数量。不少学术造假来源于把数据结果变得“显著”这一动机。

事实上，不仅仅是在医学领域存在发表偏倚，大家回想一下管理学领域，有哪些实证论文是在所有假设（hypotheses）都不成立（reject / negative）的情况下被发表了？在存在强烈“发表偏倚”的学术领域，一项研究从研究设计开始，到千辛万苦搜集数据跑完统计为止，一旦结果不显著，很有可能前功尽弃……

哪一本管理学期刊接受发表不显著结果的论文呢？——MOR！

MOR 的最新发表规则将给予一些研究“预先批准”。简单来说，作者团队需要提交一份研究计划（到研究假设为止，不需要搜集数据），该研究计划将经过编辑团队的评审，如果通过，那么得到预先批准作者的文章将获得“有条件录用”（conditional acceptance）。不管最终研究数据的结果是否与假设相符、不管是被证明的（accept）还是无效的（reject），该研究提案都将最终被发表。所有预先批准的研究都还会获得一个徽章，长这样……

这种似乎有悖于“科学宗旨”的现状其实一直在持续，甚至“于今为烈”。这也是社会上普遍诟病很多实证研究为“数字游戏”的原因之一。MOR 立足于革新而发表不显著结果的做法，确实有助于矫正这种普遍的“发表偏倚”（publication bias），亦无疑有益于学术研究的开放、客观与包容。

因此，不显著研究结果的重要意义——在上述三条之外——还体现在其更加有力地凸显了实证研究理论推演之严谨（idea 之发展）、基本规律之呈现（idea 之发现、之因应、之量化、之支撑）的重要性。

7.4.2 不显著的“显著”理由

必须要重视不显著结果的“显著”理由，除了上面 MOR 提到的“发表结果不显著文章的三个意义”之外，还源于如下的“尴尬现状”：所谓“显著”的结果其实可能并“不

① 该刊已于 2017 年停刊，原因是众所周知的“不得而知”。

显著"！——这其实受制于**两个方面**：

其一，是统计与计量技术的进步；

其二，是人为的调整与迎合，而这正是实证研究之可信性——有时也包括创新性或必要性——广受质疑、诟病的最主要原因。

【例7－18】实证研究结果的重估：显著性"过度"会怎样？

发表在《会计·财务与商业研究期刊》（Abacus）上的一篇文章"会计研究中的显著性检验：基于证据的批判性评估（Significance Testing in Accounting Research：A Critical Evaluation Based on Evidence）"①，向我们展示了实证会计研究领域存在的上述"尴尬"。

金等（Kim et al.，2018）的文章从计量方法的角度质疑了当前已发表实证研究论文"显著性过度"的现象。作者统计后指出，90%的实证会计论文结果显著，但如果用替代标准进行修正，真正显著的其实只有40%（见图7－13）。其主要结论如下：

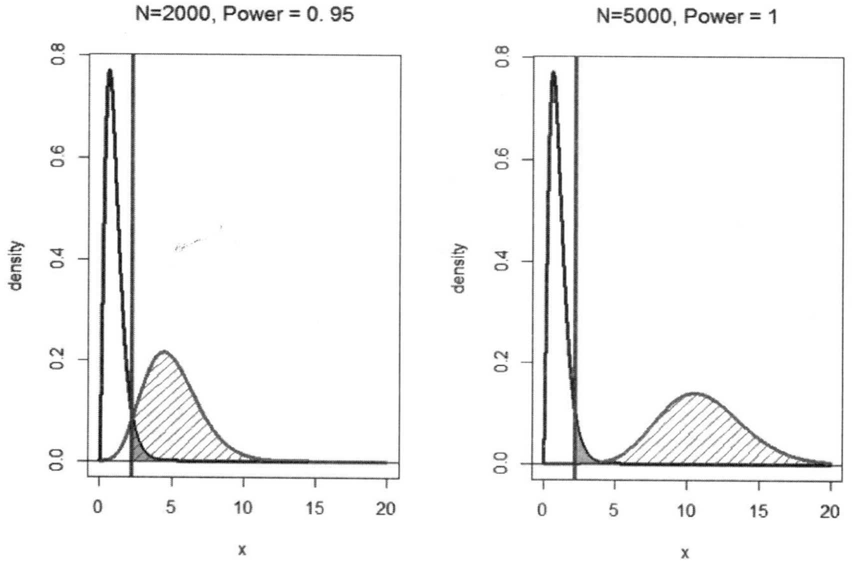

The blue vertical line indicates the critical value of the *F*-test at $\alpha = 0.05$ (approximately 2.22). The grey shaded area corresponds to the level of significance (Type I error probability) while the red shaded area indicates the power of the test. *N*: sample size

图7－13　不同的显著性水平下的实证结果差异

From a survey of the papers published in leading accounting journals in 2014, we find that accounting researchers conduct significance testing almost exclusively at a conventional level of significance, without considering key factors such as the sample size or power of a test. We present evidence that a vast majority of the accounting studies favour large or massive sample sizes and

① Jae H. Kim, Kamran Ahmed, Philip Inyeob Ji. 2018. "Significance Testing in Accounting Research: A Critical Evaluation Based on Evidence". *Abacus*, 54 (4): 524－546.

conduct significance tests with the power extremely close to or equal to one. As a result, statistical inference is severely biased towards Type I error, frequently rejecting the true null hypotheses. **Under the ‘p – value less than 0.05’ criterion** for statistical significance, more than 90% of the surveyed papers report statistical significance. **However, under alternative criteria**, only 40% of the results are statistically significant. We propose that substantial changes be made to the current practice of significance testing for more credible empirical research in accounting.

基于大样本的实证研究确实也更容易出现“显著”的结果，但其结论可能同时又缺乏显著的“针对性”，即对于“特殊问题”的解释乏力，而“普遍问题”的答案似乎又“显而易见”。因此，实证研究所倚重的“归纳”是否能“**反向演绎**”——以小见大、以点带面——真实世界的内在规律，无论大小，实在攸关其“可亲及可信”。

类似的“尴尬”，其实不只出现在（实证）会计研究领域，广为诟病的经济学研究过于偏重数理模型推导、管理学研究过于依赖西方范式①等现象，实际上都存在所谓“发表偏倚”（publication bias）以及“理想显著”（脱离背景－脱离现实）的问题，均有待适时转型、破茧重生。

另外，正如MOR反思的那样，即使显著了又如何呢？我们必须接受“世界并不完美”的现实。全部显著与创新价值的内在矛盾（技术中心主义）、验证“既有规律”与“理－实俱进”的权衡（问题导向原则），对显著的“迎合”和对不显著的“包容”（实质重于形式），等等，仍然是实证研究领域值得深入思考和开放探索的命题。②

① 美国管理学会学报（Academy of Management Journal）前主编、MOR创刊主编及中国管理研究国际学会（IACMR）创会会长、国际著名管理学家徐淑英（ANNE S. TSUI）教授始终强调本土管理研究的重要性，她认为：“中国管理学者需要真正地进行探索性研究来发展中国管理的新构念和理论，依赖于现有文献的模仿和构建不会带来根本的创新”（徐淑英和吕力，2015）。

② 著名的反思文章还可参见：Basu, Sudipta. How Can Accounting Researchers Become More Innovative? [J]. *Accounting Horizons*, 2012, 26 (4): 851－870; Donald V. Moser. 2012. Is Accounting Research Stagnant? [J]. *Accounting Horizons*, 26 (4): 845－850.

下　篇

学术研究之文采－修辞

文艺复兴时期，欧洲的人文课程只有四门：历史、诗、伦理与修辞。而如今已远不限于此，人文已经广涉历史、哲学、文学、艺术、政治、宗教以及经济、管理、法律、心理等社会科学门类，广纳博收、交叉互济，却已“独缺”修辞。由古之必修而至今近乎无缘“忝列”，修辞之学何以淹没而不闻？

人类社会，自从语言出现，便有修辞之需。修辞（figure of speech；rhetoric）本为装点“言辞”（口头表达）——是语言学的一个分支，后随“文辞”（书面表达）之重要，乃成为专门之学问。对于人文社会科学的教育及其研究，“文采－修辞”更是最为重要而基本的素养及要求之一。概括修辞之用，则有**如下三条**：

其一，修辞以立诚心。

修辞以立诚心，寓示“修辞”依托于正式、书面而有助于正心、诚意——这是以“诚心”框定“修辞”（可敬）。“修辞”一词最早出现于《易·乾卦·文言》：“子曰：君子进德修业。忠信，所以进德也；修辞立其诚，所以居业也”。这里即是修饰“文辞”之意。中国很早——春秋时期——即将“立德”看重于“立言”①，认为“立言”要受“立德”之影响，“修辞”是为了“立诚”，“立诚”乃是“修辞”好坏之标准。只有“思想诚正”，才能建立和传承“既真且善且美”的言辞，同时亦有利于辨别虚假、败坏的言辞，进而才能有助于引导风俗、教化人心②。

这种将言辞与品德——言与行、知与行——相联系的主张，使得“文品”与“人品”内在相统一，进而成为中国传统哲学/美学的核心思想以及士人修身处世之仪轨。因此，所谓的“文如其人”以及“人如其文”，亦是“修辞之效”也。

---

① 又如《左传·襄公二十四年》：“豹闻之，大上有立德，其次有立功，其次有立言。虽久不废，此之谓不朽。”更将“立德”列在“不朽”之首，从此成为中国传统士人修身处世之理想鹄的。可见修辞之重要。

② 言行总是互动的。中国古人在强调“立德”对于“立言”的影响时，又非常重视其“反作用力”，即“修辞”有助于达到“立诚”之目的。

其二，修辞以遂文远。

修辞以遂文远，寓示“修辞”以利于传播而适应“悦读”、普惠之需求——这是以“文采”表现“修辞”（可读）。书籍及论著作为“文辞”之载体，必须正心诚意、修辞雅正，方能悦己悦人，否则即“言之无文，行而不远”（孔子）；这也是思想塑造人、文化感染人、知识改变人的最有力载体及其必由之路。“修辞”有助于“立诚”（目的），而“立诚”亦有助于“辞远”（效果），故二者一脉相承、锦上添花。

所谓“质胜文则野，文胜质则史。文质彬彬，然后君子。”[①] 文采与内容从来就不矛盾，文与质本就是对立统一、相辅相成、同等重要。孔子更将其引申为“君子”的人格模式，进而使得“文如其人”真正成为行文立世的理想境界，成为人品文品内在统一的完美写照。

其三，修辞以称谨严。

修辞以称谨严，寓示“修辞”支撑和彰显着呼应、转合以及文法、结构——这是以“架构”凸显“修辞”（可考）。为文必讲文法，而文法须依托于修辞。学术文章的法度严谨，不只是选题之重要、内容之可靠，更在于其文意的丝连绳串、序贯如一，而这必须更多依赖于架构。学术文章之修辞，绝非单指其文采，而更重在文意之通畅、主次之彰显、结构之序贯。——私意认为，这应当成为现代学术文章之“修辞”的一个“**新兴内涵**”，也是本书强调实证研究之“修辞”的立意所在。

在此，先以一诗总括其意，概言文法-修辞之重要、之效果及其**要义遵循**。既为文章，必讲文法；无论专业内外，修辞锦上添花。其诗如下：[②]

偶得·文采

转文不为徒增彩，
修辞本是基本功。
曲径通幽凭章法，
形意相随如借钟。

“文采”一词约有六义[③]，本义是指节奏相合，引申至文章，即是指辞藻雅丽、文章华美。文章之文笔修辞，本身即带有“画意”（figure of speech），若观文如赏图画，则可堪称“文采斐然”。然而，所谓的“文采斐然”，绝不止于遣词造句、不止于润色修饰、

① 语出《论语·雍也》：“质胜文则野，文胜质则史。文质彬彬，然后君子。”

② 此诗作于庚子年秋七月。“文”者“纹饰”也，故“文章”本身即包含修饰、章法之义；所谓“言之无文，行而不远”，故在“文以载道”之外，同时追求形神兼备、形神一体的“审美意趣”，本就是文章撰写之一大要素，也是文章得以传世的必要条件。这里的“转”字音“zhuǎi”，即俗间所谓“转文”，此喻文章须讲究修辞、文法，犹如闻钟声而知钟罄之好，由其声而及其韵，故似“借钟”。

③ 语出《礼记·乐记》：“文采节奏，声之饰也。”郑玄注：“文采谓节奏合也。”文采略有六义：一指乐曲之抑扬和谐；二指艳丽而错杂之色彩；三指词藻雅丽、文章华美；四指文辞；五指文学才华；六指华美的纺织品或衣服。

不止于赋比兴颂、不止于图文并茂、不止于引经据典，而是广泛彰显于文章之各个部分。所谓“转文不为徒增彩，修辞本是基本功”，文笔修辞，在锦上添花之外，亦是人文基本素养，属于专业基本功夫；“文章最难在于简洁，深入浅出方是境界”（见中篇引言），故尤须重视结构及修辞。

文质如何兼容并茂（辞不害意、形神兼备），文采何以锦上添花（简洁清晰、深入浅出），还须赖以“架构”系之。逻辑依托于架构，而架构贯穿着逻辑，架构清晰，逻辑自显，故架构之中自有“文采”，架构彰显文采，架构即是文采。这与本书倡导并贯穿的“结构化思维”一脉相承——**是故：**

故主次分明、结构清晰、逻辑连贯、深入浅出、行文简洁等，皆是“文采”；

故结构谨严自有文采、主次分明自有文采、起承转合自有文采、先后有序自有文采、长短适宜自有文采，而经典名文自富文采；

故须在布局谋篇之中见文采、在 idea 凝练之中见文采、在逻辑推演之中见文采；

更须在相关研究之综述中见文采、在制度背景之综观中见文采、在主题凸显 - 摘要提炼 - 引言推敲之中见文采、在结果描述 - 结论凝练 - 启示升华之中见文采；

还须在全文架构 - 章节支撑 - 整体概观之中见文采、在图文并茂 - 量质并举 - 理据互证之中见文采、在脚尾注释 - 详征泛引 - 正反相呈之中见文采。……

还须知道，此乃长久之功，非可朝夕炼就。文章做到文采斐然，自然文气十足，自然可敬、可读、可考、可亲。

修辞以立诚心，是以诚心“框定”修辞，其旨在于“可敬”，即为文须诚信，问题导向，不无病呻吟；**修辞以遂文远**，是以文采“烘托”文意，其旨在于“可读”，即行文要雅达，深入浅出，不矫揉造作；**修辞以称谨严**，则是以架构“锚定”逻辑，其旨在于“可考”，即撰文要序贯，起承转合，不游离主题。可见，修辞之用，亦彰显了修辞之重要[①]。

对应于学术文章，哪里又最能彰显文采？——概括其用，则在两面[②]：

其一是在结构及主次，而其原因及要领即在于一个“清”字，要做到“清晰”，就必须主旨凝聚、结构明朗、逻辑序贯、深入浅出、图文并茂；

其二是在综述与解读，而其原因及核心即在于一个“评”字，文献综述与文献解读的核心及其要义均在于点评精当，由此考验和体现“评价之能”，而点评最能彰显“文采”。故本书下篇之论“文采 - 修辞”，即以文献综述与文献解读为落点，着意于从“读与

① 以说明文、应用文为载体的自然科学研究似乎不需要修饰、不需要文笔——很多知名专家即持此论，认为是冗赘多余甚至哗众取宠。此论直接，但误导显著。殊不知“简洁清晰”即是文采；典正传播，亦须修辞。故本书下篇专论学术研究之“文采 - 修辞”，即是强调其重要而不可或缺。

② 实际上，文题、摘要、引言、文献综述以及结论启示，均是最易彰显文章之文采修辞的部分，因其或要求开宗明义、短小精悍，或要求述评结合、次第升华，故而亦最需精心处之。

评”——中篇聚焦“写与思”——的视角，阐述“文采－修辞”之重要、之践行；亦是为进一步凸显“阅读”之重要，阅读实乃“五功”之基本。

对应于实证研究，真正的文采何以体现？——必须依托和体现于全面而点评精当的文献综述、客观而深入的问题描述/综观、严谨而序贯如一的理论推演、扎实而理据充分的实证分析、可信而次第升华的结论/启示、清晰而自圆其说的结构/体系，以及主次－详略－篇幅－布局适宜的整体概观。

古人所谓“人情练达即文章”，文章必须以文采－修辞“提点”结构－内容，也须以结构－内容“兼容”文采－修辞，人文艺术作品皆然①，实证文章亦概莫能外。②

① 绘画亦讲“文采－修辞”（设计－布局），例如潘天寿作画即善于“以修辞造境界”——此堪为修辞之“第四用”。潘天寿（1897－1971年）与吴昌硕、齐白石、黄宾虹并称20世纪“中国画四大家”，其画风沉雄奇险、苍古高华，善于“造险、破险”，传承晋代顾恺之“迁想妙得”之创作思想，可谓深谙修辞道理。他主张花鸟画布局应以势为主：“气要盛，势要旺，力求在画面上造成蓬勃灵动的生机和节奏韵味，以达到中国绘画特有的生动性”；认为“学习要谦虚，作画要‘自负’”，最反对琐屑平板；认为“文似看山不喜平”，作画也当如此，诗有别才别理，文有抑扬顿挫，画家要有奇思别想和出神入化的艺术手腕。

② 文采亦犹如“礼仪”——尤其像高级礼仪，看似并非必须，却攸关审美及取舍。所谓“锦上添花花不惊，无花似锦总伤神”，修辞虽似文章之“形”，却是读者、评审选择取舍之不自觉或“优先”标准。这一点在顶级期刊的经典名文（名家－名作）那里体现得最好，且含蓄而不彰，故尤须悉心体味。“人之差异在乎业余”（爱因斯坦），平日里积累的“人文基本功夫”往往正是彰显文章之“高低”的最重要因素。

第 8 章　idea 之支撑：综述的逻辑

独学而无友，则孤陋而寡闻。

——《礼记·学记》

旧书不厌百回读，熟读深思子自知。

——［宋］苏轼

我看得高远是因站在巨人之肩。

——［英］艾萨克·牛顿

最有学问和最有见识的人总是很谨慎的。

——［法］让·雅克·卢梭

如前所述，学术文章当基于“问题导向”（理论反思－现实问题），除须因应背景、响应时需之外，还须依托或阐发既有的研究或理论，以利思想之传承与创新，而其载体即是“文献综述”①。文献综述可为时文－今文，亦可为档案－史料；可为文章之模块－部分，亦可独为论文之特定类别。

对于相关研究的回顾或综述，乃是实证文章之八股之一，构成文章之“三大主体”（**文献综述**＋理实推演＋实证分析）及其“两大依据”（理论依据＋现实依据）②，故实为文章**idea 之支撑**。文献综述与理论分析一起构成实证文章之理论依据，**同时又散见于**引言（idea 或问题多由相关研究引发）、理论分析（理论亦依托于文献）、背景综观（依赖于相关的统计描述性分析结果）、实证分析（检验结果之对比）以及结论与启示（贡献对比－结论升华）等各个部分，**故**文献引证实已遍及全文，**故**势必攸关全文之质量，**故**亦最能体

① 这里的“文献综述”实不拘泥于如今的特定格式，而是广泛表现为述评、综评以及所有总结性、梳理性的评论文字，如史论、传记等多种形式，见后详述。

② 此亦当为硕、博研究生乃至本科生学位论文或学业考核之关注重点，而所谓的“创新性”绝非高等教育乃至学术研究之首要目的，对于人文社会科学而言就更是如此。——还可参见第 1 章 1.1.3（4）节脚注、中篇之引言以及第 3 章 3.4.2 节脚注。

现学术研究之基本素养以及作者之“人文基本功”，**故**亦最能彰显并尤资习练学术研究之文采－修辞。

从“文献”到“文章”，既是由读到写的学术积累，又是理实结合的研究践行；既是逻辑延伸之必须步骤，也是思理演进之必经过程；既是“由他述己”的推陈出新，亦是“由己及他”的接力传承。**从“文献”到“文章”**，综述即是过渡——由读到写、由思到行、由方法到逻辑，而**“评点”乃是点睛**。因此，所谓的“人文基本功”，“五功”之中去掉听－说，读－写－评即聚焦和体现于文献综述；**故综述之重要**，不只在于写作方法之模仿习练，更在于文献引证之逻辑贯穿；而综述之“逻辑”，即当是文章之主轴、逻辑之主线，虽为“述他”，而其旨一也。

本章在“凭借”文献综述之“评点功夫”展示学术研究之文采－修辞的同时，亦是借此阐述文献综述之“逻辑”：如何认识、如何撰写、如何评点、如何衔接。这既是完成作为实证文章“八股”之一的文献综述之写法——衔接第3章，同时亦可作为“兼论学术规范”的最好典证。

实际上，学术研究中的“文献综述”，无论是作为一章还是作为方法，都足可以支撑和彰显这样一条“**演绎关系链**”，即：“文献综述之重要－文献引证之逻辑－文章撰写之方法”——这亦类似于费孝通先生所谓的“**差序格局**”：一石激起的水纹中心起始的“点－圈”虽小，却引导和涵盖着所有“大圈/圆”的讯息……；这种“**不自觉的拓展**”功夫体现的正是学术研究的“联想－推演之能”。

8.1 何为“综述”——说文解字

“知”以“识”字为先，“正本”才能“清源”。咬文嚼字，往往有助于正本清源。说文解字的传统，实起源于“训诂之学”[①] ——这既是考据方法，也是中国传统的一种思考或思维方式。

文献综述是实证文章乃至学术研究不可或缺的构成部分，历来广受重视。然而，对于综述（review）——尤其是初学者——的认知与把握，却众见纷纭、层次不齐。一言以蔽之，这实源于对“综述”之本义及其重要性的理解歧误。

那么，何为“综”？何为“述”？何又为“综述”？——在此首先“说文解字”，对综述予以“二维解析”，然后再分别勾连想象、呼应主题。

“综”之本义在于“总合”[②]，概括其内涵则有“四维”，即须体现和做到：全面、扼

① 训诂之学，在中国传承已逾千年，至清代则被称为“朴学”。但由文字及文意的关联阐释，则应当是与中国“写意”文字的诞生相伴相随，并构成中国文化及其载体汉字的独特生命魅力。

② 还可引申为“总集、聚合”（如《易·系辞上》有“错综其数”）；“整理”以及“管理、整治”和“综缉”（《晋书·虞博司马彪等传》有“咸能综缉遗文，垂诸不朽”）等义。

要、逻辑、系统，其中：

全面——四大维度：时间、中外、正反、相关。综述之本义首在"全面"，即在文献引证时须做到古今纵览（经典文献优先）、中外兼顾（国际视野）、正反相呈（避免迎合预期）、内涵相关（主题－方法）。

扼要——四个要求：经典、精华、聚焦、点题。在全面之上必须"扼要"才能彰显综述之本义，为此必须经典优先（关注代表性）、取其精华（先看其优点）、聚焦核心（要围绕主旨）、适时点题（呼应研究主题）①。

逻辑——三个顺序：时间顺序、主次顺序、验证顺序。要做到全面而又扼要，就须以逻辑"一以贯之"，而其核心即在这"三个顺序"，先引还是后引的"时间顺序"（立足最新—新旧互证）、详引还是略引的"主次顺序"（聚焦核心观点—呼应研究主题），以及谁来佐证谁的"验证顺序"（主证—辅证—旁证—补证）②。

系统——自洽有机：五脏俱全、八股齐备。全面、扼要而又逻辑序贯，文章自然形意兼容、系统有机。一篇独立的研究，无论话题大小，都须小而周密、逻辑自洽、"五脏俱全"；对应于文献综述，即须关注和聚焦其架构、文题、问题、意义、背景、结论、启示、参考文献——亦可称之为"八股"。

"述"之本义在于"叙说、遵循"③，概括其维度则在"三面"，即：遵循原义、夹叙夹议、述评结合，其中：

遵循原义——支撑"可信性"：须做到读懂原义、引用合理、详略得当、实事求是（"史论性"著作常须引证原典）这四个要求，为此必须围绕文献之主题关切及其核心观点，避免以次充主、以辞害意。

夹叙夹议——支撑"系统性"：须做到叙议结合（呼应主题－述评结合）、点校结合（对比互证－多维关联）、前承后续（呼应主题－自成系统）、浑然一体（结构序贯－形意兼容）。"夹叙夹议"侧重"以叙带议"，其实正是"我注六经"④，即必须围绕自己的主题关切串联、引证或叙述相关的文献。

以评带述——凸显"勿忘我"：须做到不忘主题、不忘目的、不忘初心。引证综述前人成果，本是为支撑自己的idea，同时有助于"垂启后来"，故必须"以评带述"，即必须以"自己

① 这里的"适时点题"，除了围绕和呼应引证文献的主旨之外，更重要的是还须呼应自己研究（idea）的主题，即"勿忘我"。

② 这里的"验证顺序"实际上又包含和凸显着时间、新旧、主辅、详略等维度，即文献引证必须明确主证、旁证、辅证、补证等区别。这是文献引证中最易出现的弊病之一，后面详述。

③ 还可引申为"陈述""修纂"以及"遵循、顺行"（《说文》），名词则有"述作、述撰、述制、述造"等义，皆指"著作"。

④ 语出宋·陆九渊《语录》："或问先生：何不著书？对曰：六经注我！我注六经！"

的”逻辑引证（于）并序贯相关文献，必须时刻呼应自己的研究主题，正如“六经注我”。

理解了“综-述”的本义，再来衡量诸多研究中的综述写法——尤其是文献引证之现状，自会发现诸多问题，后面详述；同时，亦有助于反思和印证综述何以重要。

8.2 综述“何为”——习练之资

文献之引证，实不仅在文章的综述部分，故综述之重要，实已攸关全文。文献综述之地位，集中体现为其是实证研究之“两大依据、三大主体”上，其重要性不言而喻；而概括其用，则又实为文章“习练之资”，具体体现在如下四点，即：缮养写作之能（思维-方法）、以利积累传承（成果-档案）、夯实理论背景（理据-基础）、对比可见创新（评点-贡献）。以下分节论之。

8.2.1 缮养写作之能

习练综述撰写，缮养评价之能，而评价能力堪称“教育之最高宗旨”[①]。写作的核心即是“评价”，即是“博学-审问-慎思-明辨-笃行”；写作即是以“自己的思想或逻辑”串联所观所学、序贯所思所想、呈现所悟所评；写作即是“教育”——教己以教人（学习-厘清-理性）；写作即是“感悟”——自悟以悟他（思考-超越-实现）。因此，写作能力又被举世公认为“是主导人之成功的最重要的三大能力之一”。习练综述撰写，因其读-写结合，故正是与前人时人共交流、从谨言慎行中获益（文章之用心、学术之严谨）的“最为便捷”的路径或“最为有效”的方法之一。

撰写综述，有利于培养和引导阅读习惯、助养和提升多种能力，而“写作之能”正是多种能力的集合与荟聚；写作展开的过程将充分调动多种能力，如联想（勾连-想象）、批判（价值-相关）、审美（筛选-主次）以及逻辑推演（问题-理据）[②]、布局架构（结构-章节）、行文风格（文采-修辞），等等[③]。

---

① 中国的《礼记·中庸》很早即将“审问-慎思-明辨”作为教育及学问追求之“五维”——“博学之，审问之，慎思之，明辨之，笃行之……”；美国著名教育家、心理学家本杰明·布鲁姆（Benjamin Bloom，1913-1999年）也认为思维认知可以区分为六个级别，而“最难即是判断”。哈佛校长德鲁·福斯特（Drew G. Faust）更是直接指出：“教育的目的就是培养你辨别有人在胡说八道的能力”。

② 可以说，专业写作训练的最大目的就是引导培养逻辑推演之能，即应当怎样（which）、怎样更好（what）、以及如何实现（how）等核心问题。

③《美国的人文教育》的作者徐贲认为：人文教育包括两个相互联系但有所区分的部分，第一是课堂讨论（集体的知识活动），第二是写作（个人独立的知识行为），两者都以阅读为基础，包括对文本提问、分析、理解和释意、评价和批判等。人文教育高度重视经典阅读与写作这两门课的紧密结合，这两门课都不属于“专题知识课程”（subject courses），都是以“授人以渔”为目标。

8.2.2　以利积累传承

人类社会其实是一个“书写社会”，而其载体即是著作文章。文字的诞生及其演变历史，几乎就是一部完整的人类文明史，依托于文字的“读－写”几乎伴随着人类社会的始终。因此，读－写能力对于人类社会发展、文明多元存续的价值即在于其以文本为载体的积累与传承。英国社会人类学家、历史学家杰克·古迪（Jack Goody）教授认为：

“在人类及其发展或进化过程中，存在着某种心灵统一性……某些因素的出现，确实有助于改变人类表述问题以及解决问题的方式，转换长期形成的人类认知操作模式，从而在原有的基础上增添新的能力。……为什么所有的书写社会都会出现相类似的人类行为呢？这是没有理由的……”①。

杰克·古迪（Jack Goody）是从形式逻辑和理性发展的角度对比反思文字或读写能力——相对于口述表达——的独特意义及其多元统一。广义的“文献综述”——表现为各种史籍、哲学著作、传记、专论、评点（如小说、话剧等）、纪实等多种文本形式——作为一种文本载体，实际上已经承当了档案、史料以及“读写传承”的功能。

因此，综述在总结、概括、梳理、评价之外，还有“记录”之功，即旨在整理、记录、梳理、收集、综辑既有或散轶的文献、典籍或者思想、观点等——如同《四库全书》《永乐大典》等大型类书；故综述是重要的研究成果，是相关研究得以有序进展——主流、集聚、升华、转向——的重要资料，其梳理与记录之功，实有补于原始浩瀚文献之零乱散迭，为后世留下“文脉－香火”。

8.2.3　夯实理论背景

实证文章必先基于理论及现实“两大背景”，并做到相互支撑、内在呼应，否则不能称之为“有理有据、言之成理”。有别于文章的“现实依据/背景”（制度背景分析＋描述性统计＋实证分析），立足于“全面、扼要、逻辑、系统”以及“述评结合”的文献综述，实有助于夯实文章的“理论背景”，并与理论基础一起构成实证文章的“理论依据”。

现有的相关文献是基于多视角、多维度、多层次、多相面而集中“攻关”某一问题/命题，而既有的理论体系也是经由诸多相关文献荟聚、提炼、发展而成，故理论与文献其实是“不同知识”——体系性的和非体系性的——的文本载体；而新生、零散的文献或支持、或补充、或修正甚或否定现有的理论体系，故其势必有助于夯实、完善或发展既有的理论基础，使其得以有效支撑（新的）idea之发现及其发展。

综述有助于夯实理论背景，还体现在两条正反相成的“关系链”上：综述之延展过程中的“归纳与演绎”——叙述与评点，因为“证据－逻辑/规律”——即通过积累/归纳

---

① ［英］杰克·古迪（Jack Goody）著，沈毅译，《西方中的东方》，浙江大学出版社，2012：32－33。

而凝练出（新的）逻辑/规律，再由“逻辑/规律－证据”——通过理论/演绎而又形成“新的”证据，进而更加凸显了文献引证之重要。

8.2.4 对比可见创新

文献综述因其定位于“全面、扼要、逻辑、系统”以及“述评结合”，故此有利于通过对比、综合进而洞见差异及创新。因此，文献综述实堪作为彰显文章之学术内涵的一个重要指针，并应当成为文章评价以及学业考核的最重要依据之一。

通过综述，对比可见创新，主要体现在**三个方面**：

其一，梳理点评凸显创新。

这是指通过对相关文献的评点梳理——围绕问题（共同）、呼应主题（idea），因其聚焦各个文献——其实主要是核心文献——在理论/方法上的亮点/创新、研究中存在的缺陷/不足等，故能凸显 idea 之创新之处。

其二，领域拓展助推创新。

这是指在综述延展过程中的“归纳与演绎”——叙述与评点，“自然地”或不可避免地会涉及专业之外——学科及领域——的知识及其思维拓展，这种拓展往往是支撑（idea）和引导（新的）idea 的有力基础或其思想渊源①；同时，也体现了综述之“五大目的”——亦是其“五维”，即：归纳（综为归纳－我注六经）、演绎（述为演绎－六经注我）、展示（成果/动态－主流/集聚）、评价（理论/方法－不足/未竟）、凸显（重要/必要－升华/转向）。

其三，参考文献映衬差异。

这是指通过文章的注释及其文末所列参考文献——直接及间接的——“反观”idea 及其研究过程的差异或边际贡献。参考文献必然涉及本专业及其所在学科、领域的相关文献，而其相关程度又可依据其远、近而分为直接、间接；通过直接相关文献（近）可以“映照差异”——多在数据/方法/工具；而借助间接相关文献（远）则可“洞见创新”——多在视角/理论/思想。可参见前面第 3 章 3.3.2（3）节的分析。

8.2.5 为何名刊多约稿？

综述之重要，还体现在学界的重视上，即综述多为期刊约稿、多由名家执笔、多年才出一篇，故其价值亦足“可观”。学界有集中发表——专刊或专栏——综述文章的知名期刊，国外如《经济学文献》（*Journal of Economic Literature*）等，国内则有《经济学动态》《外国经济与管理》等，此亦可见综述之独特价值。

为何名刊多约稿？——既然多为约稿，自然定位名家，而其原因亦显而易见：

其一，考虑到综述之目的及研究之需。

---

① 这种拓展有助于习练感知或体悟何为创新、如何创新，有助于缮养评价之能。必须通过综述锻炼选择力（选）、判断力（决）、想象力（思），开视野（拓）的学术综合素养，点滴积累、久积必善。

综述之目的即在于通过归纳、演绎、展示、评价、凸显而梳理呈现出现有研究——某问题或某领域——之主流、集聚、升华、转向，即是要见出某（问题）研究领域的内在之规律、发展之趋势、潜在之问题、价值之高低以及范式/模式之显隐、思想/理论之兴替，等等，故非“德高望重”者不能称之。也因此，综述得以成为重要的研究成果，成为相关研究得以有序进展的重要资料。

其二，考虑到综述之作用及办刊之需。

专刊或专栏发表文献综述，目的即在于通过名家之笔，总结、评点现有研究之“主流－集聚”，同时引领、助推后续研究之“升华－转向”，故非名家之丰富阅历、独特识见以及其综括梳理之突出能力而难以胜任；故亦犹可作为学术研究之模仿、习练之资。

聊举一例。

【例8－1】名家综述之价值：肯尼斯·阿罗善写、乐写综述

1972年的诺贝尔经济学奖得主肯尼斯·阿罗（Kenneth J. Arrow，1921－2017年），就是在许多领域做出完美文献评论——论文或应约演讲——的高手，也使他人得以一窥相关研究之堂奥。

例如，阿罗于1951年发表的《社会科学的数学模型》《风险下选择理论的另一种研究方法》，1958年发表的《线性和非线性规划》《存货和生产的数学研究》《价格变化之衡量》，以及20世纪60年代发表的《不确定性经济学》（1964）、《社会科学百科全书》中的《一般均衡》（1968）、《控制理论在经济增长方法上的运用》（1968）与《经济活动之组织：关于市场和非市场资源配置的一些问题》（1969）等。

这些文章的包容性及清晰度均属上乘，不仅是重要的学术资料，也使阿罗成为经济学界最有影响力的“师者”之一①。

8.2.6　为何小子亦可为？

经典综述多由期刊约稿、多为名家执笔，故更宜作为模仿－习练之资，尤其助长思考－写作之功夫，是夯实写作之要领，是提升写作之路径。本书认为，阅读文献，当由综述串联所观；研究践行，当自综述写作起步。考察和提升写作的功夫，其实全在综述里面。

所谓的“人文基本功”（见4.3节），前三者“听－说－读”实是为“评－写”做铺垫、打基础。写作能力之维度，实可以细分为会听、会说、会读（客观的积累），然后加以主观的评述以及自我的发挥（主观的创作），即从耳尖到笔触、从本能到主动、从内在到外显，习练的是规范表达、雅致表现的能力。经典综述是专业写作最好的模仿素材，也

---

① 类似的名家、名师还有1982年诺贝尔经济学奖得主乔治·施蒂格勒（George Joseph Stigler，1911－1991年）和2014年诺贝尔经济学奖得主让·梯若尔（Jean Tirole，1953年－）等。可参见：吴惠林著《诺贝尔经济学家的故事》，东方出版中心，2018年10月。

是锤炼思维、提升评写之能的最佳路径，故“小子”不可不为，积久而必善。

8.3 综述撰写之要领：谋定而后动

学术文章之文献综述，独立而又依归整体（文章之部分），整体而堪独立成文（可自成体系）①，即融入即为一部分，独立亦可为文章。这是结构谨严——整体系统、分块严密——之文章的一大特征。因此，综述之撰写，同样需要“谋定而后动”，同样贯彻着“结构化思维”，此既为其要求，又是其要领。

8.3.1 贵在引评精当

由前面第3章，逻辑依托“结构”而既定，结构依托“大纲”而渐明，再经引言之申发、理实推演及综观、基本规律之描述，文章之整体立意、视角切入、思路延展及其逻辑主线即可自然凸显。文章之重要及其新意往往依托于文献对比（有何差异）以及结构布局（如何论证），而相关文献的“引证逻辑”及其路径遵循也须贯穿“一致的逻辑”，否则会导致“引而不撑、用而未证”。

综述本身即含有“引述”及“评论”之双重内涵，故哪些及何时“六经注我”——引述充分，何时及何地“我注六经”——评论客观，正是体现其“述评结合”之关键。因此，文献综述贵在“引评精当”。除了明确联系、评点优缺、避免重复之外，文献综述还须“指出以前的分析途径中哪些是成功的，哪些是不成功的……，指出哪一种途径已尝试或还没有尝试过”（埃思里奇，1998）。但正如怀特和阿姆斯特朗（Wright and Armstrong，2008）所警示的那样，真正认真阅读过所引文献并且能正确引用者为数甚少，以讹传讹者时有所见；……盲目引用结论，却对其推导过程或实证分析中是否存在问题视而不见，是文献综述常见的问题。②

回顾综述之本义，“综”为“总括－考核－归纳”，故贵在全面、扼要、逻辑、系统（我注六经）；“述”为“遵循－述作－演绎”，故贵在准确、可靠、客观、可信（六经注我）。通过综述阐发既有的研究或理论，进而以利思想之传承创新，故贵在全面、精当地梳理评价，而全面有赖多览，精当则须精读，其要领实即在一个“勤”字；故综述之价值彰显还“贵在梳理之勤”。

---

① 须知道，综述也是论文，即也须“五脏俱全、各股齐备”；也须有逻辑、成系统；也须遵循既有的理论或范式；也须呼应并由你的主题/逻辑来统领、序贯——故实在与严谨的规范/实证研究论文相类似，当可独立成文或发表才对。

② Wright，Malcolm，Armstrong，J. Scott. 2008. The Ombudsman：Verification of Citations：Fawlty Towers of Knowledge?. *Interfaces*. 38（2）：125－139. 还可参见：何新华. 2014. 当前应用经济学论文中存在的一些基础问题，《世界经济》.（1）：134－147；［美］唐·埃思里奇著，朱钢译，《应用经济学研究方法论》，经济科学出版社，1998年。

8.3.2 贵在序贯引证

综述是“本文”之综述，故综述贵在“序贯引证”，即必须以自己的逻辑“**引出并序贯**”相关文献，“以一代万、肢随腰动”。这里的“序贯”，即是以拟定 idea 之逻辑主旨贯穿综述之延展，使之独立而又依归整体，序贯如一；而所谓“序贯引证”，即是必须以“自己的逻辑”——即“本文”之主旨——带出或“引证于”相关的文献，即时刻不忘综述以及研究的目的首先是“以他证我”（勿忘我），之后才能够是“以我证他”（逻辑＋证据）。

文章皆是主动而为，切莫首先陷于被动。所谓的“相关文献”——见下述分析，由直接而扩及间接，近似于“浩如烟海”①，为避免为其淹没而茫然无所适从，关键即在于要先有“**自己的逻辑**”；逻辑既定而架构随之，多维延展而主旨序贯，文献引证以及文章撰写才不致游离主题。

8.3.3 贵在谋定后动

因其重要而系统，故综述也须“谋定而后动”，即应当贯彻“结构化思维”，先谋定框架、后“灌溉”内容。这里的“谋定”，还体现在如下两点：

其一，莫忘围绕主题。

要知道，综述是“本文”之综述，故须时时刻刻记得去凸显主旨（文题－领域），时时刻刻记得要前呼后应，这样才能避免“不自觉”地游离于文章之主题/idea，文章也才能逻辑序贯、自成一个体系。——实际上，前面第 2 章的例 2－4、第 4 章的例 4－3 和例 4－4、第 5 章的例 5－4ab 以及第 6 章的例 6－1 等，都可以同时作为文献综述撰写须“谋定而后动”——逆向思维（既成著作“事后”之结构/目录可做文章“事前”之提纲）——的典型例证。

其二，综述也是论文。

前面已讲，综述应当独立而又依归整体（文章之部分）、整体而堪独立成文（可自成体系），即亦应“五脏俱全、各股齐备”，这既是其质量要求（内容－结构），又是其撰写要领（立意－行文）。因此，如何撰写综述“≈”如何撰写文章。

8.4 何谓“相关”——兼论差异化贡献

你的参考文献，其实“隐藏着”你文章的价值或其差异化贡献的信息。这是本书将参考文献列为现代实证文章之“新八股”及其“十全架构”的主要原因；也因此，引证文献以

① 实际上，即便是创新性的研究，亦是如此。——这在人文社会科学领域的研究中体现得更为明显。

及参考文献[①]的遴选、研读及其引用便是个“大问题”；而其遴选之原则、研读之主次、引用之规范等，又实取决于文章拟定的逻辑及其“结构化”需求，故又堪称“大学问”。

文章的引证及参考文献，可以从如下两个方面，凸显其效用、洞观其价值。

8.4.1 何谓“相关”文献？

承接前面第3章——关于“参考文献”一股的相关分析——以及上面的逻辑，文章引证之文献必与其主题相关，或支撑其理据、或优化其方法。然而，何谓“相关”，还需深究，否则即难以支撑文章之逻辑、凸显研究之新意。一言以蔽之，所谓的“相关”，当取决于文章之思路启发（idea之发现）、逻辑推演（idea之发展）以及理据呈现（idea之验证）的内在需求（意），而不（能）仅仅是“顾名思义”（形）。综述功在述、贵在综，文献引证，考究其“相关”，则**约有二义**：

其一为“远－近”。

即与文章主题是直接相关？还是间接相关？——所谓“直接”（近），往往可以“顾名思义”，可按主题或关键词检索查阅；所谓“间接”（远），则须“分而治之”，即或是其理据、或是其方法，按需索引。

其二是“形－意”。

即引证文献时还须明确，究竟是引用其“证据”（“**形引**”）——具体的研究结论、研究方法（如变量、界定、判断）等，这属于“战术性”的借鉴与参考；还是引用其“逻辑”（“**意引**”）——其理论基础、分析范式等，这属于“战略性”的启发与参照。形意皆属相关，但引证关乎主次，远近映射创新[②]。因此，拟引证之相关文献，应该有一个大体的“排序”，即：直接相关（必不可少）、间接相关（支撑创新）、内涵相关（领域拓展），而其参考“价值”亦可谓依次提升——对于文章的可行、创新及其重要性而言。

8.4.2 所谓“边际”贡献

相关度凸显差异度，差异度映照贡献度。相关须分远近，差异则在“边际”。所谓“边际”贡献，是指文章区别于现有研究的那一部分价值，或表现为理论/范式/思想上的发展或新创，或表现为方法/技术/工具上的发明或改进。借助综述的文献对比，即可洞见差异创新。实际上，参考文献与边际贡献之间往往存在着这样一个“**对应关系**”，即：

“直接相关（形近意近）—间接相关（意近形远）—内涵相关（似远似近）”，**对应着**
“专业（形近—意近）—学科（意近—形远）—领域（似远—似近）”，**呼应着**
“可行（技术—方法）—创新（方法—理论）—重要（理论—思想）”

---

① 原则上，文中引证的文献，须在文末或脚注——不重复——列示来源，尤其是主要参考文献。

② 这有助于厘清并进而避免“误引用”之问题，即须事先搞清楚所谓的“相关性”（与本文）在何？或为何相关？等等，然后再能确认可能存在的“误引用”问题。

因此，引证不能“顾名思义”，创新可能并非首要，但“重要”往往可以涵盖“创新”。上述的“对应－呼应关系”①，也可如图8－1所示。

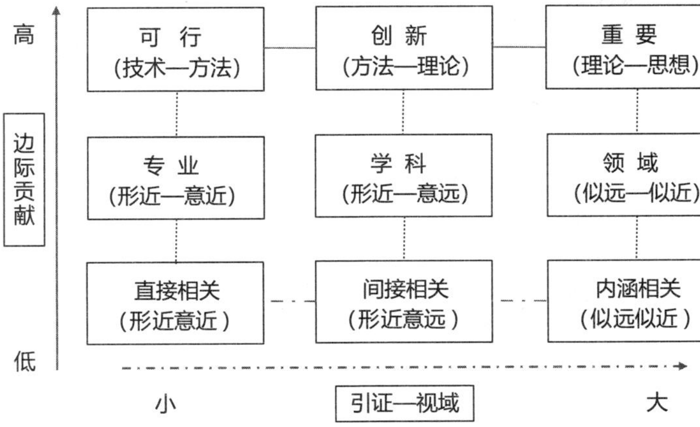

图8－1 引证文献与边际贡献之对应关系

参考文献何以“隐藏着”文章差异化贡献的信息？——大体可按如下“标准”判断：

若是“直接相关”文献居多，则文章可大体判定为“重复性”研究，其边际贡献往往体现在样本更新变化、变量度量改进、检验模型优化以及新的研究视角，等等；

若是“间接相关”文献居多，则文章可大体判定为“拓展性”研究，其边际贡献更多体现在idea的发现及其发展方面，如在新的视角、新的范式或逻辑推演之下，得出了新的、重要的研究结论，等等。

若基本为“内涵相关”文献，则文章可大体判定为“创新性”研究，其重要价值或边际贡献可能是“填补性”甚或“颠覆性”的，往往体现为提出全新的idea或思想（如科斯的《企业的性质》及其交易成本概念、阿尔钦对于失业的阐释等）、全新的理论体系（如阿罗的“不可能性定理”与社会选择理论、西蒙的“有限理性论”等）、全新的分析范式（如制度经济学引入量化历史分析、贝克尔独创架构阐释歧视问题等），等等。

显然，这些判断“标准”并非绝对，但“好奇者”大可以从各个领域的诸多经典文献之中去验证、感受。

8.5 普遍的“误引用”问题：略有“八妄”

正如怀特和阿姆斯特朗（Wright and Armstrong，2008）指出的，文献引用中的“以讹

① 图中淡虚线表示三层之对应或呼应关系，粗虚线表示引证文献之视域大小即由“直接－间接－领域”相关，粗实线表示与引证文献视域之“大小”对应的文章边际贡献之“高低”。

传讹”时有所见，他们将文献引用中存在的错误归为以下三类，即：遗漏重要文献；未准确诠释所引内容；引文错误。实际上，文献引用中的问题远不止于此，诸多误引乃至错引问题甚至十分普遍而“不自觉”，这反映出从写作功底到学术态度方面的诸多问题。

规范事大、形为质表。学术规范之重要已然日益凸显，以致频上热点、妄剧神经，且其经济后果也已然高到令人“悔不当初”。发展至今，学术研究之“规矩”，点点滴滴、条条框框以及其方方面面，已经事无巨细，近乎“桎梏”，以致“违规”而难以避免①，而文献引用及综述问题往往是最大的“水坑”之一；故在学术规范日益严密而近乎复杂、失范之经济乃至社会后果日益严峻的当下，尤当为“局中人”诫！

除此之外，文献综述，具体到引证观点，须先从相关研究的主题入手，即须先明确侧重（视角 or 落点；主证 or 辅证），而后引证观点（结果 or 结论；结论 or 启示）②。聊举一例。论文甲“政府研发补贴下的企业创新：‘滥竽充数’还是‘货真价实’？”和论文乙“政府 R&D 补贴的企业会受到另眼看待吗？——基于外部融资来源与用途的分析视角”，都关注政府补贴，但论文甲的侧重点在于企业创新，而论文乙则侧重于政府补贴类企业，故在引证类似文献时，至少须注意**如下三点**：

其一，应当区分“视角 or 落点”——即须对照自己的研究主题，悉心选择引证文献及其观点/结论（集中在摘要、引用及结论部分）；

其二，应当聚焦“主证”而非“旁证”——即须引证文章的主要研究结论，而非其提及或转引的观点/结论（最好去追索、核对原文）；

其三，应当区别“结论 or 判断”——即要知道，所谓“结论”必有理据支撑，而“判断”则往往只是分析过程，前者可引，后者非证。

凡此种种，往往只是“误引用”问题涉及的诸多表现之一，很多问题可谓普遍而“尚不自觉”，小则聚结而成为失范之隐患，大则误导视听、决策乃至思想之演进，不可不察。综括梳理文献引用中的种种“误引用”之表现，可以概括为“**八妄**”③，即：

“妄引”：微弱相关、甚至无干，游离主题而不知；
“妄断”：迎合己意、牵强附会，主观判断而不觉；
“妄截”：结论相关、断章取义，支离而曲解原文；
“妄度”：脱离主意、引用枝叶，臆造延伸、随心乱度；

---

① 实际上，抛开主观动机，很多疑似甚至最终“被认定”为舞弊/抄袭的问题，确实难以避免甚至“毫无察觉”，很多在其他领域“不成问题”的引证——如古代文学、历史考据等，在另一个领域却成为“抄袭”。然而，在学科交叉日益兴起的大趋势下，不同领域的引证、借鉴规则也当融合互鉴，否则即会引致“宽严皆误”。学术创作最忌讳无谓的束缚，故规则日严之“反向桎梏”效应，亦值得反思。

② 类似的问题尤其普遍。诸如将文中转引之观点当作该文之观点、把文章的研究启示当作结论、把实证结果/发现直接当作结论，甚至混淆主证与辅证、颠倒视角与落点，诸此等等，皆属误引甚或是错引之表现。

③ 这里的“八妄”并非按其多寡排序，其中的“妄”，即是意指种种“自觉的”——故意的、想当然的、无所谓的、胆大妄为的——以及“不自觉的”的诸多误引甚至错引的行为或现状。“八妄”不但在学术研究中较为普遍，在教学、演讲尤其是宣传过程中则更为普及。

“妄附”：朋党附议、大量群引，主次不分、徒充证字；

“妄转”：间引不规、转引不注；不读原文、不查原典、以讹传讹；

“妄顾”：不顾前后关联、只顾迎合己意，混淆结论启示、错引判断分析；

“妄实”：不符实证实情、虚构事实证据，操纵数据样本、充掩事实真相……

以上“八妄”，**描述种种“相”，而各有其侧重；揭示种种“行”，而又互为关联**，考其本质，皆是为迎合己意、迎合评审，也正是前面例7－17所谓“发表偏倚”（publication bias）引致的后果及流弊之一；而其中尤以“妄顾”与“妄实”殊为恶劣。

要知道，学术研究及其成果发表的“草莽时代”已然过去，学术壁垒已日益高涨甚至于“阶层固化”——发达国家尤甚。因此，学术门槛日高，其规范/方法即日重；故须从技巧、功利的角度遵循规则，更须从“形神兼备、德业双修”的实质，尊重规范、敬畏规范。文献、事例之引证，属于“考据”功夫，故可多多参照历史考据及哲学等文献。此处再以亲身经历，略举一例。

【例8－2】谁的安全更重要：美国电线杆的质量为何“好过”公共汽车？

我于2019年4月赴美国加州大学洛杉矶分校（UCLA）短访，一行十余人，皆为教授、博士同仁。一次访问，走在加州66号公路，大体途经好莱坞与UCLA之间时，有人感慨：“美国的公路质量也不行嘛，有很多裂缝啊……”很快得到另一位同行者的反驳：“人家的公路已经服役很多年，可不像咱们中国的公路没几年就坏……。”

一时间，大家就此话题，或附会美国发达，或反思中国低质，议论纷纷之际，不想团队导游搭了腔，大谈其多年美国观感，并辅以“实例”为证。他讲到年前发生的一起交通事故，说一辆公交大巴，失事撞向了公路边的电线杆，结果车体被撞裂为两截，而电线杆依然挺立如初，因而慨叹“看看人家美国的电线杆，质量真的太好了”，云云。……

我似乎颇不识趣，无意间反问了一句：“这么说，美国的公共汽车的质量也太差了吧？究竟是电线杆的质量重要呢，还是公共汽车的质量更重要？我想应该是载人的公共汽车吧？……”导游一时语塞，议论亦戛然而止……我也因此反应了过来，颇有“皇帝新装”的尴尬。……

美国的小偷：素质更高么？

本是行间闲话，本是客观评价，却似有“别样之思”。**无独有偶**，不由得想起几年前亲历的“美国小偷素质更高”的故事。某年夏秋之际，几位出版界的教授朋友造访我校，席间谈及国外的访学或留学感受，主客互动，相谈甚欢，谈及什么“访问学者的子女就学都是免费安排……，美国才是真正的人类主义、以人为本……”等等此类，不便赘述。

我当时也没去过美国，只是“本本认知”，虽有疑惑，却未敢造次插言。然而，当我听到那位教授讲述“一小偷入室行窃（自然是大别墅）时被警察发现，逃跑时竟然不踩草坪（沿着花园里的曲折小径），终被从草坪上直线追击的警察擒获……想想看人家小偷的素质都这么高……”的“美国真发达”的例证之时，还是不由得惊愕非常，不得已“请教”了一问：“那看来，美国的警察素质不高啊……”——这是我第一次经历“皇帝新装”的尴尬，而我的“不识趣”似乎也一贯。……

参照体系错失：只是常识之误么？

故事不同，而考其意识渊源、叙事逻辑，却近乎一致：一是盲目的崇洋媚外，竟置“常理－常识”于不顾（人性－亲疏－公正－制度……）；二是实证参照体系之错失，竟置“逻辑－背景”于脑后（主次－国情－制度－文化……）。两者似乎皆可简单归咎于“惯性的浑然不觉”所致，但其实质却是知识乃至理智——如物理学、统计学、社会学等——背后的“**常识性缺失**”；而这个“背后”其实饱含或渗透着不客观、非理性、“势利思维”或“霸权逻辑”（老大什么都好、权威无可置疑）乃至“狭隘意识形态”的阴影……

如果说这在闲谈的层面还可以谅解的话，那么其在学术研究的层面却不得不予以深究，而这也正是加里·史密斯（Gary Smith）和朱迪亚·珀尔（Judea Pearl）等教授在其著作中发出的警醒（见前面例 7－1、例 7－5、例 7－11、例 7－12 及例 7－13 等）。

由参照系到误引用：理性的自觉去哪儿了？

引证须序贯逻辑，而逻辑亦自有“是非”。逻辑主体或参照体系的错失，往往会引致尴尬的结论。这两个故事正是典型的“不自觉的妄引错证”。美国电线杆的质量是否真的“好过”公交汽车，且不必深究，**但更为重要的是，必须要（首先）反问**：基础设施乃至任何产品的质量自然都应当达标，但在人身考量和意外预防面前，究竟谁的安全（应该）更为重要？是否是因为电线杆倒下的危害更大——甚于公共大巴撞断之危害——故而其质量才更好么？类似的标准或规范存在国别差异么？……

可是，这样的理性“反思”乃至“追问”何以消失了呢？类似的“显而易见”何以蔓延而竟至于“不自觉”了呢？——**亦足见“误引用”之普遍**。

私意认为，上述的“质量排序”实际上是中外一致，而且也应当是一致的，不能也不应当因“评论”之视角不同而异；但这些“事后的评论”——舆论、诉求等——却会渐渐乃至深深影响和“塑造”制度设计或治理规则及其导向之演变，故不可不审视、慎察耳。

第9章 idea之解读：评论为点睛

博学之，审问之，慎思之，明辨之，笃行之。

——《礼记·中庸》

能博喻然后能为师。

——《礼记·学记》

教育的目的就是培养你辨别有人在胡说八道的能力。

——［美］德鲁·福斯特

为学之道，莫先于穷理；穷理之要，必在于读书。

——《朱子读书法》

学术研究离不开广泛的阅读，读然后知不足、读然后知深浅、读然后明是非。阅读可以助找契机（思路）、阅读可以助开眼界（视野）、阅读可以助养眼力（洞察）、阅读可以助推文思（修辞）。阅读是敬业修身之基本，堪称人类进步之阶梯。所有重要、创新而可行的成果或其成就——尤其是立足思辨的人文社会科学，无不是在阅读、借鉴前人的思想及其成果的基础上铸就、升华的。

本书第3章“idea之解构”是基于“**写的视角**”——作者的角度——对实证文章进行解构，侧重于探讨实证文章之架构章法，意在凸显“结构化思维”之缮养及其运用；而本章“idea之解读”则是基于“**读的视角**”聚焦学术文章之解读，即是从“读者的角度”阐述如何解读一篇文章、如何从阅读评论之中增广见识、如何从构思行文之中习练文法修辞，侧重于考验和缮养“评论之能”。正如前面所述，阅读或解读是本书所谓“人文基本功”之“五功七能”维度体系中的一项基本能力，乃是“五功之基本”；而“评价之能”乃是“众能之能”，因为教育的最终目标或其最高宗旨即是培养评价或“明辨”的能力。

要知道，**探讨“如何阅读”其实就是在探讨“如何学习”**。人类所谓的“学习”，其实就是（首先）从如何“读懂”别人——人物、作品或更广泛的问题或自然现象等——而开始引导和读懂自身的，故“读别人”其实即是（为了引导）“读自己”。因此，解读——讲解与品读——自然就是引导和缮养“评价之能”。古人所谓“文章不厌百回读，熟读深思子自知”①？——那知道什么呢？即是在“熟读深思”② 之后，便可知道文章的所有要素及其要义。

因此，文献须遴选名篇、文章须精读要义、领悟须述评结合；而好文章几乎具备“这一切”，故解读一篇文献，虽是习练阅览之力，更要见出评价之功；评价过程实是个体之概括力（广纳）、洞察力（深入）、判断力（决选）以及领悟力（创新）的综合体现，乃是阅读与思考的“有机结合”，是阅读之能的“进阶升华”。

本章在第 4 章“idea 之发现”（发问重要）的基础上，再次强调阅读以及“人文基本功”之重要，其**目的有二**：

其一，是为凸显“评价/明辨”能力培养的重要性，既然“读别人”终究是为了“读自己”，故必须要经由主动的思考、质疑以及评论进而转化为自己的思想或修为；

其二，是要知道，文献解读实为学习方法、思考方法、评价方法之摹仿修习，同时也是学术素养、研究规范、职业道德之熏陶历练。阅读既要领悟其内容神旨，也须领悟其如何做到“形意兼容”③。

因此，本章所谓“idea 之解读”，强调阅读之重要，实为凸显评论之点睛；“点睛”即是点题、即是呼应、即是一以贯之；即是要知道物 - 我何以相融（启发 - 引证）、理 - 据何以互证（逻辑 - 结构）、形 - 神何以兼备（修辞 - 文法）。——这些都须在“阅读 - 解读”的过程中习得和领悟。

9.1 解读当为精读

解读乃是阅读之纵深及拓展，故当为“精读”。本节再次阐述“阅读之重要”，进而延伸到“评论之重要”，并辅以案例典证例说。这既是对第 4 章“idea 之发现”关于阅读之相关论述的强调，又是对第 8 章“文献综述之逻辑”的呼应。

---

① 出自苏轼的《送安惇秀才失解西归》诗首句：“旧书不厌百回读，熟读深思子自知。”既有的文献文章亦如同“旧书”，故有此引申。

② “熟读深思”是朱熹总结出的“六大读书法”之一，其中“循序渐进”对应着“量力性”原则，“熟读精思”对应着“巩固性”原则，“虚心涵泳”对应着“客观性”原则，“切己体察”对应着“理实结合”原则，“着紧用力”对应着“积极性”原则，“居敬持志”对应着“目的性”原则。“六法”与“六则”相呼应，有机联系、相辅相成、逻辑一贯。朱熹特别强调“熟读”的要求是“使其言皆若出于吾之口”，而其目的是精思，故“精思”的要求便是“使其意皆若出于吾之心”。《朱子读书法》是我国古代最系统的读书法，集古代读书法之大成，足可引为借鉴。

③ 东坡所谓：“吾文如万斛泉源，不择地而出，在平地滔滔汩汩，虽一日千里无难。及其与山石曲折、随物赋形而不可知也。所可知者，常行于所当行，常止于不可不止，如是而已矣，其他虽吾亦不能知也。”（《文说》）以及“出新意于法度之中，寄妙理于豪放之外”（《书吴道子画后》），即可作为好文章“形意兼容”的最佳注脚。

9.1.1 阅读之重要：评价之基

评价必须基于广泛而深入的阅读，必须掌握充分的理据、选择合适的视角、贯穿科学的逻辑，而后才能“纵论－评点”。前面关于“idea之解构”（结构化思维－架构）、“idea之发现”（问题提出－引言）、“idea之发展”（理论分析－逻辑）、“idea之量化”（基本描述－规律）以及“idea之支撑”（文献综述－评论）与“idea之因应”（制度背景－综观）等的分章阐述，其实都是基于阅读——读文献、读理论、读背景、读数据——甚或直接是从阅读中得来；而各章引证之案例也是根植于阅读进行理实结合的对比评点。

因此，在这个意义上，阅读即是学习，学习即是阅读；学习有赖于积累，厚积方能悟道。古人所谓“厚积薄发、博观约取”的思想与传统，正是为印证和凸显“广读－深思”之重要。可见，阅读是评价之基，阅读是“五功”之本。解读文章，必先知晓“阅读”之重要，而后才能循序精读，进而才能通过“讲清楚、听明白”这一步骤——即逻辑如何有形化”之“四步提炼”（见5.1节）——习练和领会“精读”之要义。这也是第4章所谓阅读的“五个反求诸已”（见4.3.2节）之内涵所在。

【例9－1】不必他求：读书即是最简便的修行

修行不必入佛道，读书即是最为简便的修行。学习就是不断“阅读”、畅享“悦读”的过程。本例“现身说法”①，冒昧呈现本人在学生引导以及研究实践中的做法及心得体悟，以证“阅读之重要”②。

六祖慧能有云：“迷者师渡，悟者自渡”。读书便是我们自觉自动地“自己教育自己”。要使不断学习和畅享“悦读”成为敬业修身之习惯。故自主精选各家之文、之论、之言，通识与专能皆备（学科－领域）、规范与实证兼容（逻辑－方法）、理论与实务结合（思维－技术），模范与修习互证（现身－引导），卒成此《师门“悦读”》三部，虽浩浩似近千页，但于经典名文、德业模范者，尚不及万一，以为师门“常读”之物。要其旨在于廓开视野、增广识见、有益专门，以砥砺敬业之德行，夯实学业之基本。

学问之道，贵在坚持；师道之兴，有赖众奉。务请同学勤加阅览、勤勉问学、多提建议、助力传承，以成就“师道”之斯文也。

丁酉年秋八月

---

① 这是本人的研究生组会之“约言”，旨在激励和约束青年学子善于模仿、勤于问学、广开视野、扎实进步。故遴选之资料涵盖专业、学科及领域，涉及文学、历史及哲学；不局限于名文名刊，不拘泥于体裁形式，不避讳现身说法，但求有益于思维、写作及身心。集册取名为《吴门“悦读”》。

② 本人曾在“世界读书日”（2015－4－15）应约撰写了三篇时论，即“我们又到了该认真读书的时候”“读书日与日读书”以及“战时的‘奢侈’和治世的‘挥霍’：读书与担待”，实是有感于如下之现状：相对于五．四时期的“读书救国”，正处于经济与社会大转型进程之中的当今中国亟须“读书治国”，而尴尬的却是当今之中国已沦为世界上读书最少的国度之一，以至于“数典忘祖”之事屡见不鲜。读书始终是引领进步的阶梯，不应以“象牙塔”的本本主义、“重产值”的实用主义、“观其效”的学究主义等任何前提为前提，所谓“致其知而后读”，读了才有感悟，读了才知应读，读了才知必读。如是而已。

9.1.2 评价之重要：点睛点题

人文社会科学的核心特质在于“**想象与思辨**”，无论教书育人还是学术研究，均贵在于此，亦难在于此。——何以可贵？何以难行？

中国古人将学问与修身之要义概括为“博学之、审问之、慎思之、明辨之、笃行之”（《礼记·中庸》），正因其“博学—审问—慎思”，故谓之“可贵”（开放 - 深入）；而因其“明辨—笃行”，故又谓之“难行”（方向 - 践行）；前者贵在博问深思之态度，后者难在持之以恒之毅力。

人文社会科学的核心**并不是**“知识”本身，而是获得知识的思想与方法；**并不是**你从名人名著中学到多少知识，而在于你对其思想言论的批判性见解，这才是更重要的。现代教育家陶行知先生所谓“千教万教教人求真，千学万学学做真人”，将“求真”以及如何“求真”作为教育的最高目标，实与中国古代圣贤思想一脉相承。西方的诸多教育家、心理学家等——如本杰明·布鲁姆（Benjamin Bloom）、杰里米·诺尔斯（Jeremy Knowles）等——也将培养评价能力视为教育之最终目的；哈佛大学校长德鲁·福斯特（Drew Faust）女士更是直接指出“教育就是培养你如何辨别有人在胡说八道的能力”①。可见，对于“明辨 - 评价”之重要，中外古今所见略同。

正如本章引言所谓，强调阅读之重要，实为凸显评论之点睛；“点睛”即是点题、即是呼应、即是一以贯之；即是要知道物我何以相融（启发 - 引证）、理据何以互证（逻辑 - 结构）、形意何以兼容（修辞 - 文法）；“明辨之能”实为“习之开端、学之目的”。

【例 9 - 2】评论何以重要：真的存在“学科差异”么？

张五常教授曾在其博文“任正非是今天的哈代吗？”② 中引述了英国数学大师哈代（Godfrey Harold Hardy，1877 - 1947 年）的故事：

数学家哈代写了一本很小的算是自传类的书，题为《一个数学家的自白》（*A Mathematician's Apology*）。在该书的开头哈代说了一段话很有名，常被引用。……在这里先附录他的英语原文，然后再翻为中文给读者吧：

It is a melancholy experience for a professional mathematician to find himself writing about mathematics. The function of a mathematician is to do something, to prove new theorems, to add to mathematics, and not to talk about what he or other mathematicians have done. Statesmen despise publicists, painters despise art - critics, and physiologists, physicists, or mathematicians have usually similar feelings; there is no scorn more profound, or on the whole more justifiable, than that of the men who make for the men who explain. Exposition, criticism, appreciation, is work for second - rate minds.

---

① 参见前面第 4 章（4.3.1 节）以及第 8 章（8.2.1 节）的相关论述及其脚注。

② 见张五常的博客：任正非是今天的哈代吗？（2019 - 1 - 22 08：44：19）

翻译过来的大意是：

“一个职业数学家写关于数学的事是悲哀的。数学家的本分是做点什么，创出一些新的公理，替数学增加一点，而不是谈论自己或其他数学家做了些什么。政治人物鄙视评论政治的人，画家鄙视艺术评论者，生理学家、物理学家，或数学家通常都有类似的感受。没有任何嘲笑，能比创作者对解释者的嘲笑来得深奥，或在整体上更为合理。阐释、批评、欣赏，都是只有二等脑子的人的工作。”

哈代是说作为数学家，他只是要在数学上作出一点贡献，批评或赞赏的人很有点无聊，属只有二等脑子的人的工作。……然而，归根究底，哈代为的只是要做出一些什么，我为的只是要做出一些什么，任正非为的也只是要做出一些什么。借用王羲之的话，其致一也。是不容易明白的行为。……话得说回来，尽管我认识的世界级学者一律智商高，用功，分析力强，但算进事业的难度论高下，我们没有一个比得上任正非先生。

尽管提到了画家、生理学家、物理学家，但哈代的“评论”显然还是（首先）主要针对数学家而言。张五常将数学家哈代与企业家任正非相比，其实是在赞美任正非先生，并指出其工作——“从事华为那种行业的研发需要赚不少钱才有可为”——的“难能可贵”。研发创造自然是哈代所谓的“一等脑子的工作”，但其实与评论或传承[①]——“阐释、批评、欣赏”——“其致一也”。**新颖但却重要（超前）、重要而又创新（切用）的工作，从来不（应该）存在所谓“学科差异”**；若见其存在，其背后映照出的只不过是人类认知能力/水平的“差别/差距”罢了。

9.2 解读须依要领：“五要”

读书须讲心法，解读更需要领。死读书自然不如“读活书”，而多读书和会读书也是两重境界。古今中外，文献浩如烟海，为究精义，故必须讲求读书之法[②]。对应于实证研究，结合自身之体悟，概括其解读要领，略呈“**五要**”如下。

9.2.1 讲解之目的：以己为先

在解读之前，先说解读之目的，一言以蔽之，曰“**以己为先**”：讲解之提纲或材料之呈现（如以 PPT），是要“优先服务自己”，就是首先要让自己看得见（及时提醒）、理得清（逻辑序贯），其次才是让读者听众听得懂（讲得清楚）、看得明（理得清楚）。这既是

① 评论，在展现评论者的成果同时，也承载着“以利传承”的关键作用，很多作品——尤其是创新但却重要、重要而有新意的成果——正是因其“解读 - 评论”而得以传播、发展的。社会的和谐发展不能指望“一味的创新或创造”。

② 因此，读书方法也成为“显学”之一，形式多元，历代家训、家书皆类此（如《颜氏家训》《袁氏世范》《经史百家杂钞》《曾文正公嘉言钞》《胡林翼家书》等），其中尤以《朱子读书法》（［南宋］朱熹著，［南宋］张洪编，天津社会科学院出版社，2016 年 10 月）等最为著名。

“解读－呈现”的基本方法，也是“信－雅－达”的原则要求。

实际上，这个方法和原则，也适用于学术论文、科研项目、可行性方案等的汇报、答辩及其演示等，因“其致一也”。这亦如同朋友聚餐点菜（外交等重大场合例外），因为无法面面俱到，故而“服务好自己”便成为“最有效地”服务好别人的可行原则之一。——**但求其理，不可硬套**。

9.2.2 讲解之顺序：循正而逆

要使解读让自己看得见（及时提醒）、理得清（逻辑序贯），同时又让读者听众听得懂（讲得清楚）、看得明（理得清楚），必须要厘清讲解之顺序，这个顺序就是“**循正而逆**”，即沿着作者的思路“读懂”（循正），然后依着自己的逻辑“讲清”（逆讲）——解读必须要有“自己的面貌”，解读不仅是“呈现”，更在于品评启悟。

要知道，人们在面对问题时的思考从来就不是“**正序**”的——问题发生的顺序，即思考－解读的顺序往往与写作－呈现的顺序往往“**相反**”；文献书本上呈现出来的“知识”顺序或逻辑，往往都是“事后的”归纳与演绎，或是为了写作延伸的目的，或是为了讲述 story 的需求。

——**因此**，对于既有文献的解读，必须要以“新的框架”进行梳理，即必须要在不“误解－妄读”的前提之下，将作者之思想、评者之见解——如同“史识”之凝练，整合呈现给新的读者和听众；

——**因此**，严复所谓“信－雅－达”之翻译标准实际上也适用于文献之解读。

9.2.3 讲解之方法：逻辑重构

承上进一步引申，“循正而逆”的讲解顺序，就是要求“**以自己的逻辑**”——品评者的逻辑——对文章的内容进行“重构”。也就是说，解读的提纲与框架应当不同于——甚至可以相反——原文，往往需要“打乱重来”——类似于“若是我来写又会怎样”，构建出自己的提纲或框架出来——这类似于朱熹所谓“熟读精思”之要求（见本章引言之脚注）。这才是真正的“读懂”，才是整合性的“呈现”。

9.2.4 评论之要领：九字箴言

解读是“整合性呈现”，故贵在“读懂－品评”。概括其要领，可以归结为“**九字箴言**”，即：“究义理、重考据、品辞章”；对应于现代学术（实证）研究而言，就是“言之有理、言之有据、言之有文”，就是结构严谨、逻辑序贯、理据充实、渊源有自；而严谨之文，自富文采。

“义理、考据、辞章”，是我国清代桐城派古文家提出和倡导的论学方法①，与现代实

① 桐城派文论中的“义理、考据、辞章”思想包含三层意思：一是“文章学问一道”而不可偏废；二是三者应该相互补充、相辅相成；三是三者层次/主次有别，“义理为干，而后文有所附，考据有所归”（王先谦《续古文辞类纂序》）。即是要求把鲜明的思想观点、确凿的事实材料、精练的文字表达相统一，使得“文章有学问、学问能传播”，理据充实、可读可信。

证研究的学术规范颇多相合，对于人文社会科学研究亦具有重要启示价值。其中，“义理”可由思想或理论、内容或实体（“**史实**”）延伸到批评与解读（“**史识**”）；“考据”可由校勘、考证、释义延伸到比较学、定量分析（统计与计量）；而“辞章”则可由修辞、文法延伸到逻辑建构与研究表述。“义理”整合内容与逻辑，“考据”支撑和贡献材料，“辞章”设定和优化方法，三者三位一体，相辅相成。

要知道，“究义理、重考据、品辞章”，既是“论学－写作”之方法，亦是“解读－评论”之要领。文章之解读，就是要在学习呈现其思想、观点及方法之外，也要学习领悟作者的专业文思、学术底蕴及其“人文精神”——无论专业及学科。

9.2.5 评论之原则：先看优点

坊间乃至学界往往有一种“惯性思维”，就是以为评点文章，就是要重点指证其缺陷及不足，以为如此才能“不犯同错”。因因相袭，发展至今，这已然成为新的“流弊”之一。——**殊不知**，要在阅读中受益，当先观其优点；**长处优先、不足诫勉**，方能受用进阶。

一篇文章不可能字字珠玑、句句沁心；一个理论不可能面面俱到、事事符应。观文犹如观人，当重其大略——此“大略”者，于人则品行，于文则思想也，切不可因噎废食、舍本逐末，进而助生流弊、贻害后学。试举一例。

【例9－3】读书当先取其长：熊十力为何面责徐复观？

现代“新儒学”的创始人熊十力先生，曾以如下的直言不讳，当面训诫了慕名前来请教的徐复观：①

“……你为什么不先看出他的好的地方，却专门去挑坏的；这样读书，就是读了百部千部，你会受到书的什么益处？读书是要先看出他的好处，再批评他的坏处，这才像吃东西一样，经过消化而摄取了营养。……你这样读书，真太没有出息！”

徐在多年后才体悟到“这对于我是起死回生的一骂”，这与其日后成为现代新儒家之第二代核心人物，应当不无关联。

本人一贯认为，客观理性实乃国民之“第一素养”，主动思考当为人类之“第一特质”。此言客观理性与主动思考之可贵、之重要，亦可引申为“学问之道理、评论之遵循”。

理论阐述抽象，且再举一例，以证多维解读以及所谓“史识”之重要。

【例9－4】读书何以重要：看看“迷信”怎么说？

古老中国——世界上的先进之邦或伟大民族亦无不如此——从来高度重视教育，从来

① 时在1943年，已是国民党陆军少将的徐复观慕名拜访熊十力先生，熊十力向其推荐王夫之的名著《读通鉴论》，并在事后问其读书心得时发生的故事。

视教育为改变自身命运、实现阶层跃迁以及推动社会进步的最主要/重要路径。这种似乎出于现实逼迫的社会化选择，其实亦深符理智演进之“逻辑”：真正的进步无不是从思维——思想及言行之变革——开始起步。

读书或教育何以重要？[①] ——似乎找不到最令人信服的答案，但本例的这首“无名诗”却几乎给出了“最好的”——最切合背景、最贴近现实、**最符合逻辑**[②]——阐释或证明。

先试引如下，后作多维解读：

一命二运三风水，四积功德五读书。
六名七相八敬神，九交贵人十养生。
十一择业与择偶，十二趋吉要避凶。

此诗乍看，似可归入“封建迷信”；但细读之，却彰显着“天人合一”。考其关键，在于解读；而且，从其解读之差异（视角－深度）当中，实足以映照出读者认知水平、知识沉淀、社会偏见乃至“意识形态”之差别。此诗包含天－地－人－心－宇宙，涉及实证与玄学，兼容传统与现代，内涵丰富、角度多维、逻辑科学，**故未可断论**。略作延伸拓展，则至少可有如下的“**五维解读**”。

其一，是明确的“优先序”。

这首“无名诗”最显著的特征即是其从一到十二的明确排序，这个排序其实正是如何“塑造”自身、如何“改善”境遇、如何明确主次、何以有无相生、何以有始有终的“优先序”。更为重要的是，这个“优先序”中最为显著的“价值亮点”以及最为关键的“信息内涵”，就是将“读书”排在了“先天－无形力量”——命、运、风水、功德——影响之外的“第一位置”！这就明确了读书受教在“后天－可控选择”的排列之中的优先定位及其独特价值。——**那么，试问：这个逻辑是“迷信”吗？**

其二，是辩证的“宇宙观”。

这里的“宇宙观”即是“天－地－人－心－宇宙”，故涵盖三观、贯通哲学。“宇宙观”即是何以看待、感悟或处理“小宇宙－大宇宙”之内在关联，以及“先天禀赋－后天选择”之衔接互动。人人物物皆有其“**小宇宙**”（器识－自我），同时又身处或内生于其外在的“**大宇宙**”（智识－物我）。“小宇宙”由我及他，尚属“有形可控”；“大宇宙”由他及我，则属“无形制约”。“有－无”既是哲学之终极命题，亦是现实之生克力量，人生必须要领悟到“有－无”之辩证，必须要协调好“物－我”之关联——而这种“必须”其实又会成为无法排斥的“无”[③]。

诗中贯穿的这个明确的“优先序”，充满着朴素而又淳正的辩证法（方法论），彰显

① 这里的“读书”其实具有双重含义：一是指“受教育”；二是指阅读。

② 这里的“逻辑”暗指两层意思：一是指“现有的”科学规律；二是指“未知的”宇宙规则。科学尚在不断发展之中，对于“大小宇宙”的认知尚有太多太多的“局与或不足”；故“科学精神”即是质疑精神，应当保持对于未知的敬畏之心。

③ “有无相生、无中生有”（见《道德经》）是古老中国崇尚践行的朴素道理，蕴含着人与天、地、自然相处、相生、相长的“大道”，可谓涵盖三观、贯通哲学的“宇宙（万物）观”。还可参见前2.1.2节例2－2。

着刚健而又谦逊的哲学观（三观），是古老中国崇尚的“天行健，君子以自强不息；地势坤，君子以厚德载物”之谦逊奋斗精神的别样解读，亦与古老中国践奉道法自然（敬畏天地）、天人合一（敬天－斗天）①、顺天应人（自我彰显）、执两用中（物－我和谐）之务实辩证思维一脉相承。

由诗中贯穿的这个明确的“优先序”，还可看出古老中国对于读书受教之重要价值的务实认知，以及对于自强不息之奋斗精神的理性敬畏；而这种客观务实、辩证理性的民族本色或“哲学气质”似乎从未断绝，一直绵延至今，贯通着大中国的泱泱气脉，塑造着奋斗者的凛凛身心。——**那么，试问：这个逻辑是“迷信”吗？**

其三，是渗透着“平等观”。

品读诗中渗透的“平等观”，可以梳理出如下两重含义：

首先，将“读书”排在“先天－无形力量”——命、运、风水、功德——影响之外的“后天－可控选择”的“首位”，其实就是告诉和引导你——在无形“大宇宙”之外的自主——首先应当依靠读书受教改变命运、改变地位、改善人生；这就使得读书受教——而非生而不公、权力等级（如种姓、门阀制度等）——成为“最为务实而公平”的社会选择机制，同时又成为有助于促进制度持续优化之激励理念。这既是“有尊严”的奋斗，亦是“合理化”的现实。

其次，将“择偶”列入影响人生选择及其境遇的重要因素之一，其实还从很大程度上彰显了男女平等、各司其职、阴阳相济、家国一体、社会和谐的“平等观”。——**那么，试问：这个逻辑是“迷信”吗？**

其四，是映射“性别差异”。

诗中位列“读书”之后的“名、相、敬神、贵人、养生”尤其是“择业与择偶”等“后天－可控选择”，实际上在其背后都映射着天赋的“性别差异”；而这种差异，在现实中又体现为角色（择偶）、职能（择业）以及性格（名－相）、行为（交友）、心态（养生）、观念（敬神）等多维度、多层面的系统性差异。②

众所周知，“性别”差异——男女、阴阳（性格）、雌雄等——是人类社会最基本的社会差异或分类标准。诗中从六到十一的因素排列，“名－相－敬神”之影响似乎潜在而无形，“养生”亦类似③；而“交贵人”即择友以及“择业－择偶”之影响则显而易见。

---

① “天人合一”思想是中国哲学乃至中华民族的精神内核，其内涵极简约而又复杂精妙，涵盖天道、人伦乃至农耕、医道、武道等诸多类别。古老中国崇尚敬天、顺天，却又敢于战天、斗天；懂得奇正相生、阴阳相济、正反相成，才能实现生存发展、和谐共处。中国古代的神话都是与天地神魔搏斗而胜的故事，反映的正是渗透在思想言行中的人生理念及“宇宙观”，可谓最好的明证。

② 个体以及物体之间，因其内外有别（如性格－环境）、先后差异（如性别－角色）、有无相生（如心性－行为），故其差异都是系统性的。

③ 现代心理科学等的研究表明，养生通过引导和塑造行为进而有助于改变一个人的气质和相貌；而这在中国却早已是“不证自明”的规律。“名－相－敬神”之影响虽似无法验证，但在现实中却被默默遵循着（如敬畏死者），故目前的“可证”并非一定科学。“无形”之影响有时胜似/过（如伦理）“有形”（如律法），必须务实而辩证、理性而客观的看待。

可见，由无到有、由有到优、由天然差异到后天选择、由禀赋差别到角色定位、由个人奋斗而及两性结合、由个体姻缘而及家庭社稷，诗中的排序**渗透和引导着**务实客观、理性辩证的“科学思维”（即不唯一、不唯理、不唯实），**映射和激励着**尊重多元互补、崇尚主观能动的“奋斗精神”（自我－物我－超我）。——**那么，试问：这个逻辑是“迷信”吗？**

其五，是彰显“治理思维”。

诗中位列“读书”之后的“名、相、敬神、贵人、养生”尤其是“择业与择偶”和“趋吉要避凶”等“后天－可控选择”，其实还**彰显着**“顺天应人”的“治理思维”——如何激励个人、维系家庭、协调亲友、和谐社会的观念与方法；而且，这种治理思维还**彰显着**跨世代、跨时空的“可持续理念”，**彰显着**“自强不息、坚韧不拔”的持续奋斗精神，实与上述的“四维解读”一脉相承。

这里的“治理思维”也可以称之为管理思维、规划理念等，即涉及个人、公司或各类组织对于自身及其发展前景的治理优化、管理筹划、规划安排以及协调机制等，而治理思维往往攸关成败优劣。“凡事预则立，不预则废”，只有洞察了“关键要素”，明确了“排序优先”，才能考量废立、框定抉择。

科学研究，就是一个面向未知的“小宇宙”（向内－自我－本我）及“大宇宙”（向外－物我－超我）而不断寻找并确认显著影响及其重要或优先——显著不一定重要——的无穷的追问求索过程。——**那么，试问：这个逻辑是“迷信”吗？**

承上解析，围绕“无形或未知”因素之作用，试引证两例，再略做延伸。

其一，是关于“时运”。

此诗将“运”列为影响人生境遇的“第二重要”因素，虽属于“先天无形”因素，但却日益引发着诸多的科学研究。例如，2002 年诺贝尔经济学奖得主丹尼尔·卡尼曼在其名著《思考，快与慢》中，就将“成功”总结为如下的“公式”：“成功＝天赋＋运气，巨大的成功＝更多的天赋＋更多的运气”。唐代诗人罗隐的《筹笔驿》诗中有云：“时来天地皆协力，运去英雄不自由”，“时－运”之影响历来是中国古人感慨人生境遇、体悟万物周联的必然考量。中西互证，可见“运气”之重要及其不可或缺。

无独有偶，日本“经营之神”稻盛和夫提出的“人生公式”（人生/工作的结果）或“成功方程”，即：“创造力＝思维方式×热情×能力”①，实际上亦与丹尼尔·卡尼曼的“成功公式”所见略同、内涵相通。在稻盛和夫看来，拥有正确的思维方式，比拥有智商、体魄等其他“现实能力”更为重要。

---

① 公式中“能力”是指遗传基因以及后天积累的知识、经验和技能；“热情”是指从事一件工作时所有的激情和渴望成功等因素；“思维方式”则是指对待工作的心态、精神状态和价值偏好。其中，能力和热情的取值区间为“0～100”，那些自知缺乏能力而能以饱满激情对待人生和工作的人往往会取得比先天资质优异的人更好的成果；思维方式的取值范围则为“－100～＋100”，一个人的心智或思维方式是主导其人生和事业的关键导向性因素。

类似的研究和观点，古今中外，还有很多。——**那么**，为什么连科学家、哲学家甚至是实业家也这样认为呢？——这是重要而值得深思的问题。

其二，是关于“姓名”。

此诗将“名”亦排在重要的位置——位在“读书”之后。

——**那么**，所谓“名”，更多是“先天－无形力量”还是“后天－可控选择”呢？为什么孔子讲“名不正则言不顺”呢？[①] 取名何以庄重而严肃？一个人为何要改名？很多企业为何也会改名呢？名字和命运真的相关么？……等等诸多疑问，而诸多疑问又引出诸多的“事实”及其“研究”。

个人改名且不详论，在此试引证几篇关于企业更名的实证文章。

企业又该“姓甚名谁”？

企业为何要更名？——其实与个人之改名是同样的逻辑，即“名不正则言不顺、言不顺则事不成”。那么，企业“取名”的方式是否有通行的逻辑/规则？企业更名是否是考虑了法律、税收甚或“运数”之影响？不同的企业其选择是否有明显的差异？等等，诸如此类的逻辑考辨，还须有经济后果的支撑才可信。试看下例：

贝伦佐（Belenzon，2013）发表在《美国经济评论》（*American Economic Review*）的文章“Eponymous Entrepreneurs”[②]，就关注“同名”（eponymy）——以所有者的名字命名——的企业是否对应着更好的业绩。概括其研究视角及基本结论如下：

We demonstrate that eponymy – firms being named after their owners – is linked to superior firm performance, but is relatively uncommon (about 19% firms in our data). We propose an explanation based on eponymy creating an association between the entrepreneur and her firm that increases the reputational benefits/costs of successful/unsuccessful outcomes. We develop a corresponding signaling model, which further predicts that these effects will be stronger for entrepreneurs with rarer names. We find support for the model's predictions using a unique panel dataset consisting of over 1.8 million firms.

研究结果显示，企业的名字（的变化）确实对应着经济后果，且在那些名字较为稀有的同名企业（样本）中更为显著。——这符合“物以稀为贵”以及“声誉效应”在稀有事物那里往往更为显著的逻辑（眼球效应－信息成本）与现实。

① 语出《论语·子路》：“名不正则言不顺，言不顺则事不成。事不成则礼乐不兴，礼乐不兴则刑罚不中。”这里的“言”是指“道理”，而“名”是指“名义”，可引申到名声、名誉、名节等义，故而实际涵盖了“名字”或“姓名”，故而“取名”自然成为庄重而严肃的事情。

② 来源：Belenzon，S.，Chatterji，A.，& Daley，B. 2013. Eponymous Entrepreneurs. *American Economic Review*，107 (6)：1638－1655. 还可延伸阅读：Tan，Y.，Xiao，J.，Zeng，C.，& Zou，H. 2017. What's in a Name? The Valuation Effect of Directors' Sharing of Surnames. SSRN Working Paper.（与财报质量正相关）以及 Minichilli，A.，Prencipe，A.，Radhakrishnan，S.，& Siciliano，G. What's in a Name? Eponymous Private Firms and Financial Reporting Quality. SSRN Working Paper. 等等。

或许真的是这样：企业的更名，确实也如同个人之改名一样，都是为了改善其“命－运”；再延伸到治理层面，个人、企业、组织乃至国家的“治理”，应该也是“其致一也”。这首充满智慧、因应现实的“无名诗”，可谓在“无意之间”整合了个体与组织，彰显了“**天人合一**”。

综上，还需说明，对这首“无名诗”的“五维解读”，并非为验证其“科学”（可见－可证），而是为呈现其“有效”（可亲－可信），是为呈现很多“隐而不闻”的哲理或规律曾经或始终在发挥其效用；而这种“**引导－呈现**”，正是教育及其研究应当坚持和遵循的本旨，这种不“超越仪轨”、不“越俎代庖”、不“科学主义”的**开放与谦逊**，才是教育及其研究应当彰显和坚守的本质。

9.3 学术兼容文采：修辞之效

学术文章不以文采为先，但必须讲求修辞文法。学术兼容文采。正如桐城派古文大家姚鼐在其《谢蕴山诗集序》中所云：“且夫文章学问一道也”。义理、考据和辞章本为一体、相辅相成。

学术文章哪里最能彰显文采？——其一在结构及主次，而其理在“清”；其二在综述与解读，而其理在“评”。结构谨严，自有文采；述评结合，自显文采；文思贯透，皆是文采。文采切不可拘泥刻板理解。

实际上，文采修辞不只是“功利需要”，更多是潜在之“自然需求”——审稿之需要（可信）、阅读之需要（可读）、审美之需要（可亲）；可信可读又可亲，文章自然可以传播久远。学术文章，若能同时做到文采斐然，其实正是凸显了作者理论素养之深厚、专业技能之娴熟；正是体现了作者能够在更深、更高、更广的层面上理解和把握问题之本质、思想之内核，进而才能熟练驾驭理论及概念，达到“物我合一、理实无间”。因此，孔子的“言之无文，行而不远”，真可谓点透了文章“形意兼备、文理共彰”的实质。可见，以形促意、以形出神，修辞之效也。

因此，在章节最后、收尾之前，讨论学术文章之修辞，即是为了再次强调学术文章不但不应排斥文采，反而应该通过修辞增强其影响力及感染力（**可读－可信－可仿**），这对于学术文章立足于解析现实问题、立意于彰显社会功能、立功于传承观点价值，无疑大有裨益。

试以名家观点，再举一例。

【例9－5】文采何以兼容而彰显：名家观点

金庸先生是著名武侠小说家，而其身份及成就却始于报人。他主张文章要世俗化、大众化，创办了香港第一份知识分子报纸《明报》，始于世俗，又归于士人。金庸先生主办的《明报》副刊，聚集人才之多，文章质量之佳，可谓“独步天下”，究其关键在于他对副刊的特殊要求，即“副刊之五字真言”，摘文如下：①

对于《明报》来讲，查良镛先生不但是个严格的老板，也是一位十分专业的编辑，当年，查先生不仅对港闻和国际电讯版着手改革，也对副刊提出他的要求。他曾对我说：“副刊是一张报纸的灵魂，港闻和国际电讯大家都差不多，但是副刊做得出色的话，那张报纸就会与众不同。”

查先生曾写下“副刊之五字真言”，贴在编辑部供大家参考：“短、趣、近、物、图”。

——**短**：文字应短，简洁，不宜引经据典，不尚咬文嚼字。

——**趣**：新奇有趣，轻松活泼。

——**近**：时间之近，接近新闻，三十年前亦可用，三十年后亦可用者不欢迎。空间之近，地域上接近香港，文化上接近中国读者。

——**物**：言之有物，讲述一段故事，一件事务，令人读之有所得。大得小得，均无不可；一无所得，未免差劲。

——**图**：图片，照片，漫画，均图片也；文字生动，有戏剧舞台感，亦广义之图。

此为本报编辑副刊之要旨，新闻写作及编辑亦不妨参考。

副刊选稿标准：“新奇有趣首选，事实胜于雄辩，不喜长吁短叹，自吹吹人投篮。”……

英雄所见略同。国学大家刘文典曾以“观－世－音－菩萨”喻释文章写作之要领，即：

“观”是多观察生活，“世”是要懂得世道人情，“音”是要讲究音韵，“菩萨”则是要有救苦救难、关爱众生的菩萨心肠。

《礼记·学记》有云：“能博喻然后能为师”。金庸先生的“短－趣－近－物－图”对应着“简洁、有趣、贴近、充实、配图”；而刘文典先生的“观－世－音－菩萨”则对应着“地气、世情、韵律、仁心”。两种观点均强调言之有物、理实结合、文采修辞，这与先贤孔子所谓的“文质彬彬”② 以及桐城派倡导的“义理－考据－辞章”一体思想实一脉相承，也是本书倡导文贵清晰（短）、问题导向（近－观）、理据充实（物－世）、深入浅出（趣－音）以及图文并茂（图－音－菩萨）等观点之最佳注脚。③

① 参见金羊网－羊城晚报（http：//www. china. com. cn/book/txt/2009－03/03/content_ 17361881. htm）：“金庸怎样办报纸副刊？”文/［香港］石贝。

② 语出《论语·雍也》。子曰：“质胜文则野，文胜质则史。文质彬彬，然后君子。”其中，“质”指质朴，“文”指文饰，“史”指虚浮不实，而“彬彬”指相杂适中之貌。全句喻指做人及为文应当“文质得中”、形意兼容。

③ 陆铭教授曾专门著文“实证研究13点”，聚焦实证研究的方法论及其价值观问题；文中即鲜明指出“研究选题有没有价值观问题？——这关乎学术的审美”。香港文章快手倪匡在被问及写作之技巧时说“多写废话”，既是自谦，其实确也是写作——尤其是小说、剧本等——之要领，而阐发或评论的文字多类此。

大道至简。私意以为，金庸的“**五字真言**”以及刘文典的“**四字要领**”，大可引申为文章撰写之要义遵循。所谓“文章合为时而著，歌诗合为事而作”（白居易《与元九书》），“世事洞明皆学问，人情练达即文章”（曹雪芹《红楼梦》），名－实之辩、形－意之争以及技－养之序、德－才之权等，何以成为“千古文章事”?[1] ——考其核心即在于“文章千古事”，即在于文章当写什么、当如何写、当写给谁……[2]，这始终是关乎社稷发展、国家治理以及塑造世道人心的“大事”。以问题为导向、以理据证科学的实证研究，更当以此为鹄的。

① 远如绵延唐宋的“古文今文”之争，近有五四时期的“白话文革命”及“延安整风运动”（学风－党风－文风），由文学而及历史、由历史而及政治，文章内容与其形式的变化及兼容问题，始终伴随其中。

② 鲁迅先生在回复北斗杂志讨论怎样写文章的一封信中曾列举了八条写文章的规则（《鲁迅全集》），在延安文艺座谈会上，毛泽东的报告《反对党八股》（1942－4－27）就曾引用其中的四条作为整顿文风的证据。这两篇文献均可以做文章写作之镜鉴。

后　记

上下历时约两年，前后闭关近百日，冗赘近三十万言，终于可以杀青付梓。疫情扰攘，感慨系之，故有弁言之叹、自序之繁。又及补叙，附笔后记。

读书求学，须讲方法；构划论撰，别有幽径。所谓“学贵心悟，守旧无功”（宋·张载），学业精进，须善负辛劳；技巧捷径，多忝应一时。思维胜于数据，思法先于技法，授渔重于给鱼。古人讲：“禁微则易，救末者难”[①]，学问在乎养性，很多习性，必须要在其萌芽之际、未就之时，痛加警醒、悉心矫正、善施导引，方能少走弯路、免入歧途；多数积习，必须要在源头那里、根基深处，找寻原因、觅得路径、求得方法，才能避免沉疴难愈、积重难返。**一言以蔽之**，即须谦逊地缮养和夯实“**人文基本功夫**”。

书到此处，我想我应当接近做到了如下三点：

第一，规范事大，形为质表，努力以身作则。

拙作遵循学术惯例，诚实而完整地展示了实证研究的“叙事方法”以及本人的点滴心得，同时以身作则，形意兼顾，在范式之遵循、文献之引证、文意之推敲、修辞之雅正等方面，努力践行了基本而必要的学术规矩。

第二，重示范而不避献拙，秉诚实不欺后进。

教化之效，贵在呈现；师道之尊，贵在导引。**论道者最忌自呈完美、自欺而欺人**。正如先贤所云：“知之为知之，不知为不知，是知也”（《论语·为政》），“弟子不必不如师，师不必贤于弟子”（韩愈《师说》），示之以智巧，不若示之以质实。

拙作属名“方法论”，却更多聚焦于“写与思”，未及实证技术与程序，虽有益于避免重复，却更多是受制于自拙。理－技皆重，实有形意之别；证－据呈现，终须诉诸文章；匠心运用，彰显文理之别[②]；长－短互补，展示交流之效。拙作的献拙，同时也是诚

---

① 语出南北朝．范晔《后汉书·丁鸿传》。

② 私意认为，（实证）文章之构思、实现及其撰写实有文理之别，一言以蔽之，即“**文通理具**”。大体来看，人文社科“重思辨”，其文章须“想着写”（思辨文），研究“人”之行为，故更注重辩证序贯、理据呼应（范式遵循－思理形成－逻辑推演）及思想之凝练；而以理工科为代表的自然科学则“重证据”，其文章是“照着写”（说明文），研究“物”之规律，故更注重证据唯一、因果对应及操作实用。文理虽有抽象与具象之别，但其（文章）深处相通、不可硬别。

实展现了理－实结合之难、抽象－具象之难，理论之抽象，有赖于勤思；具象之实用，则赖于践行；否则，即便是“最贯通”的逻辑、“最有效”的方法论，也仍然难免隔靴搔痒。

第三，研教体悟、现身说法，展现一家之言。

拙作既然属名“方法论”，既然是心得体悟，故其观点只能是“**相对地绝对正确**”，即“not absolutely absolute，nor absolutely relative，but relatively absolute”（詹姆斯·布坎南），故实属经验之谈，不敢妄称有效；而若要知其效用，还须酌量践行。“Knowing is not enough，we must apply. Willing is not enough，we must do”…“If you spend too much time thinking about a thing，you'll never get it done”[①]，求学追问，终须主动思考、知行合一。

据说是“马赛克阻碍了社会进步”，而我主动撕开了我的“马赛克”，故敬望“一家之言”，有益于交流镜鉴。

书不尽言。经历了特殊环境的磨炼，经历了人事纷争的考验，经历了办会交际的艰辛，经历了诸多的“创新”与忙碌，经历了家庭心理的种种困澹，当然还有林林总总的欢欣与灵光一现的顿悟……，实在有一种想要“入静”的自然冲动。潜心著书，适性交游，当为至选。私意认为，著书之贡献当大于论文：一在其有利于“距功而守静”——于目下尤然；二在其思维架构更趋系统——于后学更佳。故舍弃“造文”而“著书”，良有以矣。

朋友曾说：“如今做研究、报项目其实都为骗人钱财，发表论文也是……”。自意研究之态度，实决乎心志、系乎追求、赖乎选择[②]，即终究取决于自己；而学术之“效用”，当在于“实”，诚实下笔自然不欺，理实互动自会有用。学问在乎养性，本书之贡献即多在“教与学、写与思”的诚实体悟。

朋友又问：“写书费时费力，效果或然，何不用此时间多写几篇论文？何必多费时间在学生身上？何不让你的研究生分工代笔？……”——本书自序所谓“**一痛二难三愤**”以及上面之“守静－系统”，或可作为答案。

本书首章所谓“研教之分离，教育‘功利化’流弊之所由始”，研教失衡，激励内卷，技养失序，学子惘然，感同身受。思力延展，难企“山水学者”，声名所及，不抵“中英文章”[③]；但情系于教育及学生，有感于现实之乱象，“好事”之心，油然而生；书生勉力，忝正古风。古人云：“世乱则谗胜”，历平则虚浮[④]。人人反思尽力，研教相向而为，早晚风正流清。

① 这两句名言均出自《截拳道之道》（李小龙著，杜子心、罗振光译，北京联合出版公司，2014 年 9 月）。后一句即是孔子所谓“学而不思则罔，思而不学则殆”（《论语·为政》）之要义。

② 诸如方向比努力重要，思考比勤读重要，动机比决定重要，“研究什么”比“怎么研究”更重要，等等。

③ 这里的“中英文章”是指国人以外语合作撰写发表在国外期刊的文章，激励引导之下，仍为当前潮流。

④ 这里的“世乱则谗胜”出自唐·吴兢《贞观政要》卷六，后一句为自我的对应发挥。

最后，当要致谢为本书之付梓献出辛劳的朋友们：**感谢**哈尔滨工程大学杨忠海教授、中南财经政法大学郭飞教授、西南财经大学步丹璐教授、云南财经大学余怒涛教授、北京交通大学李高波副教授、天津财经大学傅绍正副教授，以及石河子大学买生教授、胡宜挺教授、吕雪晶副教授、魏卉教授、付玉梅副教授等给予的启发、鼓励与赞许；**感谢**我的几位博士及硕士研究生在完善本书图表方面的贡献；**感谢**我的父母及爱人始终“大爱无声”的支持与慰藉……**尤其要感谢**我国会计史学界泰斗郭道扬教授对于晚辈后学的大力提携与热心鼓舞；**感谢**我的导师王华教授及师母余丽琳女士始终“视徒如子”的温暖与亲切。

有形无形，无形胜似有意；有意无意，无意更近无形。着念少有，我执无奈；但求自洽，莫向虚行。

此记。

庚子年冬十月

于石大东经楼

谨以此书纪念钱学森同志诞辰106周年

谨以此书纪念钱学森同志诞辰106周年